战略领导

高管、高管团队和董事会的理论与研究

悉尼·芬克尔斯坦（Sydney Finkelstein）
〔美〕 唐纳德·C. 汉布里克（Donald C. Hambrick） 著
小阿尔伯特·A. 坎内拉（Albert A. Cannella Jr.）

张三保 译　张志学 审校

Strategic Leadership

Theory and Research on Executives, Top Management Teams, and Boards

北京大学出版社
PEKING UNIVERSITY PRESS

著作权合同登记号　图字：01-2014-2343

图书在版编目(CIP)数据

战略领导：高管、高管团队和董事会的理论与研究/(美)悉尼·芬克尔斯坦,(美)唐纳德·C.汉布里克,(美)小阿尔伯特·A.坎内拉著；张三保译.—北京：北京大学出版社,2023.5

ISBN 978-7-301-33515-4

Ⅰ.①战…　Ⅱ.①悉…②唐…③小…④张…　Ⅲ.①企业管理—战略管理—研究　Ⅳ.①F272.1

中国国家版本馆 CIP 数据核字(2023)第 022031 号

Strategic Leadership: Theory and Research on Executives, Top Management Teams and Boards
was originally published in English in 2009.
This translation is published by arrangement with Oxford University Press.
Peking University Press is solely responsible for this translation from the original work and Oxford University Press shall have no liability for any errors, omissions or inaccuracies or ambiguities in such translation or for any losses caused by reliance thereon.
Copyright © 2009 by Oxford University Press, Inc.
本书英文版由牛津大学出版社于 2009 年出版。本书中文版经其授权翻译出版。北京大学出版社对原文的译文负责，牛津大学出版社对译文中的任何错误、疏漏、不准确或歧义不承担责任，也不对因翻译而造成的任何损失负责。

书　　　名	战略领导：高管、高管团队和董事会的理论与研究 ZHANLÜE LINGDAO: GAOGUAN、GAOGUANTUANDUI HE DONGSHIHUI DE LILUN YU YANJIU
著作责任者	〔美〕悉尼·芬克尔斯坦(Sydney Finkelstein) 〔美〕唐纳德·C.汉布里克(Donald C. Hambrick) 〔美〕小阿尔伯特·A.坎内拉(Albert A. Cannella Jr.)　著 张三保　译　　张志学　审校
责任编辑	贾米娜
标准书号	ISBN 978-7-301-33515-4
出版发行	北京大学出版社
地　　　址	北京市海淀区成府路 205 号　100871
网　　　址	http://www.pup.cn
微信公众号	北京大学经管书苑(pupembook)
电子信箱	em@pup.cn
电　　　话	邮购部 010-62752015　发行部 010-62750672 编辑部 010-62752926
印 刷 者	北京宏伟双华印刷有限公司
经 销 者	新华书店 787 毫米×1092 毫米　16 开本　28.5 印张　518 千字 2023 年 5 月第 1 版　2023 年 5 月第 1 次印刷
定　　　价	98.00 元

未经许可，不得以任何方式复制或抄袭本书之部分或全部内容。

版权所有，侵权必究

举报电话：010-62752024　电子信箱：fd@pup.pku.edu.cn
图书如有印装质量问题，请与出版部联系，电话：010-62756370

译者序

本书是高阶理论领域迄今为止最权威的著作,是研究与观察战略领导的必读作品。本书英文版出版时,我正在中山大学管理学院由硕士转入博士阶段。作为国内最早从事高阶理论研究的学者之一,我的博士指导老师孙海法教授指引我进入战略领导研究领域。彼时,翻译并引介本书的念头便已在我心底萌发。博士学习期间,我难得有一整年的时间先后在欧洲工商管理学院(INSEAD)新加坡校区和北京大学光华管理学院访问研究,分别师从陈国立和张志学两位教授。陈国立教授是高阶理论创始人亦为本书作者之一唐纳德·C.汉布里克教授的高足。陈教授对译介原著这一想法的高度肯定更加坚定了我推进翻译工作的信心。在张志学教授的持续支持与引荐下,我有机会切实推进自己在战略领导领域的研究,并与北京大学出版社接洽翻译和出版本书。

衷心感谢汉布里克教授以及他的两位合作者悉尼·芬克尔斯坦和小阿尔伯特·A.坎内拉为本书提供的巨大支持,包括但不限于无私提供原著电子版,专门为本书撰写中文版序,以及热忱指点研究。北京大学出版社经济与管理图书事业部主任林君秀编审尤其是编辑贾米娜女士,在我们克服重重困难完成翻译工作的漫长过程中,展现出常人难以想象的耐心与专业素养,在此特别致谢。

翻译工作是团队合作的结晶。张三保博士负责全书的翻译工作,张志学教授对译稿进行了审校。武汉大学经济与管理学院历届多位优秀学子参与了部分初译工作,他们是已经毕业的武雪朦、崔毓佳、熊雅、曹凯怡、许彦蕤、张文君、刘菀郁、袁皓、林洁、王方点、杨天飞、张淑霞、王艳辉、李雪莱、段承瑶、彭佳梦、陈诗馨、杜梦娄、舒熳、章娟、姚菊花、黄惠、康璧成和李雅婷,以及仍在读的韩赢、许媛媛、王润欣、陈诺、杨文越、杨若时、陈荟文、吴青、姚葳、叶宜宗、程丹、时羲农、赵可心。

译校工作得到以下两项国家自然科学基金的资助:重点项目"转型升级背景下组织创新的多层因素及动态机制研究";面上项目"中国营商环境、总经理自主权与企业技术创新:制度基础观与高层梯队理论整合视角下的多层次研究",特此致谢。

2020年8月10日,筹备两年的"武汉大学中国企业家研究中心"正式宣告成立。本书是该中心成立后的第一部奠基性理论译作,谨以此书向捐助该中心成立的武汉大学杰出校友田源博士致谢。

我们这一辈珞珈学人,将赓续武汉大学优秀传统,努力推动武汉大学中国企业家研究中心成为全球战略领导研究的一方重镇。

张三保
2023年5月

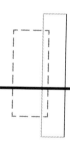

中文版序

我们为本书中文版的出版感到荣幸与由衷的高兴。鉴于中国经济的巨大发展,以及中国企业尤其是创业企业的欣欣向荣,战略领导这一主题对我们的新读者而言,可谓密切相关且非常及时。如你所见,本书提供了战略领导领域学术研究,如高管价值观与个性、首席执行官选拔与继任、高管团队的结构和组成、高管薪酬以及董事会的一个综合回顾与有机整合。

由于我们的专著写于2009年,因此非常遗憾它未能反映自那之后战略领导领域的很多优秀研究成果,其中就包括一批华人学者的工作。事实上,我们强烈地感受到,在提升自身对高管和公司治理的理解方面,华人学者与商界人士表现出了越来越大的兴趣。我们热切期望本书中文版将有助于进一步激发并引导这类探索。

作 者
2023年5月

谨以此书献给我们的家人

序　言

距离本书前一个版本①出版已经 13 年了。彼时,关于首席执行官(CEO)、高管团队、董事会、高管薪酬及相关主题的研究正日新月异。事实上,如今,对组织中的头部角色——商业企业中的高层领导——的研究,已成为过去二十余年来探寻战略与组织科学的持续热门的领域。战略领域是关于一般管理的,而一般管理则是关键决策与特定人群的交集——这些人负责制定决策、定义组织并渴望成为战略领导者。尽管关于高管、高管团队与董事会的研究已突飞猛进(不仅包括战略与组织理论,还包括组织行为学、心理学、社会学、经济学、金融学与会计学),但此时似乎是一个审视我们曾经到过哪里又将去往何方的恰当时机。本书的目的恰恰在于回顾并综合已有研究,并为将来在战略与组织领域进一步探索这些最核心的议题提供方向。

我们希望本书的这个版本像上一版一样,带给学者们重要助益。首先,它注定成为战略领导研究领域每一主题最重要的参考书之一。就像早期的版本一样,我们并不打算在综述中囊括所有文章或专著,因为这样的承诺将会难以兑现且不够聚焦;相反,我们的目标在于综合文献中的关键理论观点与实证结果,而非用所有可能的引证来使读者感到筋疲力尽。当然,我们无疑也会忽略一些可

---

① Finkelstein, S. and Hambrick, D. C. 1996. *Strategic Leadership: Top Executives and Their Effects on Organizations*. St. Paul, MN: West Publishing.——译者注。

能有帮助的研究工作,但整体上我们已经力图用足够的细节确认并讨论每个研究主题,以便读者能够合理而完整地理解相关文献。

其次,我们希望研究者们之所以会翻阅本书,不仅是因为它是对既往工作富有意义的回顾,而且因为我们对这些既往工作是如何整合起来的进行了合理的阐释。我们关于研究记录的编辑视角将会随处可见,尽管并非所有人都同意我们所建议的一切,但述而不评就难免价值寥寥。诚然,真正的整合也是需要这种解释和评论的。

再次,我们在未来研究的建议中阐述了自己的观点。我们通过子主题或主要研究问题来组织每一章,通过命题的方式加以强调以鼓励进一步的探索。尽管并不打算界定一个研究思路的完备集合,但我们已经概括的命题都代表了重要且尚未获得解答的研究机会。

最后,我们确信将广泛的研究高度聚焦从而为学者提供洞见的价值。如果没有这本合集,这些洞见可能很难出现。当然,本书的主体工作代表了迄今为止关于战略领导的最广泛的整合工作。一位研究者聚焦于一个特定的问题,比如关于高管薪酬的某个方面,通常很难看到它如何适配于更大的研究议题所展现的广阔图景。因此,对于我们所有人而言,不时回头看看,以领会一个狭窄的研究问题如何匹配战略领导领域的广阔研究基础及概念性主题将有所助益。

承蒙很多人的支持与鼓励,本书才得以顺利出版。牛津大学出版社的编辑 Mike Hitt、Duane Ireland 以及 Bob Hoskisson 从一开始就是本项目的支持者,在我们艰难阅读海量的研究文献以试图提交一份本领域新鲜而权威的解读时,他们给予了我们很大的支持。感谢牛津大学出版社对本书的支持,以及对于战略与组织领域的学者将会认可我们所做的努力的信念。

感谢达特茅斯学院塔克商学院院长 Paul Danos、宾夕法尼亚州立大学 Smeal 商学院 Judy Olian 和 Jim Thomas,以及亚利桑那州立大学 Bob Mittelstaedt 为支持本项目所创造的良好氛围,以及为项目的完成所提供的必需的时间和资源。我们各自所在院校的同事们也自始至终多有助益,向他们表示最诚挚的感谢:塔克商学院的 Rich D'Aveni, Bill Joyce, Len Greenhalgh, Vijay Govindarajan, Connie Helfat, Aviad Pe'er, Margie Peteraf, Alva Taylor, Judith White;宾夕法尼亚州立大学的 Arijit Chatterjee, Guoli Chen, Craig Crossland, Denny Gioia, Dave Harrison, Rajiv Nag, Tim Pollock, Linda Treviño, Wenpin Tsai;以及亚利桑那州立大学的 Blake Ashforth, Amy Hilman, Carla Jones, Christine Shropshire, Anne Tsui, Bob

Hoskisson。

在我们各自所在的教育机构之外，还有不少同仁以间接的方式推动我们不断思考。冒着可能会遗漏一些有功劳的同仁的风险，我们想要感谢 Warren Boeker，Brian Boyd，Mason Carpenter，Trevis Certo，Ming-Jer Chen，Catherine Dalton，Dan Dalton，Kathy Eisenhardt，Jim Fredrickson，Marta Geletkanycz，Luis Gomez-Mejia，Dawn Harris，Mat Hayward，Pam Haunschild，Andy Henderson，Nathan Hiller，Amy Hillman，Susan Jackson，Rakesh Khurana，Richard Lester，Mike Lubatkin，Ann McFadyen，Danny Miller，Frances Milliken，Vilmos Misangyi，Ann Murphy，Randall Peterson，Charles O'Reilly，Nandini Rajagopalan，Glenn Rowe，Gerry Sanders，Wei Shen，Ken Smith，Henry Tosi，Mike Tushman，Jim Wade，Jim Walsh，Andrew Ward，Noam Wasserman，Jim Westphal，Margarethe Wiersema，Dave Yermack，Tieying Yu，Ed Zajac，Anthea Zhang。

目 录

第一章　高管的相关研究　/ 1
　一、战略领导的本质　/ 2
　二、学界对高管的关注：历史的视角　/ 4
　三、战略领导的范围　/ 7
　四、本书概览　/ 10

第二章　高管重要吗？　/ 13
　一、高管从事哪些工作？　/ 14
　二、管理者重要吗？质疑的视角　/ 17
　三、管理者重要吗？支持的视角　/ 19
　四、管理自主权　/ 22
　五、高管工作需求　/ 34
　六、管理的神秘性　/ 35
　七、结　论　/ 37

第三章　个体差异如何影响管理者行为　/ 39
　一、战略选择中的人类局限性模型　/ 40
　二、管理者导向：一个概述　/ 45

三、管理者行为的心理特征基础 / 48

四、结　论 / 76

第四章　高管经历与组织产出 / 77

一、高管任期 / 79

二、功能背景 / 90

三、正式教育 / 99

四、国际化经历 / 105

五、未来方向 / 106

六、一个尚未开发的视角：高管特征预测效力的影响因素 / 108

七、结　论 / 112

第五章　高管团队 / 114

一、高管团队的概念要素 / 117

二、高管团队的概念要素是如何相互关联的？ / 119

三、高管团队特征的影响因素 / 133

四、高管团队互动的影响 / 147

五、结　论 / 158

第六章　高层变革：高管更替与继任的前因 / 160

一、继任是否会发生？高管离职的决定因素 / 162

二、继任过程有何动态特征？ / 174

三、谁将被挑选出来？ / 180

四、结　论 / 190

第七章　高层变革：高管更替与继任的后果 / 192

一、继任有哪些后果？ / 193

二、CEO之外的高管更替 / 206

三、结　论 / 217

第八章　了解董事会的结构、组成与警惕性　/ 219
　　一、董事会结构和组成的决定因素　/ 221
　　二、董事会警惕性的决定因素　/ 236
　　三、结　论　/ 247

第九章　董事会参与和警惕性的结果　/ 249
　　一、战略形成中的董事会参与　/ 249
　　二、董事会与企业绩效　/ 262
　　三、董事会对战略的效应　/ 264
　　四、董事会监管和纪律行为　/ 275
　　五、结　论　/ 284

第十章　高管薪酬的决定因素　/ 285
　　一、高管薪酬体系的组成维度　/ 285
　　二、高管薪酬的经济学解释　/ 288
　　三、高管薪酬的社会学解释　/ 303
　　四、高管薪酬的政治学解释　/ 313
　　五、事业部总经理的薪酬：决定因素和结果　/ 316
　　六、结　论　/ 320

第十一章　高管薪酬：效应与分配　/ 322
　　一、高管薪酬的效应　/ 322
　　二、高管团队内部的薪酬分配　/ 340
　　三、高管团队和 CEO 薪酬模式　/ 352
　　四、结　论　/ 356

参考文献　/ 359

第一章
高管的相关研究

我们无须费心去寻找大量证据就可以发现,企业的发展轨迹和命运通常可以归因于其高管的作为(或者不作为)。想想那些依据自身喜好来创立企业,并将其作为自身与众不同的哲学逻辑和人生抱负的直观反映的商业缔造者们,比如宜家(IKEA)的 Ingvar Kamprad、西南航空(Southwest Airlines)的 Herb Kelleher,以及维珍(Virgin)的 Richard Branson。想想那些为成熟企业带来新的生机与方向的高管们,比如国际商业机器(IBM)的 Louis Gerstner、通用电气(GE)的 Jack Welch、诺基亚(Nokia)的 Jorma Ollila,以及日产(Nissan)的 Carlos Ghosn。也有很多高管,他们的失策导致企业从巅峰跌入低谷,比如戴姆勒-奔驰(Daimler-Benz)的 Jürgen Schrempp、施格兰(Seagram)的 Edgar Bronfman、美泰(Mattel)的 Jill Barad、维旺迪(Vivendi)的 Jean-Marie Messier。抑或思考一下那些由于个人罪行而毁灭整个企业的高管,比如安然(Enron)的 Jeffrey Skilling 及其支持者、泰科(Tyco)的 Dennis Kozlowski,以及帕玛拉特(Parmalat)的 Tanzi 家族的创始成员们。哪怕你只听过这些名字中的一部分,你也会知道他们提供了如此生动的证据,来印证高管确实能够极大地影响组织的境遇——暂且不论这种影响是好的还是坏的。

处于组织上层的这一小部分人能够显著地影响组织产出。高管们做出大大小小的决定。他们通过组织招聘、人员调动、激励他人决策等途径,来构建企业的组织架构。他们代表自己的组织与外部客户进行商业往来。并且,高管们必须在不确定的条件下完成以上所有的任务。高管们所面临的形势并非经过精心提炼后的全面概括总结;相反,他们面对的"事实"——如果可以被称为事实的话——是典型的模棱两可、自相矛盾甚至漫无边际的,并且源自那些拥有不同动机的群体。因此,高管们面临的形势是不可知的;它们仅仅能够被判断出来。

那么,高管们如何判断他们所面临的形势?这些都是通过高管的经历、价值观、个性及其他的人类特征来实现的。心理学家很久之前就知道,在模糊和复杂的情况下(以高管的工作最为典型),个体会将大量的自我因素注入决策中(Mischel 1977)。在此情形下,事实和刺激对于预测个体的未来行为将不会那么可靠;相反,个人会运用自身特征构成的滤网——融合了他们此前的见闻、价值观以及思维运作方式——来对事实加以过滤。因此,一个人的行为更多反映了当事人自身而非形势。

对于企业高管来说同理。作为学者,如果我们想要理解组织为何实施现在的活动,或者为何以现在的方式运行,我们将不会过于严格地聚焦于客观的情境化因素。不,战略管理研究者们所用到的核心概念——诸如环境、竞争者、联盟者及企业资源等——将为我们理解企业行为提供令人遗憾的不甚完整的解释。然而,我们还需要以一种完整的方式去思考企业顶层人士的偏见和性情。在此过程中,我们将会发现,人的因素——源自个性、经历、价值观、社会关系、疲惫、嫉妒等——在影响组织产出的过程中扮演了至关重要的角色。

一、战略领导的本质

从战略选择视角对高层领导的研究,或者更简洁地说,战略领导聚焦于对一个组织负有完全责任的高管们——他们的个性特征,他们做什么,他们怎么做,以及最重要的,他们如何影响组织产出。战略领导的研究对象可以是个人(例如 CEO 或业务部门负责人)、群组(高管团队),也可以是其他的治理主体(如董事会)。

我们使用"战略领导"这一术语,因为它意味着对整个企业,而不仅仅是一个小小的业务部门的管理;除了通常与领导相关联的人际或社会关系面,它还意味着实质性的决策责任。通过本书你将会看到,我们集中地关注为什么高管会做出这样的战略选择。我们并不排除领导(leadership)中的人际方面,但不同于一些理论家，我们并不强调他们的出现以便启用"领导"一词（Kotter 1988；Kets de Vries 1994）。如果不是太过累赘，我们可能会使用一些更中性的词语，比如头头（headship）或高管（executiveship）。

和其他的一些战略学者一样，我们对于了解那些能够实现卓越组织绩效的因素一直很感兴趣。而且，像我们的很多同事一样，我们相信，组织绩效在很大程度上取决于战略选择，以及在企业内部所做出的其他重要决策。

但是，企业战略来自何方？它是由外部的规范和惯例所强加的吗（DiMaggio and Powell 1983）？它产生于对企业资源（Barney 1991）或者外部环境（Porter 1980）进行仔细分析之后所得出的所谓规则吗？它是企业此前战略的简单递延吗（Quinn 1980）？（若是，那此前的战略又是如何产生的？）可以确定的是，战略行动有时归因于模仿、惯性以及谨慎和客观的决策。然而，大量研究和日常观察表明，战略和组织的其他主要选择都是人们根据自己异质性的经历、动机和性格所做出的。如果我们想要理解战略，就必须读懂战略家。如果不是因为创立并长期担任 CEO 的 Ingvar Kamprad 与众不同的哲学与价值观，宜家这家全球性家具企业将不会发展成今天这样。1992 年 IBM 濒临倒闭的时候，如果不是因为 Louis Gerstner，它今天很可能已经不存在了，或者不会像现在这样。还有安然，如果不是因为一小撮高管令人生厌的"机智"，它到今天应该依然存活着。

面对复杂、海量甚至模棱两可的关于高管任务的信息，任何两位战略家都不会为企业做出相同的选择；他们很少会青睐于同一种选择；并且，几乎可以完全确信，他们不可能如出一辙地实施这些选项。偏见、自我、资质、经历，以及管理阶层的其他人为因素，都在极大地影响着企业的境遇。

杰出的组织理论学家 James Thompson 撰写了"多变的人类"在影响组织行为上所扮演的角色（Thompson 1967，101）。这正是我们所切入的视角，即主张高管们的多样化使得他们的选择也因此而多变。高管们在经历、能力、价值观和个性特征等方面都存在差异。这些差异会相应地导致他们在以下方面的区别：他们对战略刺激的认知和解读、抱负水平、关于因果关系的认知，甚至关于他们正在试图完成的工作及其紧急程度的认知。接下来，便是高管行为和选择的差异。组织也就成为其高管的反映（Hambrick and Mason 1984）。

由于战略管理从根本上说是一项社会和政治活动，因此高层领导的行为理论已经扩展到超越管理者个体兴趣的层面。决策者会被组织内外的其他人告知、影响，有时甚至是限制。因此，我们有兴趣研究高层次的管理群体（通常被称为高管团队)、董事会的角色及其影响力,以及外部联系对高管决策的效应。我们关于战略领导的视角存在认知、社会和政治概念的交叉。

简言之,我们对战略选择和组织绩效中的人为因素很感兴趣。然而,聚焦于高管,我们并不希望被视为是在美化他们。高管对于整个战略管理理论而言非常重要,因为他们的局限性——偏见、过滤和变化的动机——导致了决策或者犹豫不决。

此外,我们聚焦于高管,并不意味着所有的战略选择都产自组织的顶层职位。战略来源于高层,但它们是从基层逐渐累积从而实现从量变到质变这一过程的(Bower 1970；Burgelman 2002)。然而,典型地,组织中的操作层所推进的举措,取决于高管所做出的相关决策,包括人员配置、组织结构与激励机制等。因此,尽管高管不可能制定所有决策,但他们依然对组织境遇具有主导性影响。总之,在对组织的形式和命运产生的影响力上,其他任何一个小群体都无法与高管团队相媲美。

二、学界对高管的关注:历史的视角

过去的 70 年间,对高管的学术兴致时冷时热。在某个时点,高管曾是主流组织理论不可或缺的一部分(Barnard 1938；Selznick 1957；Chandler 1962)。在战略领域的早期研究中,高管被认为是企业发展方向的核心决策者。例如,作为 20 世纪 60 年代和 70 年代商业策略思想家的首要指导,哈佛模型(Learned, Christensen, and Andrews 1961；Andrews 1971)强调了高管在塑造企业上的个人角色。考虑来自 Andrews(1971)的以下几点引述:

掌管企业命运的高管不会对企业可能及可行的举动袖手旁观。[他们的]个人偏好似乎时常影响深远。(p.104)

如果我们接纳而不是抵制偏好的因素,我们将会更好地理解战略决策。(p.105)

战略是一种人为解释。(p.107)

在哈佛模型中,企业上层的个体被视为理解企业动态的关键。

但是,当理论家们采纳相应的机械化模型时,组织就失去了实体意义,或者实质性地"被斩首了"。首先进入视野的是,一些情境化的状况(显然包括环境、技术和规模)决定了组织的设计(Hage and Aiken 1969；Hickson, Pugh, and Pheysey 1969；Blau 1970)。据此观点,组织总会面对一些必须履行的责任,而没有选择的余地。

以这个决定性的观点为根基,种群生态学(population ecology)得以出现。在此,焦点在于解释组织的产生、成长与衰亡。在生态学家的理论框架中,环境是核心,涵盖了资源和所偏好的组织形式。组织变迁非常随机且偶然,它根植于历史,而非刻意促成(Hannan and Freeman 1977)。事实上,这些理论学家通常将组织视为惯性的,受到内外部约束的禁锢,并且认为组织不会轻易被领导者的影响力所控制。

同时,还有一种新制度理论(Meyer and Rowan 1977；DiMaggio and Powell 1983)主张,组织是在巨大压力下采纳一些在外部资源供给者眼中看似合法化的做法和政策。在这一观点下,组织并不被期望甚至不被允许变得机敏、富于创新或者偏离常规;相反,组织被寄希望于遵从——恪守常规与传统以及符合行业领导者的属性。相应地,高管的角色便仅仅是管理组织中持续进行的整合活动。

在战略领域,尽管管理者视角是其长期以来的传统,但20世纪70年代末80年代初,它仍忽视了高管。在Schendel和Hofer(1979)所编写的富有影响力的书中,许多在这一领域的领军人物为该著作做出了零星的贡献,并且"商业政策"领域在该书中被重新定义为"战略管理",但对高管角色的关注几近消失,取而代之的是被引入的备受青睐的"技术-经济"框架。战略学者开始更加关注产品生命周期、证券投资组合模型、行业和竞争对手分析、市场份额、经验曲线以及通用战略(比如,Poter 1980)。在某种程度上,战略概念向相对可量化及精确建模转变的这股风潮,很可能源于战略学者渴望展示其所在的领域与其他领域一样也是需要经过缜密分析的。经年累月地尝试展示这种学术正统性之后,战略管理雏形阶段的学者可能已经确信,高管行为在本质上的温和与模糊——总体而言就是人为因素——在他人进行评价时最容易被遗漏和搁置(Hambrick and Chen, 2008)。

相反,对高管重新产生兴趣的倾向可以被追溯为一个"两步走"的过程。首先是John Child(1972)关于"战略选择"的那篇影响深远的文章。并不满足于组织理论学家对组织形式的定论,Child写道:"许多对组织结构理论的可能贡献并未包含正式结构安排发生变化的直接原因,即有权力实施结构初始化的人所做出的战略决策……一旦把战略选择纳入组织理论中,人们就会意识到,在这种本质上的政治运作过程中,限制和机会都是决策者行使权力的函数"(1972,16)。作为一位组织理论学家,Child 主要专注于增进人们对组织结构的理解(正如上面的引语所述)。然而,他使用"战略选择"一词来指代对组织具有重要意义的任何刻意行为——不仅关于组织结构,而且关于目标、技术和人力资源的决策。

作为对主流机械式组织功能观点的矫正,Child 的论文获得了学界的极大关注。然而,该文并没有直接为实证研究的新方向奠定基础(大概是因为 Child 并不清楚谁在组织中做出战略选择)。援引 Cyert 和 March(1963)对于"主导联盟"(dominant coalition)的概念,Child 主张战略选择是在特定时间由特定组织中的权势人物所做出的,但是这些特定群体的身份通常很难被具体化。这个主导联盟可能是这样一些组合:董事会成员、高管、投资者、技术工人、工会领导或者其他身份。在这种观点下,学者们无法在一个跨部门的组织中可靠地定位战略选择的固定轨迹;因此,对 Child 想法的系统性追踪就在一定程度上受到了阻碍。

在这之后,突然有学者开始专注于高管并将其作为战略方向的主要塑造者。1982 年,John Kotter 出版《总经理》(The General Managers)一书,论述了高管职位的主要挑战。他在书中假定,管理者行为的差异可能源于其个人特征的不同。1984 年,Hambrick 和 Mason 提出了一个更为正式的理论,即高阶梯队理论,指出高管基于自身认知和价值观来做出战略选择,组织也由此成为其高管的反映。同年,Gupta 和 Govindarajan(1984)对部门总经理开展系统性研究后发现,经理人的经验和个性与既定业务战略关键需求的匹配程度决定了业务部门的绩效。同时,其他不少有影响力的高管研究也相继出现(比如,Donaldson and Lorsch 1983;Meindl, Ehrlich, and Dukerich 1985;Miller, Kets de Vries, and Toulouse 1982;Wagner, Pfeffer, and O'Reilly 1984)。

自此,高管研究的闸门大开。数以百计关于高管及其组织的学术或应用文章、书籍和专论在过去的 20 年间相继完成。现在,我们随手翻开任何一期关于管理或者战略的期刊,几乎都至少包含了一篇与高管有关的文章。这些丰富多彩而令人振奋的话题包括了以下研究:CEO-董事友谊(Westphal 1999;Westphal and Stern 2007),CEO-COO(首席运营官)搭档(Hambrick and Cannella 2004),高管的国际经历(Carpenter, Sanders, and Gregersen 2001),CEO 任期(Henderson, Miller, and Hambrick 2006),高管团队中的薪酬差距(Henderson and Fredrickson

2001；Siegel and Hambrick 2005），CEO 个性（Chatterjee and Hambrick 2007；Peterson et al. 2003），以及高管失误（Finkelstein 2003）。

组织理论与战略领域重新关注高管应该是不可避免的，因为只有这些位居企业高层的少数人士对企业形式与命运具有主要影响——无论他们是果敢抉择还是优柔寡断、是勇于担当还是胆小懦弱。如果学者们希望理解组织的行为目标及其运作方式，那么高管就必然成为任何解释性理论的核心。

本书试图达成两大目标。第一，全面盘点、评估并整合关于高管的大量现有文献。正如我们所看到的，过去 20 年间本领域研究的爆炸性增长尚未产生一系列特别有序或简洁的研究成果。事实上，关于高管的文献在方法和视角上极其多元，而且常常与结果背道而驰。我们的目标是为读者引航，并使其理解这一宽广的领域。

第二，超越已知内容，并为高管研究设定新的框架、视角、可供检验的命题，以及进行方法推荐。在某些地方，我们的想法具有明显的揣测意味，意在激发辩论与系统的检验。本书致力于为战略领导的理论和研究提供一个新的平台——整合已有的知识，确定下一步研究的首要目标，并建议学者们如何有效地进行调查。

三、战略领导的范围

战略领导的研究可以从多个分析层次展开。普遍意义上的领导一般被认为是个体的管理者。在现代组织中，领导又特指 CEO 和业务部门负责人。然而，战略领导也可以被视为高管的小群体，或者"高管团队"（TMT）。其他的治理主体，尤其是董事会，也包含在战略领导的范围之内。

1. CEO

CEO 是对整个组织的行为和绩效负全责的管理者。在当今企业结构的详细说明中，出于区分大量高层管理职位的需要，CEO 的名号已经得到了广泛运用。比如，负责内部运营事务的 COO，就是需要向 CEO 汇报的众多高管之一。反过来，CEO 负责整合内部与外部的长期事务，例如收购、政府关系，以及投资者关系（Hambrick and Cannella 2004）。

在美国绝大多数的上市交易公司中，董事会主席同时也是 CEO，但董事长

(如果这个头衔还存在的话)是COO。在其他很多国家(尤其是在欧洲),董事会主席根本不会是一位企业高管,而是一位外部监督者;董事长作为高级职位的受雇管理者,履行CEO的职责(Crossland and Hambrick 2007)。其他的形式变化也是存在的。让学者识别一家企业的CEO的工作变得更复杂的是,这个标签可能无法明确地授予任何一个人。尽管如此,理论家和组织的其他观察者们仍然假定,企业中总有一个人对企业的管理负全责,所以此人的特征和行为会对组织以及利益相关者产生重大影响。

2. 业务部门负责人

随着多元化企业以及相应的事业部制组织结构的出现和发展,综合管理职位在大多数大型企业中被创设出来。这些职位上的管理者并不具备CEO职位的责任范围,但是他们经常监督非常大型的组织,拥有可观的自主权,有时甚至被授予相应业务部门的董事长、总裁甚至CEO等头衔。

关注业务部门负责人是很有必要的,因为他们大量存在于当今的事业部制企业中。同时,许多战略举措是从他们这一层级制定并执行的。正如我们所看到的,一些早期对战略领导研究做出巨大贡献的研究者也都聚焦于业务部门负责人(比如,Gupta and Govindarajan 1984)。然而,这类研究近年来已经寥寥无几,可能是因为获取数据的难度——相较于获取CEO和其他企业管理层的数据而言。

3. 高管团队

"高管团队"这一术语已被战略领导理论家们用于指代由位于组织上层、最具影响力的管理者组成的较小群体——通常是CEO(或总经理)和那些直接向CEO汇报的人。这个术语并不必然意味着管理委员会的一种正式安排,而仅仅是指排名第三到第十的高管组合。

学术上对高管团队的兴趣出现在20世纪80年代早期,并使其从那时开始成为显学。意识到高层管理是一种典型的共同行动,研究者们就将对个体领导者的考察扩大到对高层领导群体的聚焦上来。在表述他们的高阶梯队理论时,Hambrick和Mason(1984)给出了这样一个例子,来阐释对整体团队特征的理解如何极大地提升研究者预测或解释某个特定战略的能力:

假设两家企业中的每一家都拥有具有生产领域功能背景的总经理。在A企业，其他四位关键管理者中的三位起初都是通过生产导向的职业生涯晋升上来的，尽管他们现在任职于非生产部门或成为多面手。在B企业，高管背景的组合更加均衡和典型——一位来自生产部门，一位来自销售部门，一位具有工学背景，一位具有财务背景。有关整个高管团队集中趋势的认知会提升人们在预测企业战略时的信心。(p.196)

我们更容易预测出A企业将会追求强调生产能力的战略，而对B企业的战略则难以做出任何靠谱的预测。实际上，关于究竟是单个高管还是高管团队能更好地预测组织产出，有限的实证证据明白无误地支持了这一结论，即高管团队具有更强的解释力（Hage and Dewar 1973；Tushman, Virany, and Romanelli 1985；Finkelstein 1988）。

4. 董事会

最后，董事会也在战略领导理论的范围之内。尽管并不负责企业的日常管理，但是董事会对于审核重大战略选择负有责任。正如我们将会看到的，董事会在参与战略选择的程度上变化很大，但众所周知，董事会特征会影响企业的一些基础性选择，如收购、多元化、剥离、研发支出、战略调整、高管薪酬等，当然还有CEO解聘（O'Reilly, Main, and Crystal 1988；Haunschild 1993；Golden and Zajac 2001；Shen and Cannella 2002b；Deutsch 2005；Shimizu 2007）。

伴随着对董事会能动性诉求的增加（Monks and Minow 2004；Finkelstein and Mooney 2003），董事会对组织产出的影响只会有增无减。或许最好是将董事会称为"超级高管团队"。董事会也是战略领导研究的重要对象。

5. 战略领导范围内的其他事项

因此，我们根据组织中我们感兴趣的人士，把战略领导这张网的范围撒得大一些：包括CEO、业务部门负责人、高管团队以及董事会。然而，在其他一些方面，我们又会限制这一范围和内涵。

首先，本书在理论、预测和解释上有自己关注的重点：高管特征与行为如何能被用于解释组织产出的差异？对策不会被忽略，但它将成为次要的。直到一些基本现象被理解和解读之后，对策才不至于草率。我们相信，这解释了为何关于领导理论的规范研究引发了如此之多的困惑和质疑。

其次，相应地，本书主要是为学习组织的学生——那些致力于评估和理解战略领导现象的人——准备的。我们将会探讨理论的演进、研究设计中的要点，以及一些实证研究结果。我们的目的主要在于，激发并指导未来关于这一重要议题的思考和研究。

除了学生和学者，还有另外一类人也可能会从本书中获益——那些负责对高管进行评估、选拔、激励和开发的人。那些从事猎头、薪酬、评估和人员配备工作的专业人员，以及必须对高管绩效和前景进行评估的董事会成员，将会从中受到启发，形成自己独到的见解和认知。

四、本书概览

本书综合了关于战略领导的既有成果，并提出了新的研究方向。虽然每一章都聚焦于战略领导某一界定相对明确的方面，但是这些主题之间是相互关联的。在努力整合战略领导研究的过程中，我们的方法产生了这样的效果，即创建了一系列基于并贯穿先前章节的交叉研究领域。当我们提出新的框架和命题来指导未来研究时，我们将会依赖本书的关键潜在主题——大量体现在战略领导中的认知、社会和政治视角的交集。

我们关于战略领导的讨论从第二章开始，基于对整本书的一个基本假设的检验——高管的确对组织产出具有重要影响。"高管重要吗？"这一问题由来已久，并有大量不同的答案。问题的核心是两派理论之间的争论，即强调制约的宿命论和强调高管作用的战略选择理论。我们认为，明确解决这一争论几乎是不可能的，因为大量证据表明，制约和高管选择都贯穿于组织的生命历程之中。很难想象会有一个组织不从属于这两种效应。出于这个原因，我们提出管理自主权的概念，来作为两大对立阵营之间的桥梁，试图追溯并承认管理者对组织产出的效应从属于制约和选择的交互作用：这种交互作用是一系列知识和可测因素的自我驱动行为，并且这些因素对于战略领导研究而言非常重要。

第三章和第四章关注管理者对组织产出的影响，并提出了一个想法：作为心理特征和可观测经历的一种复杂组合，高管的"导向"引发了其认知和决策。基于卡耐基学派的经典成果，我们提出了关于战略选择的人类局限性模型，且该模型清晰地反映了组织产出通常如何成为高管导向的一种映射。

第三章特别关注了高管的心理特质：高管价值观、认知模型以及个性元素。我们讨论了高管心理的主要维度，并提出了一系列命题来将这些维度和高管行为连接起来。

第四章强调了高管经历的作用。高管经历指的是高管们带到其职位上来的广泛经历，包括任期、功能背景和教育方面的特征。对人口统计特征与组织产出的研究多如牛毛，本章试图搞清楚这些关系中哪些是已知的，哪些是未知的。相比既有的传统研究，本章对检验更宽泛的高管经历和高管群体提出了建议，并呼吁对开发高管类型给予更多的关注。最重要的或许是我们将研究建立在社会心理学的基础上，并开发了一个关于高管特征与组织产出之间的联系何时更紧密或更松散的模型。

在第五章，我们将分析单元从高管个体拓展到高管团队。然而，正如我们将要讨论的，从对个体的关注转换到对群体的聚焦并不仅仅是分析单元上的变化。从概念上来说，高管团队并不仅仅是高管个体的简单集合，且这一章的目标之一就是说明为何会如此。我们认为，高管团队影响组织产出，并不仅仅是因为存在高管之间的高管导向集合（虽然这也很重要），还因为高管相互之间的关系对组织产出具有独特的含义。这些相互关系中最重要的部分是高管之间的权力分配，以及高管导向的异质性，我们为这些话题提供了大有可为的分析与研究方向。

从第六章到第十一章，每一章都关注了战略领导的一个特定领域，包括高管更替和继任、董事会与管理层的关系以及高管薪酬。这些章节在很多方面都以上述章节为基础，但它们又是相对独立的，每一章都会解决文献中定义明确的一系列问题。因此，这些章节中的每一章都从相关领域，比如组织社会学、管理经济学以及金融学获得了广泛的研究基础。我们的目标并不是进行详尽的文献综述，而是在每一章开发出研究框架，以极度简洁地反映现有文献，并提出一系列重要且尚未解决的研究问题。

第六章综合了高管更替和继任的已知前因或曰决定因素。第七章考察了高管继任的后果。通过这两章的介绍，我们采用一个高管继任流程的模型，来从以下情况中分析差异：继任的诱发情境、真实事件和流程、继任者特征，以及继任的效果。这一框架提出了我们将在这些章节中解决的四个基本问题：继任会发生吗？继任如何发生？谁将被挑选出来？将会带来怎样的结果？围绕每个问题，我们都产生了一些新想法。高管更替是非常具有实质性和象征性的事件，因此，其他章节中所探讨的不少问题对于理解继任现象也大有裨益。

第八章和第九章将战略领导的核心从高管转移到董事会。这种转变促成了公司治理上董事会和高管视角的整合,并强调了董事会在某些方面是如何成为"超级高管团队"的。我们再一次提出了统一的框架来帮助阐明和协调既有研究,并提出了大有可为的新线索。第八章聚焦于两个主要研究问题:什么是董事会特征的决定因素?什么决定了董事会的警惕性和行为?第九章探讨了一个同样重要的问题:董事会如何影响组织的选择、战略与绩效?大量研究都对治理和董事会进行了讨论,而我们相信,我们横跨这两章的组织框架有助于从战略领导视角来识别董事会的本质。实际上,我们以我们的框架作为跳板,发展出一系列命题,以概括我们仍需探索的关于董事会的很多内容。

第十章和第十一章对高管薪酬的探讨直接建立在前述所有章节的基础上。第十章考虑了高管薪酬的决定因素:为什么高管获得这么高的收入?为什么高管薪酬计划是现在这样的?接下来,第十一章考察了高管薪酬如何影响高管行为、他人行为、企业战略和绩效。这一章还考察了诸如薪酬如何在高管团队成员之间分配,以及这种分配如何影响团队行为和组织产出这样有趣的问题。与本书主题相一致,这些章节详细阐述了对以下问题的宏观审视,即经济、社会心理以及政治视角如何有助于解释高管薪酬的决定因素和后果。这种更为宏观的观点是有价值的,因为它再一次允许对大型和综合性研究议题同时进行整合与分解。总体而言,这些章节为那些对高管薪酬感兴趣的学者提供了大量新线索。

总之,本书乐观地将战略领导描绘成战略管理研究领域一股奔腾不息的洪流,并为组织如何以及为何做出其选择提供了基本见解。很明显,还有更多知识有待我们探索。挑战造就机遇:我们对战略领导的理解越深入,对战略的本质、组织如何执行战略及其为何那样运行的领悟就会越透彻。

第二章

高管重要吗?

在商学院任教的我们很少思考"管理者重要吗?"这个问题。如果我们开始思考这个问题,就将不得不应对一些令人不安的问题,这些问题关乎我们工作的基本价值,以及我们对于花费学生的金钱和时间以帮助他们成为"更好的"管理者的顾虑。也许我们都曾暗中思考过管理者是否对组织产出有很大影响的问题,并得出了令人信服的肯定答案。毕竟,我们每天都被这样一些新闻所包围:关于管理者的才华和无能、关于CEO们拯救公司和葬送公司、关于股东和董事会用有为新人取代无效高管。"管理者当然重要",我们告诉自己。

然而,并非所有认真思考过这个问题的人都认同此观点。事实上,有证据支持的一个学派主张,高管对组织产出总体上并无太大影响。在继续这本关于战略领导的书的写作之前,我们必须直面这一基本问题。

而这恰恰是本章的目的所在。我们开始于对高管工作内容的探讨,检索了关于高管角色、职责和活动舞台的相对完善的文献。随后我们转向争论焦点,首先回顾那些对于管理者作用持怀疑态度者的观点和论据,然后回顾那些主张管理者对其所在组织具有重大影响者的观点。我们对于争论的解决方法,并不是选择一个观点并将其奉为正确的,而是提出一个中间立场:管理者有时重于泰山,有时则轻于鸿毛,通常情况下其影响力介于二者之间。"管理自主权"(managerial discretion)或曰"行为自由度"是我们提议作为两大对立阵营协调方式的理论支点。之后我们讨论观察家们乃至整个社会的总体趋势——将组织产出过多归功于高管,在此过程中虚造英雄和恶棍,并将客观考察管理者效应的任务普遍复杂化。最后,我们以一份重点研究清单作为本章的结束。

一、高管从事哪些工作?

一个企业的领导,也就是 CEO 或部门负责人,需要扮演很多角色,并不是所有的角色都与高管在工作中的典型形象相一致。传统概念中的 CEO 刻画了一个大人物坐在一张大桌子后面实施重大活动——计划、组织、协调、指挥和控制——的形象(Fayol 1949)。Barnard(1938)和 Selznick(1957)甚至提供了更为崇高的形象,他们强调高管的工作是明确组织的使命和目标、维持组织的完整性并取得组织成员的配合。进一步加深 CEO 工作边缘化印象的,是第二次世界大战后掀起的理性决策分析方法热潮,比如运筹学、正式的远景规划以及投资组合分析。计算机技术和管理专业化的共同出现形成了一种观点,或者说强调了一种已经存在的观点,即 CEO 们首先都是重大行动审慎而全面的决策者。

正是这些关于高管形象的根深蒂固的看法使得 Henry Mintzberg(1973)的著作《管理工作的本质》(*The Nature of Managerial Work*)如此重要和令人震撼。Mintzberg 研究了五位阅历丰富的 CEO 各为期一周的实时行动。他发现,CEO 们并没有办法从日常琐事和危机中脱身,他们并未制订太多深思熟虑的计划,并且决策制定仅仅是其工作中的适度部分。相反,他发现,CEO 们其实是以一种繁忙而无休止的节奏处理大量事务;他们的活动以短促、零碎和断断续续为特点;相较于制定长远而空泛的规划,他们更倾向于处理即时与明确的事务;他们被口头媒介所吸引并信任它们;并且他们花费大量时间在组织内外的聚会中进行社交——交谈、劝服、安抚、推销、倾听和点头示意。

Mintzberg 基于数据归纳了一组共十种管理角色,并将其分为三大类:人际方面(名义首脑、领导者和联络员),信息方面(监督者、传播者和发言人),以及决策方面(创业家、干扰处理者、资源分配者和谈判者)。表 2.1 呈现了 Mintzberg 对管理者角色的总结。

一些研究已经发现,当观测不连续的管理活动时,Mintzberg 理论中的角色很难被分辨清楚(McCall and Segrist 1980;Kurke and Aldrich 1983)。其他研究(通常考察了各类管理者而不只是 CEO)证实了 Mintzberg 所观察到的角色行为,但认为这些角色可被进一步提炼,并可以减少至六种:领导者、发言人、资源分配者、企业家、环境监测者以及联络者(Tsui 1984)。Kotter(1982)对15位总经理的深入研究证实了 Mintzberg 对管理工作的一般描述,但是断定其仍可被进一步提炼:短期和长期的议程设置,内部和外部的网络构建,以及获取落实这一议程的网络。自此之后,再没有一项研究与 Mintzberg 的不一致。当结合其他调查和模型时,他们都表明了高管工作的一些基本维度,也就是我们现在所讨论的。

表 2.1 Mintzberg 的管理者角色理论

角色	定义
人际方面	
名义首脑	象征性的首脑,处理法律和社交方面的许多日常事务
领导者	负责激励和动员下属,承担人员配备、培训以及相关职责
联络员	维护自行发展起来的网络,该网络由外部联络人以及提供支持和消息的情报员构成
信息方面	
监督者	寻求和获取各种特定信息(其中许多都是即时的),以便透彻地了解组织和环境;作为组织内部和外部信息的神经中枢出现
传播者	将从外部人员和下属那里获得的信息传递给组织成员——有些信息是事实性的,但有些解释和整合则由对组织影响力具有不同价值的职位上的人做出
发言人	向外界发布关于组织的计划、政策以及行动和结果等信息,作为专家服务于组织所在的行业
决策方面	
创业家	搜索组织及其环境中的机会,并制定"改进项目"以实现变革;指导某些项目的构思
干扰处理者	当组织面临重大或者不可预期的干扰时,负责采取纠偏行动
资源分配者	负责分配组织的各种资源——实际上就是制定或批准所有重要的组织决策
谈判者	在与他人的重要谈判中作为组织的代表

资料来源:改编自 Mintzberg(1973)。

高管工作的基本范围

外部和内部活动:高管在所属组织和外部环境的边界实施管理行为(Thompson 1967)。他们从外部收集信息,并向外部传递信息、给外部留下印象、向外部传达信心。他们提醒内部人员注意外部信息和发展。他们采取行动使组织符合当时及预期的外部环境（技术、市场趋势、管制压力以及竞争者的举措）的要求；有时也试图改变环境（通过游说、贸易协会、财团以及合资企业）。

战略制定、实施和情境创造：高管会精心策划企业战略的制定，包括选择哪些产品和市场作为重点，如何超越竞争对手，发展得多快，等等（Ansoff 1965；Porter 1980）。高管还在战略执行中占有一席之地：分配资源，制定政策与计划，以及组织一套班子来与企业的战略推进相匹配（Chandler 1962；Galbraith and Kazanjian 1986；Quinn 1980）。而且，高管通过人员配备、奖励和评价体系、文化和风格创造了一种情境，来影响由管理者和技术专家（他们是整个组织中对市场、技术和竞争者最为熟悉的人）所做出的战略决策（Bower 1970；Burgelman 1983）。

实质与象征性的：当我们想到高管行为时，常常倾向于其实质层面，即收购或剥离业务、增加研发预算、开办一家新工厂、建立一个专门的工作组去实施一项全面质量计划，等等。但是，高管们同时也在一个象征性的世界中实施管理行为（Dandrige, Mitroff, and Joyce 1980）。所谓象征，就是超乎其固有内容的东西。由于处于组织层级的顶端，高管的行为常常传递了额外的含义（Pfeffer 1981a）。一些高管的行为很明显具有象征意义，例如为一位深受欢迎的员工举办欢送晚宴，举办一次活动去表彰一些杰出成就，或者亲自出现在企业的广告中。然而，某种程度上，所有的高管行为都具有额外的含义，或可称为"象征性的附带后果"。这些行为向观察家们传递了额外的信息，他们以此推测高管的意图、价值观、倾向及其行动方向。高管决策，例如，提升某个人而不是其他人，关闭一家工厂而不是另一家，在特定地点召开一次重大会议而不是在其他地方，都向内部当事人甚至组织外部传递了超出其本意的含义。事实上，有人已经指出，高管最重要的任务就是建立和传递"组织的意义"（Barnard 1938）。尽管这对一般管理尤其是高层领导很重要，但目前仍只有很少的研究系统地关注了高管对象征意义的使用（Armenakis et al. 1995；Smircich and Stubbart 1985；Dutton and Ashford 1993）。另外，尽管有一些比较知名的特例（比如，Gioia and Thomas 1996；Gioia et al. 1994；Westphal and Zajac 1998, 2001），但实证工作仍然缺乏。

因此，高管（至少潜在地）扮演很多角色，承担很多职责，参与大量活动。我们之所以称其为"潜在地"，是因为这些角色的着重点在不同高管之间差异巨大。例如，与私营控股公司的CEO相比，一家上市公司的CEO会参与更多的外部活动(和证券分析师、外部董事成员、商业记者等一起)。一家经营刚刚好转的公司的 CEO 将会与一家拥有富余资源的公司的 CEO 关注不一样的问题。事实上,对于一些突发因素如何引发管理者工作的差异,Mintzberg(1973)提出了一系列描述性的假设。这些突发因素包括环境的、组织的、情境的和个人的因素,比如高管的特征。我们没有发现任何研究试图直接检验 Mintzberg 的这些假设。然而,正如我们将从整本书中看到的,大量研究已经证明了高管自身的特征(其经历、受教育程度、功能背景、个性,等等)影响其行为和选择的趋势。

高管会基于其个人倾向来采取行动是完全可以理解的。高管常常被模糊性、复杂性和信息过载所包围。他们面对很多超出其理解范围的刺激因素,这些因素往往是非常模糊、不规范和自相矛盾的(March and Simon 1958)。因此,高管面对着一种典型的状况,著名心理学家 Walter Mischel(1968)将其称为"弱情境"——这种情境的特征不够清晰以至于一个人难以控制其行为过程。在这种情境下,决策者个人的参照系而非客观的情境特点成为其行为准则。正是因为高管角色、活动和行为准则的多样性,以及与之相伴的其面对信息的模糊和冗杂性,使得研究高管如何影响其组织的形式和命运至关重要。最后,高管的经历、见解和偏好极大地影响了其所在企业的命运。

二、管理者重要吗?质疑的视角

虽然直观上看起来很合理,但是高管对组织产出有重大影响这种观点并没有被普遍认同。关于高管管理行为的局限性,一些理论学家已经提出了令人信服的观点。并且事实经验表明,至少在表面上,相比其他因素,高管对组织的影响较小。

人口生态学家尤其认为,组织及其高管在很大程度上是惯性的,受环境和组织局限的制约。例如,Hannan 和 Freeman(1977)注意到管理活动中的一些内部限制:专用性资产的固定投资、信息流受限、内部政策约束和根深蒂固的规范与文化。同样,他们也发现了一些重要的外部限制:进出市场的法律和税收壁垒、外部信息访问受限和合法性约束。

制度理论学者认为,组织的合法性约束尤为狭隘(比如,DiMaggio and Powell 1983)。在巨大的压力下组织显示出了"正常"和理性的一面,它们必须遵循大量惯例以使其与外部期待一致。此外,面对不确定性,管理者被迫得出结论:风险最小的行为是去模仿那些其他企业里与他们相似的人(特别是更成功的人)的决定。所以,"模仿的同构"过程导致了显著的同质化,特别是在一个行业中(Spender 1989;Hambrick, Geletkanycz, and Fredrickson 1993;Haveman 1993a)。

管理者对组织产出影响甚微的另外一个原因是,其作为一个群体具有显著的同质性(March and March 1977),也就是说,自变量并没有很大的变化。很明显,从表面上看CEO并没有很大的不同。在美国《财富》500强企业中,几乎所有的CEO都是白人,年龄在50岁到65岁之间,具有大学学历和在大公司工作的丰富经验。在一些国家,通往大公司总裁职位的途径甚至更加苛刻,常常需要毕业于少数精英学校中的一所(比如,Kadushin 1995;Whitehill 1991;Kim and Cannella 2007)。如果高管来自一个小地方,然后逐渐被社会同化,我们就不能期待他们在思想或行为上呈现多样化。

因此,因为实质性的约束、从众和模仿的制度性压力,以及高管群体的高度同质化,一些人认为高管并不重要。一些著名的实证研究似乎也证实了这一结论。

最常被引用的证明高管影响很小的证据是Lieberson和O'Connor(1972)对大公司中的高管的研究。他们对167家公司20年内的样本进行了方差分析,在统计上将公司特定某一年的绩效中归功于高管的部分(通过销售量、利润率、销售收益率来度量)分离出来。在他们固定了时间、产业和具体公司之后,领导力因素在三项被测试的绩效指标中只解释了6.5%~14.5%的差异。Lieberson和O'Connor总结道:"总之,这三项绩效指标都被领导者直接控制之外的力量所影响。"

第二个常被引用证明管理者效应微不足道的证据是Salancik和Pfeffer(1977b)对市长的研究。他们应用了与Lieberson和O'Connor相似的分析方法,在17年的时间里对美国30个城市进行了数据调查。然而,Salancik和Pfeffer试图用八个不同的预算类别来解释城市财政支出差异,而不是组织绩效差异。正如Lieberson和O'Connor所做的,在评估市长因素能解释的差异量之前,他们增加了可控变量:城市和年份。他们发现市长个人解释了5%~15%的财政支出类别差异。并且,像Lieberson和O'Connor一样,他们总结道,"领导者扮演着一个相对局限的角色:组织中的领导力在来自内部结构、程序性因素以及组织外部需求的约束下发挥作用"(Salancik and Pfeffer 1977b,492)。

一个更近的研究得出了相似的结论。从一个跨越30年(1969—1999)约1 500家美国上市公司的样本中,Bertrand和Schoar(2003)生成了一个高管(CEO、CFO、COO以及部门经理)的子样本,这些高管在这段时间内均至少在两家企业工作过。通过控制年份、行业和企业的固定效应,Bertrand和Schoar确定了在企业层次的几个结果变量中可以归因于CEO和高管团队的变动份额。例如,他们的结论表明,仅有5%的资产收益率(ROA)的变动可以归因于企业的高管。

所以,一方面,合理的逻辑和大样本数据为确信高管的影响甚微提供了证据。并且,尽管Lieberson和O'Connor(1972)以及Salancik和Pfeffer(1977b)的研究都相对较为久远,但是它们仍然被引用为可信的证据,以证明高管的"真实"作用很小(Weber et al. 2001)。另一方面,大量的日常观察和其他系统的研究得出了相反的结论。

三、管理者重要吗？支持的视角

一些企业并没有随着时间的推移而改变很多,但是很多企业确实改变了,并且是在其高管的领导下。看看这些企业：诺基亚——电信设备企业；IBM——信息产品和服务企业；培生——媒体和出版企业。过去的二十多年来,相对快速地,这些企业已经极大地改变了其业务组合。它们的创始人如今已认不出它们,甚至1990年的CEO也是如此。高管们做出的决定已经使这些企业发生了本质上的变化。

高管们做出了各种决定。有时,这些决定是大胆和激进的(正如上面提到的这些企业)；有时,它们是渐进的；有时,它们维持现状不变；有时,它们根本不是一般意义上的选择,而是未能生成和考虑好的选择。但是管理者必须有所行动。我们认为,他们是以自己非常独特的经历、技能、抱负、取舍观和价值观为行为基础的。

1. Lieberson和O'Connor的研究存在的问题

在提出管理者效应的确定性证据之前,我们希望回到Lieberson和O'Connor常被引用的结论上：高管对组织绩效的影响很小。他们的研究尽管很有影响力,但是仍存在一些方法和分析上的问题,所有这些问题都使研究结果与观察到的管理者效应产生了偏差。

对 Lieberson 和 O'Connor 的研究最广泛而著名的批评讨论了他们对绩效指标的选择(Hambrick and Mason 1984；Romanelli and Tushman 1988)。在他们的三项绩效指标中,有两项即销售和利润是衡量企业规模大小的主要指标。在其数据分析中,他们首先试图用年份、行业和企业这三个独立变量来解释变动。毫无疑问,这些变量是销售和利润很有力的预测指标,能够被其解释的变动高达 97%。例如,如果我们知道某家公司属于钢铁行业,并且还是 1950 年的美国钢铁行业,我们就能预测该公司的销售能力将相对较高。然而,只有控制了产业和年份,才能重新分析领导力——每个 CEO 个体都用虚拟变量来表示——以确定有多少额外的变动可以被解释。正是据此方案,几乎所有的变动都已被解释,使得领导力所能额外增加的显著效应为零。当 Weiner 和 Mahoney(1981) 重复 Lieberson 和 O'Connor 的研究时,他们将领导力变量与同期其他变量一起加以分析并发现,领导者,或曰"管事者",在大公司中解释了 44% 的利润率变动。

Lieberson 和 O'Connor 的研究也存在其他问题。首先,每当任命一位新总裁或董事长时,他们就会选定一个新的领导者,而没有尝试理解这一变动对 CEO 自身意味着什么,其是否有什么变化。但是,如果一位 CEO 任命了一位新总裁,实际上 CEO 并没有发生变化;如果一位总裁作为 CEO 并且董事会主席有所变化,则 CEO 并没有发生变化;或者如果一个董事会主席将 CEO 的职位转给一位在职总裁,则即使这两大阵营都没有发生变化,CEO 却变得不同了。在美国公司,这种情况常常发生(Vancil 1987)。因此,Lieberson 和 O'Connor 将特定 CEO 分配到特定时期的方法必定有很大的错误,这使得任何试着在相应时期将特定 CEO 与绩效水平关联起来的想法变得不可信。

其次,Lieberson 和 O'Connor 将样本中的一些行业排除在外,这些行业里有形形色色的企业,包括那些在调查研究阶段正在兼并或收购的企业。然而,通过多元化经营、合并和资产剥离来改变企业的业务组合,对于高管来说,是对企业的形式和命运产生直接而重大影响的首要方法。通过剔除这些情况,Lieberson 和 O'Connor 用渐进的策略严格地限制他们的样本,毫无疑问,也得到了明显减弱的管理者效应。

我们并非要推翻 Lieberson 和 O'Connor 的研究结论。他们对于实验中其所做的选择有充分的理由。然而,他们的选择一直使得其对于管理者对组织产出的影响得出了有偏见的结论。

因此,在这个问题上,他们得出的结论不够准确。

2. 管理者效应的证据

除了大量关于高管对组织影响巨大的传闻(比如,Tichy and Devanna 1986;Tichy and Sherman 1993),也有很多大样本研究表明了高管的作用。这些研究中有一部分曾经直接指出 Lieberson 和 O'Connor(1972)研究的局限性,例如 Weiner 和 Mahoney(1981)。其他研究也已经超越了方法论的修正,介绍了一些重要的理论观点。例如,Smith、Carson 和 Alexander(1984)用一个卫理公会牧师的样本证明了,那些在曾经的任务中很高效的领导者与那些曾经没有那么高效的领导者相比,在现在的任务中能产生更高的绩效(用教堂出勤率和募集到的善款数量来衡量)。在他们看来,对管理质量的测量提高了预测管理者效应的能力。同样,Pfeffer 和 Davis-Blake(1986)、Cannella 和 Rowe(1995)以及 Rowe 及其合作者(2005)发现,职业球队教练以前的执教记录有助于预测他们在之后训练任务中的表现。

大量其他研究实验表明,管理者的特征及连任与组织绩效之间有重大关联。有几个例子可以说明这一连串的实验。例如,Virany 和 Tushman(1986)发现,绩效更好的微电子企业的管理团队在业内有很重要的先验经验,这些团队常常还包括企业的创建者。Gupta 和 Govindarajan(1984)发现,不同种类总经理的专业知识与企业的绩效相关联,而这取决于企业所追求的战略。Murray(1989)通过一个由 26 家石油公司组成的样本发现,那些成员任期有变化的高管团队比成员任期不变的高管团队更加高效。Haleblian 和 Finkelstein(1993)通过对计算机及天然气企业的样本分析发现,高管团队的规模与企业绩效正相关,然而 CEO 的支配地位与企业绩效负相关。

并不是所有对高管的研究都应该考察他们对企业绩效的直接影响。一些研究者曾着重理解高管的特征是如何与策略及结构相关联的。例如,Hage 和 Dewar(1973)发现高管团队持有的价值观影响其组织的后续创新程度。Miller 和 Dorge(1986)发现 CEO 的个性影响其组织结构。而 Helmich 和 Brown(1972)发现无论一个新任 CEO 是来自组织内部还是组织外部,其对组织变化的影响都将发生在其任职初期。

这些只是组织管理者对组织架构和绩效产生影响的证据的一些小的抽样。

我们并不是说这样的影响是完全的或者容易产生的,但它的确存在。

此外,我们并不试图颂扬高管的美德。不管是因为其局限性还是因为其成就,他们都是值得研究的。事实上,人口生态学家可能夸大了他们最初反对管理者效应的理由,因为他们要求所有的管理者效应都是积极正向的。这个引证揭示了生态学家对于适应性的最初观点或者策略性选择与视角,"根据适应性观点,组织的子单元(通常为管理者或者组织当权者)在相关的环境中识别机遇和威胁,制定战略对策,并且恰当地调整组织结构"(Hannan 和 Freeman 1977,929)。

这样一种解释遗漏了管理者观察不相关的环境和不恰当地制定对策的可能性。当人口生态学家观察到的仅仅是管理者不明智的或令人遗憾的选择时,他们往往将恶化的组织绩效等同于管理影响的缺失。一部分原因可能在于专业术语。生态学家交替使用术语"适应性"和"策略性选择"来描述与其竞争的模式。因为"适应"清楚地表明组织成功地随环境而调整,所以这可能是在观察常常失败的组织,生态学家认为这些组织并不适应,而且除此之外,策略性选择并未做出,或者说已经做出但是没有得到执行。

人口经济学家后来的研究设想了高管在影响组织产出上扮演着更重要的角色(比如,Hannan and Freeman 1984;Haveman 1992)。实际上,生态学家的一些实证研究已经清楚地表明高管更替对组织存活率的影响(Carroll 1984;Haveman 1993b;Haveman and Khaire 2004)。这不能被认为处于生态观点的最初构想之下。事实上,最近,策略性选择已经被作为大量不同观点之间的一个纽带或者桥梁,同样也是最近的进化观点背后的一个关键推动力(Child 1997)。把组织及其所处的环境视为社会结构,它们之间存在诸多的关联,这为这种方法提供了潜在的逻辑支持。

四、管理自主权

所以,管理者真的很重要吗?一直都是吗?不,可供高管甚至 CEO 选择的空间范围差别很大。在努力对高管对于组织产出有多大程度的影响提出反对意见时,Hambrick 和 Finkelstein(1987)介绍并阐述了管理自主权、行为范围的概念。自主权的程度决定了组织的形式和命运是完全不受高管控制还是完全在其控制之下,或者更常见的是,在二者之间。

因为自主权的存在,一个管理者必须拥有并且了解多个可能的行动方针。比如,自主权并不是绝对的。它源于环境力量,但是也源于管理者自身。换句话说,一位高管可能创造或者发现在给定环境下的替代行动方案,而另一位高管在同样的情况下可能不会想到这样的替代方案。因此,正如我们下面所要讨论的,一个管理者的自主权是其个人特征的一部分,尤其是其认知局限性作用的结果。

另外,管理自主权很少被明确定义。管理者通常并不确切地知道什么行为是被权力体系所允许的。所以,他们基于对自身自主权范围的粗略估量而实施管理;有时采取试行方案来试探边界;有时甚至会越过那些边界,直到被高层和主要利益相关者认可。

一位 CEO 自主权的大小并非偶然产生的。它源于三组因素:环境、组织和个人管理特点。所以,正如 Hambrick 和 Finkelstein(1987,379)所述,"CEO 的行为范围根本上是以下作用的结果:①环境允许多样性和变化的程度;②组织自身能适应各种措施以及授权管理者制定和实施措施的程度;③管理者个人能够想象和创造多样化行动方案的程度"。

正如图 2.1 所表明的,Hambrick 和 Finkelstein 在三个领域中的每一个都假设了一些决定高管自主权的具体因素,我们现在来具体讨论。

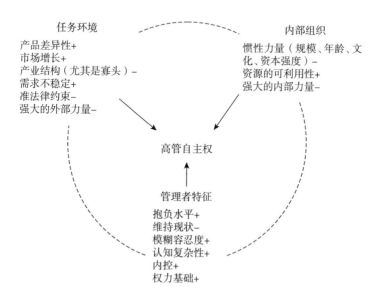

图 2.1　影响高管自主权的力量

1. 环境资源

企业任务环境的特点极大地影响着高管自主权的水平,以及反过来高管对组织产出的影响。让我们简单地回顾一下 Lieberson 和 O'Connor 的研究,正如前面讨论过的,这项研究主要以证明最小限度的管理者效应而闻名。他们研究中一个鲜少被提及的发现指出,在不同行业,管理者效应对企业绩效的影响本质上是不同的。出版和肥皂/化妆品行业的企业在由高层领导所解释的利润率上有最大的差异,而黏土产品和造船行业的企业则差异最小[更多近期分析参见 Wasserman、Nohria 和 Anand(2001)的跨行业差异中的 CEO 效应]。Hambrick 和 Finkelstein(1987)试图通过论证以前的行业提供的高管自主权远大于现今行业,来解释和拓展这些结果,并且整体而言,环境所赋予的自主权在某种程度上来说相对缺乏明确的因果关系,即广泛的选择可以满足利益相关者合理性的名义测试,并且缺乏直接约束。

反过来,Hambrick 和 Finkelstein 提出了以下高管自主权的行业决定因素:

- 产品差异性
- 市场增长
- 需求稳定性
- 低资本强度
- 垄断和完全竞争的行业结构(与寡头相对)
- 法律缺位和准法律约束(如管制)
- 缺乏强大的外部力量(如大而集中的消费者、供应商、资金资源)

为了达到实证研究的目的,对高自主权和低自主权行业的初步尝试主要依赖于对 Hambrick 和 Finkelstein 想法的定性应用。例如,Finkelstein 和 Hambrick(1990)检验了产品差异性、市场增长的综合指标,并因此进一步从 16 个主要行业中挑选出计算机、化学和天然气配送行业,分别作为高、中、低自主权环境。类似地,Hambrick、Geletkanycz 和 Fredrickson(1993)用定性、格式塔(gestalt)判断方法,将食品/饮料、计算设备、科学/测量设备行业指定为高自主权行业,将公用事业和电信服务业作为低自主权行业,并引证这两类行业在差异性、资本强度、管制程度和增长率等方面的广泛区别。

随后,更为严格的方法被采用。Haleblian 和 Finkelstein(1993)用广告强度、研发(R&D)强度、市场增长以及管制程度的档案指标,创造出计算机与天然气行业中自主权的总体指数。该指标的各个要素拥有高度的内部一致性,并且两个行业的指数得分差异很大。

Hambrick 和 Abrahamson(1995)通过一个学界专家小组逐一对 17 个行业总体的管理自主权进行了评估。他们发现,评分者之间的信赖度非常高,并且学界专家的评分和专门从事这 17 个行业的证券分析师的评分之间达成了高度一致。然后,正如 Hambrick 和 Finkelstein 最初所阐释的那样,Hambrick 和 Abrahamson 检验了专家评分与行业自主权(来自 Compustat 数据库)真实、客观特征之间的关系。他们用回归分析能够估算出评分小组成员在评估一个行业的整体自主权时附加到特定行业特征(如市场增长)上的隐性权重。之后,Hambrick 和 Finkelstein 应用行业特征的这些权重来决定另外 53 个行业自主权的值。表 2.2 列出了自主权由大到小的排序。其中,17 个标 * 号的行业用于建立权重,其余 53 个行业则同此权重。由表 2.2 可见,诸如计算机编程,香水、化妆品、卫浴用品,以及电影制片这样的行业得到很高的自主权分数。像天然气输送、供电服务和自来水供应这样的行业,自主权分数则很低。

表 2.2　70 个行业的管理自主权评分

行业名称	标准行业代码	自主权分数
计算机和软件批发	5045	6.89
计算机通信设备	3576	6.72
电子医疗器械	3845	6.72
计算机存储设备	3572	6.62
香水、化妆品、卫浴用品	2744	6.60
登记、邮购公司	5961	6.44
医学实验室	8071	6.43
*计算机编程	7372	6.38
体外、体内诊断	2835	6.36
劳务供应服务	7363	6.16
*电影制片	7313	6.08
摄影器材和供应	3861	5.99
*计算机设备	3570	5.77

（续表）

行业名称	标准行业代码	自主权分数
电话和电报设备	3661	5.70
杂货店	5331	5.66
*工程和科学仪器	3826	5.63
*游戏和玩具	3944	5.55
计算机集成系统设计	7373	5.55
*制药	2834	5.54
*外科/医疗器材	3841	5.42
未婚女士、年轻女孩的外衣	2330	5.32
餐饮	5812	5.22
综合休闲娱乐服务	7990	5.21
工业测量仪器	3823	5.19
机动车辆和汽车主体	3711	5.18
*广播/电视通信设备	3663	5.17
房地产投资信托	6798	5.15
骨科、假肢、外科设备	3842	5.07
州立商业银行	6022	5.06
报纸发行	2711	5.06
个人信用制度	6141	5.04
化工及相关产品	2800	5.02
*书籍出版	2731	4.92
搜索和导航系统	3812	4.91
国家商业银行	6021	4.81
家庭服装店	5651	4.79
药物和自营店	5912	4.78
女士服装店	5621	4.75
百货商店	5311	4.75
电气照明、配线设备	3640	4.73
广播电视台	4833	4.72

(续表)

行业名称	标准行业代码	自主权分数
年轻男士、男孩们的穿戴用品	2320	4.72
食品及相关产品的批发	5140	4.71
加工纸、卡纸(不含盒子)	2670	4.68
酒店、旅馆、游客公寓	7011	4.67
有害废弃物管理	4955	4.65
*半导体	3674	4.61
保险代理、经纪公司和服务	6411	4.54
造纸厂	2621	4.46
工程服务	8711	4.46
水上运输	4400	4.34
*电力测量仪器	3825	4.33
杂货店	5411	4.32
联邦政府特许储蓄机构	6035	4.32
*证券经纪人	6211	4.27
天然气配送	4924	4.05
商业印刷	2750	4.03
摩托车零部件及配件	3714	4.92
空调、供暖、制冷设备	3585	3.80
电话通信(无线电话除外)	4813	3.72
铁路、长途运输	4011	3.51
石油和天然气井钻探	1381	3.41
*注册航空运输	4512	3.23
石油炼制	2911	3.07
自来水供应	4941	3.04
*货运(当地除外)	4213	2.72
*金银矿	1040	2.42
*石油/天然气生产	1311	2.33
供电服务	4911	2.25

（续表）

行业名称	标准行业代码	自主权分数
*高炉/钢铁厂	3312	2.08
天然气输送	4922	2.01

资料来源：改编自 Hambrick 和 Abrahamson(1995)。

*这 17 个行业包括在学界专家和证券分析师予以评分的行业中。目标行业特征的多变量分析为评估其他 53 个行业奠定了基础。

迄今为止，考察自主权的环境来源的绝大多数研究都将企业环境简单等同于其所在的行业。然而，近来的一些研究已经开始探讨自主权在国家层面上的系统性差异。采用规模和行业均匹配的样本，Crossland 和 Hambrick(2007)发现，归因于 CEO 的企业绩效的变化份额，在美国企业要显著大于德国和日本企业。

CEO 效应的这些差异与诸如法律传统、企业所有权结构、董事会治理以及文化价值观等国家层面上的正式和非正式制度的跨国差异是一致的(North 1990)。类似地，Crossland(2007)运用关于国家制度的一些既有数据生成了多个国家的自主权分类。这一分类显示，相比另一些国家(如北欧和东亚国家)，某些国家(如英美国家)倾向于允许高管享有更大的自主权。

近年来，宏观环境因素可能已经带来了管理自主权的普遍扩张(Hambrick et al. 2004)。除了许多国家显而易见的管制放松趋势，更多的选项存在于组织情形中。企业可以选择独特的业务组合并活跃其中；可以完全活跃在某项业务中，也可以通过合资企业或加入其他联盟实现部分活跃；可以从广袤的地理区位中挑选产品的生产或销售场所；可以雇用全职正式员工，也可以雇用临时工人。总之，社会和经济趋势以及组织的创新已经扩大了高管们的选择余地。这也许远远超出了 Lieberson 和 O'Connor(1972)在从事研究并认为管理者效应有限的那个时代所拥有的选择。

2. 组织资源

除了环境因素，组织也可能具有增强或反过来限制管理自主权的特点。这些因素包括惯性推动力，例如组织规模、年龄、强势文化和资本密集程度等都限制着管理自主权。大而成熟且具有根深蒂固文化的组织是不会轻易被改变的。

它们的高管在很大的惯性约束下工作。

同样影响管理自主权的是组织可利用的资源总量及其内部政治状况（取决于所有权配置、董事会组成和忠诚度，以及内部的权力集中度）。例如，高管在所有权广泛分散时要比一个或几个拥有者集权时拥有更大的自主权（McEachern 1975；Hambrick and Finkelstein 1995）。一个同时担任董事会主席的 CEO 要比并不同时身兼这两职的人拥有更大的自主权（Lorsch and MacIver 1989；Finkelstein and D'Aveni 1994；Harrison，Torres，and Kukalis 1988）。总之，组织的特点极大地影响着高管在战略和政策方面自主权的大小。

最近，Shen 和 Cho(2005)开发了一个理论框架来解释高管的非自愿离职，而且他们的框架很大程度上依赖于自主权的构造。他们的处理对于自主权的概念尤为适用，因为他们解决了一直被大量的文献所遗忘的几个问题。他们指出管理学和经济学文献都使用"管理自主权"这一术语，但是该术语在两个领域却有不同的含义。在经济学文献中，管理自主权描述了管理者自由追求其个人利益的程度，而不是股东财富最大化的目标（比如，Jung，Kim，and Stulz 1996；Williamson 1963）。在管理学文献中，自主权的概念指的是管理者的选择范围，而对于这些选项在多大程度上代表了管理者的利益，又在多大程度上代表了股东的利益并没有明确阐释。为了解决相同术语的使用差异问题，Shen 和 Cho 把管理自主权的参照物分为两个维度：行动自主权和目标自主权。行动自主权与 Hambrick 和 Finkelstein 对于自主权的概念一致。目标自主权指的是管理者可以设定与股东不同的企业目标的程度。Shen 和 Cho 随后发展了这两个维度如何独立地和相互作用地影响高管非自愿离职的前因后果的逻辑。

Hendry(2002)也讨论了自主权概念在管理学与经济学文献中的分歧，虽然不如 Shen 和 Cho 那么直接。Henry 描述了"诚实的不称职"问题及其对以下两对代理关系的启示：管理者与股东之间，管理者与其他强大的治理力量之间。因为管理者的胜任力无法得到保证，所以自主权就成为那些治理活动参与者必须考虑的第二个维度。

Hendry 的论文指出了一些很有趣的困境，强调管理方法在开发管理能力和改善选择错误方面的作用。管理者接受培训和发展的程度与其作为一个战略领导者的最终能力有很大的关系。而且，自主权的水平在这个发展过程中是一个关键因素。

最近，Finkelstein 和 Peteraf(2007)针对管理自主权提出了一个新的观点，指出了自主权的第四个来源——管理活动。基于代理理论和交易成本研究,他们认为,集中于活动水平的分析展现了一个问题,即管理者可能如何逃避或者将施加于其行为的约束最小化。这自然会引发关于自主权的动态化思考,其是并未在文献中发表的理论的一个方面,但其中一项可以为核心的组织问题提供观点,比如管理者如何创造环境、管理职能的本质以及约束与选择的相互作用。

Finkelstein 和 Peteraf(2007)指出了三点。第一,他们认为某些类型的活动对自主权的限制大于其余活动,比如某些类型的环境、组织和个人比其他类型的更加限制管理自主权。第二,通过关注活动的关键属性——Finkelstein 和 Peteraf(2007)特别强调不确定性、复杂性和可观察性——使得对何种活动能提供更大或者更小的自主权的预测成为可能。第三,管理者可以创造或者选择那些有机会对组织绩效产生更大影响的活动。总之,Finkelstein 和 Peteraf(2007)针对自主权问题提出了一个新的观点,以有趣的方式扩展了原始概念,尤其是将对活动水平的分析引入自主权的核心理论之中。

3. 个人因素

正如前面所提到的,自主权源于管理者自身的部分。由于个人特征的不同,高管在产生和察觉行动的多途径的程度上是不同的。有些管理者能发现其他人无法发现的替代项。有些管理者,因为自身的说服力和政治技巧,可以考虑其他人所不能考虑的选择。Hambrick 和 Finkelstein(1987)假定,以下个体层次的特定属性会影响自主权:抱负水平、模糊容忍度、认知复杂性、内控、权力基础和政治敏锐性。

迄今为止,研究者尚未实证检验自主权在这些个体层面的基础。然而,这是一个至关重要的研究领域,因为自主权的创造可能是管理者能力的关键部分:

> 管理技能在一定程度上可以被定义为感知、创造和运用自主权的能力。管理者的优秀程度是一个纯粹关于选择权意识的函数。虽然这是一个开放(且可研究)的命题,但我们假设,管理者的绩效更多的是有关创造选项而非从中进行挑选。也就是说,在一系列给定的选项中,最有见识的管理者通常会作为最优秀者脱颖而出。因此,管理者产生贡献的机遇在于改进已有的选择清单。(Hambrick and Finkelstein 1987,374)

也就是说,管理者可以形成他们自己的自主权。有效的管理者发现和创造其他人并不拥有的选项。他们可能通过创造力和洞察力、政治敏锐性、持久性或纯粹的意志来做到这一点。管理者,即使是在给定的情境下,也不是永久地被限制在一定范围内的。比如,Child(1997)指出,管理者与外部环境有各种各样的人际关系,而且常常能够运用这些关系来干预环境对组织的影响,因此设定了其自身的自主权水平(在限定范围之内)。

以此类推,Carpenter和Golden(1997)为自主权环境下的感知和心理控制点的作用提供了证据。他们的研究检验了古老的战略领导力问题:"为什么不同的管理者在面对相同的情境时会有不同的反应?"他们做出了两种截然不同的解释(并且进行了实证检验)。首先,根据Hambrick和Finkelstein(1987)的研究,他们指出一个管理者的控制点会影响其拥有的管理自主权的大小:内部的会比外部的拥有更大的管理自主权。其次,他们指出管理者可以(并且确实)用印象管理倾向来影响其他人对其拥有多大权力的认知。也就是说,通过印象管理,管理者或许能够提高其个人的管理自主权水平。

在一个涉及MBA学员(同时也是管理者)的模拟实验中,Carpenter和Golden找到了对这些观点的有力支持。例如,他们发现一个特定的管理者对于其自身的管理自主权的认知取决于控制点[①],但只是在低管理自主权情境下。而且,他们发现印象管理技巧可以提升其他人对管理自主权的认知,但同样也只是在低管理自主权情境下。他们的研究提供了重要的证据,证明个性在个体层面的管理自主权中是一个重要的因素,而且一个特定的管理者感知水平的高低对于实际的管理自主权来说是一个重要的决定因素。

4. 管理自主权的效应

管理自主权预期可以影响组织学者感兴趣的大量现象。例如,Hambrick和Finkelstein(1987)认为,在低管理自主权情境下,以下这些现象可以被预见到:年长的CEO从内部晋升(以扮演大量名义首脑的角色),较低的管理者薪酬,很少使用的激励性管理者薪酬,较低的行政化强度,较少的CEO非自愿性更替,稳定的策略,与任务环境中的变化密切相关的组织绩效的变化。高自主权情境将倾向于呈现相反的效果。

---

① 控制点(内外控倾向)来源于个体认为其所能控制自身所处环境的程度。内控者认为其所拥有的巨大影响力超过其自身所处的环境,而外控者则认为环境在很大程度上控制了其自身。

然而,同样重要的是,管理自主权有助于减弱高管特征(价值观、经验等)与组织产出之间的关系。也就是说,如果管理自主权大,则高管的取向就会在组织产出中有所反映;如果管理自主权小,则他们就不会。在这个问题上,研究支持是明确而且一致的。例如,Finkelstein和Hambrick(1990)发现,在管理自主权大的行业中,高管任期和策略的持久性以及策略与行业规范的相符(反映出长期任职高管可能的风险规避与模仿倾向)程度正相关,但在管理自主权小的行业中则不是。他们也发现当组织特征允许高管有很大的自主权时(正如大量松散的或小规模的企业所表明的那样),与不那么松散或大规模的企业相比,战略选择更有可能反映高管的任期。

同样,Haleblian和Finkelstein(1993)发现,高管团队规模和企业绩效之间的关系在高自主权情境下(计算机行业)是显著的,但在低自主权情境下(天然气行业)则不然。并且,Forbes(2005)指出,小企业都是高自主权配置的[类似于Mischel(1968)的"弱情境"],并因此在高管特征和企业产出之间产生了更紧密的联系。

Abrahamson和Hambrick(1997)提供了重要证据,即自主权影响一个行业内注意力的同质化——言下之意,管理者之间的个人差异程度会影响决策的制定。他们开发了一个注意力-解释-行为框架来阐明随着注意力同质化程度在行业参与者中的提高,战略态势的解释和由此所导致的行为决定了其在参与者中越来越一致。这项研究提供了证据来支持早期论断,即高管选择组合可能会随着时间的推移而在本质上有所不同,这取决于行业内容。

另外的研究虽然没有明确地引出自主权的概念,但提供了符合上述假设的进一步的证据。例如,Miller、Kets de Vries和Toulouse发现在小企业而非大企业中,CEO心理控制点与组织战略和结构紧密相关,他们写道,"这些小企业可能比大企业更容易支配,当所有的事物都平等时会较难控制"(1982,249)。同样,Reinganum(1985a)找到证据证明股票市场在高自主权和低自主权情境下的表现会有所不同。在宣布CEO继任时,股票价格会异常上升,但只针对小企业且前任CEO完全脱离企业而言——这些都是新任CEO能够产生扩大影响的条件。

大量研究支持Hambrick和Finkelstein的想法,即自主权影响高管的薪酬分配,在低自主权情境下相应较低水平的薪酬和极少的奖励津贴被接受。Rajagopalan和Finkelstein(1992)研究了1978—1987年电气设施行业一段宽松管制、稳定增长，并且自主权因此得到提高的时期。他们发现随着环境自主权的提高，高管薪酬（针对 CEO 和高管团队）和绩效团队薪酬的使用也随之增加。

Rajagopalan 和 Spreitzer（1997）也使用了上文提及的电气设施行业中的企业的样本，描述了自主权水平和高管团队薪酬相适应的重要性。以 Miles 和 Snow（1978）"探索者"和"防御者"的战略范畴作为自主权水平的代表，Rajagopalan 论证了激励性薪酬仅对"探索者"而言是企业绩效的重要决定因素，因为他们天生具有更大的自主权，因此管理者个体具有更强的能力来影响企业绩效。

Finkelstein 和 Boyd（1998）具体化了自主权、薪酬和企业绩效之间的广泛联系。他们预测薪酬在高自主权情境下会更可观，对管理者们因自主权而不得不从事更为复杂、要求更为苛刻和更具风险性的管理工作这一事实做出补偿。他们进一步预测了在高绩效企业中，自主权和薪酬之间的联系会更紧密。他们的结论大致符合其假设。此外，他们的初稿还讨论了组织自主权及其实验的一些维度的细节问题。

另外两项研究同样为 Hambrick 和 Finkelstein 的自主权-激励薪酬的预测做出了贡献。Magnan 和 St. Onge（1997）提供了证据来支持其假设，即薪酬-绩效的关系由管理自主权所决定。他们的研究囊括了 300 家大型商业银行，并且进行了一些很有趣（尽管为行业所专用）的自主权测量。此外，他们的结果还同时进行了基于财务的和基于市场的绩效测量。在之后的一次研究中，St. Onge 及其合作者（2001）通过与 18 位高管的深度访谈，定性地测量了激励计划的有效性。他们的结论支持了这样一种观点，即股票期权计划的有效性取决于这些计划实施后对股票价格产生直接影响的能力（自主权）。

其他研究虽然没有明确地调查管理自主权，但也已经取得了确定的结果。例如，Kerr 和 Kren（1992）的一项研究发现，虽然没有将企业标为高自主权或者低自主权，但自主权指标如研发和广告强度等强化了 CEO 薪酬与绩效之间的联系。Balkin 和 Gomez-Mejia（1987）发现以更高水平自主权为特征（Hambrick and Abrahamson 1995）的高科技企业，会比其他企业更多地使用激励薪酬计划。而且，Napier 和 Smith（1987）发现激励薪酬的比例在更多元化（因此享有更大的自主权）的企业中明显更高。此外，Jensen 和 Murphy 发现对 CEO 的激励薪酬的使用在小企业中多于大企业中，这促使他们得出结论，"小企业中更高的薪酬-绩效敏感度能反映出 CEO 在小企业中更有影响力"（1990b，260）。

一批金融经济学中的研究成果同样也对管理自主权做出了解释。"投资机会集"是一家企业或一个个体可获机会的最大范围(Smith and Watts 1982)。与管理自主权文献类似,研究表明在投资机会集更大(例如按照行业放宽管制)时总薪酬和基于激励的薪酬比例更高(Hubbard and Palia 1995)。

进一步的研究趋势表明,管理者甚至可能会暗中察觉到其拥有的自主权的大小,这一意识形成了他们的认知过程(Grinyer, Al-Bazzaz and Yasai-Ardekani 1986; Javidan 1984)。例如,在一项大样本研究中,Hambrick、Geletkanycz 和 Fredrickson(1993)发现在高自主权行业中一家企业现有的绩效水平与高管对现状的恪守正相关(组织的战略和领导特征在将来依然会保持现状的观点)。当然,这包括低绩效企业中的管理者认为他们的企业需要改变的趋势。然而,在低自主权行业中并没有发现此类关联,因此 Hambrick、Geletkanycz 和 Fredrickson 做出声明,"对于低自主权情境下的管理者而言,现有绩效与现有组织的战略及领导属性的正确性的信念之间没有强有力的关联。在此情况下,无论绩效是高还是低,都源于不可控因素——环境、组织的历史局限性等"(1993, 406)。

这是一个开放而又有趣的问题,即管理者在持续暴露于高自主权情境或低自主权情境之下时能否调整其关于管理行为效力的信念,或者具有特定信仰类型和人格的管理者(就心理控制点而言)是否会被高自主权或者低自主权设置所吸引。

总而言之,管理自主权是一个重要的概念,有助于解决关于管理者对组织产出影响的争论。此外,自主权可能成为一个概念上的杠杆,有助于加深我们对管理者薪酬、管理者出局、组织惰性和管理者人格之类问题的理解。

五、高管工作需求

高管工作需求是指"高管体会和感知到其工作困难或者具有挑战性的程度"(Hambrick, Finkelstein, and Mooney 2005, 473)。工作需求的概念在组织行为研究和工业组织心理学中具有悠久的历史(Xie and Johns 1995; Janssen 2001; Karasek 1979),因为它与高管工作相关却极少受到关注。多数关于管理者的研究似乎都假定所有管理者的工作都具有相同的难度。然而,一个管理者却发现其工作具有挑战性的程度可能有若干观测结果。

高管工作需求产生于三类前提。第一，任务挑战，指的是情境的总体难度。环境的敌意或包容性、竞争对抗或稳定性以及环境变化的程度都会影响任务挑战。另外，企业层面的因素，诸如资源数量和合法性，能在很大程度上影响任务需求水平。第二，绩效挑战。其中多数产生于能支配企业的外部利益。这些挑战，诸如利益相关者压力、所有权集中以及关于企业控制的可行和活跃的市场，对于绩效挑战维度而言都是很重要的。另外，企业的绩效档案是前提中的重要因素。第三，也是最后一个前提是管理者抱负，包括成就需求、心理控制点和管理者薪酬结构的激励融合程度等决定因素。

Hambrick、Finkelstein 和 Mooney(2005)阐述了工作需求和绩效之间的一些关联。例如，工作需求的增加可能会引发决策时较少的战略理性、对过去经验和技能更多的依赖，以及在决策时对管理者背景的更多思考。他们在微观研究中并行地观测这些效果，提出工作需求对绩效的总体影响是呈曲线状的，高管工作需求适度时其绩效会更高。他们还指出了工作需求、绩效和管理者傲慢之间的交互作用。例如，在需求强烈的情境下表现优异的管理者更容易变得傲慢。最后，他们指出一些印象管理行为可能由相关的大的或者小的工作需求情境所产生。

六、管理的神秘性

人们天然且强烈地倾向于认为管理者是有影响的，而对管理者是否有影响作用的任何探索都离不开上述研究。人们力图用英雄和恶棍这种二分法来解释组织与制度上的成功及失败。古往今来，人们因干旱而责怪国王，因恶劣的经济条件而责怪总理，因赛季失利而责怪棒球俱乐部的经理。人们将显著的事件或趋势归因于人为(或简单)因素。确实，这种特殊的趋势经常被心理学家认为是"基本归因错误"(Weber et al. 2001，583)。

James Meindl 及其合作者的研究对于增进我们对"领导力的浪漫"的理解尤为重要。在一篇论文中，Meindl、Ehrlich 和 Dukerich(1985)论证了领导力是一种"感知"，让人们弄明白组织中的相关现象。他们解释了这一想法，即在组织绩效极端时——无论是好还是差，人们将其归因于领导者的倾向会达到最大限度。他们通过多种方法和层次的分析得到的证据不是最佳的但很有趣。他们发现商业新闻的标题涉及一家企业的领导力的比例与企业绩效直接相关：绩效越高，领导者得到的关注就越多。在一个更宏观的层面，他们发现在经济不景气时，关于领导力主题的博士论文数量会增加（"为这一混乱局面负责的领导者在哪里？"），在经济景气时，关于领导力的商业新闻的文章数量会增加（"为所有伟大的领导者喝彩！"）。（学位论文和媒体文章之间的差异可能表明了学者戴着世俗有色眼镜的问题。）最后，在一系列实验室研究中，Meindl 及其合作者在阅读了一篇简介后发现，上述主题比较有可能将极端的绩效——无论是好的还是差的——归因于企业的领导者，而更平稳和中性的绩效则不太可能被归因于领导者。

在随后的研究中，Chen 和 Meindl（1991）检验了将领导者赋予英雄和恶棍地位的媒体角色。在跟踪研究了关于 Donald Burr 和美国人民捷运航空公司兴衰的媒体报道后，他们发现媒体赋予了 Burr 许多讨人喜欢的形象优势，之后却又为 Burr 对于公司倒闭的责任塑造了一套全新的形象——始终努力论证两个不同形象的一致性。这个项目和研究方向着重代表了人们的倾向——并因媒体而得到强化——将组织产出归因于高管。

最近，在一系列旨在严格排除可供替代的解释的实验性研究中，当很明显是由于团队规模时，研究主题不断地将低绩效错误地归因于领导力（Weber et al. 2001）。通过运用博弈论中发展而来的"弱连接"博弈，Weber 等解释了在他们的实验中，团队规模如何明显且一致地成为绩效差的原因。然而，双人组合在这些博弈中几乎总是能够想出最佳解决方法，七人或以上的小组却很少能做到，不论他们对博弈的理解有多深刻。在这项实验中，他们随机指定一个小组成员为"领导者"，并且该成员规劝小组根据简单的规则行事以便所有人都有好结果。非常一致的是，规模大的团队无法遵守简单的规则，且易将失败归因于团队领导者。当被给予机会时，表现差的团队会投票随机选举出团队中的另一个成员来代替原来的领导者。他们证明了参与者清楚地理解游戏规则，但仍旧无法正确地将产出归因于团队规模（其真正的原因）。

一个针对管理归因的未来研究的有趣途径涉及几项研究，这些研究表明这种"基础性的"归因错误（Tetlock 1985）可能并不那么基础（Harvey, Town, and Yarkin 1981）。例如，Krull 及其合作者（1999）发现了这个观点的支持依据，比起个体主义文化（例如美国）中的个体，集体主义文化（例如中国）中的个体，较不容易将结果归因于个体,且更容易认为其源于外部因素。因此,管理的神秘性、CEO 名誉(Hayward, Rindova, and Pollock 2004)实际上可能因文化而异。

管理者同样也对其自身对于组织的影响进行归因。这里,数据清晰且与人们的印象管理趋势相一致。管理者因理想的结果而受到好评,且因不理想的结果而责怪外部力量。探查这个模型的主要研究方法是致股东的年度报告信函的内容分析(Bettman and Weitz 1983;Abrahamson and Park 1994)。一个这样的课题在标题中抓住了该现象的本质:"战略和天气。"Bowman(1976)发现绩效差的食品企业经常责怪天气和与之相伴的作物状况,而当食品企业绩效良好时(它们很可能面对的是相同的天气状况),它们不会提及天气,取而代之的是会指出其战略选择的明智。

关于管理者对组织影响的归因本身就是非常有趣的。当然,这些归因也给试图客观地观察管理效果的研究者造成了困难。

七、结 论

这一章引出了一系列相互关联的结论。第一,高管在广泛的领域内实施管理行为,包括实质性和象征性、主导型和人际型角色以及外部和内部的活动。在高管情境下,有必要进一步细化及开发人力资本和社会资本。

第二,高管能用来影响组织产出的方法有很多。此外,高管所处的位置(例如高层)令他们有能力去推动事情的发生。然而,一些研究曾断言,高管,包括 CEO 在内,似乎在组织绩效上并没有很大的影响力。对于这些研究,我们虽然能在分析方面提出意见,但无法完全驳回。对高管的约束确实存在,且在一些情况下尤为如此。高管的受约束性有时很小,有时又很大,但通常介于两者之间。管理自主权的概念允许我们描述和理解其存在多大的余地。自主权源于环境、组织和管理者自身等因素。

第三,需要对自主权构建和代理及战略内容的不同维度进行深入阐释。对于强势的利益相关者,不仅在设置企业目标时提供给高管的自由度是非常重要的,在更广泛的自主权构建方法(设定高管的战略行为可达到的自由度)上也有所不同。

第四,即使高管也很少对组织发生的事情有全面的影响力,人们依然会将极端的结果归因于领导力。这一趋势增加了领导者的传奇色彩——英雄、恶棍或替罪羊。高管自身通过将理想的结果归功于自己而将不理想的结果归结于"不可控因素",进一步使观测者将结果正确归因的问题复杂化了。

大量研究仍然是需要的,但大多数并不是关于管理者行为最基本的要素及其是否产生影响,而是关于它们何时以及如何产生影响。因为存在着很多关于管理者的理想化形象、传统的观念和肤浅的归因,所以这一研究需求非常大。需要确保对管理角色和活动的深入理解。Mintzberg(1973)及 Kotter(1982)建立了一个对管理角色进行分析和归类的基础,但是鲜少有研究扩展这些想法。尤为需要一个关于影响管理者在不同角色中的参与度的测试(外部对内部、决策性对信息性等)。以环境、组织、时间和个人因素为基础的解释,可能会使对管理工作的理解甚至关于特定情境下"适合的"管理者计划的产生取得重大的进步。我们特别鼓励关于高管象征性方面的研究。我们坚信这是管理者行为的一个重要方面,但是鲜少产生有关高管象征性的系统的或者概括性的分析。

管理自主权一直是能产出大量成果的研究目标。在理解自主权的决定因素方面还需要做大量工作。我们尤为鼓励关于组织和个人特征如何影响高管活动范围的测试,在理解自主权产生的环境原因方面取得一点进步(Hambrick and Abrahamson 1995)。

关于自主权后果的研究同样存在大量的机会。一些研究表明自主权会影响高管薪酬分配,即便如此,仍有更多的需求需要被发现。另一个可能的自主权后果——包括管理者形象、更替率、管理者流动性和经历、行政管理强度和管理者个性——在很大程度上仍有待研究(Rajagopalan and Datta 1996)。我们相信,自主权将会是理解这些和另一些重要的组织现象的一个很重要的理论支点。

最后,前途最为光明的研究之一是管理者形象和管理归因。一个管理者如何被看待很明显会影响其职业资本,但它同样也会影响企业的合法性和企业获得利益相关者支持的能力。管理者无疑会参与印象管理来提升其形象;然而,媒体和其他外部信息渠道(诸如猎头公司和商业协会等)同样会在很大程度上影响管理者被看待的方式。管理归因可能会因国家文化而差异很大,如美国这样的个人主义文化的国家会比芬兰和日本这样的集体主义文化的国家更多地感受到管理的神秘性。我们期待在接下来的几年中,管理者声誉、特征、威望和归因能够在一些关于高管的有趣研究中成为主要构想。

第三章
个体差异如何影响管理者行为

管理者在一个充满着不确定性和复杂性的世界里工作。不同于商学院便捷的案例研究中所有的"相关事实"都可以被压缩成25页，真实的战略情境缺乏结构性，对于问题的识别和诊断有多重解释，并且潜在的相关信息通常是广泛的、难以捉摸的、模糊的甚至矛盾的。与大多数教科书中的战略框架不同的是，管理者并不在被整齐包装的、充满可证实的事实和趋势的世界里工作。即使管理者能够并且倾向于对其所处的情况进行全面深入的分析，他们通常也会得出完全不同的结论，因为战略情境不是可知的，而仅仅是可解释的。

举个例子，通过大量的推测、预算和解释，谷歌的高管在2006年10月决定用16.5亿美元的惊人价格收购在线视频共享网站YouTube。YouTube于2005年12月成立，仅仅在它被收购的11个月以前，而且还未开始营利。此外，由于YouTube是私人持有，因此任何对公司的估价都包含了大量臆测和冲动。这自然引发了评论家对谷歌此举的批评。人们对谷歌股权诉讼曝光的增加表示担忧，一些批评者甚至公开质疑YouTube的基层业务模型如何能够获利。

假设微软、雅虎等另外一些公司也加入这个战场，但是断定YouTube并不会赚大钱，或者仅仅是因为16.5亿美元的价格过高。很明显，有人错了——要么是不情愿的旁观者，要么是出价过高的谷歌。未来几年的实际报酬将取决于未来可能发生的几十甚至上百个事件和出现的趋势——这些事件和趋势几乎无法被确切估计。没有人能预知未来,但这并不能阻止战略决策者通过判断或假定会发生的事对某些选择和目标怀有强烈的偏好,进而做出决策。

因此,战略决策明显地体现出心理学家 Walter Mischel(1977)提出的"弱情境":刺激物是大量、复杂并且不明确的。在这样的情境下,刺激物没有明确地指向理想选择,而是使决策者将大量的自身因素——比如他们的经验、偏好以及性格——注入弄清楚该做什么的过程中,在弱情境,比如那些高管经常遇到的情境下,决策者的选择大为不同,并且无法由刺激物本身预测出来。

这种观点与卡耐基学派决策理论的逻辑相一致,并成为我们的论点的核心基础。根据卡耐基学派的观点,复杂的决策很大程度上取决于行为因素,而不是计算得出的最优行动(March and Simon 1958; Cyert and March 1963)。这些观点认为,有限理性、多样的甚至有时是不兼容的目标、大量的选择和多种多样的期望度都限制了在技术经济基础上做出的复杂决策。反过来,复杂的决策是人类局限性和偏见的结果。这并非说明战略决策者是反复无常的或异想天开的,而仅仅指出他们的活动是基于其所了解、相信、预测和期望的,但这些因素在决策者之间又是千差万别的。

一、战略选择中的人类局限性模型

如果用"有限的理性"来描绘管理者做决策的特征,那么理解这种"局限性"是如何产生的就尤为重要。为何管理者只接收到所有潜在相关信息的有限的一部分,并且通常给这些信息附上特殊的解释,对不同的可能结果进行特定的权重分配?

我们用以描述这个过程的模型可以用图3.1展示出来。图中左边是"战略情境",包含所有的事实、事件、趋势以及存在于组织内部和外部的其他潜在刺激物。这个战略情境既包括技术、人口、地缘政治和竞争等外部因素,同时也包括内部条件,如员工士气、成本结构、营销能力、技术资金等。右边是"战略选择"(做出多元化决策,进入一家合资企业,引进一种新的利润分配制度,等等)。我们采用和Child(1972)同样的方法,用术语"战略选择"来涵盖一个广泛的范围:正式和非正式的重大决策,作为和不作为,市场以及通常与术语"战略"相关的竞争行为,并且也包括主要的行政选择(例如关于员工、结构、薪酬等的决策)。模型的最右边是组织绩效。

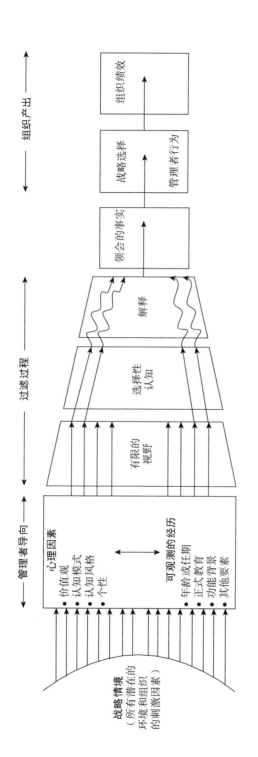

图3.1 有限理性下的战略选择：管理者所领会的事实

资料来源：改编自Hambrick和Mason(1984)，以及Finkelstein和Hambrick(1996)。

第三章 个体差异如何影响管理者行为

作为被战略管理学界接受的理论,在战略行为的大多数模型中,情境、选择和绩效这三个概念的要素都是模型所需要的。根据主流观点,如果一个管理者了解情境中的所有相关事实,那么其将会被一系列合乎逻辑的、本质上明显的战略行为所吸引,并且其才华也会因出色的绩效而获得回报。相反,那些不论出于何种原因采取了逻辑上不符合情境需求的战略的管理者,都将会产生糟糕的绩效。当然,这个典型的模型忽略了对决策者(或决策者们)人为局限和偏见的考虑。

我们模型的核心通过描述管理者和信息过滤过程克服了这些疏漏之处。借助这一过程,管理者抵达了对于战略情境的"解释现实",并决定进一步采取何种行动。这一人类解释过程的起源就是每个决策者的"管理者导向",它由一组相互交织的心理特征(如价值观、认知模型和性格)以及更易观测的经验(如功能背景、教育、年龄或任期)组成。进而,这种管理者导向成为管理者解释战略情境和决定行动方案的基础。因此,位于"客观"情境和战略选择之间的是人为因素——"偏见、盲目、自我、天资、经验、惰性以及存在于管理层的对企业有巨大影响的其他人为因素"(Hambrick 1989,5)。

过滤过程

有限理性这一逻辑取决于这一前提,即高管面对的是远远超出其能够充分理解范围的来自组织内部和外部的刺激,并且这些刺激通常是模糊的、复杂的甚至相互矛盾的。因此,在抵达他们自己的战略情境或是"解释现实"的过程中(Sutton 1987),管理者对其周围的刺激进行识别并做出解释。这种现象产生于三阶段过滤过程,正如图3.1中间部分所描述的那样。具体来说,管理者导向影响其视野(观察和倾听的方向)、选择性认知(他们真正的所见所闻),以及解释(他们如何对所见所闻附加意义)。

(1)有限的视野

作为过滤过程的第一步,管理者仅能接触到所有潜在刺激的一部分。正如Simon(1945)所定义的,每位决策者都有一个有限而特定的"关注焦点"。环境观测的研究人员已经发现,管理者们对环境进行观测的广度及其为了了解外部事件和趋势而对不同渠道的使用存在很大的差异(Aguilar 1967;Kefalas and

Schoderbeck 1973；Hambrick 1982）。例如,当一些管理者耗费巨大的精力来阅读外部咨询与研究组织的正式报告时,另一些管理者则更加依靠非正式的人际互动来了解环境压力。管理者们最关心的环境部门也存在广泛差异。例如,管理者们对科技、竞争、管制或国际领域的关注程度也大相径庭（Ocasio 1997；Cho and Hambrick 2006）。环境观测方面的研究支持这样一个结论：一个特定的管理者不可能观测所有相关的事物（Aguilar 1967；Hambrick 1981b；Daft, Sormunen, and Parks 1988；Waller, Huber, and Glick 1995）。

另外,研究表明管理者甚至可能并不充分了解其组织内部的事件和情况。战略项目可能被启动（Bower 1970；Burgelman 1983）,士气可能急剧下降,甚至违法行为可能出现（Miceli and Near 1994）,所有这些高管可能都一无所知。① 显然,相比小而简单的组织,一个大而复杂的组织中,高管的视野相应更具局限性。

管理者的关系网是其视野的主要决定因素（Chattopadhyay et al. 1999）。多数高管都拥有重要的关系网,并通过它来接收和传播信息（Mintzberg 1973；Kotter 1982）。然而,这些关系网之间差异巨大,并且在高管获取信息的路径上产生显著差异。例如,一个从公司外部聘用的 CEO 往往不太可能与从内部提升的 CEO 拥有相同的内部网络（Gabarro 1987）。一个积极参与行业贸易协会活动的管理者拥有的关系网,与没有太多行业内联系的管理者差异巨大（Geletkanycz 1994）。另外,在其他公司董事会任职的管理者将借助这些关联获得广阔的视野范围（Lorsch and MacIver 1989）。

总之,管理者不可能做到眼观六路、耳听八方。

（2）选择性认知

进一步过滤过程的产生是由于管理者在其视野范围内选择性地感知刺激的一部分。② 试想一下,管理者阅读一份由咨询顾问撰写的行业科技发展趋势

---

① 需要说明的是,一些信息局限是由社会结构和组织特征而非仅仅是由高管自身的人为限制所引起的;环境可能并不会为高管提供所有潜在的相关信息。为了说明这个问题,需要更多地讨论组织设计而非高管行为。按照我们的理论,我们希望高管努力修正信息流以弥补其自身的偏见与性格缺陷。

② 在关于"选择性认知"的参考文献中,首为人知且最为著名的文献之一是 Dearborn 和 Simon（1958）所写的文章。然而,他们将该术语理解为"解释性行为",即我们的连续信息处理模型（sequential information-processing model）中的第三个阶段。"选择性认知"这一术语倾向于表达不完整的关注,而这一概念并未被 Dearborn 和 Simon 考虑到。

报告。该管理者的眼睛可能会浏览每一页的内容,但问题在于他并不会阅读并且理解每一个字。管理者对于技术问题的把握和兴趣将影响这份报告"传递"信息的多少。但是其他因素同样也会产生影响:该管理者对咨询公司的一贯看法,他是否喜欢报告的编辑风格和谋篇布局,这份报告中的文章是否包含他在其他地方听过或读过的内容,等等。

当管理者参加一场很长的下属汇报会或是和供应商交谈时,相同的过滤过程可能又会出现。并不是在管理者视野范围内的所有信息都会被同等地储存起来。一些将会是生动的、有意义的、引人入胜的;一些将会不知不觉地进入管理者的潜意识中;还有一些则将会彻底地从管理者的记忆中消失。

Starbuck和Milliken(1988)将这一现象定义为"注意"的过程,并且他们认为这个注意的过程是一个决策者熟悉的和不熟悉的事物的复杂函数。一方面,人们对熟悉的刺激相对不敏感;另一方面,根据经验,人们能够注意到熟悉的刺激中最细微的变化。在管理者的"注意"调和这些复杂现象的能力方面并没有足够的研究。然而,显而易见的是,战略决策者只看到他们所看到的一部分,只听到他们所听到的一部分。

(3) 解释

在连续的过滤过程中的第三步,管理者解释刺激或者给刺激附加意义。该步骤直接或间接地成为大多数研究者研究高管感知的对象。高管们把某些刺激作为机遇还是威胁(比如,Dutton and Jackson 1987),他们如何对刺激进行分类或总结(比如,Day and Lord 1992),他们如何运用有效的刺激来得出结论或推论(比如,Milliken 1990),以及其他一些解释过程已经被研究。Starbuck和Milliken把这一阶段定义为"意会",认为它有多个方面——"理解,了解,解释,推断,以及预测"(1988,51)。

作为管理者如何在信息中附加其自己的解释的一个例子,Milliken(1990)发现学院管理者对众所周知的和可证实的外部趋势,例如对于即将到来的美国18~22岁人口萎缩趋势的看法千差万别。一些管理者把这一趋势看作重大的威胁,另一些则并不关心,还有一些甚至断言这一趋势不可能成为现实。撇开他们对趋势本身的解释的差异不谈,管理者对于机构如何应对趋势的判断甚至有更大的差别。

（4）总结

把三阶段信息过滤过程——视野范围、选择性认知和解释——看作一个严格连续的过程更易于分析（如图3.1所示）。然而，这三个阶段可能会以不连续的方式相互影响。例如，如果一个管理者了解某个特定来源的信息并且高度参与其中，则他很可能在未来会更加依赖这一来源。在这种情况下，选择性认知影响了视野范围。该过滤过程中的其他迭代连接也能被预测到。①

作为三阶段过滤过程的结果，一个管理者对战略情境的最终观点或者"解释现实"，可能与客观"事实"（即使那些能被确定）几乎没有对应关系。② 另外，更重要的是，一个管理者对现实的理解也会与其他管理者有很大的差别，"在面对能代表高管工作不明确的大量信息轰炸时，没有两个战略决策者会做出完全相同的选择；即便他们被要求做出相同的主要选择，他们也几乎必然不会采取同样的实施步骤"（Hambrick 1989, 5）。就其本身而言，这种论点是有效的，但我们寻求的是更全面的解释和预言。这是因为，如果管理者随意地过滤刺激，那么我们的理论也无能为力。

这就是"管理者导向"：人们心理的和可观测的特征交织集合，它参与这一过滤过程，产生可解释的现实，进而将其上升到战略选择的高度，并最终影响组织绩效。这些导向性的特征是管理者赋予管理状况的"给定条件"（March and Simon 1958）。如果我们希望理解组织的战略选择和管理者行为——图3.1的右边——我们就必须考察和理解它们的高管。

二、管理者导向：一个概述

两类主要的个人特征构成管理者"导向"。一类是心理所有权，例如价值观、认知模型以及其他一些人格元素。这些特征提供了一个管理者过滤和解释刺激的基础，并且引导管理者做出某些选择。例如，Miller 和 Droge（1986）发现样本企业的 CEO 们在成就需求（一种人格元素）上具有显著差异。而且 CEO

---

① 参见 Dutton、Fahey 和 Narayanan（1983）对关于战略家迭代信息处理的一次深刻讨论。
② 参见 Corner、Kinicki 和 Keats（1994）中类同于我们的连续信息处理模型的相关内容。他们采取的步骤为注意—编码—存储/读取—决策—行动。

们对成就感的需求越强烈,组织结构的集中化和形式化就越明显,正如 Miller 和 Droge 所认为的那样,这反映了高成就者对亲自监督和控制企业所有行动,以及因企业成功而获得好评的强烈渴望。

另一类有助于形成管理者导向的特征是那些个人经验的可见维度。这些变量包括功能背景、企业任期以及在高管研究方面表现突出的正规教育。例如,一些学者的知名研究发现,管理者趋向于在其任期中尽早而不是较晚地做出更多且更大的战略转变;另外,来自企业外部的新任管理者会比从企业内部提升的新任管理者做出更多的改变(Helmich and Brown 1972; Gabarro 1987; Baumrin 1990; Hambrick and Fukutomi 1991)。

用管理经验来解释行为的研究者有时断言心理特征是由经验表现出来的,例如,在刚刚提到的研究中,造成任职初期(很少是任职后期)做出大量战略改变的机制可能是新任管理者的开放思维、想要展示效率的渴望、根深蒂固的人际关系的缺乏,或者仅仅是情感上(或生理上)的能量。然而,在所引用的研究中,这些心理品质是未经验证的,因此在一个强大而引人关注的关系背后的实际运作机制仍然是一个"黑匣子"。

相比之下,心理结构具有概念清晰的优势,并且它们为有待解释的管理者行为或选择提供了一个显著的因果关系。另外,对一种关系有一个解释明显好过仅仅说明它的存在(Lawrence 1997)。

但是,对于高管研究者来说,心理结构的应用也存在自身的重大局限。首先,高管不情愿进行一连串的心理测试。这家企业越大、越著名,这种不情愿就越强烈。因此,大多数对高管心理特征的研究都以小的和中等的企业或非营利性组织为样本就不足为奇了。其次,如果研究者对于研究高管心理结构对后续的战略选择,甚至后续的绩效方面的作用感兴趣,那么任何收集心理数据的工作或许都将"等待"两年甚至更长的时间,战略和绩效的测量才能得到解释。这种研究计划所运行的时间是相当长的,在这样一个研究项目上的花费是相当大的。最后,当应用于高管研究时,一些心理结构的有效性是受到质疑的。例如,当应用于高管研究时,评估人维度的传统尺度是否太过一般以及太过远离高管的环境存在争议(Boone and de Brabander 1993; Hodgkinson 1993)。

对管理者经验的衡量形成了明显的优缺点。管理者背景的数据对各种类型的企业、不同的时间区间,甚至不同的国家来说都是丰富多样的。这种数据同时也是相对可靠的。例如,一个管理者在企业的任期本质上并没有测量误差;一个管理者的主要功能背景几乎无误并且可以可靠地进行编码。在这方面,Pfeffer 主张运用经验或者人口统计变量,"人口统计在解释因变量的变化方面可能比干预模型的测量做得更好,原因在于大多数干预模型都是心理历程……其更难进行研究和可靠的测量"(1983,351)。

显然,人口统计数据的主要缺陷就是它的"黑匣子"问题。如果一个管理者的经验和一个组织的绩效之间的关系是可观测的,那么不断提出的疑问便是"为什么"。有时研究者会尝试从逻辑上推断是什么经验变量在起作用。例如,Finkelstein 和 Hambrick(1990)用先前的文献来提出观点,认为管理者在企业的任期是对一个管理者关于现状、风险规避和信息资源使用的局限性的贡献。但是,如果没有这三种可能的有效机制的数据,就无法知道它们之中的哪一个(或者哪种比例组合)真正影响到 Finkelstein 和 Hambrick 所观察到的管理者任期和战略持久性之间的关系。

Hambrick 和 Mason 同样也承认这个问题:"人口统计指标可能比纯粹的心理学测量包含更多的噪声。例如,一个人的教育背景可能作为社会经济背景、动机、认知风格、风险倾向和其他潜在特征的一个模糊的指标。"(1984,196)

管理者的心理特征和经验通过双向因果关系相互依赖。正如通常所断言的:经验影响心理特征。例如,在企业中的长任期可能会引起一个对现状的承诺,而基本的心理素质也会影响一个管理者的经验。例如,风险规避者可能不会经常改变雇主,因此他们拥有较长的任期;类似地,认知风格不同的个体或许在受正式教育的时间以及课程的选择方面差别很大。因此,如图 3.1 所示,把管理者的心理和经验特征中的一个置于另一个之前是不可靠的。它们相互影响,我们需要更多的研究来检验这两类管理者特征之间的关联。如果强大的可循环模式能被观测到,则有可能形成一个有效的管理风格类型,其中每一种类型都包含一个经验和心理归因的组合。

总之,问题并不在于,在帮助我们理解管理者对其组织的影响上,心理特征是优于还是劣于人口统计的背景特征。它们都具有优点,并且这两种方法最终会被一致采用。

本章剩余内容的重点是管理者心理因素及其对战略选择的影响。第四章将探讨研究管理者经验或者人口统计的文献。

三、管理者行为的心理特征基础

心理学家拥有大量的方法来描述人们及其思想。然而,对于管理者心理的研究则主要聚焦于三个广泛的领域:管理者价值观,认知模型,个性。

在这一部分,我们探讨关于管理者心理的三个要素的主要观点和研究发现,定义每个概念,讨论它的一些主要维度,以及描述它与管理者行为之间的理论的或实证的联系。

1. 管理者价值观

管理者们的追求——对于他们自己、他们的组织、他们的雇员以及整个社会——各不相同。也就是说,管理者们的价值观各不相同,而且他们依照其价值观采取行动。事实上,价值观在很大程度上能够决定管理者们的其他心理特征,包括认知,因此,我们首先考虑价值观问题。

Rokeach 对价值观做出如下解释:"说一个人'有价值观'也就是说他有一个持久的信念:一个特定的行为模式或者存在的终极状态不管是对个人还是对社会来说,都要优于其他行为模式或者存在的终极状态"(1973,159-160)。Hofstede 的定义与之非常相似,"对事物的某些状态的偏好胜过其他状态的一个广泛趋势"(1980,19)。Hambrick 和 Brandon(1988)的定义(也就是我们所采用的)是对 Rokeach 和 Hofstede 观点的细微修正:对事物的某些状态的一个广泛而相对持久的偏好。

大多数理论家同时虑及个人价值观和社会价值观。个人价值观是有关个体渴望什么(例如声望、家庭安全、财富、智慧)的概念。社会价值观与一个人从别人那里或更广泛的社会系统中发现的可取之处(例如理性、诚实、勇气、世界和平)有关。此外,价值观要么是工具,要么是目的;要么涉及方法(例如勇气、诚实),要么涉及结果(例如平等、自尊)。

当每一种价值观被学习或采用时,它就被集成到一个整体的价值观体系中,其中每一种价值观都有它自己的位置,优先权或高或低。当管理者面对无法满足其所有价值观的处境时,他们或许不得不做出选择,即在表现得富有同情心和胜任之间做出选择,在自身工作保障和股东利益最大化之间做出选择。

他们的价值观层次驱动了这些选择。

价值观相对持久,因此与短暂的态度或情绪形成对比。然而,价值观在一个人的成年时期并不是完全固定的。Rokeach如此评价一个同时适用于一个人的价值观体系稳定和变动的理论概念:"在一个既定的文化和社会中,它对于社会共有的性格特点上的一致性和连续性的反映是足够稳定的,但是由于文化、社会和个人经历的改变,价值优先级允许的重组又是相当不稳定的"(1973,11)。

(1) 价值观的起源

价值观只存在于一个社会背景中。因此,一个人谈到价值观时只能适用于处于成熟过程中的或者成熟的并已经暴露于模式、规则、文化和区域社会中的个体。

社会系统存在的几个层次——民族文化、区域社会、宗教、家庭以及雇佣关系——均会对个人的价值观产生影响。

民族文化对管理者价值观形成的影响已经得到深入研究。Bendix(1956),Sutton、Harris、Kaysen和Toblin(1956),Tagiuri(1965),以及Chatov(1973)的研究都总结出管理者在其工作中所展现出的价值观很大程度上受到一个民族信仰体系的影响(也可参见Bailey and Spicer 2007)。England(1975)发现民族起源能够解释管理者价值观差异中的30%~45%。Hofstede(1980)以及Schwartz(1992)同样记录了在解释不同国家个体的价值观时,民族文化所起的重要作用。最近,由世界各地的170位研究者共同合作的一个不朽的项目——GLOBE项目——进一步重申了民族文化在塑造个体价值观方面的作用(House et al. 2004)。

近期的其他一些研究检测了各国管理者价值观体系的异同。例如,在比较埃及、美国、非洲和阿拉伯国家的管理者时,Buda和Elsayed-Elkhouly(1998)发现埃及的管理者明显更多地强调舒适生活的重要性,而美国的管理者则趋向于对社会认同更感兴趣。同理,Jacoby、Nason和Saguchi(2005)发现了美国和日本人力资源管理者价值观的差异。美国的管理者认为公司股价显然更加重要,而日本的管理者则认为"维护员工工作"更加重要。最后,在澳大利亚、日本、中国以及俄罗斯管理者们之间的比较中,Sarros和Santora(2001)发现了各国价值观之间的相似之处(例如自我与他人的和谐)和差异之处(例如权力的重要性)。

社会系统的其他层面同样会产生影响。群体历史,尤其是战争、萧条、灾难或者主要社会活动的发生,能够严重影响社会中某个年龄段群体的价值观(比如,Kluckhohn 1951;Jacob,Flink,and Shuchman 1962;Schmidt and Posner 1983)。除此之外,家庭影响,例如阶级、种族、宗教教养,都与不同的价值观紧密相关(Rokeach 1969a,1969b;Rokeach and Parker 1970)。

在职业层面,一个自我选择过程的发生,导致进入一个特定工作领域的个体趋向于拥有与整体人口不同的价值观(Allport,Vernon,and Lindzey 1970;Rawls and Nelson 1975)。选择和社会化过程在从业之后继续发挥作用。如果职业拥有反复强化的标准及其规范化体系,则成员很可能强化其价值观(比如,Blau and McKinley 1979;Cafferata 1979)。对于在职业生涯中获得高度成功的个体来说,其内在的价值观将被显著加强(Mortimer and Lorence 1979)。

用人组织同样对其自身的价值观施加压力。组织传递其自身的一些东西来吸引求职者,反过来又寻找那些价值观与自己"匹配"的个体。进入组织之后,社会化的发生(Feldman 1981)进一步塑造了成员的价值观(Pfeffer 1981b;Louis,Posner,and Powell 1983)。一个成员在组织中的时间越长,其价值观就越类似于组织所偏好的价值观(Wiener 1982)。通过遵守和展现组织价值观而取得非凡成就的成员(例如高管)将会特别拥护那些价值观。最近的研究表明管理者可能会从高管团队中的其他人那里经历这种社会影响过程。在对一个58人高管团队的研究中,Chattopadhyay、Glick、Miller和Huber(1999)研究了规范信念(如特定战略目标的重要性)以及因果信念(如特定战略重点的效力)在团队内部的传递。结果显示核心高管的信念高度依赖于团队中其他成员的信念。

总之,我们可以认为管理者拥有相对根深蒂固的价值观。他们长期暴露在塑造价值观的刺激之下,他们对于与自身价值观相匹配事物的主动选择,加之大量成功经验的强化,共同刻画出了一个内涵明确的价值观侧写。

(2)价值观的维度

理论家已经划分出了价值观的许多维度,但仍不足以达成一致或被采用。更糟糕的是,只有极少数的理论家解决了他们自己的价值观类型如何以及为何不同于他人的问题。在克服这种脱节的尝试中,Hambrick和Brandon(1988)系统地整合了四个突出的价值观体系,包括Allport、Vernon和Lindzey(1970),

Rokeach(1973)、England(1967),以及 Hofstede(1980)。

Hambrick 和 Brandon 发现被以前的理论家定义的、从未取得一致的价值观维度能被概括成对管理行为研究具有核心重要性的六种结构。正如被 Hambrick 和 Brandon(1988)标注及定义的那样,这六个强大的维度是:

- 集体主义,即重视全人类和社会体系,尊敬和尊重所有人。
- 理性,即重视以事实为基础的、情感自由的决定和行为。
- 新奇,即重视改变、新鲜和不同。
- 责任,即重视互惠关系的完整性、义务和忠诚。
- 唯物主义,即重视财富和有形财产。
- 权力,即重视对情境和人的控制。

这一概括包含了主要的理论家提出的四个价值观维度的绝大部分,因此为想要研究管理者价值观的学者提供了一些启发性指导。然而,这些维度并不是研究价值观的概念图景的最终结论。

考虑 GLOBE 项目所研究的价值观维度极为有益。如表 3.1 所示,GLOBE 项目的研究者提出了不同文化组合出的九个价值观维度。一些维度与 Hambrick 和 Brandon 所提出的元类(meta-categories;如权力距离与权力、不确定性规避与新奇)相匹配。另外一些维度是独特的或者与 Hambrick 和 Brandon 所提出的具有不同的起源。

表 3.1 GLOBE 项目所定义的文化价值观

权力距离	重视不平等的权力分配
不确定性规避	重视可预测性
集体主义Ⅰ(宏观集体主义)	重视集体资源分配和集体行为
集体主义Ⅱ(微观集体主义)	重视近似集体的骄傲和凝聚力(如家庭和组织)
自信	重视人际关系中的自信和率真
性别平等主义	重视性别平等
未来导向	重视未来规划和投资
绩效导向	重视卓越和性能改进
人性导向	重视公平、利他和关怀

资料来源:改编自 House 及其合作者(2004)。

同样重要的是要认识到 GLOBE 项目是意图描述文化或社会的而不是个人的价值观维度。而前提是社会的所有成员都趋向于拥有作为社会价值观缩影的价值观;当然,一些个体可能会与社会均值有很大的偏离,这取决于其非典型的成长过程以及他们的经历是如何形成的。例如,从 Hofstede(1980)的维度来看,Thompson 和 Phua(2005)发现样本中的盎格鲁-撒克逊管理者和中国管理者并不能完全反映他们所期望的文化特征。然而,当考虑到不同商业领袖根深蒂固的、基本的价值观时,GLOBE 项目的维度以及那些被 Hambrick 和 Brandon 所定义的维度,都是证据确凿的、经过验证的向量。

(3) 选择的影响

尽管有大量关于管理者价值观的文献,但关于价值观如何转变为行为的理论和研究却相对较少。然而,这个领域的一些研究已经开始出现。Akaah 和 Lund(1994)发现自述型个人价值观(如宗教信仰)与销售主管的道德行为相关联。同样,在一项对非营利性组织 CEO 的研究中,Ritchie、Anthony 和 Rubens(2004)发现具有更强的集体主义价值观的 CEO 对组织绩效的看法更符合客观的财务指标。相反,Agle、Mitchell 和 Sonnenfeld(1999)发现 CEO 的价值观与企业绩效之间没有显著的直接关系。

从一个国家的角度来看,一些研究者发现了文化维度与企业维度之间的联系。例如,在一个由 23 个国家组成的样本中,Tosi 和 Greckhamer(2004)发现了 Hofstede(1980)的权力差距分数与 CEO 的薪酬水平之间的紧密联系。此外,Geletkanycz(1997)发现了一个高管所接受的民族文化熏陶(再一次运用 Hofstede 的维度)与其在企业战略方面的组织承诺显著相关。同样,民族文化或者民族价值观不完全等同于一个管理者的个人价值观,但是社会环境对个体的行为层次具有主要的影响。

这些研究提供了对管理者价值观与行为之间关系的更深刻的理解。然而,除了有限的例外,少数探索了管理者价值观与行为之间关系的研究者对横截面记录而不是它发生的过程产生了兴趣。

根据 England(1967)的研究结果,我们认为管理者价值观通过两种方式影响行为。第一,或许存在直接影响,也就是一个管理者会直接出于价值观偏好而选择一系列行为。这个人或许完全了解了问题各个方面的事实,但他会忽视事实,而选择符合其价值观的一系列行为。England(1967)把这种价值观对行为的直接影响称为"行为引导"。当它发生时,如图3.1所示的过滤过程便会被忽略或显得无关紧要。

我们认为,价值观对管理者行为产生的间接影响更为常见。在这一间接模式下,价值观通过感知的过滤过程起作用。价值观影响管理者的视野范围——提高发现新信息的敏锐度,以及发现将被利用的资源,等等。另外,价值观影响选择性认知和解释:管理者"看到他想要看到的""听到他想要听到的"(Weick 1979a)。这个被England称为"认知过滤"、被心理学家广泛称为"动机认知"(回顾可见Higgins and Molden 2003;Kruglanski 1996)的知名过程,源于Postman、Bruner和McGinnies(1948)的早期研究。显然,该动机认知过程调用了管理者导向最终如何体现在战略选择上(如图3.1所示)的总体模型。这种转变通过一系列视野范围、选择性认知以及解释的过滤过程的实现,产生了四个命题。

命题3-1A:一个管理者的价值观将影响其视野范围。

例如:高度重视集体主义的管理者将比没有这种价值观的管理者直接暴露在更多来自低层级个体的信息之下。

命题3-1B:一个管理者的价值观将影响其对信息的选择性认知。

例如:高度重视集体主义的管理者将比没有这种价值观的管理者关注和了解更多来自低层级个体的信息。

命题3-1C:一个管理者的价值观将影响其对信息的解释。

例如:高度重视集体主义的管理者将比没有这种价值观的管理者更加信任来自低层级个体的信息。

类似地,可以预测出其他价值观如何驱使过滤和解释过程。并且,当结合更多对行为引导的直接影响时,如下的总命题会被可靠地提出。

命题3-1D:一个管理者的价值观将体现在其做出的选择上。

管理者价值观这一主题的研究面相当广。因为即使价值观毫无疑问是管理者决策的重要因素,它们也并没有成为大量系统研究的焦点。以下六种调查途径似乎特别重要并且有前途:

第一,我们需要更多有关管理者价值观是如何形成的研究。相较于早期成长过程和家庭因素,专业和组织因素的相对影响是什么?制度力量在多大程度上对管理者的价值观产生均质化影响?管理者价值观改变的原因是什么?

第二,与第一点相关,是对从代理理论的角度研究管理者价值观的需要。根据代理理论,管理者不应该追求其价值观,而应该追求利益相关者的价值观,也即财富最大化(Jensen and Meckling 1976)。监管系统、管理者的薪酬方案,甚至企业收购市场的意图都是用来控制管理者对其自身优先议程的追求的手段(Eisenhardt 1989a;Walsh and Seward 1990)。这些手段对管理者的价值观产生了什么影响?

它们是否驱使管理者选择某些价值观?它们是否引发管理者改变其价值观;或者它们是否简单地淹没其价值观,使他们只能在其他非商业领域运用?价值观抑制机制是否产生了适得其反的紧张态势,促使管理者追求其根本不喜欢的战略?例如,当被一个具有强烈的非经济价值观的创始人领导的企业受到华尔街的纪律约束成为公开贸易公司(比如,Ling, Zhao, and Baron 2007)时,会产生什么影响?此时迫切需要代理理论与管理者价值观的调和。

第三,是对价值观与认知之间的关联的进一步理解的需要。为使其结论符合价值观,管理者应如何筛选和解释信息?涉及管理者价值观和信息过程之间联系的研究非常少,而这个研究领域本应是优先的。例如,高度重视理性的管理者是否有意识地努力不使他们的其他价值观影响其对信息的解释?

第四,研究者需要研究管理者价值观和具体情境如何共同影响选择。例如,高度重视集体主义的管理者,或许倾向于对组织分权、参与行业协会活动以及企业慈善事业——似乎在表面上遵循集体主义导向的主要选择——做出截然不同的反应。如果价值观和情境仅仅是在高度特定的方式下结合起来影响管理者的选择,那么对价值观类型的单一研究将难以解释,在这种研究中案例研究者或许更善于聚焦在管理者的"态度"而不是"价值观"上。

第五,是对研究管理者价值观与企业目标设定之间联系的需要。组织用来描述发展的绩效评估方法千差万别:有些关注增长,有些关注市场份额,有些关注营利能力,有些关注现金流,另外一些则关注股价。此外,组织目标的高度也各有差异:一些追求增量改进,另一些则具有远大的抱负。Bateman、O'Neill 和 Kenworthy-U'Ren(2002)开展了一项有关高管目标的研究(他们自己和组织的共同目标),证明了管理者所期望达到的目标差异很大。他们并未在管理者目标与其基本价值观之间建立联系,但是我们能够预见到两者之间的联系是紧密的。

管理者价值观必然在目标设置过程中发挥重要作用,只是这种作用还未被证实。

最后,研究者需要研究管理者价值观和组织特征之间广泛的关联。管理者是否如 Hage 和 Dewar(1973)所发现的那样倾向于选择与其价值观相一致的战略？Hemingway 和 Maclagan(2004)提出了一个关于管理者价值观如何影响企业社会责任的综合性观点,并有待实证检验。Simsek、Veiga、Lubatkin 和 Dino (2005)发现,在对 400 家企业的研究中,重视集体主义的 CEO 们趋向于拥有相对集成的高管团队,而在集体主义上得分较低的 CEO 们则趋向于拥有更易分离的高管团队。Hambrick 和 Brandon(1988)制定了一份清单,列出了三十多个相对来说可检验的假设,这些假设涉及高管价值观与组织特征之间的关系。例如,他们假设重视新奇的管理者将会采用高度模糊的组织结构(如矩阵结构),并且将会相对频繁地实施重组。他们的假设——以及能够被生成的其他大量假设——也许形成了未来实证工作的基础。

管理者价值观体现在战略选择上的基本前提曾经是主流战略模型的核心元素。例如,Kenneth Andrews(1971)经典战略专著其中一章的标题为"企业及其战略：经济战略与个体价值观的关联",其中充满了管理者由于价值观偏好而支持某些行为的案例。然而,在很大程度上,对管理者价值观与战略选择关系的系统研究仍然是稀缺的。为了进行这类研究,学者们面临着开发和管理用来测量管理者价值观的有效工具的挑战。但是这类研究的成果通常是可观的,因为管理者价值观几乎必然影响信息处理和战略选择(包括制定和实施战略的方法),以及组织绩效。

2. 认知模型

自 March 和 Simon(1958)对有限理性的解释之后,学者们便开始对认知在战略决策制定中的限制和偏见产生兴趣。对管理认知的兴趣已经出现爆发性增长(Srivastava 1983, Sims and Gioia 1986; Huff 1990),以至于管理认知相关理论和研究的总量太大而无法被充分总结。然而,这类文献的核心是假设每个管理者都被赋予了一个认知模型,来决定新的刺激是否以及如何被注意、编码和付诸行动。这些认知模型已经被作为认知地图(Axelrod 1976；Weick and Bougon 1986)、世界观(Starbuck and Hedberg 1977；Mason and Mitroff 1981)、"思维导图"(Maruyama 1982),以及其他充满感情色彩的术语提及(总结在 Hodgkinson and Sparrow 2002 中)。

在此,我们将讨论管理者认知模型中的三个主要元素。按照从最基本且分解的到最复杂且交织的顺序,这三个元素分别为:①认知内容,即管理者所知道的;②认知结构,即一个管理者的知识和信念在其大脑中如何排列;③认知风格,即管理者的思维方式。我们将看到,认知的三个元素相互影响,因此它们之间的分界线并不明确。即便如此,它们仍然有助于理顺一些复杂现象。

(1) 认知内容

在最基本的层面,一个管理者的认知模型由其所知道的、假设的和相信的事物所构成。考虑到管理者可能会记住其头脑中的项目的排列顺序,我们为更加详尽的信息过程和战略选择创造一个基础。一个管理者源于其个人和专业经验的认知内容,可以包括对生动事件的回忆,如经济大萧条、企业破产或者不诚信的客户,也可以包括与管理工具或概念相似的东西,如复杂的财务报表分析、Porter 的行业五力分析或者心理市场细分。认知内容还可以包括关于其他人的简单的第一手信息,他们知道什么,以及如何联系他们。例如,一个可以对五角大楼的高级官员直呼其名,或者认识许多有影响力的投资银行家的管理者,就拥有别人所没有的认知内容——以熟人的形式。当然,认知内容同样由简单的事实、数据和看法所构成。

一个管理者所了解或者所不了解的事物奠定了其关注和解释新信息的基础,也即一个管理者的现有知识提供了一个寻求、解释和认知新增信息的平台。例如,在这方面,20 世纪 90 年代杰出的管理者以及著名的工业研究奖章得主 George Heilmeier(1993)认为,拥有技术专长的 CEO 最能够在一个复杂的科技环境中经营其公司。为什么 CEO 应该对技术问题有所专长?这是因为现有的认知内容影响对新的科技数据的关注、编码和付诸行动,而 Heilmeier 认为这些都是有益的。基于这一前提,Tyler 和 Steensma(1998)发现具有工科学位的管理者比未受过技术教育的管理者更愿意处理其公司的技术联盟问题。在一个相关的项目中,Tripsas 和 Gavetti(2000)记录了 Polaroid 公司的创始人 Edwin Land,以及公司的整个高管团队的认知内容是如何大大影响其信息搜索行为和附加于新信息之上的解释的——以至于导致了这家曾经的传奇公司的衰退。

确实,我们可以想象到,一个管理者的现有知识基础或者说认知内容将会影响我们之前提出的一系列信息过程和解释模型的每一步。

命题 3-2A:一个管理者的认知内容将影响其视野范围。

例如：对先进技术有深入了解的管理者将会比没有深入了解的管理者发现更多关于技术的信息。

命题 3-2B：一个管理者的认知内容将影响其对信息的选择性认知。

例如：对先进技术有深入了解的管理者将会比没有深入了解的管理者关注和了解更多其所获取的关于技术的信息。

命题 3-2C：一个管理者的认知内容将影响其对信息的解释。

例如：对先进技术有深入了解的管理者将会比没有深入了解的管理者在形成一个关于技术趋势或发展的看法时需要的信息更少。

命题 3-2D：一个管理者的认知内容将体现在其所做出的选择上。

例如：对先进技术有深入了解的管理者将会比没有深入了解的管理者更早进行更大规模的新技术投资。

或许是由于考虑到决策者的头脑中有什么，管理的认知模型是最分散的一种方式，而且由于它意味着没有特殊的优先权或复杂的关联，因此管理认知的研究者相对较少地关注它。我们认为这种疏漏其实是一种错误，因为基本认知内容是更复杂的管理思维的核心。与此相反，研究者更加关注关于认知结构和认知风格的更详尽的、分析更复杂的观点。

（2）认知结构

如果认知内容是管理者知识的基本原料，那么认知结构则反映出内容如何在管理者的头脑中被安排、连接或存在。术语"因果图"在认知理论家之间被广泛使用（Axelrod 1976；Huff 1990），这显然意味着思维的一个空间和地形特征。

Isenberg（1984）提到"地形结构"，或者说一个个体关于某些东西——组织资源、顾客、竞争对手、子单元等——相对于彼此或相对于某些维度的位置的观念。考虑到实体间的差异，一个管理者或许在实体间进行认知区分，或许在心理上并置一些其认为相似或同类的实体。作为一个例证，Isenberg 要求高管估算出组织中子单元所有两两组合的总体相似程度，进而利用多维定标（一个用于测定认知结构的有效分析工具）来揭示每个管理者对于其组织的心理地图。图 3.2 显示了一家金属公司 CEO 的三维空间"地形结构"（维度由研究者标注）。如图所示，该 CEO 认为基本制造（A）与矿业（B）单位相互之间非常相似，但是与管理委员会（D）、公司整体（G）以及公司员工（I，被 G 部分覆盖）存在巨大差别。公共事务委员会（E）被该 CEO 认为与公司其他任何一部分都有较大差异。

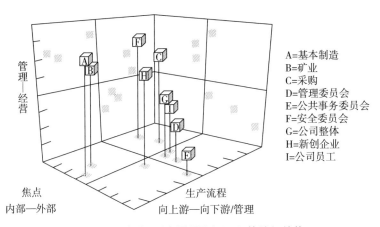

图 3.2　一家公司（金属国际）CEO 的认知结构

资料来源：改编自 Isenberg（1984）。

一系列特别丰富的研究关注到了管理者关于其竞争对手的心理地图（完整回顾可见 Hodgkinson and Sparrow 2002）。例如，Gripsrud 和 Gronhaug（1985）发现零售企业的管理者通常只将其市场中的一小部分其他商店视为自己的竞争对手。管理者倾向于把较大的和距离上相近的商店作为其竞争对手，而忽视了其他实际上是直接竞争对手的商店。类似地，Reger 和 Huff（1993）检验了管理者如何用认知来区分芝加哥银行市场的战略集团。他们发现绝大多数管理者都赞同银行的分类，但是其各自的任务却千差万别。他们并未推测每个管理者对竞争领域这一概念的认识标准，但是其研究清晰地指出对竞争者的识别和评估可以有多种解释。如果战略选择与动态竞争紧密关联（Porter 1980；Chen and MacMillan 1992），并且如果管理者达成对竞争者高度个性化的评价（Zahra and Chaples 1993），那么对于评价是如何产生的理解将具有重要的现实意义。

除了简单的关联，一个管理者的认知模型同样包含无数的推论，引导个体从一个观察到另一个观察。一个管理者可以做出人际推论，"如果他是感性的，则推测其为友好的；如果他是直率的，则推测其为诚信的"（Isenberg 1984）。管理者可以做出关于组织实体的推论："营销经理倾向于做出过于乐观的推测""中层管理者相比组织中的其他团体更能适应改变。"当然，管理者也可以做出大量关于外部因素的推测："亚洲人从来不会说不""小的广告代理商比大的广告代理商更具创造性。"

除了推论或者关于简单相关的信念，就是管理者关于因果关系，尤其是某些战略行动或重点将如何影响组织绩效的信念（Chattopadhyay et al. 1999）。例如，一个管理者或许深信员工股份所有制能够提高生产力，或者增加研发支出有助于推动创新。在一篇有关《星期六晚报》(*Saturday Evening Post*)濒临倒闭时期的经典文章中，Hall(1976)研究了用来推断管理者的因果图的资源分配模式。类似地，Narayanan 和 Fahey(1990)通过对年度报告和贸易杂志文章的内容分析，提取了 Admiral 公司高管过去 15 年中关于电视制造业务的因果图。例如，如图 3.3 所示，Narayanan 和 Fahey 利用可用数据构造了 Admiral 公司的管理者 1964—1966 年间的因果图。如图所示，管理者专注于宏观环境对公司绩效的影响，但是他们并未认识到太多更加直接的环境——尤其是其竞争对手、顾客和进口——与他们公司正在发生的事情的关联。

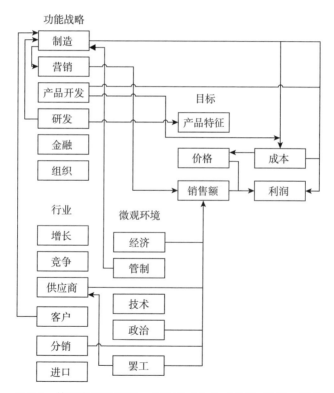

图 3.3　管理者因果图的一个例子：Admiral 公司，1964—1966

资料来源：改编自 Narayanan 和 Fahey(1990, 127)。

至此，我们可以明显地看出，一个管理者的认知结构是对现实的高度个性化解释，而且不完全与客观条件相一致。另外，一个人的认知结构可以自我实现和自我强化（Weick 1983）。在某些情况下，这种结构的元素如此根深蒂固且不可动摇，以至于反倒会被忽略，即使被关注到了，也会大打折扣。因此，我们提出以下几个命题。

命题 3-3A：一个管理者的认知结构将影响其视野范围。

例如：对客户群体有广泛认知区分的管理者将会比拥有更加同质化客户认知地图的管理者运用更广泛的资源来了解客户的行为和偏好。

命题 3-3B：一个管理者的认知模型将影响其对信息的选择性认知。

例如：对客户群体有广泛认知区分的管理者将会比拥有更加同质化客户认知地图的管理者更加关注和了解极端与不寻常的客户需求。

命题 3-3C：一个管理者的认知模型将影响其对信息的解释。

例如：对客户群体有广泛认知区分的管理者将会比拥有更加同质化客户认知地图的管理者更有可能把极端的或者不寻常的客户需求看作机会。

命题 3-3D：一个管理者的认知结构将会在其所做的选择中反映出来。

例如：对客户群体有广泛认知区分的管理者将会比拥有更加同质化客户认知地图的管理者开发更多定制产品和制定高度细分的战略。

管理者的认知结构会在其战略选择中反映出来的证据虽然并不充分，但已经在一些研究中被观测到。Fiol（1989）利用对 CEO 们给股东的信的文本分析来研究其所揭示的关于组织分界程度的观点是否与企业的合资活动有关。在这项对 10 家化学企业的研究中，她发现，意识到强烈的内部分界（子单元和分级层之间的分界）和较弱的外部分界（想象的组织及其环境之间的分界）的管理者领导的企业会从事最多的合资活动。Day 和 Lord（1992）发现，机床公司管理者的认知结构与其组织战略尤其相关。在不同类型的战略问题中（在一个实验的情境下）表现最好的是那些提供最广泛的产品和服务的企业的管理者。从这些数据中并不能判断出这些认知复杂的管理者是否选择了复杂的商业战略或者他们的认知是否被其战略所影响。Thomas、Clark 和 Gioa（1993）在他们的一项有关医院的大样本研究中发现，CEO 将战略问题定位为可控制的（在一份调查问卷中）是和医院随后实际上所做的服务改变正相关的，这让人们对因果关系更有信心了。因此，管理者们实施创新和扩张行为，以至于他们的认知结构包含了这样的信念：管理行为可以克服、抓住或利用医院面临的战略问题。

Priem（1994）让 33 家制造业企业的 CEO 完成一项判断任务，要求他们揭示自己对于战略、结构和环境之间最佳匹配的观点（或认知结构）。然后，把这些观点和组织文献中经典的意外事故处理方法做比较,Priem 发现,那些 CEO 的信念与惯例性的意外事故处理方法紧密相连的企业比那些 CEO 的信念与标准化目标不同的企业绩效更好。这项研究的重要性在于它对管理判断的细致、直接评估,以及它与组织政策和绩效之间的明确联系。它和我们注意到的其他研究有一致的地方,但证明管理者的知识结构影响其战略选择的证据仍然很少。

(3) 认知风格

"人们从不和我交谈。而且,坦白地说,我也不热衷于和他们交谈。"这句话引用自一家中等规模服装公司的 CEO,代表着一些管理者独特的认知风格。认知风格涉及一个人的思维方式——怎样去收集和处理信息。Chester Barnard 是第一批研究管理者不同思维过程的学者,他提出"心理过程由两部分组成,我把它们称为'无逻辑的'和'逻辑的'"(1938,302)。Barnard 解释道,"逻辑的"意味着能够用语言和符号去表达的意识思维——经常被称为"推理";"无逻辑的"意味着直觉、本能或者隐性的判断。在 Barnard 的观点中,一个有效的管理者需要具备两种类型的认知能力,且能够根据情形需要选择其中一种加以利用。

但是,就像服装公司 CEO 的话所暗示的,这并不容易。管理者们可能在其认知风格上有很大的差异,并且有时缺乏 Barnard 想象的"多重敏捷性"。例如,Mintzberg 被问道:"为什么一些最有创造性的思想家无法理解一份资产负债表,而一些会计师对于产品开发没有任何概念?"(1976,49)

Mintzberg 基于心理学和医学上丰富的研究的回答是,管理者因生物因素尤其是大脑的两个半球之间的相对力量和优势而在认知风格上存在差异。他声称,大脑左半球——逻辑轨迹、线性思考和知识秩序——占优势的人可能成为好的计划者;相反,那些大脑右半球——整体的信息处理的来源、想象力和视觉意象——占优势的人可能成为好的管理者。

另一种考虑认知风格的概念性的方法(和大脑半球模型相关)来源于心理学领域的古典理论家 Carl Jung 的工作(Taggart and Robey 1981;Myers 1982;总结在 Hurst, Rush, and White 1989 中)。Jung 的理论确定了认知风格的两个维度:洞察力(信息收集)和判断力(信息处理)。洞察力可以通过知觉(S;通过五官接收到的物理刺激)或者直觉(N;刺激之间的识别模式、分歧或者隐含的关系)而产生。而判断力或者说信息处理和评估可以通过思考(T;运用逻辑推理和因果观念连接想法)或者感觉(F;通过对个人和集体的价值观评价)而产生。

如表3.2所示,对于四种基本的认知风格,我们为每一种洞察力模型匹配了一种判断力模型。

表3.2 四种认知风格:四种管理者类型

判断力模型	洞察力模型	
	知觉(S)	直觉(N)
感觉(F)	**SF:教练** 趋向于: ● 事实导向 ● 主观的 ● 友好的 ● 自发的 信息定位: ● 大量浏览 ● 大量依赖口头、非正式媒体 ● 认知结构符合实际经验	**NF:预言家** 趋向于: ● 可能性导向 ● 主观的 ● 热心的 ● 富有洞察力的 信息定位: ● 少量浏览 ● 基本依赖口头、非正式媒体 ● 认知结构是独特的,极少符合实际经验
思考(T)	**ST:行政管理者** 趋向于: ● 事实导向 ● 客观的 ● 实际的 ● 有条理的 信息定位: ● 大量浏览 ● 大量依赖书面、正式媒体 ● 认知结构符合实际经验	**NT:战略家** 趋向于: ● 可能性导向 ● 客观的 ● 有独创性的 ● 整合的 信息定位: ● 少量浏览 ● 基本依赖书面、正式媒体 ● 认知结构是独特的,极少符合实际经验

由多位研究者对四种认知风格的描绘可知,表3.2就观测的数量、用以观测的媒介和认知结构描述了风格的趋向及信息定位。我们进一步贴上标签去形容典型管理者的每一个方面:ST(行政管理者),NT(战略家),SF(教练),NF(预言家)。

例如,ST(行政管理者),这一类型趋向于事实导向,是客观的、实际的和有条理的。这一类人大量浏览、着眼并依赖于大量书面及正式信息来源。其认知结构趋向于符合实际经验,能理解"是什么",但是不会思考"会发生什么"或"可能发生什么"。其他三种类型的管理者也都具有其自身相应的定位。

一些非常有趣的关于荣格心理类型的研究被 Nutt(1986a)运用到管理者身上。在其中一项研究中,管理者们被要求指出其准备接受的几个被简略描述的资本投资建议。那些 ST 类型的管理者接受最少的建议,表现出对于行动的普遍厌恶,且认为这些建议都是高风险的,经常大略或不完全地记录对于项目的描述。SF 类型的管理者最倾向于接受项目,并且认为它们相对低风险。其他两种类型,即 NT 和 NF 类型的管理者则处于这两个极端之间。

在之后的一个项目中,Nutt(1993)合并了这一概念,认为一些管理者具有灵活的、"多重敏捷的"选择类型,而并不总是坚持荣格心理类型中的一种。接下来,他发现,具有这种混合导向的管理者在面对几种假定的在描述方式上不同的投资建议时,比那些只具有单一的荣格心理类型导向的管理者愿意采纳更多的建议(并且认为它们风险更低)。

多个项目已经考虑到企业家的认知过程或认知风格不同于那些更主流的企业管理者这一想法(比如,Alvarez and Busenitz 2001)。例如,Busenitz 和 Barney(1997)声称,企业家倾向于在做出逻辑推论时思维跳跃并且比其他人更少地依赖基于事实的刺激。当然,这种描述使人联想到 Jung 的 N(直觉)风格。

我们对于将荣格的框架应用于管理者的描述是不完整的和推理性的。然而,我们相信,我们有理由断定管理者在其如何获取和处理信息上以一种根深蒂固的方式存在着巨大的差别,相应地,这极大地影响着其信息过滤和解释过程,并最终影响他们的战略选择。因此,我们提出以下几个命题。

命题 3-4A:一个管理者的认知风格将会影响其视野。

例如:洞察力主要基于知觉(S)的管理者将会比那些洞察力主要基于直觉(N)的管理者浏览到更多历史的、可证实的数据(以及更少未来导向的、推理性的数据)。

命题 3-4B:一个管理者的认知风格将会影响其对于信息的选择性认知。

例如:S 类型的管理者将会比 N 类型的管理者注意和意识到更多历史的、可证实的数据(以及更少未来导向的、推理性的数据)。

命题 3-4C:一个管理者的认知风格将会影响其对于信息的解释。

例如:S 类型的管理者将会比 N 类型的管理者更加相信历史的、可证实的数据(以及更少地相信未来导向的、推理性的数据)的实用性。

命题 3-4D:一个管理者的认知风格将会在其所做的选择中反映出来。

例如:S 类型的管理者将会比 N 类型的管理者(追求更激进的、创新的战略)

倾向于追求更多渐进式、模仿式战略。

另一种观察认知风格的方法是通过"认知复杂性"（Schneier 1979）这一概念。在认知简单的人的脑海里有相对较少的概念性分类，他们简单地看待每一种概念性分类，并且认为这些类别之间存在较少的心理连接。相反，认知复杂的人有许多概念性分类，并且认为这些类别之间复杂地相互关联。这引起了我们对将认知复杂性作为积极的管理者品质的思考，但是，我们可以很容易地想到，认知复杂性会导致决策瘫痪、组织复杂以及管理层消息的模糊。事实上，研究管理者行为的学者对与认知复杂性有关的概念方面的研究是相对较少的。

Hitt 和 Tyler（1991）发现，在评价待升职的候选人方面，认知复杂性和管理者的决策模式没有关系。然而，Wally 和 Baum（1994）却发现，一个包括认知复杂性和教育水平的因素与管理者评价待升职的候选人的速度正相关。因此，认知复杂性可能会使管理者们在处理复杂信息时速度加快，而非减慢。McNamara、Luce 和 Tompson（2002）最近的一项研究发现，银行管理者（个体的 CEO 和整个高管团队）在对其竞争者的描述中表现出来的认知复杂度（通过一个社会统计调查得出）与他们所在银行随后的绩效正相关。因此，虽然有关管理者认知复杂性的研究还比较少，但这一概念已经显现出在理论上和实践上的重要意义。

总之，我们所讨论的管理者认知的三个方面——认知内容、认知结构和认知风格——在引发和塑造管理者对于新信息的关注及过滤方面发挥着非常重要的作用。当前蓬勃发展的对管理认知的兴趣高度保证及形成了关于战略选择构成的新视野。

（4）未来方向

关于管理者认知模型的研究可以沿着几条路径进行。首先，我们需要对管理者认知模型的前因或者决定性因素进行持续的研究。我们需要了解不同类型的经历在塑造认知方面的独特影响。我们尤其需要并且有机会了解社会和职业网络在塑造管理者的认知模型方面的作用（Galaskiewicz and Burt 1991; Burt 1992; Geletkanycz 1994; Balkundi and Harrison 2006）。

其次，我们需要检测认知内容、认知结构和认知风格之间的关系。这三个认知因素之间必然有实质性的相互影响——认知风格限制管理者获得新内容，新的认知内容导致一个修正的认知结构，等等。理论家们需要了解管理者认知的这些因素之间的关联。

最后,研究者需要更多地关注管理者认知对于战略选择和其他管理行为的含义。虽然深入探究认知本身是很有必要的,但是,管理者认知的真正意义在于其导致的结果。所以,除了描述认知模型,研究者还需要建立选择、行为和组织绩效之间的关联。

3. 管理者的个性

除了研究管理者的价值观和认知,学者们对于管理者个性也表现出了很大的兴趣,我们可以将管理者个性定义为一个人相对持久的、根深蒂固的性格。例如,Kets de Vries 和 Miller(1984)致力于精神分析理论,认为一些 CEO 有各种各样的可能导致可预测的组织机能障碍。有强迫症的 CEO 由规则、向内聚焦、追求增量和规避风险的策略来驱动组织。其他的神经机能疾病,例如偏执和抑郁症,同样导致相应的组织病理。

在一项临床试验中,Gupta 和 Govindarajan(1984)检测了管理者对承担风险的意愿,发现这一性格因素更有利于那些试图建立自己市场份额的企业,而不是那些试图收益最大化且保持市场份额的企业的绩效。其他性格因素,包括对成就感的需要(Miller and Droge 1986)、对风险的承受力(Wally and Baum 1994)和对不确定性的承受力(Gupta and Govindarajan 1984),都已经成为高管研究的中心。

在最近的一项研究中,Peterson、Smith、Martorana 和 Owens(2003)检测了 CEO 的个性是怎样影响高管团队的动态性的。他们采用了心理学家从可理解的数据分析中得出的公认的"大五"人格维度:神经质、外向性、开放性、宜人性和严谨性。将对 17 位 CEO 的传记精确的、定量的编码作为测量 CEO 个性和高管团队动态性的方法,Peterson 及其合作者发现,他们关于 CEO 个性怎样塑造高管团队功能的猜想得到了大量支持。例如,他们发现,CEO 的开放性与高管团队的灵活性(相对于死板)正相关,CEO 的宜人性与高管团队的内聚性(相对于党派主义)正相关。虽然这项研究的样本仅仅是中等大小的,对回顾性传记的编码也有其局限性,但是它突出展现了探究 CEO 个性怎样影响企业的前景。

对于管理者个性的研究的三个特定方向早已被特别指出,不把它们单列出来加以关注将会是一个明显的疏漏。这些研究领域包括管理者的魅力、控制点和积极的自尊。

(1) 个性和魅力

大量文献已经证明个性特征与人格魅力相关(在 Conger and Kanungo 1988b 中总结并延伸)。我们之所以说"与魅力相关"是因为普遍的看法是,魅力本身并不是一种个性特征而是领导者和下属之间的一种关系,常常被领导者的个性激活或者增强(House, Spangler, and Woycke 1991)。因此,魅力会受到个性的影响,但它本身并不是一种个性类型。

跟随者的特别反应形成了一种具有魅力的关系,包括:超出预期的绩效(Bass 1985),跟随者基本价值观的改变(Etzioni 1975),对领导者的奉献、忠诚和尊敬(House 1977),一种莫名的兴奋和热情(Weber 1957; Bass 1985),下属为了一个组织目标牺牲个人利益的意愿(House 1977)。最近,人格魅力的概念被延伸至直接下属之外,CEO 还会对外部利益相关者产生影响(Fanelli and Misangyi 2006)。

Flynn 和 Staw(2004)发现魅力型领导者的影响力延伸至组织的界限之外。在一项档案研究中,研究者发现以魅力型领导者为首的企业股票增值的速度要比同类企业快,即使在控制了企业绩效差异的情况下。研究者还发现在低迷的经济形势下,魅力型领导者的作用会更加明显,这与主流观念一致,即人格魅力在逆境中具有重大作用。在一项实验研究中,Flynn 和 Staw 还发现魅力型领导者会对投资者是否投资这一企业的意愿产生影响。

那么,哪些领导者的人格特质常常会引发别人的这种反应呢?Bass(1985)列了以下几点:自信、自决、洞察其追随者的需要和价值并通过具有说服力的语言及行动去提升与激励这种需要和价值。Conger 和 Kanungo(1988a)也将高活跃水平、自信、承诺及权力需要作为代表性特征纳入领导者通过魅力影响他人的过程中。

在一项关于美国总统的采用了大量公共账目和历史学家的分析的复杂研究中,House、Spangler 和 Woycke(1991)对与魅力相关的人格特质进行了实证检验。他们发现,人格魅力:①与总统的权力需要正相关;②与个人的成就需要负相关;③与活动禁止(测量高管运用权力以实现制度性而非完全的个人目标程度的一个指标)正相关。他们对这些结果的解释是:①权力需要是发展与人格魅力相伴的超强说服力的前提;②魅力导向的管理者对制度性与集体的成就,而不是个人的成就,具有发自内心的渴求。

至少两点原因使得 House 及其合作者的研究富有启发性：第一，它代表了对领导力非常难以捉摸的方面进行严谨探索的、最令人印象深刻的努力。研究者从一系列数据来源中提取信息，论证它们的信度，并加入适当的控制变量。它代表了更多关于高层领导研究的前进方向，是值得钦佩的努力。

第二，该研究以及其他所有关于魅力（和"变革型领导"）的研究，强调了管理者并不仅仅通过其战略选择来影响组织。他们还通过对他人施加影响，使得这些人相应地付诸努力并做出重大抉择，进而影响组织绩效（Bower 1970）。因此，我们关于管理者活动的概念是恰当的，正如在第二章中的讨论以及图 3.1 右侧所示的将"战略选择"的范围拓展到"管理者行为"。管理者的日常活动，尤其是他们如何与他人交往，对组织功能和绩效具有重大影响。

人格魅力经常被用褒义词来形容，大量的实例也证明组织在魅力型领导者的带领下有时会取得重大成就（Bass 1985；Tichy and Devanna 1986；Conger and Kanungo 1987）。相应地，一些大型研究已经发现 CEO 魅力和企业绩效之间的正相关关系（比如，Agle and Sonnenfeld 1994；Waldman et al. 2001）。另外，House、Spangler 和 Woycke（1991）对于美国总统的研究发现，人格魅力对围绕国际、经济、社会方面的系统表现衡量具有积极作用。

但是，人格魅力的功效还未完全清晰，至少有一项大型研究发现 CEO 的人格魅力与随后的企业绩效之间并不存在关联（Agle et al. 2006）。为什么人格魅力也许没有产生作用？这可能是因为人格魅力的功效基本被它的缺点所抵消。事实上，对人格魅力的描述并不总是正面的。Conger（1990）曾经富有表现力地写到人格魅力的"阴暗面"，提到一些宗教领袖并没有做任何破坏性的工作却促成他们在圭亚那的追随者大量自杀。如果一个魅力型领导者诱使他人无知或盲目地献身，或其追随者的行为使该领导者变得自大或傲慢，那么这些结果必定不好。

尤其是当魅力型领导者拥有并表现出道德正义（House 1977）和极端自信（Bass 1985）并且追随者盲目相信领导者并倾向于中止对相反观点的怀疑时，可以得到以下命题。

命题 3-5A：一个管理者与魅力相关的个性特征将会影响其视野。

例如：具有个人魅力的管理者将会比那些没有这种特性的管理者从其下属那里获得经过更多过滤的信息。

命题 3-5B：一个管理者与魅力相关的个性特征将会影响其对于信息的选择

性认知。

例如：具有个人魅力的管理者将会比那些没有这种特性的管理者注意和意识到相对更少的与其明确观点相冲突的信息。

命题 3-5C：一个管理者与魅力相关的个性特征将会影响其对于信息的解释。

例如：具有个人魅力的管理者将会比那些没有这种特性的管理者更少地相信不支持其观点的信息。

命题 3-5D：一个管理者与魅力相关的个性特征将会在其战略选择中反映出来。

例如：具有个人魅力的管理者将会比那些没有这种特性的管理者更加坚持其对一种既定战略的追求（即使面对不确凿的证据）。

关于最后一个命题,需要注意的是,个性特征可能会对众所周知的行为现象——对于一个行动的承诺升级——具有重要影响(Staw 1976; Rubin and Brockner 1975)。承诺升级的重要决定因素之一便是决策制定者在多大程度上公开宣布其意向。具有魅力的管理者具有宏大的愿景并能清晰地表达这些愿景(二者都是广为人知的魅力的伴随物)的程度强化了其对于行动的承诺升级的可能性。

（2）控制点

另一个在多项研究中被调查的管理者个性变量是控制点(Anderson 1977; Miller, Kets de Vries, and Toulouse 1982; Miller and Toulouse 1986a; Begley and Boyd 1987; Boone and de Brabander 1993)。这些研究大多运用了 Rotter(1966)的内部导向和外部导向的概念。"内部导向的"个人相信生活中的重大事件在其掌控之内。"外部导向的"个人认为生活中的重大事件并不在其掌控之内,而是由于命运、运气或者天意。

一个"外部导向的"人——认为重大事件在其掌控之外的人——竟然可以获得最高管理职位可能会让一些人感到惊讶。毕竟,管理者的选择过程似乎强烈倾向于"接管"类型,这样,如果管理者表现出其操控的命运在其影响力之外,那么他们在中期职业发展竞赛中就可能处于极为不利的地位。此外,所有关于高管控制点的现有研究均发现,这一人格变量的得分范围很广泛(即使偏向于内部导向),这表明存在一系列广泛的背景条件和发展通道,所以允许管理风格上具有丰富的多样性。

我们有理由猜想，外部导向的管理者将会是消极的、被动的以及缺乏创造力的。在高度竞争或者混乱的环境下，这些特点将会导致不良的组织绩效。事实上，研究者已经发现有证据表明，由内部导向的人领导的团体比那些由外部导向的人领导的团体表现得更好（Anderson and Schneier 1978），并且，内部导向的管理者比外部导向的管理者更倾向于任务导向，在有压力的情况下表现得更好（Anderson 1977；Anderson，Hellriegel，and Slocum 1977）。

在研究高管的控制点的文献中，也发现了与"内部导向的"（不要与"内部任命的"混淆）CEO相似的有益影响。Miller和Toulouse（1986a；1986b）发现，有内部控制点的CEO通常拥有较高的绩效。其他研究显示管理者的内部控制点与小型企业和新企业的成功之间具有一定的关系（Brockhaus 1980；Van de Ven，Hudson，and Schroeder 1984）。

然而，Miller、Kets de Vries和Toulouse（1982）对管理者控制点的研究引起了广泛关注。以加拿大的一个高管样本为例，他们发现，由内部导向的人领导的企业比由外部导向的人领导的企业更加具有创新性并且更有可能处于动态环境中。他们得出结论，"相信命运掌握在自己手中的管理者更有可能努力地设法掌控命运"（1982，245）。在一个补充分析中，他们发现，管理者的控制点与组织创新性和环境动态性之间的关系在CEO较长任期的情况下要强于较短任期的情况，这导致研究者进一步推断是高管品格在塑造战略，而不是战略和环境影响具体企业的高管。

但是，合理地，我们必须预见到双向因果关系。如果一个环境赋予管理者相对较小的管理自主权或者行动范围，那么一个内部导向的人将不可能被吸引到这家企业或者升至其管理层（Hambrick and Finkelstein 1987）。相反，外部导向的人将更有可能自我选择进入这种受限制的环境中，在这里他们会感到舒适，活跃性会更强。作为外部导向的人，他们会参与最少的创新，这实际上是适合这种限制性的、低管理自主权的环境的。

因此，因果关系可能不仅仅是双向的，而且是"环形的"，正如图3.4所示。一个高管理自主权的环境（由环境和组织因素决定）倾向于吸引和选择一个有内部控制点的管理者，然后这个管理者会采取大量的战略行动并进行创新。如果这个管理者的行动产生了高绩效，那么更大的管理自主权就会被创造出来（Hambrick and Finkelstein 1987），管理者的效用感会提升（Weick 1983），这种循环就会被强化。如果这个循环出于某种原因被阻碍了(比如,因为环境从高管理自主权变成低管理自主权,或者,即使企业在创新方面做出了努力,绩效还是由于外部冲击而受损),那么一个新的完整的循环就会开始,只是具有不同的特征:低管理自主权,一个具有外部控制点的管理者,较少的创新,较低的绩效,感知到更少的管理自主权,等等。

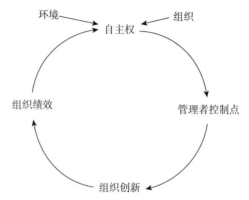

图 3.4 管理者效能的自我强化循环

管理者控制点的概念认可控制点与我们连续的过滤过程模型之间有很直接的关联,通过这个模型管理者可以获得其个人真实。

命题 3-6A:一个管理者的控制点将会影响其视野。

例如:具有内部控制点的管理者("内部导向的"人)将会比那些具有外部控制点的管理者("外部导向的"人)付出更多的努力在环境分析上,并且使用更广泛的信息来源。

命题 3-6B:一个管理者的控制点将会影响其对于信息的选择性认知。

例如:"内部导向的"管理者将会注意并意识到其浏览的信息比"外部导向的"管理者更多。

命题 3-6C:一个管理者的控制点将会影响其对信息的解释。

例如:"内部导向的"管理者将会比"外部导向的"管理者更有可能把环境趋势看作"需要采取行动的机会或威胁"。

命题 3-6D:一个管理者的控制点将会在其战略选择中反映出来。

例如:由"内部导向的"人领导的组织将会比由"外部导向的"人领导的组织更加具有创新性、对环境有更强的适应性,并有更高的绩效。

虽然控制点和管理者领导力有明显的相关性,但它仅仅是管理者个性的一个优势。事实上,控制点使我们能够管窥一个更宽广的或许更加本质的个性维度——积极的自尊。也就是说,管理者在对其能力及其选择的明智程度的评价上是不同的——这带我们进入下一个主题。

4. 积极的自尊

大多数组织的运作不畅都与管理者的懒散、不思进取有关。比如,可以考虑一下一些学者贴在那些不适应变化的管理者身上的标签:风险规避,胆小,安于现状,被历史束缚,思路狭窄。那么,我们如何解释那些采取大胆的或者有风险的行动的管理者呢？毕竟,一些管理者能够根据其所处的环境做出一定的改变。事实上,一些管理者甚至会采取似乎超越现实需要的更大型、更大胆的行动。[①]

以 Jean-Marie Messier 为例。普遍的战略行为理论基本都没有对 Messier 的尝试做出解释。1996—2001 年间,Messier 把总部位于巴黎的 Compagnie Generale des Eaux——一个在水务、电力和废物设施方面的全球领导者——转变成一家媒体和娱乐公司,并将这家公司重新命名为 Vivendi。原公司的核心业务是高盈利的并且具有全球稳定的长期增长前景(Montgomery 1998),所以并没有必要拓展新的商业领域(Rumelt 1974;Porter 1980),并且该公司当时的条件几乎无法为新产业的发展提供基础(Barney 1991)。不相关的多元化经营在那个时候很明显是得不到赞同的,所以 Messier 不可能感受到任何来自多元化的遵奉者的压力(DiMaggio and Powell 1983)。而且他本身并没有媒体和娱乐行业的从业经验,所以也不能说他转移到其最熟悉的领域(Hambrick and Mason 1984)。

相反,大量观察者——在 Vivendi 倒闭之前、倒闭期间、倒闭之后做出评论——将 Messier 的战略行动归因于他的个性。他们对 Messier 个性的描述多种多样,如"不专一的""自恋的"和"极端利己的",Messier 似乎是高度自恋的——极端的自我崇拜但是需要制造些戏剧性事件以获得更多的崇拜(比如,Cukier 2000;Leonard 2001;Fonda 2002)。也就是说,Messier 由于相信其自身的效能以及对于热情的掌声的需要,可能采取了比客观要求更大胆、更显著、更引人注目的行动。如果我们把自恋看作一个在普通人群中有一个正常分布的个性维度(Emmons 1984),那么我们可以预想到,几乎所有大公司的 CEO 都在这个分布的上半部分。然而,似乎 Messier,这个有时在其邮件上署名 "J6M"(Jean-Marie

---

① 本部分的内容是基于 Chatterjee 和 Hambrick(2007)。

Messier Moi-Meme，Maitre du Monde 的简称，意为本人 Jean-Marie Messier 是世界的主宰者)的人，位于这一分布的最顶端。

近年来，研究管理者行为的学者对一系列我们大体称为"积极的自尊"的个性特点非常感兴趣。组成这个元构建(meta-construst)的特定维度包括核心自我评价、自恋、自负和过度自信。前两个是相对根深蒂固的个性维度，而后两个是由个性和环境刺激的共同作用形成的心理状态。虽然研究者在测量管理者的品质时遇到了巨大挑战，但他们还是做出了一些实证研究。并且，虽然有这些方法论障碍，但管理者积极的自尊影响是如此之大——至少对我们对于承担风险、创新和高管团队的动态性的理解来说——以至于这种构建值得认真关注和努力分析。

(1) 核心自我评价

从心理学角度来说，在构成"积极的自尊"的一系列维度中，发展最为充分的是"核心自我评价"(core self-evaluation, CSE)。这一概念被 Timothy Judge 及其合作者定义并广泛验证，它简明地描述了个人如何大致地评价自己及其与环境的关系(Judge, Locke, and Durham 1997)。一些研究发现表明，CSE 包含和巩固了自尊、自我效能、控制点和情绪稳定性这四种被深入研究但之前并未被联系在一起的个性维度公共、重叠的部分(Judge, Bono, et al. 2002; Judge, Erez, et al. 2002)。

自尊(self-esteem)，CSE 概念中最核心的部分(Judge, Locke, and Durham 1997)，是个人对于自我价值的总体评价(Baumeister, Smart, and Boden 1996)。自我效能是指一个人对其成功地执行和完成任务的能力的信念(Gist and Mitchell 1992)。虽然自我能力评估可能稍有不同，取决于正在执行的任务，但每个人都拥有一个在各个领域内均稳定的一般的自我效能(Bandura 1977)。正如之前所讨论的，控制点是一个人关于何人、何事控制生活事件的发生的观点(Rotter 1954)。有内部控制点的人相信他们的命运由其行为所决定，而那些有外部控制点的人相信发生在他们身上的事情是由其控制之外的因素所决定的。情绪稳定性，作为"大五"个性特征之一(Costa and McRae 1992)，有时通过它的反面——神经过敏症——被了解。由于这些标签可能导致不同的解释，因此了解这一构建的核心是(不)焦虑就变得至关重要了(Judge et al. 2003)。

图 3.5 提供了一个对 CSE 构建的定性的、程式化的描述。如图所示，这四种构成变量在很大程度上是重叠的，CSE 在其重叠部分的核心或者中心形成了一个由自信、自我关注和自尊组成的整体的个人感知。总之，CSE 高的人确信自己会成功。

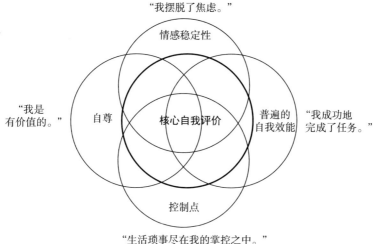

图 3.5　CSE 对核心自我评价概念空间占用的定性描述

资料来源：改编自 Hiller 和 Hambrick(2005)。

在一份理论文献中，Hiller 和 Hambrick(2005)详尽地解释了 CSE 对管理者行为的影响。Hiller 和 Hambrick 声称管理者在 CSE 维度上不同，指出 CSE 高的 CEO 将会从多方面展现其自我效能和自尊意识：他们会进行相对较快的、凭直觉的（相对于综合考虑的）和集权的决策制定；他们相对而言更可能采取定量化、豪赌式的战略举措，这些举措是偏离行业规范的；并且相应地，他们倾向于产生极端的绩效，也就是高盈利和高亏损。

对于管理者 CSE 的实证研究已经开始。虽然组织数据收集将会是一个挑战，但 Hiller 和 Hambrick 提出了几点建议，包括进行专门面向管理者的简化的 CSE 调查、让亲密的同事评定其 CEO 的 CSE 水平和使用不显眼的指标（例如对演讲内容的分析）。

（2）自恋

"自恋"(narcissism)一词早在一百多年前就已经进入心理学文献中(Ellis 1898)，它来自希腊神话中的一个年轻人 Narcissus，他爱上了自己在一个池塘中的倒影并最终由于过于自我关注而丧生。最初，自恋被认为是一种精神紊乱，现在临床医生仍然保留着这种看法。然而，在最近的几十年中，个性研究者已经表明，自恋可以被认为与测度是一个连续统一体，并且，个人可以给这个连续统一体分配分数(Emmons 1987; Judge, LePine, and Rich 2006)。对于这些理论家来说,自恋被定义为一种自我膨胀的程度,而且全神贯注于使这种自我观得到强化(Campbell,Goodie,and Foster 2004)。荒谬的是,自恋者充满了自我欣赏,但是却常常渴望其自我观点获得支持。

虽然极端自恋经常有趣地在一些 CEO 身上被观察到(通常是令人惋惜的),但收集关于这样一个敏感的个性特征的数据所面临的明显挑战还是阻碍了系统的研究。然而,最近的一项研究提供了关于研究这一重要特征的流程的范例。具体地,Chatterjee 和 Hambrick(2007)用非显要指标测量 CEO 的自恋趋势,其研究表明,CEO 的自恋得分与企业随后的战略和绩效密切相关。

在 Chatterjee 和 Hambrick 关于 111 个计算机硬件和软件行业的 CEO 的研究中,他们从多个来源中选择了五个指标,测量了这些 CEO 在其任期的第二年和第三年的自恋趋势:CEO 在公司年度报告中的突出程度;CEO 的名字出现在公司出版物中的频率;CEO 在采访中相对于第一人称复数代词来说对第一人称单数代词(I,me,my,mine,myself)的使用情况;工资最高的 CEO 与工资第二高的 CEO 的现金收入比、非现金收入比。正如相关分析和因子分析所表明的,这五个指标是统计相关的,并允许它们整合成每一个 CEO 总的自恋得分。

Chatterjee 和 Hambrick 接下来检测了 CEO 的自恋得分(同样,计算的是每个 CEO 的早年任期)与企业战略和绩效特点(测量随后几年的数据以避免任何周期性因素的影响)之间的关系。正如猜测的一样,CEO 的自恋与战略动态性和宏大性正相关,并且与极端的和不稳定的组织绩效相关联。正如我们看到的 Jean-Marie Messier 的例子,自恋者需要戏剧性;如果缺乏戏剧性,他们就会创造它来获得"人群的唏嘘声和赞扬声"。结果可能很成功,也可能非常糟糕,但是它将永远成为一场盛大的表演。

作为一种根深蒂固的个性特征,CEO 的自恋可能对一系列组织现象包括印象管理、高管团队动态性和管理方式有重要影响。并且,它还与我们接下来要讨论的自负和过度自信相关。

(3) 自负

和自恋相似,自负(hubris)也起源于希腊神话,是指过分的自信或者自豪,通常隐含着惩罚将会随之而来的意思(Hayward and Hambrick 1997)。自负在 Richard Roll(1986)关于高管的文献中被首次突出地提出,但该文章没能成功地解释为什么即使有大量证据表明大企业收购通常无法得到预期的结果,CEO 还是坚持要进行这种交易。Hayward 和 Hambrick(1997)通过检测 CEO 将会为收购支付多少(超过招标前的市场价格)发展和检验了 Roll 的"自负假说"。收购溢价反映了进行收购的 CEO 对于被收购的企业如果在其管理下价值能够提升多少的评估。

由于缺乏 CEO 自负的直接测量工具,Hayward 和 Hambrick 依赖于三种"自负源"的指示器,或者说替代物,这三种指示器都与收购溢价的规模密切相关。前两个测量工具,即进行收购的企业在 CEO 的领导下的近期绩效和 CEO 的近期媒体赞誉,被认为是产生自负的情境条件。第三个测量工具,即 CEO 的收入与收入第二高的管理者收入的比率,被认为导致了 CEO 的自视过高,这或许是更稳定的个人特质。自视过高是自恋个性的一个中心要素(Judge, LePine, and Rich 2006),因此,Hayward 和 Hambrick 片面地将自恋视为造成自负的一个因素。事实上,他们特定的混合测量工具表明,自负是一种由振奋信心的刺激和一个人根深蒂固的自恋倾向共同作用形成的心理状态。

(4)过度自信

过度自信(overconfidence)是对正确的确定性或者产生某种特定结果的确定性的一种过高估计(Russo and Schoemaker 1992)。个体过高估计其成功的能力及机会的趋势已经在关于谈判和决策制定的文献中被广泛论证过(比如,Bazerman and Neal 1982;Busenitz and Barney 1997;Neale and Bazerman 1985),与过度自信在一些决策情境中比在其他情境中更经常发生的观点基本一致。例如,Simon 和 Houghton(2003)提到他们发现,计算机企业的管理人员样本在高新技术产品引入方面比在更渐进的产品引入方面更加过度自信(作为一个关于成功的先验估计和事后结果之间的差异的测量)。

然而,直到最近,才有研究者认为过度自信至少部分地源于个体差异。有趣的是,这些研究已经首先在金融领域进行过。由 Malmendier 和 Tate(2005b)做的一项研究检测了 CEO 过度自信与企业投资之间的关系。他们把过度自信的 CEO 定义为那些未能行使高度"赚钱"的股票期权的人和习惯性地购买自己公司股票的人。他们发现,过度自信的 CEO 比那些不过度自信的 CEO 将更高比例的企业现金流花费在投资项目上(而不是作为股息派发)。因此,过度自信的 CEO 会投资大量本不该投资的项目,大概是因为他们高估了自己获得成功的个人能力。Malmendier 和 Tate 并没有直接考虑过度自信的源头或决定性因素,但是当他们通过称"我们认为 CEO 的个性特点在很大程度上导致了企业投资政策的不合理"(2005b,2661)来展开其文章时,他们已经在暗示,过度自信源于根深蒂固的个性因素。

在另一篇文章中,Malmendier 和 Tate(2005a)转向能够影响一个管理者观点和行为的情境刺激。通过考察一组利用商业媒体有声望的奖项获得"超级明星"地位的 CEO,他们发现,不论是相对于总体市场来说,还是相对于一个与企业和 CEO 特征相匹配的"假想获奖者"样本来说,这些 CEO 随后的表现并不佳(没有达到预期水平)。他们并没有检测导致这些得奖 CEO 随后不良绩效的战略行为,但是导致不良绩效的隐藏机制是过度自信。将这篇文章中的观点与另一篇关于"CEO 名人"的试图理解赞誉如何影响一个管理者自信和冒险行为的有意思的文章(Hayward, Rindova, and Pollock 2004)中的观点匹配起来将会非常有趣。

从 Malmendier 和 Tate 的研究中我们可以得出结论:"过度自信"和"自负"这两个词在本质上是相同的。它们都指一种过度的自信,或者对行动方案的极端确信。并且,它们主要都是指一种心理状态,由根深蒂固的个性和身边的刺激共同作用而产生。现在,研究者需要让我们进一步了解这两种机制如何相互作用以至于造成极端的管理者行为。

四、结 论

在本章中我们有两个目标。一个目标是展示我们关于管理者如何以及为什么在战略选择上不同的核心模型。我们已经证明,管理者面对的是众多典型的模糊信息,并且,他们的个人导向——其经验和心理因素——在很大程度上决定了信息的哪些要素将会被理解,以及它们将如何被解释。因此,决策制定者根据其对自己所处情境、面临的选择和选择的潜在影响高度过滤的、个性化的、独特的理解来采取行动。

另一个目标是阐述管理者导向概念的一方面:心理因素。在这里,我们讨论了管理者价值观、认知模型和三大个性因素(魅力、控制点和积极的自尊——已经成为大量理论和研究的中心)的作用。这些心理特征对管理者最终解释现实和进行相应的战略选择以及组织绩效具有深远的影响。现在,我们转向管理者导向的第二个重要因素:管理者的经验。

第四章
高管经历与组织产出

我们所有人,包括高管,都存在于一个由个人的专业经历编织而成的网络中。我们试着去保持一种开明、客观、一丝不苟的态度,但与此同时又在很大程度上受到所拥有的知识和经历的限制。尤其是在复杂的情境下,决策者往往会依赖于自己所熟知的事物,基本照搬过去的经验(Cyert and March, 1963)。经历在很大程度上影响着决策和行为,并由此促进了价值观、信仰和认知模式的形成(Hitt and Tyler, 1991)。因此,作为高管经历的反映,高管的人口统计特征将与其战略选择息息相关。

过去的 25 年间,我们见证了关于高管背景和组织产出两者关系研究的一次爆发。这项工作可以看作在该研究领域中衔接微观和宏观层面的一座天然桥梁,因为它将个体(CEO、高管、董事)和小型组织(高管团队、董事会)引向了组织与战略理论的前沿。在继 Pfeffer(1983)的组织人口统计以及 Hambrick 和 Mason(1984)的组织作为其高管的反映这一理论框架之后,针对高管背景特征的研究再度作为组织和战略研究领域学者们关注的中心而出现。之所以称之为再度出现,是因为在早期的营销领域中,高管曾起到核心的作用(Barnard 1938;Andrews 1971),却又因为学者们将重点放在环境、战略和组织的研究上而被忽视——相关的决策者更没有受到特别的关注。由于这些"与人无关"的理论的解释能力达到了极限,研究者们的关注点才又重新回到人为因素是如何影响组织产出的问题上。

迄今为止,多数对高管经历的研究都遵循着一个普遍逻辑:经历塑造了高管的认知和价值观,并反映在其战略选择当中。而另一小部分研究则提出了一个反向因果关系的假设——在特定的战略(比如,Datta and Guthrie 1994)、结构(比如,Fligstein 1987)、绩效(比如,Ocasio and Kim 1999)、环境(比如,Rajagopalan and Datta 1996;Ocasio and Kim 1999)等条件的作用下,高管在不同的情境下对计划性或突发性事件的应对能力也有所不同,研究者据此将高管特征划分为几种典型的类别。第三类研究结论基本上是上述两类研究的结合,认为不同的战略类型需要具备不同特征的高管,如果高管特征刚好符合组织需要,就有助于组织实现较高的绩效。

不同类型的高管经历与组织产出之间的关系已得到验证。其中最主要的高管背景特征有四个:高管任期,功能背景(营销、财务等),正式教育,国际化经历。在这一章中,我们将回顾并整合有关这四个高管特征的研究。对于其中的每一个,我们都会讨论三种客观的关系。一是高管的心理结构和感知能力之间的关系。这样的回顾有助于总结出高管经历的基本内涵。然而,因为大部分高管经历的研究仍将心理过程视作一个"黑匣子",所以我们在本书中就较少涉及有关内容;我们有时会在讨论中补充一些针对无高管人群的人口统计特征和心理属性关系的研究。二是组织战略和行为之间的关系。这既是高阶梯队理论所关注的领域,同时也符合战略选择反映高管经历这一假设。三是高管特征和组织绩效之间的关系。在某些情况下,这些关系是简单直接的;但更多的时候,高管特征和组织绩效之间的关系是因具体情况而异的。

如图3.1所示,高管经历通过三个相同的信息过滤过程来影响战略选择。可以肯定的是,在经历或者个人背景特征如何影响高管的视野、选择性感知以及对战略激励的解释方面,我们还可以列举出大量的命题。例如,长任期的高管获取到的信息来自内部资源的比例可能比短任期的高管更高。再者,功能背景以市场营销为主的高管会比其他功能背景的高管更注重市场营销对战略激励的影响。关于高管经历和信息过滤过程的关联这一命题还存在大量潜在的视角,为了节省篇幅,就不在此一一赘述了。相反,我们将目光聚焦到经历以及心理特征或组织战略与绩效的关系上。

此外,我们还应该注意到,一些对高管经历的研究援引了企业中的资源基础理论(RBW),即认为高管是企业中具有潜在价值的资源(比如,Castanias and Helfat 2001)。高管的经历构成其人力资本——知识、技能和关系,这样的逻辑设想与 Gary Becker(1964)的古典理论是一致的。尽管高阶梯队理论和资源基础理论大同小异,但有两点区别是需要注意的。第一,资源基础理论对高管特征转化为行为和组织产出的心理过程涉及较少;第二,资源基础理论并不认为一种固定的高管经历类型,即所谓的"资源"会成为企业的负担。然而,我们接下来将要阐述的却是这样一个观点:固定的高管经历会削弱组织的活力。

一、高管任期

有关高管任期的理论研究大致都围绕着一个中心观点:长任期的高管往往不会在组织中做出重大变革。实践中也有大量证据能证明这一重要现象。然而,结论是显而易见的:高管任期的产生过程,甚至这个概念本身,是对其认股权证的阐述。

高管任期可以分为三种不同的形式:职位任期(比如,Hambrick and Fukutomi 1991; Miller 1991)、组织任期(比如,Thomas, Litschert, and Ramaswamy 1991),以及行业任期(Hambrick, Geletkanycz, and Fredrickson 1993)。[①] 显然,这三种任期是共变的,甚至在概念上也是相互包含的,因为在某一职位上的任期也是在对应的组织和行业中的任期,同样,组织任期的时间跨度也被包含在行业任期内。尽管如此,我们还是应该将每一种任期分开考虑。

1. 任期和高管心理

相对而言,有关高管任期心理因素的实证研究寥寥无几。尽管存在着一些可用的证据,但理论家们仍在就高管在任期内的心态和定位随时间的推移而变化的趋势争论不休。在这一点上,Hambrick 和 Fukutomi(1991)通过借鉴广泛而零星的文献构建出了一个 CEO 任命周期的阶段模型。他们认为,在一个高管的任期内存在着五个阶段模型。我们会将他们的观点(如表 4.1 所示)以命题形式一一总结出来。

---

① 高管年龄也已成为一些研究的主题。由于大多数大企业中对人员强制性退休的规定,高管年龄一般很少超过 65 岁。因此,年龄间隔被极大地缩短,而这样的举措也正导致更多基于任期而非基于年龄的现象。尽管如此,研究已拓展了 Vroom 和 Pahl(1971)关于管理者年龄与冒险行为负相关的观察报告。研究发现,高管年龄与以下因素均为负相关关系:(1)产品或市场创新策略(Thomas, Litschert, and Ramaswamy 1991);(2)产业管制解除后的战略变革(Grimm and Smith 1991);(3)多元化经营配置(diversification profiles)的变革(Wiersema and Bantel 1992);(4)激进的投资政策(Bertrand and Schoar 2003)。因此,当关注点为高管任期时,关于高管年龄的现有证据均遵照相同的一般模式。

表 4.1　CEO 任期的五个阶段

CEO 的关键特征	1 受命上任	2 探索改革	3 形成风格	4 全面强化	5 僵化阻碍
范式承诺	较强	或强或弱	较强	强且上升	非常强
工作知识	少，但快速增加	适度，稍有增加	非常熟悉，缓慢增加	非常熟悉，缓慢增加	非常熟悉，缓慢增加
信息多元化程度	多种来源，未经过滤	多种来源，日益过滤	来源很少，适度过滤	来源很少，高度过滤	来源极少，高度过滤
工作兴趣	高	高	较高	较高但在下降	较低但在下降
权力	小，增加中	中等，增加中	中等，增加中	大，增加中	非常大，增加中
整体模式	合法性建立 行动同 CEO 的背景和授权高度一致	项目扩张 站稳脚跟，尝试新事物	采用得心应手、轻车熟路的办事方法 可能会恢复到初始状态	一切行动强化和支撑主题 主要是递增改变	行动相对较少 外部兴趣增加
一般持续时长	1～2 年	1～2 年	1～2 年	3～5 年	整个后续年度

资料来源：改编自 Hambrick 和 Fukutomi（1991）。

第一,俗话说,"新官上任三把火",在进入新的工作岗位后,CEO就急于表现自身的价值,而且迫于董事会的授权压力,会有相对较高程度的认知模式刚性(优先顺序、选择和临时关系的内在心理模型)。受命上任之后,CEO取得了早期的成绩,有了自己的立足点,紧接着可能会进入一个短期的"上下求索"的试验探索阶段,公开性变强。然而,他们很快又会在心理上趋向于采取在任期阶段一和阶段二中应用的行之有效的策略及方案。随着在职时间的延长,CEO的认知模式刚性会越来越强,对自己处理事情和看问题的方法坚信不疑。这便是Miller(1991)所称的高管任期中所谓的"自以为是"现象。

命题4-1A:高管的认知模式刚性开始时比较强,经过一段短期反思调整过程后变弱,后来又逐步加强。

第二,随着CEO任期的延长,其信息源会变得越来越狭窄、越来越有限,而且所得到的信息本身也经过越来越多的筛选。这种现象的产生是多种因素使然,包括习惯、信息渠道的建立、可靠来源的培养以及信息提供者逐渐学会了迎合高管的信息偏好。比如,Aguilar(1967)发现,一般情况下,新任高管对商业环境的外部信息源和内部信息源的依赖程度大致相当。但随着内部信息网络的可靠性逐渐增强,高管们又会大大降低对外部信息的使用。在这一点上,Tushman和Romanelli(1985)提到,信息整合与分析的质量和数量都会随着在职时间的增加而递减。此外,McDonald和Westphal(2003)的最新研究还发现,CEO的任期长短与其征集意见的倾向负相关。也就是说,任期长的高管会更加固执己见。

命题4-1B:随着任期的延长,高管倾向于依靠越来越狭窄的信息渠道,而且获得的是经过过滤的信息。

第三,高管所拥有的工作知识的水平在不断提高。新任高管的最大劣势就是缺乏相关的工作知识,不过,如果新任高管是从内部提拔上来的,那么相对来说其会比从外部招聘进来的高管知道得多一些。但是一般来讲,任何一个新任高管都会面临一系列陌生的要件(企业的实际情况、发展趋势、契约履行等)。高管的工作知识起初会迅速增加,随即会平稳、较慢地增加。

命题4-1C:工作知识随着任期的延长而逐渐增加,但是边际增长呈下滑趋势。

第四,Hambrick和Fukutomi(1991)认为,尽管高管这一职位应该是充满活力和挑战性的,但是没有理由期望他们不会由于重复性和对工作的熟悉而变得烦闷。实际上,高管的大部分工作(审核预算、应对资本诉求、参观工厂、筹备董事会会议等)都是单调而重复的。处理类似的事情多了之后,高管就不会觉得其有多大的挑战性,以至于兴趣大大减弱,同时,对环境的敏感度也在不知不觉中逐渐降低。

命题 4-1D:高管的职务兴趣起初较高,后期慢慢减弱。

第五,也是最后一点,在 Hambrick 和 Fukutomi 的理论框架中,高管(尤其是 CEO)的权力是日趋加强的。这种权力的加强是通过不同途径实现的,例如与董事会一起决策增选新的董事会成员(因为 CEO 在董事任命这一环节上扮演着主要角色)、父权主义的发展,或者股份的累积。类似地,Miller(1991)提出了伴随高管任期而出现的"自治"这一概念。

命题 4-1E:一般情况下,高管的权力在任职期间会逐渐加强。

总而言之,这些因素的变化趋势将高管的任职期间划分成了不同的阶段,每一阶段中高管的关注重点、行为及其最终对绩效的影响各不相同,从而形成了与之相对应的特定模式。表 4.1 展示了 Hambrick 和 Fukutomi 所提出的这五种因素随任期的变化趋势。

"阶段模型"之所以重要,是因为它是纵向的——不仅根植于先前的理论和证据,而且得到 Miller(1991)所阐述的 CEO 是"陈腐的高管"这一理论逻辑的支持。接下来我们将以描述阶段模型作为跳板,来研究影响 CEO 任期的因素的一些新思路。但我们现在可以总结出,高管在任职期间会遵循一个固定的模式。而且阶段模型最基本的内涵是显而易见的,即高管在任职期间会变得日益僵化,这与心理和组织领域的相关证据也是吻合的。

理论家们还提出,组织任期能够影响高管的认知模型。组织任期被认为与范式承诺以及对已成形的政策战略和实践经验的依存度息息相关(March and March 1977;Katz 1982)。又因为高管的能力对于企业的布局配置起着举足轻重的作用,所以任期也使高管当下拥有大量的股份(Stevens, Beyer, and Trice 1978)。随着高管逐渐建立起一套其习以为常的工作方式、信息日趋同一化,以及信息处理过程中可预见性的增强,组织任期也可能会阻碍信息的传递。

上述理论将关注重点放在了认知和决策上,与此相一致的是,Hambrick、Geletkanycz 和 Fredrickson(1993)研究了高管与其对组织承诺的关联,亦即高管在多大程度上愿意坚持组织当前的企业制度和治理结构。通过对大量高管的抽样调查分析,他们发现高管在组织中的任期长短与其对组织的承诺存在高度正相关性。

命题 4-2：高管在组织当中的任期越长，其组织承诺程度就越高。

然而，Hambrick 及其合作者在一项研究中指出，行业任期对高管对于组织现状的承诺程度具有更为深刻的影响。他们将该观点看作证明行业优势的有力论据，这些优势具体包括惯性、发展的"秘方"以及知识共同体（Hambrick 1982；Spender 1989）。他们总结道：行业中的每一个个体都是被嵌入特定的社会环境中的，其行为、背景和产出都遵循一个共同的模式（Burrell and Morgan 1979）。个体处于这一社会结构中的时间越长，就越容易相信这一模式的正确性。因此，在现实当中他们甚至很难接受不同的逻辑（Hambrick，Geletkanycz，and Fredrickson 1993，412）。

Sutcliffe 和 Huber（1998）也强调行业经验对塑造管理认知的作用，并且发现，就对外部环境的认知而言，同行业中的高管比跨行业的更为接近。此外，还有一些研究者专门研究了航空、银行和钢铁行业发展进程中的重大转折点，并总结道，这些行业都建立起了较为完善的"行业知识"体系，因此高管很难有所突破（Marcus and Goodman 1986；Goodman 1988；Newell 1989）。[①]

命题 4-3：高管的行业任期越长，其组织承诺程度就越高。

最后，我们可以得出结论：在社会系统中任何一个层次的任期（无论是职位任期、组织任期还是行业任期），高管的信息受限程度和社会心理学上的"嵌入现象"都会与日俱增（Granovetter 1985）。由此，我们可以得出以下命题。

命题 4-4：职位任期、组织任期和行业任期都能独立地对高管的组织承诺产生累加效应。高管在三种任期中的时间越长，其组织承诺程度就越高。

研究者将任期看作高管一系列个性特征的代表，其中就包括企业独有的人力资源（比如，Agrawal and Knoeber 1996；Bergh 2001）、保守主义和刚性（比如，Finkelstein and Hambrick 1990；Miller 1991；Boeker 1997b；Miller et al. 1996；Altemeyer 1966；Sørensen 1999），以及权力（比如，Barkema and Pennings 1998；Hermalin and Weisbach 2003；Baker and Gompers 2001）。然而，如果一个给定变量有潜在的不同含义，研究者就有责任保证结构的效力，或者至少要控制这些选择变量。但也许正是因为含义的多样性，Hambrick 和 Fukutomi（1991）以及

---

① 一些企业活跃于各个行业中，当然一些高管也会在各个行业间转换。在这样的情况下，高管应对方式量表中的行业影响将被削弱。

Miller 和 Shamsie(2001)提出的广泛的过程模型就格外引人注目,因为它们涵盖了影响 CEO 任期的多个因素。

2. 任期和组织战略

对高管任期和对组织战略的学术研究具有高度的一致性。这其中最权威的一个结论就是,高管任期与组织变革是反向相关的。Gabarro(1987)的深入研究发现,所有的改革行动都是由新任的高管在刚上任的一年半到两年时间内实施的。在这之后,会出现一个调整阶段,但也只有少数的变革是由高管实施的,而且还主要是对组织的微调。图 4.1 描述了 Gabarro 所研究的总经理为组织变革做出的贡献大小在其任期的前三年内是如何随时间的推移而变化的。

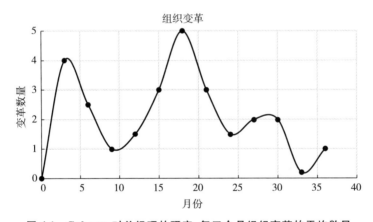

图 4.1　Gabarro 对总经理的研究:每三个月组织变革的平均数目

资料来源:改编自 Gabarro(1987)。

Wiersema 和 Bantel(1992)也提供了企业任期对组织变革具有阻碍作用的证据。[1] 在对 87 家企业的调查研究中,他们发现,在随后的三年期间,高管任期与企业战略的多样性存在负相关性。此外,他们还得出结论:任期短的尤其是从外部招聘进来的高管,更有可能将企业看作一张白纸,可以采取多种多样的形式;而任期长的高管则恰恰相反,他们会更多地受到企业的历史和现状的牵绊。

此外,Finkelstein 和 Hambrick(1990)还提供了一些额外的证据来证明高管

---

[1] 本研究以及我们在本节中所回顾的其他几项研究均基于高管团队中的一般性人口统计特征,而非仅局限于个体层面的高管。作为一个普通群体,这样的特征可被认为是对高管集体"思想"或认知的触碰,然而离差和异质性仍将在群体过程中提及并将在第五章关于高管团队的内容中进行讨论。

任期会阻碍战略变革。在对三个行业的一百家企业的调查研究中,他们发现,高管任期与其战略保持或者说战略变革的贫乏度具有高度的正相关性。这种关系是简单明了的——在整个任期跨度内,任期的小幅延长能极大地提高战略保持度。他们还发现,高管任期与战略的一致性,也即高管任期与企业对整个行业普遍战略趋势的依存度也存在正相关的关系。就企业任期对战略一致性的影响,他们提出了一条逻辑思路,"短任期高管拥有新鲜的、多样化的信息,并且乐于接受挑战,因此也常常较远地背离行业传统。随着任期的延长,高管的认知越来越受限,也越来越不愿意承担风险。而降低风险的方法就是屈从于主流竞争者的一般趋势"(1990,488)。

在对美国钢铁业的研究分析中,Grimm 和 Smith(1991)发现,该行业的高管任期与放松管制之后的企业变革程度存在反向关系。与 Hambrick、Geletkanycz 和 Fredrickson(1993)的结论一致,他们发现行业任期比企业任期更能影响战略惯性。Boeker(1997a)通过对 67 家硅谷半导体制造商的研究发现,CEO 和高管团队的任期也与战略变革负相关。①

命题 4-5:高管任期(职位任期、组织任期或者行业任期)越长,组织中的战略变革就越少。

命题 4-6:高管任期(职位任期、组织任期或者行业任期)越长,其组织战略与行业平均水平就越一致。

如果战略变革会随着高管任期的延长而递减,那么问题在于,这种减少是如何发生的?究竟是什么导致了高管的自满和惰性?近几年来,通过结合 Hambrick 和 Fukutomi(1991)的概念模型,实证研究在解决这些问题的进程中迈出了一大步。其中与"阶段模型"最吻合的应该算是 Miller 和 Shamsie(2001)这项对好莱坞电影公司高管生产线的引人入胜的实验研究。他们采用了一条纵向思路,通过对电影类型和作品推出进程的考察,来研究工作室主管的任期是如何沿着这些维度影响实验的程度和公司的整体绩效的。在战略问题上,他们发现工作室主管的任期与实验负相关。Miller 和 Shamsie 观察得到的工作室主管的行为模式与我们现在所探讨的 Hambrick 和 Fukutomi(1991)以及 Miller(1991)的研究结果是一致的。

---

① 本研究也发现企业绩效越高,这些影响就越大。

学习期：新任高管以一种开放的态度对待实验，甚至会积极地寻求它。他们积极地寻求新的市场机遇，敢于尝试，但也不免会经常犯错。Miller 和 Shamsie 引用了 Jack Warner 的例子：Jack Warner 在其职业生涯早期，让舞台剧明星 Al Jolson 重返荧幕，并主演了著名的《爵士歌手》(*The Jazz Singer*)，从而开启了有声电影时代。此外，Miller 和 Shamsie 还记录了高风险的失败。

收获期：拥有更丰富的经验和设置各种杠杆的技能之后，高管从实验阶段进入开发阶段。这时，他们已经形成了一套固定的管理模式，企业绩效也相当稳定。在这一点上，比如美国 MGM 公司的制片人 Louis B. Mayer 致力于音乐剧，华纳兄弟的 Jack Warner 钟情于犯罪和黑帮片，这都使得其相关的专业知识得到深度开发和巩固。

衰退期：任职约十五年之后，高管们开始变得自满起来，自认为没有什么需要学习的了，而且不再顺应市场发展的趋势。他们不断重复着以往的行为模式，而不管其是否仍具有意义。相应地，Miller 和 Shamsie 引用电影史学家的话来解释，即电影界巨头也会走上这一条必经之路，或者说"辉煌不再"（2001，738）。

最近，Wu、Levitas 和 Priem（2005）以生物制药行业的 84 家企业为样本，验证了 CEO 任期同企业创造性（以一年内申请的专利数为测度）之间的关系。他们发展了 Hambrick 和 Fukutomi（1991）以及 Miller（1991）的理论，但与 Miller 和 Shamsie（2001）的发现形成鲜明对比的是，他们发现 CEO 任期和企业创造性之间呈一种倒 U 形关系，而不是简单的负相关关系。

此外，Wu、Levitas 和 Priem（2005）还进一步假定并证实，CEO 任期与企业创造性的这种倒 U 形关系是由企业的技术活力水平来调节的。为了在迅猛发展的社会经济环境中脱颖而出，短任期的 CEO 往往会更具创新性（Hambrick and Fukutomi 1991；Miller 1991；Miller and Shamsie 2001）。而像长任期的 CEO 那样依赖现状显然是不合时宜的。因此，最终的结论就是，短任期的 CEO 在技术日新月异的环境下会激励更多的发明创造，而长任期的 CEO 只会在技术稳定的环境下那样做。这一发现是值得关注的，因为它将环境机制作为一个潜在的关键调节因素来研究高管任期是如何影响产出的。

命题 4-7：高管任期与战略变革的关系是由环境机制来调节的。

有证据表明，高管任期不仅会影响战略保持性和一致性，还会导致对不同类型战略的追求。至少有三项研究发现,长任期的高管倾向于追随 Miles 和 Snow(1978)所谓的"防御型"战略(强调稳定性和效率),而短任期的高管则偏好采取"探索型"战略(强调产品和市场创新)。这其中,由 Chaganti 和 Sambharya(1987)所做的一项研究分析了总部设在美国的三家大型烟草企业的高管特征和企业战略。第二项研究,是由 Thomas、Litschert 和 Ramaswamy(1991)以电子行业的 224 家企业为样本做出的。这两组作者都认为,任期长的高管会更多地关注企业发展的持续性,而不是产品或市场的创新性。在最后一项研究中,Barker 和 Mueller(2002)通过对 172 家大企业的调研发现,CEO 的任期与企业的研发支出负相关。①

命题 4-8:高管的任期越长,其就越关注战略的稳定性和效率,而不是产品或市场的创新性。

3. 任期和绩效

如果说高管任期影响了战略,那么它也一定会影响绩效。相应地,一系列的研究也直截了当地检验了这个问题:对于一个组织来讲,CEO 的任期长是好事还是坏事?对于这个问题,大家莫衷一是。Pennings、Lee 和 van Witteloostuijn(1998)在对荷兰会计师事务所的抽样调查中发现,高管(搭档)任期与企业解散的概率负相关。② 类似地,Waldman、Ramirez、House 和 Puranam(2001)发现 CEO 任期与企业的边际利润正相关。但是 Sørenson(1999)的结论却恰恰相反,他通过对商业电台的研究证实高管团队的任期与企业成长负相关。此外,Boone、de Brabander 和 Witteloostuijn(1996),Iaquinto 和 Fredrickson(1997),以及 Balkin、Markman 和 Gomez-Mejia(2000)的研究并未发现任期对绩效有任何显著影响。

事实上,更明智的做法是,将 CEO 任期和绩效之间假设为一种曲线关系而不是常规的线性关系,而且这种曲线关系是根据具体情况而变化的。这一思路

---

① 并非所有的研究都报告了一致的结果。在英国开展的一项由 27 个高管团队经营医院的研究中(West and Anderson 1996),团队任期与自我报告的创新负相关(并不显著),但与客观测量的创新无关。研究结果虽然稍显温和,但从该研究的设计来看,包含 27 个样本量的样本中有 9 个自变量,因此这一设计极大地限制了自由度。此外,Kor 和 Mahoney(2005)由一组创业型企业的样本得出企业中高管团队的平均任期与研发费用之间有正向关系的结论。

② 由于这是由会计人员组成的样本,因此在企业中任期很长的高管退休或死亡后,此类企业也往往会面临解散的风险,所以任期和解散之间是一种 U 形关系。随着任期的延长,企业生存的概率增大,直到任期达到很长时由退休引起的企业解散现象才开始出现。

的构建比较简单明了。如果我们假设,CEO 被挑选出来是因为其能力和认知模式在很大程度上与他们初入企业时的背景环境相适应(Vancil 1987；Henderson, Miller, and Hambrick 2006),而且 CEO 需要花一些时间来了解有关新职位的具体情况,以完善他们早期的思想,那么我们就有理由认为,在一般情况下,CEO 在任的最初几年里,企业的绩效能够得到提升。然而,在任期达到一定时长之后,已经建立的一套办事方法逐渐僵化(Leonard-Barton 1992),信息渠道开始受到限制,而且高管仍对过去的成功经验深信不疑。

在 Miller 早期发表的《陈腐于鞍中》(Stale in the Saddle)一文中,也有对上述各种趋势的论证。在对 95 家加拿大企业的研究过程中,Miller 发现,在实践中只有任期少于 10 年的 CEO 才会按照权变理论所要求的,将环境条件与组织特征相结合,而长任期的 CEO 则往往做不到这一点。而且,组织特征与环境条件的脱离程度越高,企业的绩效就越低。Miller 总结道,长任期的 CEO 渐渐成为陈腐的领导者——安于现状、规避风险、墨守成规、信息受限,而他们的企业将会为此付出代价。

新任 CEO 尚处于学习和了解的阶段,因此也就不大可能建立起一套比较完善的工作方式。然而,随着在任时间越来越长,他们获取了更多有关企业、战略和即将面临的组织挑战的专业知识。此外,他们还可以通过对自身地位的调整,将其影响范围扩展至其他的组织和个体以及伴随而来的信息渠道。因此,他们的人力资本和社会资本都会与日俱增。然而,一段时间过去之后[Hambrick 和 Fukutomi(1991)指出是 CEO 在任七年或八年之后,Miller 和 Shamsie(2001)则认为这个拐点出现在 CEO 在任第八年到第十年之间][1],风险规避、信息受限、权力膨胀的进程愈演愈烈,组织也逐渐衰落。长任期高管专业技能的强化可能会形成具有潜在价值的企业特有的人力资本,但这也只是建立在已有经验的基础上,而且领域越来越狭窄。[2] 因此,长任期高管学习新知识的速度就会减慢(Miller and Shamsie 2001);在此种情形下,原先的技术技能和思维模式已经落

---

[1] 我们可以推断最近几年拐点处已变窄,这与 CEO 任期缩短的变化趋势相一致。

[2] 有关认知的研究也与该观点高度一致。相对于初学者而言,专家们往往会使用更少的模式,而不是在每个体系中包含更多的信息单元(Walsh 1995)。该结果已在多项研究中得到支持(例如,Rentsch, Heffner, and Duffy 1994;Sujan, Sujan, and Bettman 1988),并表明随着环境或其他情境的变化,任期长的高管将不可能开发新的模式来进行调整与适应。

伍,企业绩效也随之下降(Helfat et al. 2007)。①

因此,理论和实践都表明:高管任期和企业绩效之间是一种倒 U 形关系(Hambrick and Fukutomi 1991; Miller 1991; Miller and Shamsie 2001; Wu, Levitas, and Priem 2005; Henderson, Miller, and Hambrick 2006)。

命题 4-9:高管任期和企业绩效之间存在一种倒 U 形关系。

应当注意到,还有一种可能性,那就是有些企业承担着大量的创新和变革任务,诸如新产品的开发和推广、大规模收购,或者其他能改变现状的活动,这也许能避免(或延迟)CEO 出现懈怠(或"长任期综合征")。然而,这种效应仍缺乏有力的证据。事实上,结果恰恰相反:在高度活跃的市场环境下,CEO 的绩效在其上任伊始会达到顶峰,随后就急转直下。

上述论证来自 Henderson、Miller 和 Hambrick(2006)的一项研究,该研究检验了 CEO 任期与企业绩效的关系在极端稳定和高度活跃的环境下有何区别。他们认为,在一个稳定的、预见性强的市场环境下,对现有规则的渐进式微调会更利于企业的长期发展,这样就有助于保证 CEO 任职的连续性和长期性。为了证实这一观点,他们在市场环境相当稳定的品牌食品行业中选取了大量样本,并发现 CEO 上任的头十五年左右(远远长于其他样本数据),企业绩效会随着任期的延长而提升,但随后会逐渐下降。

反之,在高度活跃、变化多端的市场环境下,CEO 则面临被迅速淘汰的风险。CEO 的一套工作方法和思维模式只有在上任之初是与外部环境相适应的,但很快又会因为种种变化而脱离市场环境。在更新换代极其迅速的电脑行业中,Henderson、Miller 和 Hambrick 通过对数家企业的抽样调查发现了一个支持其假设的典型模式:电脑企业的 CEO 在上任之初的两年内,会通过一系列适当的统计控制来实现自身绩效的最大化。但在这之后,CEO 的绩效会在其任期内逐年下降。这个极端的结论与 Virany、Tushman 和 Romanelli(1992)的发现——在飞速发展的微型计算机领域高管任期短有利于绩效的提升——是不谋而合的。

因此,我们可以得出如下一般性的结论。

---

① 尽管多数研究指出了任期长的不利之处,但最近一项研究却得出了不同的结论。在一项包含 495 家小型私企的研究中,Simsek(2007)发现 CEO 的任期与高管团队的冒险程度正相关,这反过来又与创业举措相关,继而影响工作绩效。然而,虽然该研究的确努力寻找 CEO 与企业绩效间不同的中介影响,但对于该研究所有关键变量的调查数据的有效性和普遍性的可靠程度仍有质疑。

命题 4-10:环境变化越剧烈,高管任期与企业绩效的相关性由正转负的拐点就出现得越早。

较长的高管任期的相对优势也许并不仅仅取决于外部环境,还依赖于企业的战略类型。在这一点上,Thomas、Litschert 和 Ramaswamy(1991)发现,在计算机行业中,就高管的组织任期而言,采取探索型战略的企业短于采取防御型战略的企业。他们在最关键的一项测试中发现,当高管的任期长短最符合企业战略类型的需要时,企业的绩效水平就会不断提升。该研究还指出,高管有责任认真执行企业的既定战略。如果战略本身要求产品或市场创新,那么短任期高管就要拥有精力充沛、思想开放、外部导向等优势条件。

如果战略旨在维持稳定的同时提高效率,那么企业就需要具有更丰富专业经验的长任期高管。因此,我们提出以下命题。

命题 4-11:与探索型企业相比,长任期高管与组织绩效在防御型企业中的正相关性更强(或负相关性更弱)。

显然,高管任期对于组织运作和经营成果还具有更为广泛的意义。图 4.2 总结概括了对高管任期的一些主要研究成果。

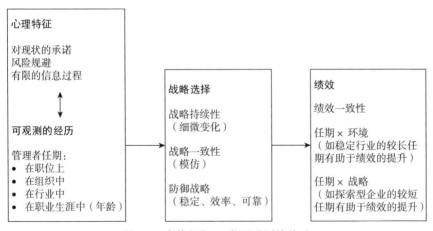

图 4.2　高管任期:一些可观测的关系

二、功能背景

长期以来,专家学者都鼓励企业塑造功能多元化的高管,这一方面是为了拓宽高管对其当前职责的认知视角,另一方面是为了培养出发展更为全面的高水平高管(Ouichi and Jaeger 1978；Raskas and Hambrick 1992)。当然,有些高管的确在多个功能领域都具有丰富的经验,但大部分高管还是将主要精力集中于某一个功能领域,诸如营销、财务或管理等。

一般情况下,高管都可以运用自身的功能经验来找出工作中的问题及其解决方案(Dearborn and Simon 1958)。正如 Fligstein 所说,如果人们"致力于商品开发,那么他们的关注重点无疑是如何扩大销售"(1990,357)。在三种情形下,功能经验、心理倾向和战略选择能够相互影响。第一,个体可能会选择与自身个性和特长相匹配的功能领域(比如,Schein 1968)。在从业之初,不同功能的个体具有迥异的认知模式和价值观。第二,随着个体在某一功能领域积累的经验越来越多,其社会化程度会不断提高,而且该专业领域一套成形的思维方式和办事方法也会不断得到强化(Blau and McKinley 1979；Mortimer and Lorence 1979)。第三,过去的学习决定了并不断强化着高管的思维模式,因此,当个体就职于超出其功能领域的岗位(如作为综合管理者等)时,其仍倾向于用自己熟知的术语来解释问题,用自己熟悉的方案来解决问题(March and Simon 1958)。高管的功能经验甚至可以影响到他们对企业整体运作水平的认知(Waller, Huber, and Glick 1995)。实际上,功能经验具有定位效应和过滤效应这一普遍观念孕育出了 Dearborn 和 Simon(1958)影响深远的研究,从而又激发了当今人们对"高管背景影响决策"这一命题的普遍兴趣。

1. 功能经验与高管认知

Dearborn 和 Simon(1958)认为,对目标的认定和对某一功能领域的强化会导致高管在复杂的商业环境中更关注特定的信息,而这反过来又会促使高管运用其自身的专业知识来解读该信息。为了验证这一观点,Dearborn 和 Simon 在一家企业中抽取了 23 名中层管理者,要求他们阅读一份包含大量实例但并无任何结构或注解的近万字的商业案例,并从中分析出企业现存的主要问题。正如研究者所预测的,管理者通常会更关注那些符合其自身功能背景的说明性文字。例如,销售主管会比其他领域的高管更多地提及销售方面的问题。然而,附录中一份对该研究结论的深度解读称,Dearborn 和 Simon 的研究发现仅仅是启发性的,而不是准确无误的。尽管有证据表明,高管在审视企业现存的问题时存在功能上的差异,但差异并不明显。

近三十年后,Walsh(1986)对 Dearborn 和 Simon 的研究进行了进一步的调整与拓展。他从一项高管 MBA 培养项目中挑选出 121 名参与者并要求他们完成两项任务:①阅读一份 2 000 字的商业案例,并分析该企业的主要问题所在;②对商业术语卡片进行归类,以反映其潜在的认知结构。Walsh 假设,参与者的功能背景可以从他们如何执行这两项任务上反映出来。但这一理论并没有完全得到证实。在处理信息的过程中,高管们并没有表现出明显的功能差异。

为什么 Dearborn 和 Simon 发现了功能差异(虽然有本质上的局限性)而 Walsh 没有呢?反观这两项研究之间的区别,我们可以得出导致它们在研究功能差异方面信息不对称的几点原因。

第一,考虑到这两项研究分别是在 20 世纪 50 年代中期和 80 年代中期进行的,这就存在着基本的时代背景差异。20 世纪 50 年代中期,美国还未诞生出一个有关综合管理的一般概念。只有为数不多的几家企业设有一个综合管理岗位,即 CEO。MBA 培养项目相对较少,商业杂志只有零星的几份,高管研讨会也微乎其微,当然也就更没有什么管理类的畅销书籍了。但到了 20 世纪 80 年代中期以后,市场上所有的高管都拥有了与其专业领域相匹配的信息系统和敏锐的洞察力。绝大多数大企业都设置了综合管理和类综合管理的岗位,主要用于拓展培训广度的 MBA 大量出现。Peters 和 Waterman(1982)以及 Iacocca 和 Novak(1984)也推出了一系列综合管理领域的专业书籍,引领许许多多的商业人士突破自身的领域限制。① 此外,许多大型企业还开发了各种培训项目,使优秀的高管得以丰富自身的经验。总而言之,20 世纪 80 年代之后的高管实际上比 50 年代的高管更少受到功能背景的限制。因此,我们可以得出结论:一般情况下,大的文化背景会影响综合管理者的认知广度。

命题 4-12:在更开放的文化背景下,对综合管理强调得更多,高管功能背景与其战略选择的相关性也更弱。

第二,Dearborn 和 Simon 的实验对象是企业一项短期培训项目的参与者,而 Walsh 的实验对象则是一项为期两年的 MBA 培训项目的参与者。Walsh 的受试者在社会化程度高的环境下表现出功能的多元化,他们能够主动积累丰富的经验。而且因为企业习惯性地为这些项目提供指导,所以主管人员就会基于个体

---

① Nohria 和 Berkley(1994)提供了关于美国"管理文化"进一步扩散的有趣数据,比如,1982—1992 年间,商学院、MBA 及管理咨询人员的数量大幅增加,企业在培训、媒体商业新闻和商业书籍等方面的支出大幅增加。

自我发展的能力和胜任综合管理这一岗位的潜质来进行挑选。因此，Walsh 的受试者在功能方面受到的限制会少于那些没有参与该项目培训的同事，当然也会少于 Dearborn 和 Simon 的受试者。

命题 4-13：高管受到的正式管理教育越多，其功能背景与其战略选择的相关性就越弱。①

第三点虽然看似微不足道，却具有重大的理论意义。我们注意到，Walsh 给了受试者 25 分钟的时间来研究这份仅 2 000 字（三页）的案例。因此这似乎就不存在信息超载的情况，高管也就没有必要走心理捷径或者是依赖其所熟悉的信息。相反，他们可以相当地谨慎细心，并尽量获取所有的信息。换言之，这项任务不会遇到像卡耐基学派在设计有限理性模型时所遇到的情况。对比之下，Dearborn 和 Simon 提供的案例长达近万字，这样一来，高管对材料的完全掌握或者说克服认知偏见的可能性就会大大降低。也就是说，当高管面对大量复杂而又模糊的信息，而且要在紧迫性或其他形式的压力之下处理这些信息时，功能背景或经验的差异性对信息的解读和挑选所产生的影响最大。与此相一致，当高管的工作要求较高时（Hambrick，Finkelstein，and Mooney 2005），他们就会倾向于浏览、有选择地解读和阐述那些与其功能经验相匹配的战略方案。

命题 4-14：战略选择越多、越模糊不清，高管功能背景与其战略选择的相关性就越强。

命题 4-15：高管拥有的对战略选择的分析时间越少，其功能背景与战略选择的相关性就越强。

命题 4-16：高管的工作要求越高，其功能背景与战略选择的相关性就越强。

Beyer、Chattopadhyay、George、Glick、ogilvie 和 Pugliese（1997）在 Dearborn 和 Simon（1958）以及 Walsh（1988）的研究实验的基础上又做了进一步的拓展，增大了信息量。他们的研究集中分析了先前这两项研究的主要差异。Dearborn 和 Simon 要求高管们判断出案例中的企业面临的"最重大的问题"，而 Walsh 的要求则是判断出"所有重大的问题"。一项关于选择性认知的研究指出，要求的不同非常关键。为了证明这一差异，Beyer 及其合作者将 Walsh 采用的案例材料发给 MBA 学员，让其中的一半学员判断出"所有重大的问题"，让另一半指出"最

---

① Tyler 和 Steensma（1998）提到，若在实证研究中这些特性仅有一种被包含，则高管的教育专业化与功能背景之间的高度一致性将产生混合效果。

重大的问题"。毫无疑问,这一实验条件的区别充分证实了认知的选择性:相对于识别"所有重大的问题"一组,识别"最重大的问题"一组中的受试者找到的问题和关注的领域都较少。更需要注意的是,研究者发现,与受试者功能背景密切相关的并不是他们所关注的领域,而是他们所忽视的领域。例如,生产经营的经验与所发现的人力资源领域的问题数量负相关。这可能是因为,功能经验对高管的认知施加了两种势均力敌的作用力,即"离心力"和"向心力"。虽然这是一个有意思的发现,而且与 Dearborn 和 Simon 所阐述的功能背景会阻碍认知加工过程这一论点一致,但我们必须注意到这项研究是以 MBA 学员而不是经验丰富的高管为实验对象的,因此应当理性看待这一结论。我们不可能指望年轻的 MBA 学员能像经验丰富的高管那样,有机会去拓展和深化自己的功能经验。随着经验的积累,知识结构逐渐固化,认知也可能越来越狭隘(Ford and Baucus 1987)。在实践中,高管在某一功能领域中待的时间越长,其认知进程可能就越受限。

命题 4-17:在某一功能领域所处的时间越长,高管的功能背景与战略选择的相关性就越强。

2. 连接战略与绩效

Beyer 及其合作者(1997)最后做出的一点说明与我们即将讨论到的教育背景有关:事实证明,MBA 学员在生产经营、市场营销和财务会计方面的经验统统与其所关注的和判断出的人力资源方面的问题负相关。我们将这一现象归因于:一方面,MBA 学员对诸如人力、工艺流程和文化等企业软实力的相关要素知之甚少,另一方面,在这一项认知选择性的研究中以 MBA 学员为实验主体本身也存在局限性。在本章的后面,我们将回到"MBA 思维定式"这个主题。

对于高管功能背景对组织概况的影响的研究主要集中于两类组织战略。一是企业在其主营业务中的竞争战略,或者说是其经营战略。二是企业的多元化战略,或者说是其企业战略。在每一类战略当中,都会出现一些常见的、合理的模式。

竞争战略的类型多种多样,Miles 和 Snow(1978)的战略研究框架成为选择战略类型的有效工具。有关高管功能背景和经营战略的研究都重点运用了 Miles 和 Snow 的这一理论模型。在对几家大型烟草企业的调查研究中,Chaganti 和 Sambharya(1987)发现,他们所针对的探索型企业(Philip Morris)具有与分析型企业(R. J. Reynolds)和防御型企业(American Brands)不同的高管层结构。特别是,探索型企业当中拥有营销和研发背景的高管所占比例较高,而拥有财务背景的高管所占比例则相对较低。Thomas、Litschert 和 Ramaswamy(1991)研究了一些电脑企业的 CEO 的功能背景,也得出了相同的结论。在对探索型企业的研究中发现,77%的 CEO 的功能经验主要集中于"输出型"领域(营销、销售和研发),而防御型企业中这一比例只有 10%。相反,防御型企业中主要来自"输入型"功能领域(生产、会计、财务、管理)的 CEO 达到 90%,而探索型企业中这一比例则只有 23%。

命题 4-18:功能经验集中于输出型领域的高管倾向于选择探索型战略,而功能经验集中于输入型领域的高管则倾向于选择防御型战略。

这一模式与 Strandholm、Kumara 和 Subramanian(2004)的发现相类似。在对 187 家医院的研究中,他们发现,效率导向的战略变革通常发生在高管拥有更多内部治理经验的企业内。相反,市场导向的战略变革则通常发生在高管比其他企业拥有更多外部功能的企业内。与这一模式相契合的还有其他两项研究:Barker 和 Mueller(2002)的研究发现,在输出型功能方面有经验的 CEO 与企业的研发支出正相关。此外,通过对 53 名高管人员的抽样调查,Tyler 和 Steensma(1998)发现,研发设计领域的高管比其他功能领域的高管更善于抓住技术合作的机会。

除了上述各种趋势,高管之所以会选择与自身功能经验相匹配的竞争战略,还因为他们认为这样做是明智的。如果高管的功能专长与其所选战略相一致,企业绩效也会得到提升。例如,前面提到的 Strandholm、Kumara 和 Subramanian(2004)的研究指出,企业绩效在管理特色与战略背景相匹配时更高。除此之外,Thomas、Litschert 和 Ramaswamy(1991)发现,绩效最高的探索型企业拥有具有输出型功能背景的 CEO;绩效最高的防御型企业拥有具有输入型功能背景的 CEO;最值得关注的是,CEO 如果与企业战略不匹配,企业绩效就会降低。在一项类似的研究中,Beal 和 Yasai-Ardekani(2000)也为管理匹配这一假设提供了大量的支持依据。例如,在企业注重创新、采取差异化战略的情形下,CEO 的研发经验与企业绩效具有更强的相关性;而如果企业战略的重点在于节约成本、以质取胜,则 CEO 合并会计报表和管理方面的经验与企业绩效正相关。

命题 4-19:当高管拥有输出功能方面的经验时,采取探索型战略的企业就会取得较高的绩效;当高管拥有输入功能方面的经验时,采取防御型战略的企业就会取得较高的绩效。

命题 4-20：企业采取与其管理特色相匹配的竞争战略时，其绩效就会比不具备这种匹配性的企业的绩效更高。

至少还有其他两项研究也发现了高管功能背景与企业竞争战略的一致性能够带来绩效的提升。Gupta 和 Govindarajan(1984)还指出，制定"建立"战略(包括积极占有市场)的经营单元拥有市场营销经验丰富的综合高管时，绩效往往更高；但制定"持有"和"收获"战略的经营单元因为更看重效率上的竞争力，所以就没有这一相关性。(Gupta 和 Govindarajan 并没有收集经营和财务方面的功能经验的数据，所以这些经验是否真正有利于"持有"或"收获"战略的执行还不得而知。我们先假定答案是肯定的。)

Barbosa(1985)进一步指出，高管在特定功能领域中的能力有助于推动经营创新。在一项针对林产工业的大规模调查研究中，他发现由产品创新投入(研发支出和员工水平)到产品创新实际产出(专利、新产品的销售等)的转化过程与高管的销售经验密切相关。他总结道，高管的市场导向有助于提高顾客满意度，增强企业的创新和扩张能力，从而增加创新产出。

第二组研究主要检验的是高管功能背景与企业多元化战略的关系。其主要观点是，经营单元中两者关系极其微弱的企业(极端情况下少数的控股企业)拥有具有财务、法律和行政背景的高管的可能性更大；而两者相关性强的企业则更多地拥有具有诸如市场营销、研发和生产经营等核心功能经验的高管。Hayes 和 Abernathy(1980)以及 Fligstein(1990)都指出，具有财务、会计或法律等显性功能经验的高管更倾向于将企业看作一个业务组合，因此也就更可能通过多元化战略寻求发展机遇。

一系列的学术研究验证了这一观点。作为这一系列研究中最早的一项，Song(1982)的发现说明，主要通过收购来实现多元化战略的企业，相对而言会拥有更多具有财务和法律背景的 CEO，而主要通过内部的有机拓展来实现多元化战略的企业则倾向于拥有具有核心功能经验(经营、研发和市场营销)的 CEO。Finkelstein(1992)也有类似的发现：高管团队具有财务方面显性背景的企业比其他企业的经营多元化程度更高，收购支出更多。Jensen 和 Zajac(2004)发现，CEO 与企业多元化和收购行为紧密相关；此外，Palmer 和 Barber(2001)也指出，具有财务背景的 CEO 的企业实施多元化收购策略的可能性更大。

Michel 和 Hambrick(1992)对上述这些观点做了更详细的补充和延展，他们认为，企业高管所具有的核心功能经验(市场营销、生产经营、研发设计)与企业主营业务之间的战略依赖性成正比。基于 Rumelt(1974)的理论框架，Michel 和 Hambrick 依据战略依赖性从低到高的顺序将多元化企业划分为四种类型：不相关、弱相关、强相关以及垂直整合。他们发现，与其假设相一致，具有主要核心功能经验的高管的比例大致如下：

不相关　　　18%

弱相关　　　27%

强相关　　　35%

垂直整合　　44%

这一差异具有极强的统计意义。

然而，如果说企业绩效在高管背景与企业战略相匹配时会更高，则 Michel 和 Hambrick 的研究结果就与这一观点相矛盾。对于采取不相关多元化战略的企业而言，企业的利润率与高管的核心功能经验正相关；而对于垂直整合的企业而言，两者负相关。于是他们得出结论，即在上述两种不同的多元化战略下，高管的核心功能经验会产生相反的结果："一般的进行不相关多元化经营的企业，其核心功能经验会低于理想值⋯⋯ 在运用知识，评估部门诉求、绩效模型，超出以财务和管理水平为标准的限制来确定收购对象等方面，它们存在重大弊端。"而对于选择垂直整合多元化战略的企业而言，高管的核心功能经验过于丰富，恰恰导致相反的结果，"高管更为客观，善于分析，不会过度受限于某一种经营策略或工作方式，企业也因此而大大受益"(1992, 32)。

Hayes 和 Abernathy(1980)在其影响深远的《管理我们的经济衰退之路》(Managing Our Way to Economic Decline)一文中，首次提出了高管的功能经验极大地影响着企业的健康发展这一观点。他们指出了一个普遍的效应——具有核心功能经验的高管能够为企业带来高回报。但迄今为止，直接的相关测试，尤其是 Michel 和 Hambrick 的测试，还没有为这一观点提供任何支持。而且，我们仍然没有高管的最优功能框架的相关论证。但是在外部环境和企业战略给定的条件下，特定的功能导向可能会带来直接但有条件的效益。

3. 功能经验的未来研究方向

我们通过对功能背景和选择性认知的文献的研究，可以得出的一个结论就是，高管通常——但并不总是——关注那些符合自身功能背景的信息。大量研究都重点关注管理注意力(managerial attention)这一概念(比如，March and

Shapira 1987；Daft，Sormunen，and Parks 1988；Starbuck and Milliken 1988），而且新近的研究又再次强调了其重要性，并为其注入了新的活力，以更好地理解高管行为。在一篇关键的文章当中，Ocasio（1997）提出了决策的注意力基础观，即决策者的一切行为都是基于其关注的问题和方案实施的，而这些行为又受到决策背景以及组织的规章制度、资源和社会关系的影响。此外，Ocasio 还指出，"注意力管理上最关键的角色就是 CEO 和高管团队"（1997，197）。因此，一种有意思的可能就是，具有某领域特定经验的高管会关注不同的"问题和方案"；正如 Ocasio（1997）所说的，管理注意力作为一个关键的调节因素，其不同模式可以通过组织产出反映出来。

这也正是在放松管制的航空业中，Cho 和 Hambrick（2006）对高管特征的研究的关键所在。他们假设并发现，高管团队往往会吸纳一些富有输出型功能经验（放松管制后），或者是没有航空业经验而正由工程导向转向创业导向的人才。除此之外，Cho 和 Hambrick 还观察到，高管特征的转变只是在某种程度上影响了企业战略和管理注意力模式。因此，在管理特征如何影响组织产出的问题上，这项研究得出了一个有趣的答案：是通过对管理注意力的调节。显然，该研究还激发了更多针对管理特征、管理注意力和组织产出的关系的深入研究。

该研究的另一层含义涉及有关战略领导研究中的心理因素和人口统计特征间的相互作用。通过对管理人口统计特征的变化会导致高管关注重点的变化这一观点的论证，Cho 和 Hambrick 得以揭示出：高管的任一特征——无论是心理特征还是人口统计特征——是如何作用于组织产出的。如果管理注意力真如研究中所强调的那么重要，而且高管的背景特征也确实会影响管理注意力模式，那么人口统计特征这一因素在理解高管和战略决策的关系时就显得尤为重要。Ocasio（1997）以及 Cho 和 Hambrick（2006）的研究对我们进一步解密决策制定过程起到了推动作用，从而有助于更好地阐明从高管特征到战略执行的一连串环节。

资源基础理论的相关研究为我们开辟了另一条路径。我们假设，当功能背景与环境相适应，并且战略的制定符合经典权变理论的要求时，高管的功能背景对于企业就具有重大的意义。但是，资源基础理论关注的是另一种不同的匹配概念。资源基础理论通过一系列的界定标准——稀缺性、独特性、价值[①]和非替

[①] 为了加强资源基础理论的拟合与传统权变理论之间的联系，我们需要说明的是 Barney（1991）提出的"价值"这一概念是指某种资源能够使企业应对其所面临的环境威胁与机遇的程度。

代性(Barney 1991)[①]——来评价一种资源(包括功能背景等管理经历)的价值。当这些对资源价值的测试应用于管理特征时,就诞生了一个新奇的观点——企业高管对绩效的影响或多或少地取决于竞争对手的高管特征。举个例子,如果一家企业的高管与竞争企业的高管毫无差别,他们就无法通过独特性的测试,因此也就不具备差异性所产生的价值。我们在功能背景这一节中介绍到这个命题的同时充分证明了管理经验的其他方面也会有类似的作用。

命题 4-21:当企业的高管特征与竞争对手的不同时,高管特征就会对企业绩效产生更大的影响。

图 4.3 总结了高管的功能经验、心理因素、战略选择与组织绩效之间的一些可以观测的关系。

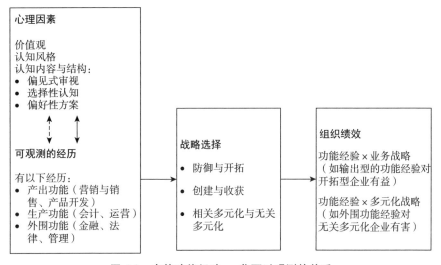

图 4.3 高管功能经验:一些可以观测的关系

三、正式教育

由于高管接受正式教育早在多年以前,因此他们的教育经历似乎也就不大可能影响到其当前的战略选择和行为。但是大量研究指出,高管所受的学校教

---

① 信奉资源基础理论的一些学者也强调"捆绑销售"的重要性,这种"捆绑销售"主要是指以互补的方式整合资源(Teece,Pisano,and Shuen 1997),而在本书中也可以将其解释为一种合适的论据(Carpenter,Sanders,and Gregersen 2001)。

育会在其组织特征中反映出来。

发展心理学和高等教育领域的大量现有文献都论及教育对个体的重要作用,包括对价值观和认知的影响,以及对自主选择接受某种教育的个体类型的塑造(比如,Smart and Pascarella 1986;Byrne 1984;Cherrington, Condie, and England 1979;Schein 1968;Altemeyer 1966)。然而,只有少数研究专门验证了教育和高管心理结构的关系。这其中的一个可能的结果是:教育使人更加富有智慧,或者至少与之相关。在对 106 名 CEO 的抽样调查中,Wally 和 Baum(1994)发现,高管所接受的正式教育的多少与其认知的复杂程度或对事物的鉴别能力之间有极强的相关性。Hitt 和 Tyler(1991)也观察到一种较弱的正相关性,从而提出如下命题。

命题 4-22:高管受正式教育的程度与其认知能力的复杂程度正相关。

正式教育反映了个体的认知能力,尤其是思想的开放性。与这一假设相一致,研究者们发现教育与创新的接受程度有关(Becker 1970a, 1970b;Rogers and Shoemaker 1971)。更重要的是,有关证据已经证明了高管受教育的程度和组织的创新程度之间存在正相关的关系。Kimberly 和 Evanisko(1981)是最早论证这一模式的研究者之一,他们发现医院主管受正式教育的程度与该医院的技术和管理创新水平正相关。在林产品企业(Barbosa 1985)和计算机企业(Thomas, Litschert, and Ramaswamy 1991)中也存在类似的关系,即高管受教育程度和组织创新正相关;然而,Barker 和 Mueller(2002)并未发现受教育程度和研发支出之间存在明显的关联。Norburn 和 Birley(1988)通过对大量不同的企业样本的分析发现,高管受教育程度与战略投资组合的变化正相关,此外,Hambrick、Cho 和 Chen(1996)还发布报告称,在航空行业中,高管受教育程度和几种类型的战略举措之间存在较强的相关性。因此,高管受教育程度对组织创新、变革和发展的作用得到了广泛的证实。

Hambrick 和 Mason(1984)注意到,就教育和创新之间的关系而言,高管所处的年龄阶段也是一个潜在的影响因素。在过去的三四十年间,高管受教育程度稳步提升,因此年轻的高管比其老同事和老前辈受教育的程度更高。然而,至少有三项研究控制年龄变量,运用多元分析方法发现,教育的影响还是至关重要的(Barbosa 1985;Bantel and Jackson 1989;Wiersema and Bantel 1992)。另一个可能的混淆因素——行业的创新程度与受教育程度本身就存在必然联系——也暂时不予考虑,因为几乎所有被引用的研究都控制了行业因素的影响。因此,尽管结论不尽一致,高管受教育程度与创新以及组织变革之间仍然存在较强的相关性。

命题 4-23:高管受教育程度越高,组织的创新程度就越高。

受教育程度对组织绩效的影响就不那么一目了然了。当然,成长性可以作为衡量绩效的一个指标,在这种情况下,高管受教育程度似乎能起到积极的作用(Norburn and Birley 1988)。然而,它对收益和股东回报的影响却得不到验证。① 这里,我们应当合理地、权变地预测:只有在某些环境中,在采取某种战略的情况下,高水平的正式教育才会有利于组织绩效的提升。此外,由 Thomas、Litschert 和 Ramaswamy(1991)检验过的权变模型也极具指导意义。他们不仅发现探索型企业的 CEO 比防御型企业的 CEO 的受教育程度更高,还发现每种类型中绩效最高的企业的情况也各不相同。如果 CEO 的受教育程度与企业的理想水平不一致,企业绩效在一定程度上就会降低。因此,在竞争和市场化的环境中,与其他要素相比,更需要的是正式教育以及伴随而来的思想的开放性、获取信息的能力和认知的灵活性。

命题 4-24:在探索型企业中,高管受正式教育的程度和组织绩效的相关性比在防御型企业中更强。

除了验证高管受教育程度对组织的影响,部分研究还考虑到了研究中的特定领域。这一调查的两个主要前提是:①个体拥有特定的气质、能力和认知风格,并且追求特定的兼容的教育课程;②教育课程对个体的影响不同(Hitt and Tyler 1991)。例如,Tyler 和 Steensma(1998)的早期研究指出,具有工科或理科学位的高管比具有其他教育背景的高管更有可能关注技术合作的机会。除此之外,Hitt、Bierman、Shimizu 和 Kochhar(2001)在对 93 家律师事务所的调查中考察了人力资本的作用,并发现人力资本(以参与者受法学教育的程度和企业任期来衡量)和企业绩效(以收入占总营业收入的比重来衡量)曲线相关。该模式和他们所预想的——获得人力资本的成本较高——相一致,但是随着时间的推移,回报会超过成本。

然而,正如人们可能预期的那样,人们对于调查接受过正规工商管理教育的高管(尤其是 MBA 毕业生)对组织的影响特别感兴趣。不过,迄今为止,就这一

---

① Hambrick 及其合作者(1996)进行了一项关于航空业战略举措问题的研究,该研究将高管受教育的程度作为控制变量,并发现它与企业绩效显著正相关。

问题已经产生了几种不同的结果。

Kimberly 和 Evanisko(1981)在统计受教育程度的同时,还考察了那些受过专门管理教育的高管是否与组织创新能力紧密相关。他们发现并没有这样的关联:在管理方面受过正式教育的高管与创新之间的关联,并不比那些在其他领域受过正式教育的高管大或者小。(正如上文提到过的,一般情况下,正式教育与创新之间存在正相关性。)Geletkanycz 和 Black(2001)发布过一个类似的研究结论:就对现状的承诺程度而言,他们并未发现拥有 MBA 学位的高管表现得有什么不同。在对一些大型企业的研究中,Barker 和 Mueller(2002)指出,那些拥有 MBA 学位的高管占比更高的企业比其他企业的研发支出更少。此外,Grimm 和 Smith(1991)也发现,在美国,相较于在放松管制后仍维持原有战略的铁路部门,那些转变战略的铁路部门更倾向于拥有 MBA 学位的高管。

Bertrand 和 Schoar(2003)在 30 年里研究了许多大企业后发现,那些 CEO 拥有 MBA 学位的企业相较于其他企业而言,资本化支出更多、负债更多,而发放的现金红利更少。他们对这一现象的解释是:在做投资决策时,拥有 MBA 学位的 CEO 似乎会更加紧密地遵循教科书的指导(2003,1203)。除此之外,他们还发现,相较于没有 MBA 学位的 CEO,有 MBA 学位的 CEO 会做出更加多元化的收购决策。

这种对多元化收购的看法,在专门针对 MBA 学位这一因素的研究中得到了进一步的论证。这些研究发现,拥有一个精英 MBA 有助于打通商业活动的内部圈子(Useem and Karabel 1986),同时还促使企业开阔眼界,掌握更多信息(Collins 1979),而这正是兼并和收购活动的关键要素。拥有 MBA 学位,尤其是"精英 MBA"学位的高管,已经被社会化为 Espeland 和 Hirsch(1990,88)所谓的"把企业视为投资组合"的商业模型。该模型认为 MBA 高管可以管理任何类型的商业活动。基于这一观点,Palmer 和 Barber(2001)在对一批社会阶层指标(源自宗教、董事会和所有权关系)进行控制后发现,拥有"精英 MBA 学位"的 CEO 比其他 CEO 更加热衷于实施企业收购。[①] 这一结论与 Palmer、Jennings 和 Zhou(1993)的早期研究高度一致。这项早期研究发现,那些拥有毕业于精英学校有 MBA 学位的 CEO 的企业,相对来说更倾向于采纳事业部的组织形式。

---

① Haunschild、Henderson 和 Davis-Blake(1998)发现,由具有精英研究生学历(并不仅仅是"精英 MBA")的高管经营的企业与其他企业相比,更可能参与到多元化的并购活动中。然而,Palmer 和 Barber(2001)在脚注中指出,他们研究的大多数高管所拥有的 MBA 学位证书均来自精英机构。

Palmer、Jennings 和 Zhou(1993)将事业部视为一种管理上的创新,这种创新会通过企业高管前沿的社会网络得以传播。拥有"精英 MBA"学位的高管创造和推广了事业部这一组织形式。

最后,这两项研究为考察 MBA 对绩效的影响提供了分析数据。在一项对高科技企业的研究中,Hambrick、Black 和 Fredrickson(1992)发现,由拥有 MBA 学位的 CEO 来领导的企业,比其他企业具有更强的营利能力。这些研究者认为,拥有 MBA 学位的高管更倾向于对组织进行规范和实施控制。在高科技企业中,常常容易出现混乱,因此这些规范和控制就显得尤为重要。此外,上文提到的 Bertrand 和 Schoar(2003)的研究,在通过对更多、更大的企业样本的分析后得出了相似的结论。

综合来看,这些不同的研究分支都认为拥有 MBA 学位和没有 MBA 学位的高管具有不同的行为表现。除此以外,尽管他们没有出现单一的行为模式,但是一些领导趋势还是很明显的。接受过 MBA 教育的高管学习过财务管理,因此他们的投资决策大多遵循"财会教科书导向"(Bertrand and Schoar 2003, 1203;也可参见 Graham and Harvey 2001),也更倾向于采取多元化的收购策略(Palmer, Jennings, and Zhou 1993;Bertrand and Schoar 2003)。尽管收购的结果并不一定令人满意(Haleblian and Finkelstein 1999),但是有证据表明,拥有接受过 MBA 教育的高管的企业,其最低收益仍然高于其他企业(Hambric, Black, and Fredrickson 1992; Bertrand and Schoar 2003)。这大概是因为 MBA 学位赋予了高管为企业创造利润的许多技能。这些技能在资源基础理论看来是十分宝贵的。

以上研究尚未解决的一个问题就是,接受过 MBA 教育的高管谋求股东利益最大化的要求是否会影响到企业对其他利益相关者如顾客、员工和利益共同体的关注。由于这些相关者的利益是由高管来权衡和掌控的,因此可以想见,在这个过程中,冲突是不可避免的。进一步来说,复杂多变的金融环境的影响在一定程度上远远超过了其他因素(例如,安然的 CFO Andrew Fastow 就是这一看法的一个极端案例),那么,这些行为是否会对由接受过 MBA 教育的高管运作的企业产生长期影响呢?这个问题现在恐怕还只能是经验之谈。

另一条思路认为,在 MBA 培训项目中所学习到的分析技能主要是为企业避免大的损失和错误服务。这一理论由 Hambrick 和 Mason(1984, 201)首次提出。他们认为,接受过 MBA 教育的高管更倾向于成为"组织者和理性的人"。当外部环境出现明显的变化时,由接受过 MBA 教育的高管领导的企业,相对来说会比较敏感并迅速做出反应(Grimm and Smith 1991)。此外,接受过 MBA 教育的高管还会对组织活动实施相应的控制(Hambrick,Black,and Fredrickson 1992)。

总而言之,这些研究发现都表明,企业当中的正式教育与"适度警觉"相关联。在"适度警觉"战略之下,高管会对明显的环境变化做出反应,在顺应变化趋势的同时又会严格受限。为什么会出现这种情况呢?因为:①参加 MBA 培训项目的人,一般而言是风险厌恶型和传统型的;②MBA 课程的巩固和加强导致高管对风险厌恶的程度加深,并且思想主流化。③拥有 MBA 学位的高管更可能处于看重一致性和延续性的社会及商界精英阶层之中(Useem and Karabel 1986)。[①]

命题 4-25:相比接受过高等管理教育的管理者所在的企业,那些没有接受过正式管理教育的管理者所在的企业,显示出比行业平均绩效更大的差异。

对于 MBA 课程能给企业的健康运营和持续发展带来的影响,人们颇感兴趣,但同时又略表怀疑。我们把目光聚焦在那些已经从该项目毕业的高管身上,把他们的战略行动和绩效与没有参与 MBA 培训项目的人做比较,是一条能有效加速这场辩论进程的途径。重视对高管教育甚至特定教育机构的总体投入(Useem and Karabel 1986;D'Aveni 1990),有助于洞察战略决策和绩效的根源。

图 4.4 总结了一些通过观察得出的以及推测出的有关高管接受的正式教育、心理因素、战略选择和组织绩效之间的关系。在高管任期和功能背景方面,可以说已经建立了一些重要的模型,但这些模型的作用机制和微妙之处仍将是今后研究的重点所在。

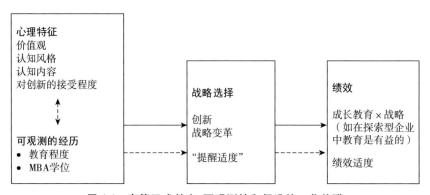

图 4.4 高管正式教育:可观测性和假设的一些关联

---

① 考虑到有趣的一点是商学院在其所吸引的学生类型上可能会存在系统性的差异。例如,类型上根本不同的个体更可能进入哈佛大学而非芝加哥大学,而强调创造力和企业家精神的创新型高校可能会青睐于和普通 MBA 学位申请者非常不同的学生。

四、国际化经历

在过去的十几年间,由于对管理的背景特征的研究兴趣高涨,国际化经历这一因素并未得到重视。在某种程度上而言,这种趋势也不足为奇。随着全球化的发展、新兴市场的开放、人才争夺战的升温,国际化的高管经验对企业来说显得更为重要了(Kim and Mauborgne 1991;Carpenter,Sanders,and Gregersen 2001)。相较于那些没有国际化经历的高管,具有重要国际化经历的高管对于全球市场和商业惯例可能会有一定的了解,他们对全球竞争的适应能力可能更强(Chen and Stucker 1997)。因此,国际化经历可能涉及后续与国际化有关的战略选择。

国际化经历对于高管来说还并不多见,因此,它至少能作为在资源基础理论框架中的有效资源(Carpenter,Sanders,and Gregersen 2001)(尽管我们希望这种优势的稀缺性迅速降低);难以想象有什么可以替代在国际背景下工作所获得的直接经验(Sambharya 1996);把握全球的市场环境已经成为高管目前面临的最为复杂的挑战之一,这使得国际化经历对于企业而言具有更高的价值(Sanders and Carpenter 1998)。在国际上吸收社会资本的能力也成为独特性的来源之一(Daily,Certo,and Dalton 2000)。因此,在国际化经历极具优势的战略背景下,正是高管们的国际化经历为企业创造出更多的机会,从而促进了企业绩效的提升。

上述观点已经得到多项研究的实证检验。在以资源基础观为理论依据的前提下,Roth(1995)认为,一个 CEO 的功能性和国际化经历代表着其把握国际依存度的宝贵能力。他还特别强调,在国际相互依存度高的环境下,信息的处理存在巨大的挑战,这时拥有广阔的功能背景的 CEO 就占据了有利地位,而功能观点狭隘的 CEO 则显得格格不入(Galbraith 1973;Michel and Hambrick 1992)。此外,他还指出,CEO 的国际化经历有助于把握国际相互依存度。Roth(1995)在全球各个行业的中等规模企业中选取了 74 个 CEO 作为样本,在对样本的观察中,他并没有发现国际化经历或者功能背景对于企业绩效有主要影响。但是,与他的理论相符的是,他的确发现在具有很高的国际依存度的企业当中,国际化经历与企业绩效正相关。

另外两项研究验证了国际化经历与企业绩效之间的关系。Daily、Certo 和 Dalton(2000)为两者间的直接关系找到了依据;他们同时还发现,对于大多数国际化的大企业来说,这种关系甚至更为紧密。他们对《财富》500 强企业进行了大规模的抽样调查,并以国际派遣的次数和开展业务的总年数为标准来度量每个高管的国际化经历。

类似地,Carpenter、Sanders 和 Gregerson(2001)发现,CEO 所公布的国际派遣的工作年限、CEO 的国际化经历与高管团队的国际化经历之间的相互作用,以及企业的全球战略(一种综合性的、全球化的企业战略)均与企业绩效正相关。他们还验证了高管工作过的国家数以及在各个国家工作的时间跨度是否会造成不同的结果,但是这种涵盖多种变量的方法并不比单一的方法更有效。检验国际化经历的多种变量是该研究的一大特色;接下来的工作将对此进行拓展,以融入对国际化经历的详细来源(比如来自哪个国家或地区)、与国际化经历相关的功能专业化以及在这些方面和其他方面行业经验的广度的考察。

其他研究检验了更多国际化经历与全球战略之间的相互关系。在一项对 44 家总部设在美国的跨国企业的研究中,Sambharya(1996)发现,高管团队的国际化经历与国际多元化正相关。Reuber 和 Fischer(1997)以一些加拿大的小型企业为样本进行调查分析,发现国际化经历与寻求国际合作伙伴的可能性正相关。此外,Carpenter 和 Fredrickson(2001)也指出,高管团队的国际化经历同全球战略的一套综合措施(国外生产、国外销售以及地域多样化)存在正相关性。

五、未来方向

组织产出能够反映出高管的气质,这一基本观点正在获得丰硕的成果。在过去的 25 年中,我们不断积累证据证明了:高管的心理和背景特征会影响其做出何种选择——或者至少可以说高管和组织的特征是共变的。然而,我们还远远无法得出确切的结论,在这一问题上仍需要更多的研究。这里我们先确定若干优先事项,首先重点讨论一些热点研究,然后再描述那些同样值得注意的综合视角。

富有前景的研究方向

(1) 探索高管类型

有关战略领域的学术研究在很大程度上获益于几种强有力的战略类型的发展。由 Rumelt(1974),Miles 和 Snow(1978),以及 Porter(1980)提出的分类系统就非常有用,它能让战略研究者不再一次只针对一个战略变量进行调查。如果企业想要在战略领导方面实现理论上的简化并且具有较强的预测能力,那么同类型高水平的高管就不可或缺了。

类型学依赖于这样一个前提,那就是人所感兴趣的现象不可能以无穷组合的形式出现,至少不会等可能性地出现。明显地,这一假设对于高管而言同样适用。因此,我们有理由推测,这样一种心理和经验特征的组合将以不成比例的频率出现在高管身上。如果以上这些高管的属性特征能够得到鉴定的话,那么有关高管对组织影响的理论研究将获得极大的进步。

早在20世纪80年代,一些关于高管类型学的理论就已经被提出来了。例如,Wissema、Van der Pol和Messer(1980)将管理者划分为六种不同的类型(如"先驱者""高管""节省者"等),并指出了每一种类型所匹配的战略情境。Leontiades(1982)结合Wissema及其合作者的研究成果,在发表的文章中提出了另外一种高管分类方法,但这一理论框架尚未得到有效的证实。

另外一项研究根据一份长达27页的有关高管行为的案例数据分析,总结出四个主要的、常见的领导力模型:创业型、官僚型、政治型和专业型。这是我们应当鼓励的研究方向。但是,我们应当回归最初的因果链,利用针对高管自身的基本特征的数据(如他们的风险偏好、认知方式、价值观、企业任期、功能经验以及教育程度等),而不是这些高管行为的数据去创立分类学或类型学。

要想提高这种分类的可信度,就必须拥有针对高管的非常全面的、大量的截面数据。而这些数据只有那些能够在不同环境下对大量高管进行深度心理调查的专业调查小组才有可能获得。只有在CCL(创新领导力中心)和知名大学的高管课程中,才可能开展这种调研。在我们获得类型学所提供的简约分析方法之前,我们必须接受这些对高管特征的相对零星分散的调查。

(2)因果关系

如果不对因果关系加以考虑,就无法理解本章中有关高管和组织共变关系的内涵。本章专门针对的是管理特征对组织产出的影响,而第五章(考察高管团队的决策机制)和第六章(考察CEO继任者的决策机制)将回顾那些运用了一种模拟反向因果关系方法的研究。事实上,这其中的每一个领域都提到了高管和组织属性之间这种复杂的时间交互关系的研究分支。我们承认这样一种双向因果关系具有挑战性和真实性,并且相信有必要建立一种能够模拟高管和组织特征共变关系的动态性的综合理论。随着时间的推移,一种螺旋式循环将会出现并不断加强:管理者们将会选择那些符合其观念和偏好的战略,而继任者们的选择取决于其特征与战略的匹配程度;以此类推。

迄今为止,几乎没有高阶梯队理论研究的设计思路能够在因果关系上得出令人信服的结论。这是一个值得探索的研究方向,问题的解决还需要细致的研究设计和数据分析。如果研究者想要更清楚明了地分析出高管特征对组织特征的影响程度,那么,运用交叉滞后相关的纵向设计、改变分数(或一阶差分的分数)、控制先验信息以及大量的方程模型等方法也都是必不可少的。

(3) 调节变量和中介变量

本章已经回顾了有关高管经历对战略选择和组织绩效影响的大量研究。其中某些研究内容远远超出了直接、主要影响的假设,显然,这正是未来研究的正确方向。在该领域中,如果有研究能对高阶梯队理论进行扩展,从而更充分地解释高管效应,将会是无比激动人心的。我们已经提到过几个关键的调节变量——管理权力、管理自主权、技术和环境的活力以及高管的工作要求。

除了这些调节变量,还有一些中介变量也同样重要。自变量和因变量之间的介入机制就是其中之一。例如,Cho 和 Hambrick(2006)发现,在某种程度上,管理特征首先会反映到管理注意力上,然后再反映在战略上。

在更普遍的情况下,指出高管特征与组织产出之间存在巨大的鸿沟这一点非常重要。首先,一名高管的背景特征(如任期)能够反映出其对选择性行为的偏好或者认知偏见。接下来,这些偏好就会转化为选择(这意味着激励、权力变化、治理问题都是相关的中介变量或调节变量)。随后就是进行选择的过程(程序、政策和执行问题都是相关的中介变量或调节变量)。从这一链条到企业创造利润的整个过程,都需要环境要求与组织能力相匹配。针对高管特征的研究[①]应该开始涉及这些干预因素;从某种意义上来说,这才是研究者必须开始探索的"黑匣子"。

六、一个尚未开发的视角:高管特征预测效力的影响因素

本章的中心内容实际上也是本书的中心内容,即高管依据自身对问题、选项

---

① 这对于高阶梯队理论来说大部分正确,而对于依赖知识或技能组合逻辑来解释为什么管理者特征与企业绩效相关的资源基础理论来说却极为重要。

和产出高度的个性化解读来做出选择。因此,组织就成为其高管的反映。熟悉社会心理学的读者能够看出,我们把对行为预测的重点更多地放在个人性格上,而社会心理学家则更多地强调情境因素对人的行为的影响。事实上,20世纪中后期,个性化范式并不被看好,人们将其视作一种非理论性的因素,并且认为它在任何方面都无法有效地预测人的行为。

然而近期,社会心理学家转向了中间立场,提出了性格与情境"交互作用观",该观点认为,人的性格和情境因素共同作用来决定人的行为(Weiss and Adler 1984; Snyder and Ickes 1985)。性格的作用又得到了恢复。而且,当今许多社会心理学家提出,问题的重点不再是哪个观点正确,而是在什么情况下哪个观点更恰当。这受到 Kurt Lewin 影响深远的命题,即"任何心理活动都依赖于个人的状态和当时所处的环境,即使两者的相对重要性在不同情况下有所差异"(1936,12)的启发。

在鉴别对行为的预测效力方面,个人性格和情境因素谁更胜一筹? 在这个问题上,Walter Mischel(1968)的"情境力量观"是一个重大突破。此外,感兴趣的学者还验证并比较了情境预测效力和性格预测效力的影响因素。通过对交互作用观理论框架的进一步审视,Snyder 和 Ickes(1985)得出结论,即性格和情境因素对社会行为的影响效力取决于以下几个因素:

- 哪些特质(性格特征)?
- 哪些行为?
- 哪些人?
- 哪些情境?

如果战略领导领域的研究者对于在何种条件下高管特征更能预测战略选择这一问题同样感兴趣,那么,Snyder 和 Ickes 所提出的命题就应当受到更多的关注。迄今为止,在高管领导力的研究中采纳交互作用观的主要目的,就是理解管理自主权(或行为限度)的概念,这一点我们在第二章中详细讨论过。然而,需要肯定的是,考虑到影响战略领导研究者利用高管特征做出重大预测能力的一系列更广泛的因素,Snyder 和 Ickes(1985)的分析提供了一个极好的出发点。我们指出这些因素的目的,不是便于研究者在暗中布局,总是检验那些支持高管特征的影响的条件,而是为了让他们最终能够理解高管特征对组织影响的微妙之处。

我们在战略领导研究的背景下提出 Snyder 和 Ickes 的命题,并把重点放在将高管的人口统计特征作为高管选择和组织产出的一个预测因素上。这不仅是因为人口统计特征在对高管的研究中占据着突出的地位,还因为 Snyder 和 Ickes 并没有直接指出这些因素。这一论证线索同样适用于将心理结构(比如个性)作为行为的一个预测因素,这也正是 Snyder 和 Ickes 的研究领域。我们必须承认,大部分的讨论都是推断性的,因为就像刚刚提到过的,几乎没有高管领导力的研究理论采用交互作用的模型。

1. 哪些特质?

社会心理学家已经发现了一些可以由心理学工具测量得到的,能比其他因素更好地预测行为的个人特质,其中一些特质的一致性尤为突出。同样的方法也可以用来预测高管的人口统计特征。有些特征可能比其他特征对战略选择的预测效力更强。我们可以推测出,在一个高度集中、同质性程度高的行业中,任期与维系现状的相关性以及战略与行业规则的一致程度会比在一个异质性程度高、较为分散的行业中的更高。有两个原因可以做出解释。第一,同质性程度高的行业拥有一种强有力的、公认的传统观点,以及一副被广泛掌握了的发展"秘方"(Huff 1982;Spender 1989;Sutcliffe and Huber 1998),这些都成为高管根深蒂固的信念系统的一部分。第二,直接由第一个原因所导致,相较于异质性程度高的行业,同质性程度高的行业中的高管任期不仅仅代表着一种更为可靠的委托-代理关系,还是一个更能说明高管经验的指标。

类似地,我们同样能够预测到其他人口统计经验的区别。例如,在企业文化深厚的组织中比在企业文化匮乏的组织中能更好地预测高管的心理和行为。在功能经验方面,特定的功能领域中往往具有有效的职业规范和公认的价值观,从而使得个体的观念和倾向趋同于那些具有这些功能的人。与之形成对比的是,其他功能导致个体社会化和趋同化的程度则要低很多。例如,长期从事会计工作的经历要比长期从事营销工作的经历能更好地预测高管的观念和行为。Gupta 和 Govindarajan(1984)发现,总经理在市场营销领域的工作年限与其模糊容忍度存在弱的正相关性。但如果换作其他的功能领域,如会计,这种相关性就会强很多(虽然在会计领域也可能存在负的相关性)。以此类推,不同类型的教育经历也会带来不同的结果。简而言之,背景特征对高管选择的预测效力存在很大的变数,它取决于其所考虑的特定的背景因素。

2. 哪些行为？

并非所有对行为的预测都同样可以得到修正,也并非所有的行为都源自同一种特定的高管特征。正如 Snyder 和 Ickes(1985)所探讨的,聚合的行为比单个的行为更容易预测。这也是建构信度的一个基本原理。有趣的是,正是在实验设计中对单个行为的关注,才推动社会心理学家得出早期的结论。而在这些单个行为中,性格并没有导致什么变化。但是当实验者转移到对多元化或聚合的任务的测试时,他们发现预测效力更强,这主要是评判标准的可靠性增强的结果。

多数情况下,高管领导力的研究者往往会关注聚合的行为或结果。例如,多元化战略、创新水平甚至研发支出都代表着众多的管理选择。然而,研究者偶尔也会研究单项决策或行为;当他们这样做时,他们必须能够预见到预测效力的下降。例如,对于试图预测离散选择的研究——如企业决定是否收购、是否实施溢价回购或者 CEO 会选谁来做继任者——产生有效结果的可能性极小。

在一定程度上,如果行为本身具有典型性,或者能够预测什么将导致这种行为的产生,我们就能够从高管特征的角度来做出预测。例如,我们经常会把 CEO 在研发上的经验作为组织创新的一个预测因素。然而,还存在一种可能性,即 CEO 在研发上的经验能够有效地预测研发支出,也能够稳健地预测企业对竞争对手的创新的采纳,却很难预测管理创新。这些组织产出——涉及创新的方方面面——会在其对于由研发经验产生的高管定位的典型程度和集中程度的区别上有所差异。

3. 哪些人？

是否存在这样的情况,即一些高管在工作中经常通过行为来展现自己的背景特征而其他人却不这样? 如果存在,我们能否分析出它们之间的差异? Snyder 和 Ickes(1985)在社会心理学的研究中强调过这个问题,并引用了"自我管理"的概念,即在特定情境线索中理解和调节一个人的行为的倾向。Snyder 和 Ickes 认为,高度的自我管理在特定情境下是敏感的、反应迅速的,而低度的自我管理则显得漫不经心,常常以其价值观、个性和内在信仰为基础来行事。

我们能合理地预测到,高管在自我管理的倾向上也是不同的,并且这些不同会导致其个人的性格对决策的影响程度的差异。比如,在资源配置过程中,自我管理能力弱的 CEO 倾向于支持有利于其晋升的功能区域。在很多企业都能观察到这种现象,这同时也反映了高阶梯队理论的基本逻辑。相反,自我管理能力强的 CEO 也许会对自己有更偏好原有功能领域的倾向有所警觉,而这样做又会让他们抱怨这一偏好,在高度自我管理的状态下,原有的功能也许不会获得不成比例的资源(并且在自我管理的极端表现中,原有的功能也许会获得比其应得的份额更少的资源)。

在对合理性和符合实际的重视程度方面,高管之间也会有所不同,这导致他们允许自己的其他偏见和性格对决策的影响程度存在差异。在讨论高管价值时,Hambrick 和 Brandon(1988)假定,一个非常看重为收集信息并评估事实做出努力的高管,也许会集思广益,那么相对而言他就不太可能主要依据过去的经验和偏好来行动。虽然从整体上看,高管可能会更看重合理性,但在这一点上他们肯定不会是完全一致的。考虑到高管对合理性、自我管理以及其他没有专门提到的因素的信仰,我们也许可以找到有助于理解为何经验在某些高管的战略选择上反映得更为突出的方法。

4. 哪些情境?

通过对情境特征的控制,社会心理学家得以改变由性格特征导致的行为在量上的变化。在该问题上,Mischel(1968)对强情境与弱情境的区分,以及在弱情境下观察到更多的性格影响这一发现,对后来的研究具有开创性的意义。这是由于高管所面临的战略情境一般都是较弱的——复杂多变、模糊不清以及超负荷的信息,这项研究认为高管对组织的影响这一命题正在不断地取得重大成果,研究方向一片光明。然而,研究者也应当意识到,不论是从理论层面还是从研究设计层面来讲,战略情境的强弱都是具有极大差异的。

在弱情境下,组织结构松散,没有明确的目标,缺乏非正式的沟通,而正是在这种情境之下,高管的作用才会大大显现出来。例如,在一个异质性程度较高的行业中(不同企业的战略多种多样),高管的战略选择就比在同质性程度较高的行业中更能体现出其特征。后来,这种所谓的"正道",甚至仅仅是组织传统,对组织的影响都会越来越明显。

七、结 论

我们得出的最关键的结论之一,不仅源自本章后半部分所强调的情境因素对于管理特征更好地预测组织产出的重要性,还来自整个章节——我们必须回归到自由度的概念上来,并将其作为一种审视战略情境的方法。在高自由度的情境之下,环境和组织赋予了个体广泛的行动自由,这样一来,高管特征就更可能通过组织选择体现出来。而在低自由度的情境之下,存在约束力或仅仅是对因果关系的坚定信念,因此高管的个性与组织战略的一致性就比较低。

对战略领导的研究还将不断推进,这不仅需要搜集有关高管对组织影响的证据,还需要区分影响大的情况和影响小的情况。只有这样,研究者们才能取长补短,不断完善相关理论,制订适合的研究方案,并且为针对高管选拔、继任、评价和反馈的实际影响的相关研究做出贡献。

第五章
高管团队

> 尽管由一个拥有无上权威的人雄踞顶端领导众人的金字塔式结构已经成为组织的一个象征,但这种个体的无限权威只可能存在于简单环境中,因为简单环境中的技术是完美的,任务环境是单调的,它们使得计算机式程序化的决策成为可能。但是当技术发展并不完善,或者任务环境呈现异质性时,组织就需要判断性的决策策略(judgmental decision strategy),一个占主导地位的联盟便被赋予了控制权。
>
> (Thompson 1967,143)

组织理论中最经久不衰的观点之一便是,环境对个体施加了限制(Lawrence and Lorsch 1967),这使得任何个体想要控制组织生活的所有方面都是非常困难的。符合 Thompson(1967)提出的个体无限权威的环境非常少,因为这样的理想环境意味着不存在决策制定的不确定性。相反,考虑到战略决策制定(strategic decision making)中巨大的不确定性及复杂性(Mintzberg 1973),在组织顶层创建一个联盟似乎是更合理的选择。因此,当我们试图建立战略领导者如何制定战略决策的模型时,我们似乎"面临着比单个个体企业家更复杂的情况"(Cyert and March 1963,30)。

学者们被吸引来研究高管团队主要有以下五个原因:

第一，作为子单元和个体的集合，组织存在经常发生冲突的多重目标（Cyert and March 1963；Weick 1979b）。组织等级制度上层多重目标及多重决策偏好的存在很可能会影响到组织实现最终产出的方法及这些产出的特性。

第二，几乎所有关于战略决策制定过程的描述都强调了组织所处的阶段、决策次序、决策过程这三者的相关性，它们都涉及一群为实现预期目标而相互沟通的高管（Pettigrew 1973；Mintzberg，Raisinghani，and Theoret 1976；Nutt 1984；Roberto 2003）。确实，高管团队位于组织战略的最高点（Mintzberg，1979），它是负责战略决策制定的机构，延伸开来，它也是为组织战略、组织架构、组织绩效等组织基本产出要素负责的机构。

第三，高管之间的互动，像权力分配、决策过程、相互融合分裂等，为战略研究提供了有趣的结果。

第四，即便不是所有的高管团队都存在角色分化，大部分的团队还是存在一定程度的角色分化的。例如，《萨班斯－奥克斯利法案》（Sarbanes-Oxley）要求，在将会计报表呈送股东和提交证券交易委员会（SEC）存档之前，CFO（首席财务官）和CEO均必须以个人名义确保它们正确无误。[①] 因此，除CEO外的其他企业高管的一些具体职责已经被法律强制规定。

第五，也是最重要的一条，有证据显示对高管团队而不仅仅是CEO个人的研究能更好地预测组织产出（Hage and Dewar 1973；Tushman, Virany, and Romanelli 1985；Finkelstein 1988；Ancona 1990；O'Reilly, Snyder, and Boothe 1993；Tushman and Rosenkopf 1996）。举例来讲，在一系列对高阶梯队理论假设的检验中，Finkelstein（1988）的报告表明将高管团队作为分析标准比将CEO作为分析标准得到的结果更显著。其他的研究也类似地证明了组织层次产出的显著差异可以通过CEO之外的高管特征进行解释（Bertrand and Schoar 2003；Reutzel and Cannella 2004；Zhang and Rajagopalan 2004；Bigley and Wiersema 2002）。

基于以上原因，不管研究者称这样的群体为主导联盟（dominant coalitions）（Cyert and March 1963；Bourgeois 1980）、内部圈子（inner circles）（Thompson 1967；

[①] 例如，在一项对企业CFO数量增加的有趣分析中，Zorn（2003）记录了由财务会计标准委员会（FASB）所制定的监管条例变化如何驱使企业创造一种新的正式职位——CFO——作为对不明确问题的一种解决方法。

Finkelstein 1992)、高层管理群体（Hambrick 1994）还是高管团队①（Bourgeois 1980；Hambrick and Mason 1984；Carpenter，Geletkanycz，and Sanders 2004），我们都需要聚焦于组织高管群体，以得到更多有意义的发现。

然而，我们也必须承认，考虑高管团队而不仅仅是 CEO 的这种研究倾向并不具有普遍性。例如，Hambrick（1994）指出，许多高管群体并不像一个团队那样去工作，他们之间甚至不存在互动。将高管作为一个团队去研究是不是一个合适的分析层次，对这个问题的探讨在 Carpenter（2002），O'Reilly、Snyder 和 Boothe （1993），Simsek、Veiga、Lubatkin 和 Dino（2005）等的研究中都存在。Cannella 和 Holcomb（2005）指出，在高阶梯队的研究中将团队作为分析层次会产生很多复杂的问题。进一步地，Cannella 和 Holcomb 还指出了一些将团队作为不合适的分析层次的情况。比如，组织的 CEO 十分独断专权，或者 CEO 不允许对组织战略事宜进行公开争论和讨论，或者 CEO 有一个非常清晰有力的愿景，则团队对组织最终产出的影响就会相对没有那么重要。当团队的影响相对于 CEO 而言比较微弱时，只考虑 CEO 对组织产出的影响应该是最好的选择。恐怕对高阶梯队的研究中将团队作为分析层次最猛烈的批评来自 Dalton 和 Dalton（2005），他们提出了两条反驳意见。第一，他们认为团队分析层次使用的测量方法和分析策略是不合适的，因此降低了将团队作为分析层次的优势所在。第二，他们简单地认为高管团队并没有 CEO 个人重要，尽管这一观点缺乏强有力的证据支持，但他们仍然坚持应该将 CEO 作为高阶梯队研究的分析层次。尽管存在对高管团队研究的这些质疑和警告，还是有大量的证据表明，对高管团队的学术研究已经取得而且将会产生更丰硕的成果。

因此，本章在战略决策制定过程的背景下研究高管团队，而且将这个过程中团队成员之间的互动作为中心构念来探讨。从这个角度来看，高管团队的研究中有很多值得探讨的问题。高管团队不仅仅是战略决策过程和决策履行的核心组成部分，它也可以被看作一个值得探讨的基本组织属性。本章对高管团队特征的前因和结果变量均进行了深入探讨。

然而，我们需要明确一个重要的问题——研究范围。战略决策过程的研究

---

① 用知识或技能组合逻辑来解释为什么管理者特征与企业绩效相关的资源基础理论极为重要。仅仅是为了便于说明，我们认同 Hambrick（1994）提出的观点，即高管们未必表现得"像一个团队"。的确，正如我们下面所要讨论的内容，在组成团队的高管中其相互作用的性质本身也是一个值得研究的问题。

文献浩如烟海,包括各种决定因素、具体决策因素、过程特征、过程产出、最终产出等之间的相关关系(Carpenter, Geletkanycz, and Sanders 2004; Eisenhardt and Zbaracki 1992; Rajagopalan, Rasheed, and Datta 1993; Cannella and Holcomb 2005)。用短短一个章节的篇幅来讨论这么多的问题显然是不可能的。因此,本章中我们的主要目的是探讨高管团队在战略决策制定和执行中所扮演的角色,更具体地讲,即在制定和执行战略决策的过程中高管团队成员之间社会关系的本质及其所产生的影响。

一、高管团队的概念要素

尽管"高管团队"这个术语已经被广泛使用,但是不同的学者在研究中的侧重点却不一样,从本质上讲,这是一个多维的概念。一个高管团队有三个主要的概念要素:组成、结构及过程。"组成"指的是高管团队成员拥有的共同特征,比如他们的价值观、认知基础、个性特点和经验等。尽管这些特征既可以被看作团队的集中趋势,也可以被看作团队的异质性,但大多数的研究都倾向于后者。[①]此外,与第三章和第四章一致的是,我们在本章中对高管团队异质性的定义既包括心理因素(价值观、信仰、认知),也包括管理经历(年龄、任期、功能背景、教育程度)。

"结构"指的是成员各自的角色以及这些角色之间的关系。"结构"概念最主要的方面是团队成员之间"角色的相互依赖性"(role interdependence),这是一个会对战略决策制定过程产生重大影响的重要构念(Michel and Hambrick 1992; Hambrick 1994)。我们将角色的相互依赖性定义为组织绩效在多大程度上依赖于高管团队之间的信息和资源共享,或其他形式的协调合作。比如说,一个由各职能部门领导者组成的高管团队通常比一个由自主经营的事业部领导者组成的高管团队具有更强的角色相互依赖性。除了管理角色,团队的实际规模也是结构的一个基本方面(Merton 1968; Keck 1990)。

"过程"指的是高管参与战略决策制定过程中互动的本质。我们的研究限

[①] 在第三章和第四章中,我们描述了高管的人格特征和个人经历,在此不再赘述。但有一点需要重点记住,即高管团队的心理属性和人口属性的平均水平很重要(Hage and Dewar 1973; Finkelstein and Hambrick 1990;也可参见 Carpenter, Geletkanycz, and Sanders 2004)。

于"过程"的两个维度:社会融合和一致性。① 社会融合指的是成员对团队的吸引力、对团队其他成员的满意度,以及团队成员之间的社会互动(O'Reilly, Caldwell, and Barnett 1989, 22)。它也是过程构念中被研究得较多的方面之一。高管团队内部的"一致性"指的是群体决策中所有成员达到一致性的程度(Dess and Origer 1987, 313)。

这三个概念要素——组成、结构及过程——与高管团队在战略决策制定中的社会互动和构成是相关的。战略决策并不是在真空环境下制定的;相反,它是在一群具有社会性和政治性特征的高管的互动下产生的。这些互动的本质以及它们对战略决策制定和组织产出的巨大影响是非常重要的。除了受高管之间复杂的互动影响,战略决策制定也被组织内部的活动及组织所处的环境深深影响着。因此,我们也对导致特定高管团队构成的情境条件很感兴趣。

我们相信,图 5.1 显示的框架可以帮助读者很好地理解以上谈到的问题。位于框架中间的是高管团队,它具有一系列的概念结构特征:异质性(高管团队的组成);角色相互依赖性和团队规模(高管团队的结构);社会融合和一致性(高管团队的过程)。我们之所以强调这些构念,主要是因为它们对战略决策制定和高管团队内部的社会关系都是非常重要的,同时它们也是很多学者长时间感兴趣的、具有很强的理论研究意义的研究对象。当然,高管团队的其他方面也很重要并且具有研究价值,但是本章的目的要求我们必须在一个特定的范围内进行研究。

这个框架显示了高管团队的各个方面是怎样相互关联的。模型也包含了情境条件会对高管团队产生的影响。这些情境因素包括环境、组织及 CEO。最后,图 5.1 显示了高管团队是怎样和战略决策制定过程及这个过程所带来的组织产出相关联的。这个框架的主要目的是强调高管团队研究中三个重要的研究问题:①高管团队内部互动的本质是什么?②情境条件是怎样影响高管团队的?③高管团队对战略决策制定和组织产出会产生怎样的影响?这些问题确定了本章主要章节的范围。

---

① 关于过程的其他方面也已考虑到。例如,Amason(1996)讨论了情感与认知的矛盾问题,Waldman 和 Yammarino(1999)以及 Klein 和 House(1995)讨论了领袖气质,Shen 和 Cannella(2002a)以及 Bigley 和 Wiersema(2002)则讨论了政治。Colbert、Kristof-Brown、Bradley 和 Barrick(2008)使用了"目标重要性与一致性"(goal importance congruence),而 Van der Vegt、Bunderson 和 Oosterhof(2006)则考虑了"人际互助"。

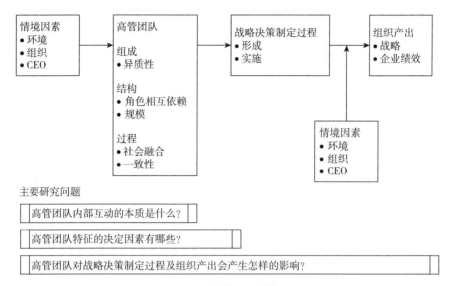

图 5.1　高管团队的模型

二、高管团队的概念要素是如何相互关联的？

社会心理学对群体的构成要素及成员间互动关系本质的研究已经有很长时间的历史（Jackson 1992）。大部分的研究对象都是临时"群体"（参加实验室实验的大学生），或较低层次的员工工作群体。但是，近年来很多研究已经开始使用真实的高管团队样本来直接测量高管团队过程构念（Glick, Miller, and Huber 1993; Barsade et al. 2001; Athanassiou and Nigh 1999; Bunderson and Sutcliffe 2002; Pitcher and Smith 2001; Chatman and Flynn 2001; O'Reilly, Snyder, and Boothe 1993; Smith et al. 1994; Amason 1996; Amason and Sapienza 1997）。事实上，所有的高管团队研究者都一致认为高管团队成员之间的互动影响其社会融合和一致性趋势，而这两者无论是在概念上还是在实践上都与一系列的组织产出相关联（比如，Wiersema and Bantel 1992; Pitcher and Smith 2001; Amason and Sapienza 1997; Amason 1996; Cannella and Holcomb 2005）。遗憾的是，团队过程很少被直接测量。[①] 相反，大部分研究者都简单假设团队人口统计特征影响了团队过程——团

---

① 一些重要的例外研究，可参见 Peterson 及其合作者（2003）, Amason 和 Sapienza（1997）, Papadakis 和 Barwise（2002）, 以及 Athanassiou 和 Nigh（1999）的相关内容。

队过程是团队人口统计特征和组织产出的调节变量(Smith et al. 1994；Carpenter 2002；Carpenter and Fredrickson 2001；Richard et al. 2004；Sambharya 1996；Cannella, Park, and Lee 2008)。

高管团队的人口统计构成要素和组织产出之间的关系存在着很多潜在干预过程。比如说,战略决策制定过程分为很多步骤,包括产生和评价备选方案、选择方案、实施方案、反馈评估。在一个决策可以影响组织产出之前,它必须经历以上的过程[①],而且这个过程中高管团队成员一直在相互作用。大量的研究都证明了高管团队特征与组织产出之间的关系。我们在这一部分的目的是查明这个干预过程,以打开这些研究中存在的"黑匣子"。为了达到这个目的,我们集中研究了高管团队组成要素、团队结构、团队过程之间的相互关系,同时关注这些要素是怎样影响战略决策制定过程的。

1. 团队与群体

高管"团队"(team)就是高管"群体"(group),这一论断既是有问题的,又似乎是合理的。[②] 它是有问题的,因为事实上所有公开发表的关于高管的研究都将其看作一个团队,而不管他们是紧密结合的还是单纯合作的。比如说,一家大型企业主管市场的副总裁是这样形容他所在的高管团队的:"团队？你们怎样定义'团队'？当我提到'团队'这个词时,我想到的是充分的互动、很多的付出和回报,以及共同的目标。但是,在我们公司,我们仅仅算是一群强者的集合,根本谈不上'团队'。我们很少作为一个团队碰面,事实上,我们甚至很少见到彼此。我们各自拥有不同的观点。我并不是说我们拥有相互冲突的目标,但我们的行为基本上都是以自我利益为中心的。这里面哪里有'团队'的影子？"(Hambrick 1994,172)

[①] 这并不旨在表明所有的决策均以这样一种线性或完整的方式进行。不经深入分析而迅速决策(Cohen, March, and Olson 1972),避免对失败的战略进行评估(Finkelstein and Mooney 2003),以及在过程的各个阶段进行调整(Mintzberg 1978)等均远非未知。我们在此的目的仅仅是指出"中介过程",无论该术语如何翻译,都表示间接的意思。

[②] 相较于梯队理论的有关文献,"团队"与"群体"的区别在组织行为或组织理论的相关文献中可能显得更加微妙。例如,Weick(1993)不顾一切地让读者相信他所研究的跳伞消防员(smoke jumpers)组成了一个"群体"。对于更多研究微观问题的学者而言,他们最为关注的是一个"群体"中的成员应该将自己视为群体中的一部分。当情况如此时,该"群体"则更像一个"团队"。当我们使用"团队"一词时,我们指的是高管团队中的成员将他们自己视为有凝聚力的群体中的一部分,并对该群体产生心理依附关系。

从另一方面讲,高管团队实际上就是高管群体,这又是不言而喻的。事实上,所有研究提出的高管团队之间的相互关系,其基础的理论依据都来自社会心理学的工作群体理论。正如 Jackson 所说,"大部分的相关研究都是由对理解群体过程和群体绩效感兴趣的心理学家完成的。在经过对群体长达 50 年的心理学研究后,心理学家已经积累了很多的发现"(Jackson 1992, 354)。重要的结论有以下几个:①对高管团队或高管群体进行定义时需要明确具体包括哪些管理者,并说明原因;②高管群体之间的权力动态过程变得更加重要;③高管团队不同方面的关系需要进行实证研究。接下来,我们将对每一点进行详细说明。

2. 谁在高管群体中?

谁真正组成了高管团队这个问题[①]是非常有趣且很重要的,从文献中一大批对这个概念的实用型定义就可以看出这一点。由于高管团队的规模在实证研究中被越来越多地看作一个有价值的构念并受到重视,明确高管团队的概念范畴显得更加重要(比如,Haleblian and Finkelstein 1993; Forbes and Milliken 1999; Snow et al. 1996)。

高管团队是组织战略顶端一个相对而言规模比较小的管理者群体。因此,高管团队可以被看作"承担组织全部责任"的一群高管(Mintzberg 1979, 24)。这个简单的定义表明,在关于高管团队成员资格的实用型定义上,研究者们并没能达成一致,而且在公开发表的研究中相关的定义也被很大程度地忽略了(Roberto 2003; Cannella and Holcomb 2005)。明确高管团队成员的不同方法有:①由 CEO 指定具体哪些管理者属于高管团队(比如,Bantel and Jackson 1989; Glick, Miller, and Huber 1993; O'Reilly, Snyder, and Boothe 1993; Smith et al. 1994; Sutcliffe 1994);②董事会成员(Finkelstein and Hambrick 1990; Haleblian and Finkelstein 1993);③职位在副总裁级别及以上的所有管理者(比如,Wagner, Pfeffer, and O'Reilly 1984; Hambrick and D'Aveni 1992; Michel and Hambrick 1992; Keck and Tushman 1993);④两个最高的管理级别(比如,Wiersema and Bantel 1992);⑤组织所有的创立者(Eisenhardt and Schoonhoven 1990);⑥薪酬最高的五个管理者(Carpenter, Sanders, and Gregersen 2001; Carpenter, Pollock,

---

① 尽管我们要求更多地关注高管相互作用的"群体"性质,但我们仍将继续使用"高管团队"这一标签仅仅是便于参考和具有连续性,同时也因为我们在本章所回顾的所有研究实际上使用的均是该术语。

and Leary 2003)。极个别的研究还通过组织产出来定义高管团队(比如,Amason 1996; Knight et al. 1999; Smith et al. 1994)(也可参见 Carpenter, Geletkanycz, and Sanders 2004)。

基于先验经验,在这么多实用型定义中明确指出哪一个最好是不可能的。[①] 相反,由于每一项特定的研究均有所不同,因此就应该使用与之相适应的实用型定义(O'Reilly, Snyder, and Boothe 1993; Cannella and Holcomb 2005)。[②] 比如说,对很多研究而言,用组织的创立者来定义高管团队是不合适的,但是在对创业企业的研究中这种定义就是合适的(Eisenhardt and Schoonhoven 1990; Ruef, Aldrich, and Carter 2003; Watson, Ponthieu, and Critelli 1995)。

同时,探讨不同研究成果对高管团队不同实用型定义的敏感性也是非常有必要的。如果我们能够发现对高管团队不同的实用型定义会带来具有系统性差异的研究结果,那么我们提出更具普遍适用性的战略领导理论的能力就会增强。比如说,在一项对高管团队人口统计特征和组织创新性的研究中,Flatt(1992)通过比较发现使用不同的高管团队定义会造成结果的巨大差异(也可参见 Carpenter and Fredrickson 2001; Jensen and Zajac 2004)。通常而言,在一个特定的数据组中发展高管团队不同的实用型定义是可行的,因此很多研究中的敏感性分析也是具有可行性的。从这类研究中产生的理论会具有更强的解释力,因为它使我们能更好地理解在特定的背景下哪些管理者更具有影响力。此外,对不同高管团队实用型定义所产生影响的元分析(meta-analysis)研究也是应该鼓励的。

高管团队合适的实用型定义也许取决于研究者正在关注的战略问题,以及与这个问题相关的不同管理者群体(Dutton, Fahey, and Narayanan 1983; Roberto 2003; Cannella and Holcomb 2005)。这个"战略问题过程"视角认为,高层决策制定者群体并不是一成不变的(尽管它也许存在一些不变的核心成员),因此相关群体合适的定义是在特定的问题背景下参与决策制定最多的一群管理者

[①] 然而,对行业的控制是至关重要的,因为行业内的制度安排经常会影响结构安排,例如高层职位的层级制度(DiMaggio and Powell 1983)。例如,副总经理的数量会因行业不同而各异,同时副总经理这一头衔的含义也会有所不同。与其他行业相比,投资银行业的公司中副总经理的数量要多得多,但并非所有副总经理在战略决策的制定过程中都具有影响力。因此,对高管团队以头衔为基础的定义显然在跨行业的研究中存在问题。

[②] 即使在决定研究高管团队中的哪个个体成员时也同样如此。

(Jackson 1992；Roberto 2003)。比如说,如果我们想预测一家公司增加其研发投入的倾向性,我们就会考虑与这个问题相关的由 CEO、CFO、主管研发的副总裁、主管市场的副总裁组成的决策群体,但是我们不会考虑其他的管理者,如人力资源副总裁和公司总顾问。显然,这样的方法要么需要关于各种类型的管理者在特定决策领域参与程度的第一手数据,要么需要对管理者在不同决策类型中选择性参与行为的相对粗略的判断(也许需要在专业人士的帮助下)。可以参考 Roberto(2003)的研究以对这部分内容有更全面的认识。

3. 高层的权力动态

"谁组成了高管团队"这个问题的其中一个答案就是,它是由那些具有影响整个组织战略方向的能力超强的管理者组成的。这就是 Finkelstein(1992)提出的观点,他认为高管之间权力的分配通常是不均匀的,所以要想通过对权力分化的研究来更好地预测高管团队产生的影响,还有很长的路要走。因此,对大范围内高管的权力进行评估,然后集中精力研究最有影响力的子集应该是明智的选择。这个方法与 Thompson(1967)提出的"内部圈子"的概念——组织中最具决策影响力的一群个体——是一致的。

比如说,在 Finkelstein(1988)对 102 家公司的研究中,他让高管对自己及公司内的其他人在特定战略决策上的影响力进行评分。通过这些数据就可以评估每个管理者团队内成员的相对权力。这些数据是从 444 名高管那里收集来的,其中 283 人是董事会成员,161 人不是董事会成员但是担任了其他高管职务。有董事会成员身份的管理者权力的平均得分是 13.99[①],但非董事会成员管理者的平均得分是 9.80,二者存在统计上的显著差异($p<0.001$)。即使将 CEO 从分析数据中剔除(其他董事会成员管理者的权力平均分下降至12.00),差异也是非常显著的($p<0.001$)。因此,在董事会任职的管理者权力与非董事会成员管理者权力之间存在很大的差异,这也对将董事会成员作为高管团队实用型定义的方法提供了支持。然而,从 1992 年开始,董事会内部成员的平均数量正在稳步下降,《萨班斯-奥克斯利法案》的规定加速了这一进程。因此,董事会内部成员已

[①] 受访者被要求对三种不同战略决策的管理权力(重要资源的分配,组织再设计,产业转型)进行评分,每一种权力的测量均采用七点量表(从"没有影响"到"完全影响")。管理权力的最终得分是三种战略决策上所得分数的加总。

经不再是判断高管团队成员有意义的标准。但 Finkelstein 的研究却证明了识别高管团队内部权力不平等的重要性。

高管团队内部权力分配的研究之所以很重要,主要有以下几个原因:首先,也是最重要的,权力对战略选择而言很重要(Child 1972;Finkelstein 1992)。学者的普遍共识是战略决策是非结构化的、充满模糊性的(Mintzberg, Raisinghani, and Theoret 1976),这使得权力在决策中发挥了重要作用(Mintzberg 1983b)。很多例子都证明了权力在战略决策制定过程中扮演着重要角色(Allison 1971;Carter 1971;Pettigrew 1973;Hinings et al. 1974;Bourgeois and Eisenhardt 1988)。其次,正如我们先前所讨论的那样,高管团队内部权力的分配决定了哪个管理者具有战略影响力,由此也决定了管理者的经验和个性对组织产出影响的大小(Finkelstein 1992;Pitcher and Smith 2001)。最后,对高管权力的研究说明高管团队确实是一群个体——每个人都有自己的目的和偏好——的集合,他们并不一定是拥有单一目标和偏好的合作团队(Cyert and March 1963)。

使用权力的宽泛定义,在分别测量高管团队成员的权力时充分考虑各种各样的权力来源,这些都是非常重要的。比如,Finkelstein(1992)指出了权力的四种来源:结构权力、威望权力、所有者权力、专家权力。这四种权力中结构权力、威望权力、所有者权力都集中在 CEO 这个职位上。再如,当将 CEO 的所有者权力地位与高管团队中其他成员相比较时,Cannella 和 Shen(2001)以及 Reutzel 和 Cannella(2004)分别测量了 CEO 继承人与 CFO 的所有者权力。在这两项测量中,所有者权力都具有重要影响,但是两个非常年长的管理者的所有者权力地位与 CEO 所拥有的权力地位相比显得比较低。基于上述原因,我们认为专家权力在高管团队成员中的预测力度最大,尽管 Bunderson(2003)认为这种影响非常复杂。不过,专家权力比所有者权力或威望权力更难以测量。许多尝试测量专家权力的努力都是以职位背景为依据的,正如 Finkelstein(1992)的做法那样,在任职经历与战略权变理论之间进行最优的匹配(Carpenter and Wade 2002;Guthrie and Datta 1997;Hambrick 1981a)。可以参考 Bunderson(2003)的研究进一步了解或许最为复杂的测量方法。[1]

---

[1] 回顾第四章中我们所讨论的内容,即运用 Barney(1991)对资源价值的四种测试来评价高管经历与企业所面临挑战的"匹配度"。在高管团队的情况下,这就表示专家权力的评定与团队中其他高管的专家权力以及竞争企业中的高管的专家权力有关。然而,到目前为止还没有研究阐明了这一研究思路。

Pitcher 和 Smith(2001)的研究关注了权力在影响高管团队特征与战略决策过程及组织产出关系中所扮演的角色。他们采用了一种深入的案例研究方法，对高管团队成员的权力及团队过程提供了丰富的见解。他们研究了单一组织中高管团队在三个阶段的变化，目的是了解高管团队的异质性是怎样影响团队过程及结果的。在第一阶段，CEO 积极参与，组织了频繁的团队会议及公开讨论。此时，团队成员都具有一定的权力及影响力，每位成员的意见都得到了重视。在这样的条件下，团队成员的异质性很好地解释了中间产出及组织绩效。在第二阶段，团队中只有 CEO 发生了变化，新任 CEO 曾经是第一阶段高管团队的成员之一。新任 CEO 不愿意在团队成员上过多投入。第二阶段高管团队中唯一有权力的两个人就是 CEO 和他的 CFO。新任 CEO 很少开会，更喜欢与其他管理者一对一地交流意见。高管团队成员开始避免拜访总部，由于他们的观点和建议经常被忽视或嘲笑，他们不久之后也放弃了影响战略决策的努力。在第二阶段，尽管团队的组成与第一阶段几乎是一样的，但团队的异质性并没有影响到团队的产出或组织绩效。尽管这个证据具有局限性，但是它意味着除非所有的团队成员都拥有一定程度的适当权力，否则团队层次的异质性对团队决策、组织的中间产出或组织绩效的预测能力很低。

对 Pitcher 和 Smith 研究的另一种解释是，在前两个阶段，尽管高管团队成员的头衔和身份大部分并没有发生变化，但高管团队的组成已经发生了很大的变化。在第一阶段，我们可以认为这个高管团队满足大部分高管团队研究者提出的基本假设，也满足 Hambrick 和 Mason(1984)的初始定义。也就是说，团队是由一群对决定企业战略方向具有影响力的高管组成的。然而，在第二阶段，我们可以很容易看出高管团队其实只有两个成员——新 CEO 和他的 CFO。这个解释与我们对权力的讨论是一致的，同时也证明了 CEO 对团队其他管理者中谁能拥有权力的重要影响。

综上，在战略决策制定过程中考虑单个管理者的相对权力是必要的(Pitcher and Smith 2001)。正如 Finkelstein 所说：

> 权力在高管团队的研究中是非常重要的。事实上，对高管研究中分析层次的选择与管理权力是同一枚硬币的两面。也就是说，采取什么样的分析层次暗含着对高管之间权力分配的潜在假设。比如说，在一个 CEO 拥有主导性权力的组织中，只研究 CEO 就能够提供检验相关命题的充足信息。

然而,在权力不那么集中的组织中,为了完全理解组织中普遍的管理方针,对高管的集合进行研究就很有必要了。因此,对高管之间权力分配的研究是高管团队研究中必不可少的一部分。(1992, 505)

现在我们将注意力转向高管团队成员之间互动的动态性上。具体来讲,我们将关注高管团队的组成、结构及过程是怎样相互关联的,以及高管团队内部的权力分配是怎样影响管理互动这些重要方面的。

尽管我们在分析的第一部分并没有考虑权力在其中扮演的角色,以便读者更易于理解有关高管团队组成、结构及过程的相关研究,但这并不意味着关于这个话题的理论及实证研究可以忽略权力这个重要变量。我们稍后会再讨论这个问题。

4. 高管团队内部的互动

图 5.2 是对图 5.1 的深化,它描述了高管团队的组成、结构及过程之间的关系。在这一部分,我们提出的关系命题的理论依据来自社会心理学、组织人口统计学、战略管理学等的研究成果。由于大部分的相关研究都来自基于非高管样本的理论或实证文章,因此这些发现在战略领导研究中仍然有待进一步的检验。

图 5.2　高管团队互动

高管是怎样作为一个群体进行互动的呢?对高管团队研究最多的一个方面——人口统计特征的异质性——的关注对于理解这个问题非常有帮助。高管团队成员都有各种各样的经历,但其中人口统计特征的异质性是高管团队被研究得最多的一个特征,尽管它也是最不明确的特征之一。它之所以这么受研究者的欢迎,主要是因为人口统计数据相对而言具有易得性、客观性及可靠性的特点(Hambrick and Mason 1984)。但是批评者却对这些数据的潜在含义产生了怀疑(比如,Smith et al. 1994;Lawrence 1997;West and Schwenk 1996;Priem, Lyon, and Dess 1999)。

从一定程度上讲,人口统计特征的异质性可以被看作认知异质性的代表(Hambrick and Mason 1984),它代表着革新精神(Bantel and Jackson 1989;Murray 1989)、解决问题的能力(Nemeth 1986;Hurst, Rush, and White 1989)、创造力(Triandis, Hall, and Ewen 1965;Shaw 1981;Wanous and Youtz 1986;Bantel and Jackson 1989)、信息来源及视角的多样性(Jackson 1992;Geletkanycz and Hambrick 1997;Wiersema and Bantel 1992;Sutcliffe 1994;Carpenter 2002;Carpenter and Fredrickson 2001;Sambharya 1996)、面对改变的开放性(Katz 1982;Dutton and Duncan 1987;Virany, Tushman, and Romanelli 1992;Glick, Miller, and Huber 1993;Bertrand and Schoar 2003),以及挑战他人和被他人挑战的意愿(Hoffman and Maier 1961;Sorenson 1968;Janis 1972;Gladstein 1984;Eisenhardt and Schoonhoven 1990)。尽管一般认为这些积极的特征会带来更高的组织绩效,但现在我们将其严格限定在一个更具体的命题中讨论。

命题 5-1A:高管团队内部的人口统计特征的异质性程度越高,其内部的认知异质性程度就越高。

另外,认为人口统计特征的异质性对组织运行有阻碍作用的观点也得到了大量的支持。这些观点认为异质性降低了高管团队内部的社会融合(通过影响群体及组织绩效),增加了冲突(Amason 1996;Amason and Sapienza 1997;Ferrier 2001;Williams and O'Reilly 1998;Simons, Pelled, and Smith 1999;Schmidt 1974;Chatman and Flynn 2001;Reed 1978;Pfeffer 1981a;Deutsch 1985;Nemeth and Staw 1989;O'Reilly, Snyder, and Boothe 1993;Barsade et al. 2001),提高了合作成本(Pfeffer 1983;Smith et al. 1994),降低了沟通频率(Roberts and O'Reilly 1979;Bunderson and Sutcliffe 2002;McCain, O'Reilly, and Pfeffer 1983;Wagner, Pfeffer, and O'Reilly 1984;O'Reilly, Caldwell, and Barnett 1989;Zenger and Lawrence 1989;Stasser 1993),减少了注意力的集中(Bertrand and Schoar 2003;Cho, Hambrick, and Chen 1994),降低了群体认同及内部凝聚力(Lott and Lott 1965;Zander 1977;Ancona and Caldwell 1992;Michel and Hambrick 1992)。

尽管对高管团队异质性的负面影响存在这些争论,但也有研究有不同的发现。比如说,O'Reilly 及其合作者(1993)的研究结果是支持团队异质性的;Glick、Miller 和 Huber(1993)的研究结果既有正面的也有负面的;Smith 及其合作者(1994)的研究结果是不支持团队异质性的。更进一步地,还有两个需要关注的重要问题。第一,尽管多样性在早期对团队的影响是不利的,但随着群体互动规范的建立,它的这种负面影响在逐渐下降(Chatman and Flynn 2001)。因此,被研究的群体所处的生命周期在调节团队异质性对团队运作的影响方向上会产生重要的作用。

第二,群体层次异质性的定义及测量方法在研究中一直缺乏一致性(Bunderson and Sutcliffe 2002)。我们要想更好地理解群体层次的多样性,未来的研究就需要对群体层次的异质性进行严谨的定义及测量(Harrison and Klein 2007)(也可参见 Cannella, Park, and Lee 2008; Ferrier 2001; Carpenter, Geletkanycz, and Sanders 2004; Polzer et al. 2006)。因此,人口统计特征的异质性是怎样影响社会融合的仍然算是一个开放性的问题,没有确切的答案。但是以下的这个命题仍然具有广阔的研究前景。

命题 5-1B:高管团队内部的人口统计特征的异质性程度越高,其内部的社会融合程度就越低。

认知异质性和社会融合背后的理论基础也暗示了二者的负相关关系。事实上,当群体内部成员更相似时,社会融合更容易发生(Byrne 1961; Chatman and Flynn 2001; Pfeffer 1981a),然而,人口统计特征的异质性的很多影响,如观点更加多样化、挑战他人的意愿更强(Eisenhardt and Schoonhoven 1990; Amason 1996; Barsade et al. 2001; Glick, Miller, and Huber 1993),会引发冲突,继而影响到团队凝聚力及社会融合。因此,我们提出以下命题。

命题 5-1C:高管团队内部的认知异质性程度越高,其内部的社会融合程度就越低。

将高管团队异质性与社会融合因素相关联的研究一般以管理者稳定不变的特征为基础,比如种族和性别(Chatman and Flynn 2001; Richard et al. 2004; Westphal and Milton 2000)、个性(Barsade et al. 2001; Peterson et al. 2003)、任职背景(Chattopadhyay et al. 1999; Cronin and Weingart 2007)、经验(Carpenter and Fredrickson 2001; Sambharya 1996; Richard et al. 2004; Tihanyi et al. 2000; Carpenter, Pollock, and Leary 2003),或者协同定位(成员之间物理距离上彼此靠近的程度)(Cannella, Park, and Lee 2008)(也可参见 Carpenter, Geletkanycz, and Sanders 2004; Polzer et al. 2006)。然而,也有一些其他来源的异质性具有时间

依赖性或情境依赖性。比如说,当现任 CEO 临近退休时,高管团队成员可能会彼此相互竞争,以争取成为下一任 CEO(Vancil 1987)。明确指定继承人会在一定程度上减少这种竞争(Cannella and Shen 2001);但是,即使下任继承人已经非常明确,团队成员仍然可能会为在预期的领导班子调整中取得一个较好的职位而竞争。因此,在 CEO 更替的背景下一般都会出现团队成员之间的竞争摩擦(Shen and Cannella 2002a),而且这种摩擦也会很自然地在团队形成过程中产生溢出效应。这仍会是一个能产生丰硕研究成果的方向。

人口统计特征(和认知上)的同质性及社会融合可能会提高高管团队的一致性程度。同质性团队随着时间的推移会发展出更强的团队凝聚力(Pfeffer 1983),而这将会带来对组织及其目标更高的一致认同(Tushman and Romanelli 1985)。因此,当高管团队成员能够对组织想要达成的目标形成共同的理解时,他们之间就达成了一致(Dutton and Duncan 1987;Wiersema and Bantel 1992),成员之间也会建立互动规范(Chatman and Flynn 2001)。当高管团队的同质性能够在高管群体中建立"主导逻辑"(dominant logic)(Prahalad and Bettis 1986)时,一致性更可能达成(Dess and Keats 1987)。通过合作、频繁的沟通、群体认同等,成员之间也会相互理解,而所有这些都是社会融合程度较高的群体所具有的特征(Lott and Lott 1965;O'Reilly, Caldwell, and Barnett 1989)。最后,高管团队异质性会削弱成员在目标及观点上的一致性(Cyert and March 1963;Bunderson and Sutcliffe 2002;Richard et al. 2004;Snow et al. 1996;Grinyer and Norburn 1975;Bettenhausen and Murnighan 1985;Bourgeois 1985;Priem 1990;Amason and Schweiger 1992)。总的来讲,高管团队的一致性与其同质性及社会融合应该是正相关的。①

命题 5-1D:高管团队内部的异质性程度越高,其一致性的程度就越低。

命题 5-1E:高管团队内部的社会融合程度越高,其一致性的程度就越高。

高管团队成员的数目(其规模)也会影响认知异质性、社会融合及一致性,

---

① 虽然一些人可能认为角色的相互依赖性与高管团队的一致性有关,但我们已有意避免对这样一种关联进行争论。当高管团队中的角色相互依赖时,则更需要高管间的合作与资源共享。然而,对于这些活动的需要并不一定会转化为实际行动,因此我们无法确定相互依赖的高管团队是否会真正合作。同样,角色的相互依赖性与社会融合之间的关系也并不明确,因为我们无法完全假设相互依赖的高管团队具有凝聚力(Schmidt and Kochan 1972)。

其中的原因之前已经讨论过。在某种程度上,这种关系是显而易见的,因为团队规模越大,团队成员间出现人口统计特征的异质性的可能性就越大(Haleblian and Finkelstein 1993)。然而,我们也可以做出另外两种合理的推测:①在战略决策过程中,更大规模的群体有更多可依赖的能力及资源(Hambrick and D'Aveni 1992;Haleblian and Finkelstein 1993),这就增加了解决问题的多样化视角,带来更高程度的认知异质性、更低程度的高层一致性。②更大规模的群体会带来在小规模群体中不会出现的合作及沟通问题(Blau 1970;Shaw and Harkey 1976),降低成员间的凝聚力及合作(Wagner 1995)、社会融合(Shaw 1981),以及一致性程度(Shull,Delbecq,and Cummings 1970)。

命题 5-1F:高管团队的规模越大,其内部的认知异质性程度就越高。

命题 5-1G:高管团队的规模越大,其内部的社会融合程度就越低。

命题 5-1H:高管团队的规模越大,其内部的一致性程度就越低。

近期,实证研究及理论都发现了高管团队任职时间在团队过程中扮演的重要角色。比如说,Chatman 和 Flynn(2001)证明了,在一起工作几个月后,团队的互动规范就会建立起来,从而减少了哪怕是在非常多样化的团队中也会存在的冲击和摩擦。然而,尽管大部分关于高管团队任职时间的研究考虑的都是团队成员的平均任职时间(Carpenter,Geletkanycz,and Sanders 2004),最近加入团队的成员的任职时间也是研究中需要考虑的一个重要变量。如果一个团队是由一些任职时间很长的成员和一些任职时间很短的成员组成的,那么它就会引起更多的人际摩擦及冲突(Wagner,Pfeffer,and O'Reilly 1984)。哪怕团队中只有一两个任职时间比较短的成员,也足以扰乱团队正常的运作规范,特别是当这一两个新人的地位比较高时(比如说是 CFO 或 COO)。将来的研究应该考虑一个新人加入团队后所产生的影响(比如,Tushman and Rosenkopf 1996),特别是其会对团队已建立的互动规范及形式产生的影响。如果新人的加入会扰乱团队原有的互动规范,那么最近加入成员的任职时间应该会比团队成员平均任职时间提供更多的信息。

尽管我们关于高管团队各个特征之间相互关系命题的提出是依据社会心理学的理论,但高管团队与其他群体之间却存在重要的区别。确实,解释高管团队异质性概念时存在的一个问题是,研究者倾向于忽略对高管团队群体与其他群体区别性的解释（但这种区别恰恰是很多支持高管团队异质性理论研究的基础所在）。① 这其中最重要的当数高管团队中权力所起的作用（Keck 1990；Pitcher and Smith 2001；Finkelstein 1992；O'Reilly, Snyder, and Boothe 1993）。与很多工作群体不同的是，高管团队的主要功能之一就是指导他人的行为，这是一项既会产生也会使用到权力的活动。此外，高管也会对组织产生功能性的影响（Mintzberg 1979）；但是，如果失去了制定决策及指挥他人的权力，他们就无法施加这种影响。因此，将权力变量加入高管团队互动模型中是很有必要的。然而，至今仍然很少有文献关注到这一点。

这其中最有价值的当数 Eisenhardt 和 Bourgeois（1988）的研究。他们通过访谈及发放问卷调查了 8 家软件公司"战略决策制定中的政治学"，提出了有关高管团队内部权力及政治的一系列命题。比如说，他们将权力及政治与高管团队集权程度、合作程度及人口统计特征关联起来。遗憾的是，他们的这些观点尚未在大范围的实证调查中被正式研究。

我们对高管团队中的权力持有不同的认识视角，该观点基于 Finkelstein（1992）的研究。他认为要想对高管效应有更强有力的预测，针对高管团队的研究就需要"承认权力在战略选择及团队融合中所起的重要作用"（1992，532）。这种方法的基本逻辑也可以应用于对高管团队互动的研究。比如说，当每个高管的相对权力都被充分考虑时，高管团队异质性对高管团队过程的影响就会增强。在对高管团队异质性典型的测量中，一个特征在不同管理者间是呈差异性分布的（比如任职时间或对不确定性的容忍程度），但它却被作为群体的整体特征予以测量。高管团队中的每个管理者所产生的影响被认为是相差无几的，但事实上这是不可能的（Mintzberg 1979；Finkelstein 1992；Cannella and Holcomb 2005）。由于 CEO 通常比其他管理者更具有影响力，因此，为了准确评价高管团队内部真实的异质性水平，我们应该充分考虑上述问题。此外，CEO 在团队过程开始和维持团队过程中所扮演的角色对未来高管团队异质性的研究非常重要（Pitcher and Smith 2001；Cannella and Holcomb 2005）。事实上，几乎所有将团队异质性与团队过程或组织产出相关联的研究都理所当然地认为他们研究的"团

---

① 有时会提到一个不同的问题，即人口统计与交互过程之间可能并没有直接的关系。该问题源于对高管团队的人口统计数据与高管团队交互过程二者关系的直接研究的缺乏。虽然该评论与我们之前在第四章中所提到的人口统计数据的效度问题并无不同，但缺乏与人口统计及交互过程相关联的实证研究仍然是一个问题（Lawrence 1997；West and Schwenk 1996）。

队"会像一个真正的团队那样去交流、思考及行动。但是,正如我们前面所提到的那样,这个假设是需要经过事实证明的。此外,CEO 的领导风格对团队过程也是非常重要的。如果 CEO 不鼓励公开讨论,不能容忍不同意见,独断专行,那么高管团队异质性与组织产出的相关度就会大大降低。

对权力的研究并不仅仅限于 CEO。在很多情况下,拥有特定的专业知识、声望或所有者地位的管理者都可能更有权力(Finkelstein 1992;Roberto 2003)。比如说,当需要做出一个与金融政策相关的决策时,CFO 在决策中发挥的作用便会增大(Reutzel and Cannella 2004),当高管团队成员间存在角色分化时也有可能会出现这样的情况(Cannella and Holcomb 2005;Roberto 2003)。更进一步地,正如 Pitcher 和 Smith(2001)所证明的那样,有时只有一两个高管具有真正的影响力。在像这样的情境下,认为通过测量高管团队内部任期的变异系数就能准确评价高管团队内部的异质性,很可能是错误的。最有权力的管理者对战略决策产生的影响最大(Child 1972),因此,在高管团队互动中考虑这个因素是非常重要的。

达到这个目的的一种方法是测量高管团队内部每个成员的相对权力大小,然后在计算异质性程度之前根据每个管理者权力的大小为其特征赋予权重,从而调整团队的人口统计或认知构成。通过这样的分析得出的异质性程度更准确,也许还有助于在高管团队的组成、结构及过程之间建立比现有研究文献已有发现更加一致、紧密的关联。下面是比较具有代表性的一个命题。

命题 5-1I:在测量团队异质性程度时,如果能将高管团队内部每个成员的相对权力都考虑在内,那么高管团队异质性对团队其他特征的影响会增大。

5. CEO 与团队过程

CEO 在团队过程中所起的重要作用主要体现在以下几个方面。首先,正如上面所提到的,CEO 为团队的互动搭建了舞台。如果 CEO 鼓励公开讨论和处理争议,把高管团队作为战略制定与战略实施的重要组成部分来对待,团队过程就会得到改善。这里的改善是指,团队过程中采取一些通常被认为有助于团队有效运作的举措——认真考虑备选方案,广泛收集信息,采取有效的争端解决措施,以及做出对所做决策强有力的承诺(Cannella and Holcomb 2005;Pitcher and Smith 2001)。其次,如果 CEO 对企业的愿景有清晰的认识,并且将这种愿景有效地传达给高管团队成员,那么组织中就会形成以这个愿景为框架的决策和行动。在这种情况下,高管团队内部对企业战略事宜的综合考虑就会减少,成员们关注及作为行为标准的事宜就将直接与 CEO 的愿景相关联。此外,与 CEO 的愿景相比,次要的因素将会被其他成员融入与愿景相关的语句及条款中,以获得 CEO 对其行动的支持(Cannella and Holcomb 2005)。最后,CEO 拥有个人魅力的程度将会对组织运作产生重要影响(Waldman and Yammarino 1999),因为富有魅力的 CEO 能够保证其追随者付出更多的努力、做出更多的承诺,特别是通过直接报告的方式。有关魅力型领导的研究对试图理解高管团队动态过程的学者而言是非常有帮助的(Klein and House 1995;House, Spangler, and Woycke 1991;Colbert et al. 2008;Ling et al. 2007)。

总结来讲,高管团队主要方面的互动中存在重要的内部关联。尽管这些关联在一些文献中偶尔被提到,但我们相信让这些关联更加清晰明了是非常重要的。我们已经针对这些关联提出了一些基本假设,除了个别的假设,其他的都尚未得到实证数据的检验。此外,尽管权力在团队过程中扮演着重要角色这个观点已经被普遍接受,但是在已经公开发表的论文中对它的研究却不是很多(比如,Eisenhardt and Bourgeois 1988;Carpenter and Sanders 2002;Pitcher and Smith 2001)。

在理解了高管团队的本质后,我们现在就可以分析高管团队的影响因素及其产生的影响了。首先,我们将关注有助于解释高管团队特征的情境条件。

三、高管团队特征的影响因素

由环境的、组织的及 CEO 的因素构成的情境条件对高管团队具有普遍的影响。事实上,"将团队特征看作一个因变量,来探讨它的影响因素是很有必要的——为什么团队是这个样子的呢"(Pettigrew 1992,176)。因此,我们将在本部分就"情境条件如何影响高管团队"提出命题。尽管针对我们所关注的主要情境条件的研究是丰富的,但相对而言,却很少有研究是直接指向高管团队的。

1. 环境

组织的环境限制并塑造了企业边界之内的活动及行为(Duncan 1972;Aldrich 1979;Dess and Beard 1984)。有研究通过揭示环境因素影响组织生活重大方面的机制,表明了环境影响的普遍性,这些重大方面包括组织战略(Porter 1980;Miller, Droge, and Toulouse 1988)、组织架构(Lawrence and Lorsch 1967;

Keats and Hitt 1988)、组织过程(Rajagopalan and Finkelstein 1992),以及企业绩效(Hannan and Freeman 1977)。尽管很少有研究直接检验高管团队是怎样被环境影响和塑造的,但类似外力因素的影响在我们此处的研究中很可能相当重要。为了便于指导我们接下来的讨论,我们考虑了环境的三个基本维度:复杂性、不稳定性及资源丰富性(Dess and Beard 1984)。环境的复杂性指的是,给组织带来冲击的环境因素数量(Thompson 1967);环境的不稳定性指的是,这些环境因素的变化率(Thompson 1967);环境资源的丰富性指的是,环境能够支持组织可持续发展的程度(Starbuck 1976)。我们在下文中将会讨论每一个维度对高管团队产生的影响。

(1) 环境的复杂性

复杂环境中的组织一般都面临着来自多个团体之间相互矛盾的要求(Thompson 1967)。对每一个利益相关团体的管理都需要不同的技巧与能力,而这种现实需要会迫使组织产生更大的结构分化以应对挑战(Pfeffer and Salancik 1978)。正如 Gupta 依据 Lawrence 和 Lorsch(1967)以及 Arrow(1974)的研究得出的推断所言:"组织环境的多样性越强,就越有必要组成一个分化出来的高管团队,以便对环境的多样性进行恰当的监测"(1988,160)。确实,环境的复杂性经常被实用化定义为环境的异质性(比如,Dess and Beard 1984;Keats and Hitt 1988)。

尽管这些观点仅得到了有限的实证研究的检验(Wiersema and Bantel 1993),但它们似乎值得继续深入探讨。复杂环境下的企业经常面对未被清晰定义的新颖的问题解决情境,这表明,更大并且异质性程度更高的高管团队在这些情境下也许更常见(Janis 1972)。这样的团队中成员的技能更加具有多样性(Steiner 1972),更容易产生对某一问题多样化的解释与视角(Wanous and Youtz 1986),也更容易引起团队成员间更多的相互争论与质询(Hoffman and Maier 1961)。在更简单的且并不那么复杂的环境下,这样的异质性是不必要的,相反,由于它会导致团队成员的沟通障碍(Zenger and Lawrence 1989),引发成员间的冲突(Ebadi and Utterback 1984),因此它也许会扰乱团队的正常运行。此外,Thompson(1967)认为,由于环境复杂性给高层管理增加了额外的挑战,组织当权者团队(dominant coalition)会更加庞大,因此,我们提出以下命题。

命题 5-2A:环境越复杂,高管团队内部的异质性程度就越高。

命题 5-2B:环境越复杂,高管团队的规模就越大。

Sanders 和 Carpenter(1998)的研究成果为命题 5-2B 提供了证据支持。他们认为(有实证数据作为依据),由企业的国际化程度引起的环境复杂性会导致更大的高管团队规模以及 CEO 与董事会主席两个职位的分离。

这种 CEO 与董事会主席之间的角色相互依赖性(role interdependence)被另一个论据所支持。环境复杂性会加大高管团队内部的分化,减少管理者们进行互动、分享资源、以有凝聚力的方式实施管理的机会。在这种背景下环境需求的特性越强,团队内部的任务分工(角色分化)就越多,成员内部的协调就越困难(Mintzberg 1979)。尽管这样的环境要求成员之间更多的融合(Lawrence and Lorsch 1967),但由于高管团队成员来自迥然不同的环境选区,因此这样的融合难以实现。正如 Galbraith(1973)所指出的,环境复杂性会迫使团队内部形成更多的专业化分工与分权,减少协调的机会,增加决策制定中参与的人数,提高其决策的独立性。

命题 5-2C:环境越复杂,高管团队内部的角色相互依赖性就越低。

最后,我们认为环境的复杂性对高管团队的社会融合及内部一致性具有直接的影响。有研究表明,环境的复杂性要求更大的劳动力部门,这就提高了高管团队内部人际导向与时间导向的差异化程度(Lawrence and Lorsch 1967)。根据这一结论,Dess 和 Origer 认为,"成员间观点的分歧会使得他们在企业战略方向上达成一致更加困难"(1987,326)。同样的逻辑也表明,环境复杂性通过使高管团队成员关注多种环境刺激与需求,使得高管团队的内部差异更加突出,从而减少了社会融合。与此同时,复杂环境的额外需求也减少了团队建设与提升内部凝聚力的机会。与 Bourgeois(1980)认为复杂性会增加冲突以及 Dess 和 Origer(1987)的研究一致的是,我们提出以下命题。

命题 5-2D:环境越复杂,高管团队内部的社会融合程度就越低。

命题 5-2E:环境越复杂,高管团队内部的一致性程度就越低。

(2) 环境的不稳定性

环境在不可预测性及出人意料的变化特征的程度上存在差异(Mintzberg 1979)。这样的环境不稳定性对组织的结构及管理可能会产生巨大的影响(Duncan 1972),而且最重要的是,对高管团队的组成、结构甚至过程会产生影响。环境的不稳定性可以指影响组织的环境因素"恒定态"变化的速度(Thompson 1967),或者指环境中非连续性变化的范围(Tushman and Romanelli 1985)。不管采用的是哪种定义,都很少有研究探索环境的不稳定性对高管团队的影响。然而,正如我们接下来将要讨论的,二者之间可能存在重要的关联。

与上文我们对环境复杂性的讨论相类似的是,环境的不稳定性也可能会影响高管团队的异质性与规模。这样的环境增加了管理工作的变化性,提高了其碎片化的程度(Mintzberg 1973),扩展了对高管团队信息处理能力的要求(Daft, Sormunen, and Parks 1988)。正如 Galbraith 所指出的,"任务越不确定,在任务执行过程中决策制定者需要处理的信息总量就越大"(1973,4)。不稳定环境所特有的更高的信息处理要求对高管团队有两个影响:异质性程度更高,规模更大。这两个影响的产生都是由于环境在变得越来越不稳定时,高管团队需要在以下几个方面增加数量、扩大范围:①信息的吸收与回顾;②解决某个难题时需要的不同观点;③考虑到的可能的解决方案(Hoffman and Maier 1961; Harrison 1975; Shaw 1981)。因此,规模更大、异质性程度更高的团队更强的信息处理能力(比如,Steiner 1972)对于帮助企业适应不稳定环境下更高的信息处理要求是非常有必要的(Haleblian and Finkelstein 1993)。

命题 5-3A:环境越不稳定,高管团队内部的异质性程度就越高。

命题 5-3B:环境越不稳定,高管团队的规模就越大。

环境的不稳定性也可能会影响到高管团队的其他方面。具有挑战性的环境对高管团队成员满足外界需求的能力提出了更高的要求(Pfeffer and Salancik 1978; Hambrick, Finkelstein, and Mooney 2005)。正如复杂环境的要求一样,当环境不确定性很高时,高管团队面临着更高的信息加工及决策制定要求(Kotter 1982),以及决策达成时更大的时间压力(Eisenhardt 1989b)。这样的结果是成员之间的角色依赖性形成机会更少,也暗示了更少的社会融合。我们也认为高管团队内部的一致性会很难达成,因为环境的不稳定性及变化会导致更加多样化的观点(Khandwalla 1977),以及方法-结果关系和结果偏好中的不确定性(Thompson 1967)。由此产生的观点多样化导致了成员间的冲突,使共识难以达成(Amason and Sapienza 1997; Amason 1996)。相对而言,更高程度的一致性在稳定的环境中更容易实现(Priem 1990)。

命题 5-3C:环境越不稳定,高管团队内部成员的相互依赖程度就越低。

命题 5-3D:环境越不稳定,高管团队内部的社会融合程度就越低。

命题 5-3E:环境越不稳定,高管团队内部的一致性程度就越低。

当环境变化更加剧烈时,我们认为这些命题也是成立的。比如说,技术上的不连续性(Tushman and Anderson 1986; Tushman and Rosenkopf 1996)、不断变化的竞争环境,以及监管上的变化等都会影响高管团队。正如 Keck 和 Tushman 所言,"变动环境中的组织可能需要大量改进后的执行团队,以促使企业发展出竞争力与更加优化的内部过程,使企业有可能去应对变化了的竞争需求"(1993,1317)。比如说,Smith 和 Grimm(1987)发现,解除对铁路部门管制的政策使得铁路公司高管团队的管理者们向着更加年轻、更短任期、更高教育水平的方向发展。Cho 和 Hambrick(2006)发现,在航空业的管制解除之后,航空企业的高管团队出现了产出导向的功能背景及更短的行业任期这样的特征。为了节约篇幅,在这里我们只就环境不连续性提出命题假说,而不是重复已经提出的每个命题。

命题 5-3F:环境的不连续性提高了高管团队内部的异质性程度。

(3) 环境资源的丰富性

丰富的环境资源有助于缓冲组织面临的外部威胁,同时也使组织积聚了大量的闲置资源(Cyert and March 1963)。此外,丰富的资源还会为组织提供更多的灵活性及增长机会(Aldrich 1979)。如果没有这种缓冲,高管团队在运营时也许就会面临更多限制。因此,预测环境资源的丰富性对高管团队产生的影响后果是比较困难的。一方面,高管团队的一致性程度在环境资源丰富的情况下也许会更高,因为这种没有外部威胁的环境会使成员之间更容易达成一致、相互合作。另一方面,由于环境资源的丰富性为高管团队提供了更多可能的选择,成员间的观点更为多样化,因此异质性程度会更高(Dess and Origer 1987)。①

我们在这里提出的唯一命题是有关高管团队规模的。正如我们已经提到的,较高的资源闲置率一般都是由环境资源过于丰富引起的,它产生了怎么使用资源的"难题"。Williamson(1963)认为,闲置资源比较多的企业会雇用超出其正常需要的更多数量的员工——特别是在高管岗位上。这个说法与 Jensen(1986)提出的观点类似,他认为有较多自由现金流的高管会忙于进行一些有损于企业利益的投资,比如盲目扩大规模、兴建企业帝国。相反,在更加具有挑战性环境下的企业会更多关注成本控制(Hofer 1980),包括减少管理者及其他员工。因此,环境资源的丰富性对高管团队的规模有直接影响(Keats and Hitt 1988; Bantel and Finkelstein 1995)。

命题 5-4:环境资源越丰富,高管团队的规模就越大。

---

① 实际上,与后一论点相一致,Rajagopalan 和 Datta(1996)提出资本强度与 CEO 的功能多样性负相关,而行业增幅则与之正相关。

2. 组织

组织的很多方面都会影响高管团队。然而,与对环境影响的研究类似的是,关于这个问题的实证研究很有限。因此,在发展关于高管团队组成、结构及过程影响因素的命题时,我们只集中考虑组织的两个特征——组织战略与组织绩效。我们在这里之所以强调组织战略与组织绩效,主要是因为:①它们对战略领导的研究非常重要;②它们是很多学者很感兴趣的基本组织特征;③它们是高管团队很可能的前因变量。鉴于我们想鼓励之后的学者对我们讨论的这些关系进行调查研究,第三个方面是很重要的。

(1) 战略

在高管团队特征所有可能的前因变量中,企业的战略也许是最重要也最模棱两可的因素了。一方面,旧准则认为"组织结构是由战略决定的"(Chandler 1962),像高管团队这样的组织特征至少部分是组织战略的职能体现。比如说,Porter 认为,他提出的"通用的组织战略[暗指]不同的组织安排、控制程序及激励机制"(1980, 40),而这些都会影响到高管团队。因此,战略对高管团队的影响应该是非常普遍的。另一方面,正如我们在第四章所讨论的那样,组织及其所采用的战略其实是企业高管意志的一种反映(Hambrick and Mason 1984)。因此,阐明这些关系之间的因果关联是对未来研究的基本要求。

但有意思的是,Westphal 和 Fredrickson(2001)把"组织战略决定结构"这个准则反过来了,因为他们证明了董事会通过采取措施能够导致企业高管及组织战略发生变化。在 Westphal 和 Fredrickson 的研究中,董事会中比较有权力的成员一般是其他公司的 CEO,他们主导着公司管理者候选人的选拔,并且一般会把倾向于采取和外部董事母公司相似战略的候选人选为管理者。尽管这并不是 CEO 候选人的主要来源,但这项研究仍然证明了外部董事的偏好及经历能够决定企业战略,进而间接地决定高管团队特征。

一家企业的总体经营战略,或者说企业参与竞争的业务范围,可能会对高管团队产生重要影响。Michel 和 Hambrick(1992)检验了一系列将企业经营战略与高管团队特征相关联的假说,并主要发展出了一个关于企业多元化经营业务间相互依赖程度的理论,认为二者间的相关性从低到高有以下的变化:不相关、简单关联相关、相互限制性相关、垂直整合。

同样的逻辑也可以被用来预测高管团队的组成、结构及过程。比如说，在多元化经营业务之间存在高度相关性的企业，如进行垂直整合的企业，"需要各业务部门之间进行谈判、妥协及协调"。如果各业务部门的管理者之间已经发展出了密切的关系、共同的愿景及语言，就会大大有助于他们之间的沟通（Michel and Hambrick 1992，17）。与此类似的是，Athanassiou 和 Nigh（1999）研究表明，一家跨国公司国际化的程度与高管团队的咨询网络密度直接相关，跨越国界的业务单元之间的相互依赖性越强，咨询网络的密度就越大。因此，经营业务之间相互依赖性比较强的企业，其高管团队应该具有以下特征：异质性程度较低、社会融合程度较高、一致性程度较高。高管团队成员间的角色相互依赖性几乎就是根据企业业务部门间的相互依赖性（不管是产品上的还是地域上的）进行定义的。

以下命题就是对上述讨论的总结。

命题 5-5A：企业多元化经营业务间的相互依赖性越强，高管团队内部的异质性程度就越低。

命题 5-5B：企业多元化经营业务间的相互依赖性越强，高管团队成员间的角色相互依赖性就越强。

命题 5-5C：企业多元化经营业务间的相互依赖性越强，高管团队内部的社会融合程度就越高。

命题 5-5D：企业多元化经营业务间的相互依赖性越强，高管团队内部的一致性程度就越高。

最后一个假设是关于团队规模的。经营一家多元业务间毫不相关的企业就好像管理一个金融投资组合（Berg 1969；Rumelt 1974）。这些企业的高管团队热衷于买进或卖出业务部门，而不是积极投入于对各个业务部门的管理之中。由于经营各个业务部门的任务是分散于各个总经理个体层次上的，因此经营业务高度独立多元化的企业，其管理总部的规模一般都比较小（Pitts 1976）。相反，各业务部门间相互依赖性比较强的企业，其管理总部的规模就会比较大，因为它们"需要为所有的产品市场战略及投资计划负责（Ackerman 1970）"（Michel and Hambrick 1992，12）。对于各个业务，这些企业更倾向于战略控制而不是金融控制（Hoskisson，Hitt，and Hill 1993）。基于企业总体利益制定战略控制措施及有效满足更高的信息处理要求的能力提高了管理复杂性，进而增加了企业总部的管理人员数量。因此，我们提出以下命题。

命题 5-5E：企业多元化经营业务间的相互依赖性越强，高管团队的规模就越大。

企业的竞争战略或者说业务层战略很可能会影响高管团队的组成、结构及过程。为了使我们的论述结构更加鲜明，我们比较了"进攻型战略"（增长、创新及寻找新机会）与"防御型战略"（成本控制、稳定性及效率导向）需要的不同高管团队的特点（Miles and Snow 1978）。

与进攻型战略相比，采取防御型战略的企业具有更高的稳定性，这意味着它们面临更少的战略权变（Hambrick 1981a），也不需要规模更大、差异性程度更高的高管团队。采取防御型战略的企业一般具有较低的增长率，它们也通过限制高管的晋升机会来束缚内部劳动力市场（Pfeffer 1983）。而采取进攻型战略的企业不仅更加"具有增长潜力"，也更加具有创新性和前瞻性。

进攻型企业与防御型企业的这些区别对高管团队有以下几个方面的影响：

第一，鉴于对防御型企业而言维持现有的领域很重要，它们的高管团队倾向于规模更小、异质性程度更低。正如 Miles 和 Snow 所强调的，"对公司的主导联盟而言，知道'本公司'的优势与能力比清楚'本行业'的趋势与发展对管理更加有利"（1978,42）。这样更加具有内部管理导向的高管团队所需要的管理幅度与多样化远低于进攻型企业对高管团队的要求。

第二，进攻型企业的高管团队需要乐于接受改变及创新——寻找新的机会需要异质性高管团队中可能存在的新视角及新方法（Wiersema and Bantel 1992）。相反，防御型企业的高管团队已经局限在一个特定的产品市场上，只有几种比较有限的竞争策略来维持企业在那个产品市场上的地位。此外，防御型企业面临更少的不确定性（Miles and Snow 1978）。因此，防御型企业的高管团队成员更可能具有相似的思维习惯、更强的内部凝聚力，有对企业及其如何运营的一致信念，这些都使得他们更容易达成一致。确实，在这些企业中，途径-结果关系及期望的结果都相对更稳固。

命题 5-6A：采取防御型战略的企业比采取进攻型战略的企业，其高管团队的异质性程度更低。

命题 5-6B：采取防御型战略的企业比采取进攻型战略的企业，其高管团队的成员更少。

命题 5-6C：采取防御型战略的企业比采取进攻型战略的企业，其高管团队内部的社会融合程度更高。

命题 5-6D：采取防御型战略的企业比采取进攻型战略的企业，其高管团队内部的一致性程度更高。

我们最后考虑的企业战略的一个特征是其相对稳定或相对变化的程度。战略上的变化会在整个企业包括高管团队内部产生涟漪效应（ripple effects），（Wiersema and Bantel 1992；Tushman and Rosenkopf 1996；Keck and Tushman 1993）。企业战略的变化经常破坏企业现有的业务模式，包括转向新的业务领域，或在原有的领域中采用新的技巧，或创造企业内部新的权力基础（Starbuck，Greve，and Hedberg 1978；Tushman and Romanelli 1985）。这些变化对高管团队的运行有重要影响。已有的沟通模式（Zenger and Lawrence 1989）、知识结构（Gersick and Hackman 1990）、所需的能力与过程（Ancona 1990）、互动模式（O'Reilly，Galdwell，and Barnett 1989）都会发生变化。当战略改变剧烈到一定程度时，它就会影响到组织的完整性或高管的职位，也可能会导致组织内部权力和控制的压缩（Staw，Sandelands，and Dutton 1981）。在这些情况下，我们认为高管团队会发生以下变化：为了应对变化发展出更高程度的异质性及更大的规模；由于高管们至少在短期内的一致活动更加困难，他们之间的角色相互依赖性会降低；打乱的互动模式造成的社会融合程度更低；由于游戏规则处于不断变化中，达成一致意见的难度提高了。

命题 5-7A：战略变化的程度越剧烈，高管团队内部的异质性程度就越高。

命题 5-7B：战略变化的程度越剧烈，高管团队内部成员间角色的相互依赖性就越弱。

命题 5-7C：战略变化的程度越剧烈，高管团队的规模就越大。

命题 5-7D：战略变化的程度越剧烈，高管团队内部的社会融合程度就越高。

命题 5-7E：战略变化的程度越剧烈，高管团队内部的一致性程度就越低。

（2）组织绩效

几乎没有哪个组织特征的影响会像近期绩效这样被随时关注。组织绩效的影响被许许多多的利益相关者所关注，不管是在组织内部还是在组织外部，这不由得使人推测组织绩效对高管团队也会有重要影响。然而，与我们已经讨论过的其他情境条件类似，针对组织绩效如何影响高管团队的研究很缺乏。因此在本部分，我们依据威胁-僵化理论（theories of threat rigidity）及组织冗余理论（organizational slack）来发展关于组织近期绩效如何影响高管团队的可验证命题。

高绩效的组织一般都有过多的冗余资源,更进一步地说,有更多的战略选择。组织冗余被定义为,"组织现有资源与组织实际所需资源的差别"(Cohen, March, and Olson 1972, 12)。从某种意义上讲,绩效与盈余为资源冗余的企业创造了拥有较少资源的企业可能得不到的额外机会。比如说,只有在资源充足的情况下才会做出进入新市场或发展新产品的决策。当资源约束比较小、战略选择很少时,组织会更被动而不是主动地应对环境或战略权变(Pfeffer and Salancik 1978)。此外,当绩效比较低时,组织会倾向于限制高层的控制权,从而限制群体内部的信息流动及升职纷争(Staw, Sandelands, and Dutton 1981)。

这些效应会对高管团队造成重要影响。具体来讲,由于高绩效组织拥有丰富的冗余资源与机会,而低绩效组织的资源与机会限制很多,我们认为组织绩效与高管团队的特征之间存在曲线相关关系。比如说,具有很高绩效与很低绩效的组织的高管团队规模都会较大,因为前者丰富的冗余资源加大了组织在人员上的开支(Williamson 1963),后者的控制权会更加集中于高层,使得组织需要额外的高管,以便承担之前本来由其他人所做的工作。①

命题 5-8A:在组织绩效非常高或非常低的情况下,高管团队的规模都会变大;当组织绩效处于中等水平时,高管团队的成员数量较少。

很高的组织绩效与很低的组织绩效产生的相同影响也适用于高管团队的其他方面:角色相互依赖性、社会融合及一致性。正如我们所形容的那样,高绩效企业的资源是如此丰富,以至于高管团队成员之间不需要过多权衡或深入协调。在这样的情况下,高管团队的成员们不必进行密集的意见交换,因为冗余的资源使得他们能够"不受限制地追求业务部门目标"(Bourgeois 1981, 33)。此外,由于能够迫使高管团队成员加强对外部权变因素进行认真安排及共同关注的资源限制不复存在,随着时间的推移,成功企业高管团队间的互动及合作会越来越少(Hambrick 1995)。因此,我们认为在这样的情况下,高管团队内部对角色相互依赖性的关注会减少,成员间的社会融合会瓦解,成员们对组织方法及产出的不一致意见会增多。

---

① 当然,当绩效达到最小阈值时,高管团队的利益将更多地转向对其自身安全与职业生涯的挽救而更少地关注对企业的挽救(Lane, Cannella, and Lubatkin 1998)。为了支持这一想法,Hambrick 和 D'Aveni 在其研究中发现了在企业破产之前的破产者和幸存者,"破产团队的实际规模明显缩减"(1992, 1462)。此外,Cannella、Fraser、Lee 和 Semadeni(2002)提到,随着样本企业逐渐转向破产,管理者们更可能选择"跳船",即离开失败的企业而加入另一家企业,且经常不惜付出极高的个人代价。

但是,在另一种极端情况下,即组织绩效很差时,这样的影响也会出现。高管团队中一个占主导优势的个人或内部小团队会拥有实际控制权,他们强制性地进行一些改变,成员间以前曾有的合作与协商不复存在(Staw, Sandelands, and Dutton 1981)。时间压力迫使他们采取刻不容缓的行动,降低了成员间的角色相互依赖性;增加了冲突及自我中心行为(Bourgeois and Eisenhardt 1988)。只有当企业绩效不这么极端,不太高也不太低时,高管团队内部的社会融合才有可能实现并维持。因此,我们提出以下命题。

命题 5-8B:在组织绩效非常高或非常低的情况下,高管团队成员间的角色相互依赖程度较低;当组织绩效处于中等水平时,高管团队成员间的角色相互依赖程度是最高的。

命题 5-8C:在组织绩效非常高或非常低的情况下,高管团队内部的社会融合程度较低;当组织绩效处于中等水平时,高管团队成员间的社会融合程度是最高的。

命题 5-8D:在组织绩效非常高或非常低的情况下,高管团队内部的一致性程度较低;当组织绩效处于中等水平时,高管团队成员间的一致性程度是最高的。

3. CEO

CEO 在高管团队的组成及运行方面扮演着重要角色。他们是高管团队的核心成员(Jackson 1992),对团队特征及结果具有不相称的影响(Finkelstein 1992)。尽管 CEO 对高管团队的影响有点自我验证的意味(Hambrick 1994),但针对这种关系本质的研究却很少。因此,研究 CEO 的影响力如何作用于高管团队成了一个很重要的问题。

我们将会从两个方面谈论 CEO 的影响。第一,作为对 Hambrick 和 Mason(1984)认为"组织不过是其高层领导者意志的反映"这一核心观点的延伸,我们将考虑高管团队特征反映 CEO 偏见及偏好的程度。① 第二,CEO 的权力是变化的,这种变化很可能会影响到高管团队(Finkelstein 1992; Hambrick and D'Aveni 1992; Jackson 1992)。对 CEO 权力或主导地位的研究还不够丰富,我们只发现了一项针对 CEO 对高管团队影响的研究(Pitcher and Smith 2001)。因此,有充

---

① 事实上,我们认为从经验上来说 CEO 对高管团队的影响将更容易被识别出来,因为 CEO 对其团队组成的改变要比对组织战略或绩效的改变容易得多。

足的理由来进行关于 CEO 的主导地位怎样影响高管团队的研究[①]（Cannella and Holcomb 2005）。

CEO 的主导地位可以以很多形式展现。传统的观点认为 CEO 通过使用他们的权力来实现其个人意志（比如，Finkelstein 1992；Pfeffer 1981b）。然而，CEO 的影响力也可以不仅仅依赖权力的传统基础（比如声誉、专家权力及所有者权力）。举例来讲，CEO 可以影响团队过程，这种影响可以决定高管团队是真正具有影响力还是没有影响力（Pitcher and Smith 2001）。更进一步地，通过对企业强势的、集中的愿景规划，CEO 可以影响整个企业的决策制定，因为企业的其他人会为了获得行动所需的必备资源与领导重视而刻意从 CEO 规划的愿景出发形成本部门的规划（Cannella and Holcomb 2005）。最后，一些 CEO 可以利用其魅力促成下属额外的努力与承诺，特别是在与其有直接接触的下属中，这种激励作用会更加明显（Waldman and Yammarino 1999；Klein and House 1995）。

通过以上论述，我们已经有能力分析 CEO 的多重特征及其对高管团队的影响。然而，考虑到篇幅所限，我们在这里只讨论"CEO 的开放性"——它是 CEO 人格特征的一个方面，指的是 CEO 拥有对多样化问题视角的觉知，重视成员间的交谈及争论，对新观点持开放态度。CEO 的开放性是企业适应变化中环境的实质性前提，开放性的缺失会造成企业管理的混乱（Finkelstein and Mooney 2003）。思想开明的 CEO 不会遵循固化的程序，因为这样的固化模式会排斥新观点；相反，他们很乐意尝试新的方法（Hambrick and Fukutomi 1991）。CEO 的开放性可以从一系列的特征上进行测量，包括广泛的教育背景、更高水平的教育经历、对组织的新鲜感、广泛的工作经历（比如说在各种不同的地域及行业工作过）。有这样背景的 CEO 更有可能重视成员讨论中观点的多样性，也更加强调由此而产生的问题解决方法的多样性。

对以上的这些观点确实存在一些证据支持：拥有较高教育水平的 CEO，特别是有 MBA 学位的 CEO，更加提倡管理的复杂性与精细化（Hambrick and Mason 1984）、创新性（Kimberly and Evanisko 1981；Bantel and Jackson 1989）——这二者都有助于决策包容性及多样化的形成（Bantel and Jackson 1989）。比如说，规模较大的高管团队比小规模的团队有更强的信息加工及决策制定能力

---

① 我们将 CEO 的主导地位定义为相对于高管团队的其他成员而言 CEO 所独有的权力（Hambrick and D'Aveni 1992；Haleblian and Finkelstein 1993），以及 CEO 运用该权力影响他人行为的意愿。

(Eisenhardt and Schoonhoven 1990; Haleblian and Finkelstein 1993),在大规模团队中更多的观点可以被听到。

当 CEO 是从外部空降而不是从内部选拔上去的时,CEO 的开放性也会得到加强。从外部招聘的 CEO 不会很安于现状,他们经常为组织带来全新的视角和思维(Dalton and Kesner 1985)。此外,与内部选拔的 CEO 相比,外部空降的 CEO 倾向于替换掉原有高管团队中更多的成员(Helmich and Brown 1972; Gabarro 1987; Shen and Cannella 2002b)。当 CEO 的开放性是用其对组织而言的新鲜性测量时,CEO 的开放性会提高高管团队异质性程度的观点就与以上提到的变化相一致了(Keck and Tushman 1993)。更进一步地,我们需要注意的是,团队变化会导致现有成员的退出或者新成员的进入,或者二者兼有。这里的进入和退出可以是相互独立的,也可以造成不同的后果(Tushman and Rosenkopf 1996)。

命题 5-9A:CEO 的开放性越强,高管团队内部的异质性程度就越高。

命题 5-9B:CEO 的开放性越强,高管团队的规模就越大。

我们认为 CEO 开放性的影响会随着时间的推移而发生变化,并不是固定不变的。尽管 CEO 对成员间讨论及争辩的关注会增强高管团队内部的异质性及包容性,但我们认为这种影响会随着时间的推移而逐渐消失。慢慢地,CEO 会建立起团队例行的程序(Tushman and Romanelli 1985; Keck and Tushman 1993),会发展出对合适的组织战略及其实现方法更强烈的观点(Gabarro 1987),会对长久保持自己的权力更感兴趣(Pfeffer 1981a; Shen and Cannella 2002a; Finkelstein and Hambrick 1989),会更关心他们的遗产(Westphal and Zajac 1995)。不管他们被称为"墨守成规"(Hambrick and Fukutomi 1991)、"安于现状"(Miller 1991),还是"管理防御"(Fama and Jensen 1983),任职时间比较长的 CEO 都更少对多样化的观点做出反应(Katz 1982; Hambrick, Geletkanycz, and Fredrickson 1993)。长期的任职不仅减弱了 CEO 开放性的影响,也直接降低了高管团队内部的异质性程度,因为随着时间的推移,高管团队成员对决策制定及组织战略的共同认知会越来越容易达成(Pfeffer and Salancik 1978; Shen and Cannella 2002a; Kiesler and Sproull 1982; Fredrickson and Iaquinto 1989; Keck and Tushman 1993)。[1]

---

[1] 虽然我们在关于高管团队的某一章中也是如此,但同样可能提供一个关于 CEO 开放性与 CEO 任期之间负向关系的命题。

命题 5-9C：CEO 的任职时间越长，CEO 的开放性与高管团队异质性及规模的关系就越弱。

命题 5-9D：CEO 的任职时间越长，高管团队内部的异质性程度就越低。

关于 CEO 的第二个重要特征是其在高管团队中的权力大小。并不意外的是（Hambrick 1981a；Pitcher and Smith 2001；Bourgeois and Eisenhardt 1988；Finkelstein 1992），高管之间权力的分配没能成为深入研究的课题。然而，正如我们早先所提及的，理解高管团队中权力的归属对发展关于战略决策制定的一个更加完整的模型是非常重要的。在这里，我们的研究关注点是 CEO 的主导优势是怎样影响高管团队的，特别是怎样影响高管团队异质性及一致性的。

CEO 一般肩负着组建高管团队的重要责任（Kotter 1982）。然而，其能够不受限制地进行高管团队成员选择的权力一定程度上取决于其他的利益相关者，比如董事会成员（Lorsch and MacIver 1989；West and Schwenk 1996）、企业依赖的某个组织或某些个体（Pfeffer and Salancik 1978），甚至其他的高管（Finkelstein 1988；Shen and Cannella 2002a）。因此，CEO 的权力或主导优势越大，其对高管选择过程的影响就越大。占据主导优势的 CEO 更倾向于选择与其较相似的高管。[①] 这一观点是基于以下三个论据：①个体更喜欢与自己比较相似的人（Byrne 1971；Boone and de Brabander 1993）；②个体通过加入一个由与自己比较相似的人组成的群体而获得自尊（Tsui，Egan，and O'Reilly 1992）；③通过选择与自己持有相似观点的个体，CEO 能够增大自己在高层的权力（Westphal and Zajac 1995）。

命题 5-10A：CEO 的主导优势越大，高管团队的异质性程度就越低。

尽管我们认为 CEO 的主导优势会降低高管团队内部的异质性，但与此同时，高管团队的规模很可能会增大。一些研究者已经注意到有权力的个体为了打造一个自己地位的保护核而增加工作人员及人事部门的倾向（Williamson 1963；Mintzberg 1983a；Whisler et al. 1967）。CEO 的权力越大，其在组织范围内将权力制度化的能力就越强（Pfeffer 1981b）。这种权力帝国构建行为的后果就是一个更大的高管团队。

命题 5-10B：CEO 的主导优势越大，高管团队的规模就越大。

最后，CEO 的主导优势也会降低在达成战略决策时高管团队内部的一致性

[①] Boone、Olffen、Witteloostuijn 和 Brabander（2004）并未找到在董事会之上的高管团队权力会增加进入该团队的新管理者的相似性这一假设的有力支持证据。

程度。Eisenhardt 和 Bourgeois 发现,高管团队内部的权力集中度(一个与 CEO 主导优势近似的概念)与高管团队内部更高程度的政治行为是有关系的。当 CEO 不那么占据主导优势时,团队内部的信息分享行为更多,决策制定过程也可以达到"一致性风格"(1988,749)。Eisenhardt 和 Bourgeois 对他们研究的 Alpha 公司战略决策制定过程的描述包含了很大的信息量:

> Alpha 公司的 CEO 被形容为就像一个"家长"和一个"仁慈的独裁者"。他的权力得分是 9.6,是我们所有研究案例中最高的一个分数。Alpha 公司中权力仅次于 CEO 的高管得分是 5.8。我们对公司战略决策所做的研究证实了这些数据的真实性。比如说,销售副总裁这样形容公司的战略决策过程,"决策就是 Don Rogers(公司 CEO)的一部法令,根本不是自由投票表决"。公司 CEO 也同意这个说法:"我自己做决策,从不理会他人的反对意见。我会说:'就这么定了,我们做微机接口吧。'"(1988,748-749)

命题 5-10C:CEO 的主导优势越大,高管团队内部的一致性程度就越低,内部一致性与组织产出的相关性就越小。

总体而言,本部分进一步细化了高管团队特征影响因素模型。该模型是建立在这个观点之上的:高管团队运作的环境会显著影响其组成、结构及过程。我们集中精力讨论了环境、组织、CEO、团队内部核心成员等重要前因变量对高管团队的影响。尽管我们的模型并没有穷尽所有的影响因素(其他因素也有可能对高管团队做出其他解释),但这已经算是迈出了我们对高管团队特征影响因素研究的重要一步。对这些前因变量重要性的强调不仅是因为它们有助于更好地理解高管团队,还因为它们对高管团队正在做的工作有重大的影响。也就是说,我们之所以在这里对高管团队讨论了这么多,是因为我们急于知道高管团队是怎样参与战略决策制定的,这种参与又是怎样转换成有助于决定组织战略及绩效的行动的。接下来我们将讨论这些问题。

四、高管团队互动的影响

过去几年间,关于高管团队及其对组织产出影响的实证研究急剧增加。在本部分,我们将对这些研究进行回顾以便了解以往研究取得的进步并为将来的研究指明方向。尽管一些研究已经探讨了多种类型的组织产出,我们在本部分还是仅讨论战略决策制定过程、战略选择及变化、组织绩效等产出类型。①

1. 高管团队对战略决策制定的影响

关于战略决策制定的研究是非常丰富的。这个过程有很多的方面值得研究,包括决策速度(Eisenhardt 1989b)、综合性(Fredrickson 1984)、分析技术(Schweiger, Sandberg, and Rechner 1989)、紧急性(Pinfield 1986; Bourgeois and Eisenhardt 1988)、企业亚单元参与的范围(参见 Duhaime and Baird 1987; Pitcher and Smith 2001; Rajagopalan, Rasheed, and Datta 1993)、涉及非法条例的决策(Daboub et al. 1995),以及对跨文化事宜的处理(Snow et al. 1996; Richard et al. 2004)。在本章,我们将发展出关于高管团队主要方面与战略决策制定过程关系的命题。

战略决策制定过程一般被描述为一系列的阶段,从产生可供选择的战略方案开始,经过对这些方案的评价、战略选择、战略实施,最后是对实施结果的评价(Ansoff 1965; Hofer and Schendel 1978)。尽管每个阶段都存在重要的差异,但战略研究者们还是采取了一种简便的分析方法,将决策过程看作战略形成与战略实施两个阶段(比如,Andrews 1971)。战略形成过程既包括产生并且评价备选方案,也包括最终的选择;战略实施阶段包括组织对最终选择方案的实施。尽管对战略决策制定的这个分段有些武断(Mintzberg 1978),但它有助于我们更加集中精力考虑高管团队内部各种动态之间的关系。

战略的形成需要对以下几个方面进行分析:①外部的威胁与机会,特别是在竞争环境下(Andrews 1971; Porter 1980);②企业各个功能区之内或之间的优势与弱点(Prahalad and Hamel 1990)。在确定一个相对比较完美的解决方案之前,从这些分析中得出的战略方案要经过反复评估(Cyert and March 1963)。在这个过程中高管团队成员都要积极参与,一方面通过直接参与的方式,另一方面通过安排议程的方式(Kotter 1982),或者委托他人(Mintzberg 1983a),或者向决策层传达有关自己观点与偏好的信息(Pfeffer and Salancik 1978; Cannella and Holcomb 2005)。我们对相关研究的回顾表明,具有特定特征的高管团队,比如

---

① 关于高管团队与管理者任期之间关系的研究也已进行(Wagner, Pfeffer, and O'Reilly 1984; Jackson et al. 1991; Wiersema and Bantel 1993; Wiersema and Bird 1993; Cannella and Shen 2001; Shen and Cannella 2002a, 2002b),我们将在第六章中进行讨论。

规模较大或异质性程度较高,很可能就会产生更多的备选方案,并且从更多的维度去考察这些备选方案,因此比不具备这些特征的高管团队做出更高质量的最终决策。正如我们之前所认为的那样,异质性程度更高的团队更有创造力,具有更强的问题解决能力,采用更为多样化的视角(比如,Bantel and Jackson 1989),这些都会增加决策时备选方案的数量及多样性。而且,他们可以凭借自己的异质性从内外部各个不同的方面收集信息(Jackson 1992),这在同质化的团队中几乎是不可能的。此外,鉴于异质性团队彼此挑战、相互争论的意愿及倾向性更加强烈,他们对备选方案的评价会更加综合全面(比如,Gladstein 1984;Schweiger, Sandberg, and Rechner 1989)。考虑到决策质量依赖于分析有效性,由这种方式产生的战略决策应该具有更高的质量(Hoffman 1959;Amason 1996;Filley, House, and Kerr 1976;Shaw 1981;McGrath 1984)。

相反,高管团队中的社会融合性对决策质量会有反方向的影响。社会融合程度很高的团队很重视合作,更加具有内部凝聚力,更喜欢维持成员间友好的关系(O'Reilly, Caldwell, and Barnett 1989)。此外,内部凝聚力强的团队会比凝聚力弱的团队对成员间保持一致性施加更大的压力(Hackman 1976)。比如Lott和Lott(1965)发现,凝聚力与态度一致性压力具有很强的相关性。在高管团队中,对合作及一致性的强调会影响决策备选方案及对其评价的质量。

命题 5—11A:战略决策的质量(指所制订的可行的备选方案的多样化及对这些方案的综合评价)与高管团队的异质性、规模具有正相关关系,与高管团队的社会融合程度具有负相关关系。

战略实施过程包括调动所需的资源以便保证选择的战略方案能被恰当地实施。实施过程一般需要人员和物资的有效整合,需要很长时间,也依赖于高管团队内外很多个体的合作(Galbraith and Kazanjian 1986;Waldman and Yammarino 1999;Cannella and Holcomb 2005)。有效地实施战略决策是很具有挑战性的,因为感觉到这个过程中一些改变有可能会威胁到自身利益的高管会有很多机会破坏这个过程(Bardach 1977;Guth and MacMillan 1986)。因此,获得高管对一个战略决策的认可及承诺是非常重要的(Dess 1987;Amason 1996;Nutt 1987),特别是在有证据表明采取直接介入、劝说及鼓励参与等技巧明显好于一纸法令的情况下(Nutt 1986b)。

这些关于高管团队的观点的影响是双重的。首先,正如我们所看到的,一些证据表明,异质性引发了团队内部冲突(O'Reilly, Snyder, and Boothe 1993;

Cronin and Weingart 2007)。确实,异质性团队具有很多积极特征,比如说相互争论、多样化视角、相互对抗等,同时也具有负面影响,包括相互之间的不满和意见分歧(Schweiger, Sandberg, and Rechner 1989；Priem 1990)。这些问题在决策实施过程中显得尤为重要,因为"成功的实施……经常依赖于管理者们的参与、合作、相互认可或赞同"(Nutt 1989, 145)。当团队成员对一项决策有不同意见时,实施它就会很棘手(Hitt and Tyler 1991)。因此,"高质量决策的最终价值很大程度上取决于管理者们在战略实施过程中合作的意愿(Maier 1970；Guth and MacMillan 1986；Wooldridge and Floyd 1990)"(Korsgaard, Schweiger, and Sapienza 1995, 60)。

如果异质性对战略决策实施是不利的,那么社会融合及一致性应该就是有益的。我们已经强调了社会融合与合作、频繁交流、群体认同的相关关系(O'Reilly, Caldwell, and Barnett 1989),这些都是有助于战略实施过程的(Guth and MacMillan 1986)。而且,高管团队内部的一致性倾向于提升成员对战略决策制定过程的满意度,加强决策认可度及承诺(Dess 1987；Bowman and Ambrosini 1997；Fredrickson and Iaquinto 1989；Isabella and Waddock 1994)。因此,我们提出如下命题。

命题 5-11B:战略实施过程的有效性与高管团队内部的社会融合及一致性程度正相关,但与高管团队的异质性与规模负相关。[①]

2. 高管团队对战略的影响

如果高管团队的组成、结构和过程会影响到战略决策的制定,那么这些因素应该也会影响到战略决策的类型。在过去的 20 年间,对这一点的一系列研究已经检验了组织创新、多元化业务的相互依赖性及战略变化等方面的影响。但是,遗憾的是这些研究报告的结果并不一致。

在这里我们将重点介绍关于人口统计特征的异质性[②]、团队规模及组织创新方面的两项研究。Bantel 和 Jackson(1989)认为,人口统计特征的异质性会导致认知方式的差异,他们通过对美国中西部地区 199 家银行的样本数据的分析发现,功能性异质性与管理创新存在正相关关系。但是,团队成员在人口统计其他维度,比

[①] 参见 West 和 Schwenk(1996)的不同观点。
[②] 几乎对此的所有研究都将人口统计特征的异质性作为自变量。

如年龄、任期、所学专业等上的异质性,并不能显著预测管理创新。

O'Reilly 和 Flatt(1989)在一项针对创新的研究中,采用了对组织创新的多种测量方法(《财富》针对企业创新性调查的数据以及一种基于 *F&S Predicasts* 索引词典上的文章的测量标准),他们也测量了高管团队内部的年龄及任期异质性以检验相关假设。在他们检验的 8 个不同模型中,3 个表现出显著的负相关关系,这暗示了同质性高管团队更加具有创新性。

这两项研究发现的结果并不一致。在这两项研究检验的 16 个不同假设模型中,1 个模型表明异质性有助于创新,3 个模型的结果则相反。① 研究中采用的方法存在较大差异:Bantel 和 Jackson(1989)通过对 CEO 的访谈来确定高管团队内部成员的组成,然而,O'Reilly 和 Flatt(1989)则将副总裁职位的高管作为高管团队成员。这两种不同的定义会造成对团队异质性不同的测量方法。两项研究所使用的创新的实用型定义也不相同。②

最近,Carpenter 和 Fredrickson(2001)考察了高管团队异质性对企业全球战略定位(GSP,指一家企业依赖外国市场以获得顾客与生产要素,以及这些市场和要素在地理上的分散程度)的影响,以及环境不确定性在二者关系中的调节作用。他们将成员们国际工作经验的广泛性、教育背景的异质性、功能背景的异质性及任期的异质性作为一家企业全球战略定位的预测变量。所有的测量都是具有显著性的,只有两个(功能背景的异质性与任期的异质性)具有负相关关系。他们将这些实证研究发现解释为,这些维度上的异质性降低了高管团队内部的凝聚力,减弱了企业的全球化动力。

与此相关的是,Sambharya(1996)检验了高管团队成员国外经历与企业跨国多元化战略的关系。他指出,高管团队成员国外经历的平均年限、具有国外经历的成员所占的比例、成员国外经历的异质性都将与企业跨国多元化战略具有正相关关系。研究者们为这三个预测都提供了一些支持性证据。

近期的其他一些研究检验了高管团队对企业全球多元化战略定位的影响

---

① 这两项研究均将团队规模作为控制变量,但报告称其与因变量并无显著关联。
② 在一项论点不同但与此内容稍有关联的研究中,Elenkov、Judge 和 Wright(2005)发现高管团队的异质性在变革型及交易型领导行为与管理者对变革的影响之间的关系中起调节作用。他们认为,由于异质性传递了认知多样性(Pitcher and Smith 2001),因此实施领导行为的高管团队将更加具有影响力。这项研究并没有明确指出将这些因素联系起来的认知或运行机制,但该研究的确表明应该保证对将高管团队的异质性作为调节变量的关注。

(Carpenter, Geletkanycz, and Sanders 2004)。比如说,Tihanyi、Ellstrand、Daily 和 Dalton(2000)检验了高管团队特征与全球战略定位的关系[Sanders 和 Carpenter(1998)也做了这样的研究]。这个研究趋势中其他的研究包括 Carpenter、Pollock 和 Leary(2003)以及 Carpenter 及其合作者(2001)的研究。所有的这些研究都表明,高管团队的特征对企业的跨国战略而言非常重要。

正如我们在第四章所讨论的那样,高管团队的组成也可能会影响到高管团队的注意力导向,通过这种影响,其最终会影响到战略选择。比如说,Cho 和 Hambrick(2006)的研究将高阶梯队理论与基于注意力的视角相融合,认为高管团队的人口统计构成会影响其注意力导向,继而通过这个中介变量影响到战略选择。他们将解除管制看作注意力导向发生变化的诱发因素,并且特别强调了从工程导向[engineering orientation,强调效率,也可以称为过程导向(throughout-oriented)]到创业导向[entrepreneurial orientation,强调客户与市场,更加注重结果导向(output-oriented)]的转变。他们预测,高管团队更大程度上的重组会导致团队重点从过程导向到创业导向的更大转变。具体而言,他们预测高管团队产出功能经验上的增加、航空业任期的缩短、高管团队异质性程度的提高等都会引起更大的转变。此外,这种战略导向更大的转变被预计会带来创业导向方面关注度的提高。他们也预测这种关注度会调节高管团队特征与组织战略结果之间的关系。1976—1986 年间公开交易的航空公司的交易数据支持了他们的预测。

近期的另外一项研究对高管团队组成与战略选择之间的关系具有重要发现。Ferrier 和 Lyon(2004)研究了企业绩效与单一竞争力之间的关系,并且将高管团队异质性作为这种关系的调节变量。他们得出结论认为,高管团队异质性是单一竞争力与企业绩效之间关系的一个重要调节变量。

尽管这些研究各有不同,但这些已发表文献中明显的不一致结果仍然让人感到棘手。对这些结果的一个解释是,其实我们一直试图证实的高管团队异质性与战略选择的直接关系并不存在,它们的关系比我们通常意义上认为的要更加疏远。在本章中,我们已经论证了人口统计特征的异质性与认知习惯上的异质性是相关的,它们都会增加高管团队产生的备选方案数量,提升高管团队对这些备选方案的评价质量。严谨的战略形成过程反过来也会提升决策的质量。但是用这种逻辑来预测战略决策结果存在三个可能的缺陷。

首先,正如基于高管团队集中倾向性进行预测的案例中所存在的问题一样,高管团队与战略选择之间存在好几个有可能破坏或削弱二者之间关系的逻辑阶段(Cannella and Holcomb 2005)。比如说,战略决策制定过程是非常复杂、充满不确定性的,数不清的情境因素都可能会影响到战略决策被选择及实施的过程,这其中很多情境因素同样是战略类型的直接影响因素。因此,尽管高管团队毫无疑问地会影响战略结果,我们对这种影响进行实证研究的能力却是非常有限的。

其次,我们以上强调的逻辑顺序可以很好地解释高管团队异质性与战略决策质量的关系,但并不能很好地解释高管团队异质性与战略决策本身的关系。预测严谨的战略形成过程与预测具体的战略结果之间存在很大的差异,这意味着对认知异质性的测量并不能成为预测战略很好的指标,因为不管是人口统计特征还是认知上的异质性都可能与特定的战略结果并无关系。

最后,有一点几乎很少有文献关注,却可能很值得探讨。从逻辑上讲,高管团队异质性与高管团队平均倾向之间在如何影响组织战略上存在显著差异。由于一个高管团队所具有的特定组成特征决定了其导向性与特定偏好类型(Finkelstein 1988),因此这种特征更容易形成特定的战略结果,而不是由高管团队异质性发挥主要作用。比如说,由具有销售及市场经验的高管主导的高管团队更倾向于从市场及销售的角度解释信息,因此他们更青睐于像产品创新或差异化这样的组织战略(Hambrick and Mason 1984)。相反,正如我们已经看到的那样,高管团队的异质性更多影响的是战略决策制定过程,而不是战略决策的内容。因此,我们并不应该认定高管团队异质性一定会影响到战略决策的内容。

研究高管团队异质性产生的战略影响所遇到的困难在关于战略改变方面的研究上得到了部分解决。然而,在这方面有两项研究采用的是几乎相反的理论基础。Wiersema 和 Bantel(1992)认为,具有较高人口统计特征的异质性的高管团队会更有创新性,在决策制定过程中也会比同质性团队有范围更广的信息来源、更多样化的解决问题的视角。因此,这样的团队对变革具有更加开放的态度。此外,虽然他们并没有进行这项论述,但是我们可以顺理成章地认为,高管团队异质性会增加战略决策制定时的备选方案数量,提高评价备选方案时的严谨性,进而增大全新的创新战略被采纳的可能性。相反,O'Reilly、Snyder 和 Boothe(1993)认为,高管团队的同质性有助于加强实施战略变革过程中所需的合作。因此,Wiersema 和 Bantel(1992)预测了异质性与变革的正相关关系,O'Reilly、Snyder 和 Boothe(1993)则预测了异质性与变革的负相关关系。

我们对高管团队及战略决策制定过程的分析产生了一些不太明确、模棱两可的解释,也就是说,如果高管团队的异质性拓展了战略决策形成的宽度(命题

5-11A),但它同时又阻碍了战略决策的实施(命题5-11B),那么它对战略变革的影响就是不确定的。① 这两项研究的发现与我们的这个解释是一致的。Wiersema 和 Bantel(1992)报告称,异质性的四个测量维度中的一个(专业背景)与变革是具有正相关关系的,然而,O'Reilly、Snyder 和 Boothe(1993)的研究发现,高管团队任期异质性与变革的两种测量方法中的一种是具有负相关关系的。O'Reilly、Snyder 和 Boothe 还报告称,对高管团队合作性及一致性的感知测量与组织变革无关,但与政治变革具有负相关关系。

除了异质性,一些研究还将高管层次的社会资本与战略选择关联起来。比如,Geletkanycz 和 Hambrick(1997)研究了高管团队成员与来自行业内外部的其他人员之间的边界跨越行为,他们认为战略决策是受社会关系影响的。他们得出结论认为,社会关系(贸易关系纽带)与追随行业平均水平的战略顺从性呈弱相关关系,但与行业外部成员的关系对战略顺从性并没有影响。Collins 和 Clark(2003)检验了直接指向高管的人力资源工作是否会影响到高管团队内部的社会网络。他们证明了网络构建行为会影响到高管团队内外部的网络创建,对销售额增长及股票价格也有重要的影响。

总之,我们总结的这些发现表明高管团队异质性与战略决策之间的直接关系几乎不可能是稳健的;相反,高管团队异质性与社会融合在战略决策制定过程中的互动很可能会影响到战略决策制定及实施的过程。因此,在试图预测战略决策结果之前,先研究高管团队异质性、社会融合及战略决策制定三者之间的关系就显得很重要。此外,将对高管团队运行的研究拓展到其他方面,比如社会资本网络等,会有意外的发现。

3. 高管团队对企业绩效的影响

考虑到在高管团队互动过程与战略决策选择之间建立实证关系的过程中出现的一些问题,我们便很容易理解旨在探索高管团队分布性质与企业绩效之间关系的研究会更加棘手。在某种程度上,这方面研究中经常出现的不一致结果就反映了这一点。与针对战略决策结果的研究相反的是,一些旨在预测企业绩效的研究计划也将权变因素考虑在内,比如行业变化或较大的波动,这些因素都有可能会加大对最终结果的影响。尽管这些研究的结果也出现了不一致的情

---

① 这两项研究中的实用型定义和确定变革的方法也非常不同,并可能导致不一致的结果。

况,但它为针对高管团队对企业绩效影响的研究提供了调整方向的可能性。

在旨在检验这些问题的第一批研究文献中,Murray(1989)在其研究中从石油及食品工业的4家公司收集了高管团队当期异质性的纵向数据[一个反映年龄及任期异质性的指数及企业内任期的平均时间(负载荷)],以及职业异质性(一个反映功能异质性两种测量方法的指数)。他预测,由于成员们经常打乱已建立的有利于提高效率的规范和程序,因此异质性高管团队短期内的表现较差;但是长期内由于他们具有比较好的适应性,因此其表现会变好。在一系列的回归检验中,Murray(1989)发现:①当期异质性与长期绩效正相关(4个回归中的2个都有这样的结果),然而职业异质性并没有这样的结果;②职业异质性与企业短期绩效存在负相关关系(4个模型中的1个具有这样的结果),然而当期异质性却没有这样的结果。

Murray(1989)报告的结果模式只能为高管团队异质性对企业绩效的影响提供有限的证据。然而,由于这项研究考虑了行业的多样性、行业变化及竞争的独立测量方法、企业绩效的多种测量方法,尤其是它为发展关于高管团队一些微妙之处的更加复杂的理论时所做的尝试,因此它还是具有一定价值的。但是,从这项研究中得出的一个试探性结论,加上从其他4项相关研究中得出的一些结论(O'Reilly and Flatt 1989;West and Schwenk 1996;Hambrick and D'Aveni 1992;Glick,Miller,and Huber 1993)却表明,高管团队的分布特征并不是在所有的环境下都可以有效预测企业绩效。[①]

现在已发表的关于高管团队及企业绩效的其他研究文章中,权变因素都被明确(Barrick et al. 2007;Michel and Hambrick 1992;Haleblian and Finkelstein 1993;Geletkanycz and Hambrick 1997;Keck 1997;Cannella,Park,and Lee 2008)或隐性地(Eisenhardt and Schoonhoven 1990;Smith et al. 1994;Kor 2003)包括在模型中。Michel 和 Hambrick(1992)的研究是这些文章中唯一一个将战略作为一个权变因素加入模型中的,他们发现,企业多元化业务的相关性并没有调节高管团队异质性与企业绩效之间的关系。然而,Haleblian 和 Finkelstein(1993)对计算机及天然气配送行业 47 家企业的研究发现,环境波动性调节了企业绩效与高管团队规模及 CEO 主导优势之间的关系。具体来讲,他们发现,具有更大的高管团队及更弱的 CEO 主导性的企业在动荡的环境下表现得更好,显然,这是因

---

① Hambrick 和 Mason(1984)以及 Pfeffer(1983)均未表明人口统计特征的异质性与组织绩效之间存在直接关系。

为这样的高管团队有更强的信息处理能力。

一项有趣的研究揭示了高管团队过程背后的机理,说明了高管团队可能会怎样影响企业绩效。Barrick及其合作者(2007)研究了信用合作社中94个高管团队的团队凝聚力、沟通(团队机制)、相互依赖性、团队及企业绩效之间的关系。他们发现,团队机制和团队相互依赖性的互动与团队及企业绩效具有正相关关系,但是在回归分析中,如果不考虑这种互动性,团队机制对因变量的主效应就不显著。这些发现具有非常重要的意义。首先,一篇研究小群体的文献中关于相互依赖性调节了凝聚力与沟通、绩效之间关系的发现(比如,Beal et al. 2003; Gully et al. 2002),也在高管团队样本中得到了支持。其次,由于主效应有时与绩效并无关系,因此这些结果表明,凝聚力与沟通对高管团队而言不一定都是有利的。如果高管之间缺乏角色的相互依赖性,各自为政,那么凝聚力与沟通则可能一点用处也没有。

有四项研究检验了在高度变化或"高速运行"行业中的高管团队特征与企业绩效。有两项研究发现了高管团队异质性的一些测量维度与企业绩效的正相关关系,一项研究认为规模更大且异质性程度更高的高管团队会参与更多的建设性冲突(Eisenhardt and Schoonhoven 1990),另一项研究认为,这样的团队具有更低的社会融合程度(Smith et al. 1994)。尽管并不是所有的关系都具有一致的正相关性,但这些研究的总体发现还是给予了作者观点相当大的支持。

Keck(1997)的研究报告了混合的结果。她发现在波动的计算机行业,在其他异质性测量维度中,任期异质性与高管团队波动性和企业绩效具有正相关关系,但出乎意料的是,在比较平稳的水泥行业,任期异质性也显示了相似的关系。与这个研究方向不同的是,Kor(2003)研究了高管团队成员经验与其企业持续增长之间的关系。她得出结论,团队、企业及行业任期上的异质性都对创业企业整体的增长具有重要影响。她对实证数据证据的解释是,异质性团队成员间会有更多不同类型的经验,其中必然有一种或几种经验的组合对企业增长是非常重要的。

Cannella、Park和Lee(2008)选取了其他研究者认为相对稳定或相对不稳定的行业样本,以探究地理位置上的接近性对高管团队多样化与企业绩效的关系的影响。数据支持了他们的预测,即当高管团队成员在同一个地点工作时,高管团队成员多样性对企业绩效的影响是积极的,在不稳定的行业中这种积极作用更大。不管是对于高管团队在背景上的多样性还是成员间功能的多样性,这种关系在测度中都存在。

最后，我们上面刚刚提到的 Geletkanycz 和 Hambrick(1997)所做的研究也谈到了战略一致性（由社会关系所导致）对企业绩效的影响。他们发现，一致性会导致波动的电脑行业中的企业绩效更高，但是对于相对稳定的品牌食品行业，这种影响并不明显。

总之，尽管高管团队异质性与企业绩效的关系已经得到了一些实证数据的支持，但是想要证明高管团队异质性与其所管理的企业获得成功之间存在很大的直接关系，却似乎不太可能。[①] 然而，在这些研究中发现的高速发展或变化较大的环境下高管团队异质性与企业绩效之间存在的正相关关系，为我们更清楚地理解高管之间的异质性真正意味着什么指明了方向与道路。我们之前对高管团队异质性的研究发现，其通过增加可行的战略备选方案、提高对方案进行评估的质量来提高战略制定过程的严谨性。在快速变化、富有动态性的环境下，管理工作变得更加碎片化了（Mintzberg 1973），对信息加工处理的要求也在提高（Hambrick, Finkelstein, and Mooney 2005），新的机遇与危机使得更强的适应能力成为必要（Galbraith 1973）——这些因素都要求企业能够提出更加多样化、更富有创新性的问题解决方案。因此，在最不稳定的环境下高管团队的异质性是最有价值的。

与此不同的是，Haleblian 和 Finkelstein(1993)对稳定的环境进行了这样的描述，"稳定的环境对信息加工的要求并不是很紧迫（Ancona 1990）。比如说，Kotter 发现，稳定环境下的高层管理信息及决策制定需求比波动环境下的要'更加标准化、更具有常规性'（1982,29）。稳定的环境倾向于降低对组织学习的要求（Tushman and Keck 1990），使得在这种环境下的问题解决比波动环境下更加系统化（Eisenhardt 1989b）"（1982,847）。

在稳定的环境下，我们认为组织的战略实施会比战略制定更加突出，因此组织在发展新观点时遇到的战略挑战会比它试图维持已有程序时遇到的挑战更小（Tushman and Romanelli 1985）。正如我们之前所讨论的那样，稳定环境下高管团队的合作及稳定更加重要（Nutt 1987），这意味着稳定环境更青睐于社会融合程度较高的高管团队。因此，在稳定的环境下，高管团队的社会融合程度而不是异质性可能与企业绩效相关。以下的两个命题对上述论证做了总结。

[①] 来自 Cannella、Park 和 Lee(2008)的理论与证据表明，与高管团队层次的背景多样性或异质性的绩效关联的常见测度指标相比，我们更可能观察到高管团队成员内部功能多样性的绩效关联（参见 Bunderson and Sutcliffe 2002）。

命题 5-12A：环境越不稳定，高管团队的异质性与企业绩效之间的正相关关系就越显著。

命题 5-12B：环境越不稳定，高管团队的社会融合与企业绩效之间的负相关关系就越显著。

除了组织环境的调节作用，其他的一些权变因素也可以解释高管团队异质性是在什么时间、以什么样的方式影响组织绩效的。比如说，造成高管团队复杂结构的背景条件本身就经常充当组织绩效的调节力量。以上关于环境不稳定性的命题都是相关例证。在本章的前面，我们认为高管团队异质性在不稳定的环境下更加明显，这很大程度上是由于这样的环境为高管团队的结构施加了压力。命题 5-3A 中包含的一个隐性假设是组织会以各种各样的方式对环境需求做出反应，因为这些反应有助于提升组织的市场地位与绩效。因此，在某种程度上，当组织对环境的要求反应灵敏时，组织的绩效会更高。命题 5-3A 对这一逻辑的重申意味着在不稳定环境下提倡高管团队人口统计特征异质性的组织会有更高的绩效，这也是命题 5-12A 做出的推断。因此，对命题 5-3A 中隐含的组织-环境匹配进行拓展就会得到基于权变观点的命题 5-12A。

五、结　论

本章回顾了成果丰硕并不断发展的高管团队研究文献，得出了很多稳健的结论，并指明了未来的研究方向。但关于高管团队的研究中还存在一些尚未解决的重要问题，包括高管团队特定的特征是怎样形成的，以及这些特征会对组织绩效和其他结果产生什么样的影响。这个领域的研究工作仍然需要对以下问题认真加以关注，包括对高管团队边界的识别、对权力关系的具体化，以及对高管团队过程的考虑。尽管我们并没有将每个预测高管团队特征的命题都转换为预测企业绩效的命题，但正如我们在文献综述中提到的那样，这样的命题清晰地代表着在文献中已经得到众多学者支持的、可行的、有趣的研究问题。当然，也可能会存在值得研究的其他相关情境因素。一些重要的问题为高管团队的研究带来了特别的挑战，如果它们可以得到解决，便能够将高管团队的研究向前显著推进一大步。接下来我们会对这些问题进行简单的讨论。

首先，高管团队的边界需要清晰的说明，并在理论层次上进行界定。目前已经有在实证研究上被广泛接受的识别高管团队组成的方法（比如，Finkelstein

1992；Finkelstein and Hambrick 1990）。然而，即使在实证研究文献中，对高管团队成员的认定方法也存在很大差异。比较常见的是，将高管团队定义为薪酬最高的五个高管、所有的内部董事、所有副总裁级别及以上的高管。对特定的企业而言，这三种方法可能会识别出同一家企业差别很大的高管团队成员组成。由于我们的研究变量非常依赖团队过程及人口统计特征的异质性，因此在"谁是高管团队成员以及谁不是"这个问题上达成高度的一致显得非常重要。比如说，Roberto（2003）对高管团队的组成做出了理论上的另一种解释，即一个稳定的核心及一个动态的外缘，这对实证研究方法有一定的价值。在将来的研究中，对高管团队成员的认定方法进行详细的说明及合理的解释是非常重要的。

其次，正如我们之前提到的那样，怎样看待 CEO 在决定高管团队层面各种测量变量中发挥的作用。显然，高管团队中每个成员的地位与作用并不是平等的，但是绝大多数实证研究在计算团队层面的异质性时都赋予了每个成员相同的比重。尽管我们讨论了团队成员权力及其他因素的调节作用，但很明显，由于 CEO 的偏好、偏见、习惯及能力对团队的运行会有重要影响，因此这个问题中最突出的影响因素就是 CEO。正如 Cannella 和 Holcomb（2005）以及 Pitcher 和 Smith（2001）所讨论的那样，CEO 是高管团队过程的守护者。"过程控制"这个概念也许可以带来对一些现象的丰富的研究成果，如 CEO 对与其相分离的高管团队以及高管团队组成的影响。

最后是关于高管团队异质性测量方法的问题。Bunderson 和 Sutcliffe（2002）介绍了一种比较独特但是非常有可能具有重要价值的高管团队异质性测量方法。他们提出了"内部功能异质性"的概念，这个概念指的是高管团队成员内部功能经验的广泛程度，在我们看来，这个概念具有广阔的研究前景。从占据主导优势的功能多样性发展出的假设更加具有一致性，但从传统的多样化测量定义发展出的假设经常出现不同的情况，因此内部功能多样性与传统的异质性测量具有显著差别，需要我们区别对待（实证例子可参见 Bunderson 2003；Cannella，Park，and Lee 2008）。

总之，我们需要构建更加复杂的高管团队解释框架，以明确高管在战略决策制定中所扮演的角色，以及诸如环境、组织及 CEO 等重要情境影响因素所产生的调节作用。此外，在高管团队边界及影响因素等基本方面，我们还需要做更多的研究工作。本章提供了一个针对这些现象的分析模型，我们相信针对这一模型的未来研究也是非常有前景的。

第六章

高层变革：高管更替与继任的前因

多年以来，领导者被他人替代已经成为一种极具魔力而又极富戏剧性的现象。高管的继任引出了一幅政治性的图景：岌岌可危的政权延续或瓦解，赢家与输家被清晰地呈现出来。而高管的更替渐渐引发了组织成员及其他利益相关者的希望、恐惧或焦虑。因此，高管继任能够成为大量研究的主题，并在过去的25年里与其他有关高管的研究一起呈现指数式增长便不足为奇了。

继任研究的核心目标是回答"会怎样？"的问题，从现实情况来看，就是高管继任的后果是什么。一些研究人员则提出了另一个重要问题：高管继任会有助于/有损于组织绩效吗？尽管提问的方式更精妙些，但很明显也没有谁毫不费力就可以知晓高管继任带来的后果。新的领导者掌权所产生的后果基于一系列因素，包括前任离开时的情境因素、继任者被任命的过程，当然还有继任者自身的特征和行为。

事实上，我们认为高管继任以及其他一些与高管更替相关的重要现象，其效果可以用如图6.1所示的框架那样得以很好的确定和理解。继任框架的开始部分为突发情况，即影响前任离职或与之相关的情况。这些情境因素包括：①组织绩效；②代理情况（包括所有权及董事会因素）；③其他组织特征（如规模、结构或战略等）；④外部环境；⑤前任的特征（包括背景、任期、权力以及个性特点）。

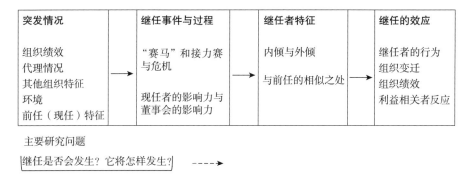

图 6.1 高管继任:一个概念框架

突发情况反过来也影响着继任是否(或何时)会发生,以及它将以什么样的程序展开——继任事件与继任过程。一旦了解了继任过程的突发情况,我们就能解释或理解继任者的特征(如内倾与外倾、知识与技能,以及与前任高管的相似之处等)。

最终,我们将能够衡量出高管继任的影响效应。本书中,我们感兴趣的研究点有继任者的行为、组织变迁、组织绩效以及利益相关者(包括投资者)的反应。

图 6.1 不仅是一张能够为继任现象建立具体预测模型的概念框架图①,同时还可以在你整理有关高管继任浩如烟海的文献时根据以下的关键问题为你提供一些基础性的建议:

1. 继任是否会发生?
2. 它将怎样发生?也就是说,它将以什么样的程序发生?
3. 谁将被挑选出来?
4. 后果会怎样?

以上这些问题形成了本章以及下一章几个主要部分的基础。由于研究高管继任的文献很多,因此我们在这一章主要着眼于对继任前因的研究。在第七章中我们将阐述高管继任的后果以及其他一些相关的主题。我们的首要关注点是 CEO 的继任,因为几乎所有关于高管继任的研究都以这一职位作为研究目标。但是许多研究概念和研究发现也与其他高管职位的继任和更替相关,例如 CFO

---

① 参见 Furtado 和 Karan(1990)以及 Kesner 和 Sebora(1994)关于高管继任的替代架构的相关内容。

（比如，Reutzel and Cannella 2004）和分公司总经理（比如，Drazin and Rao 1999）。所以，我们在第七章中也专门用一个小节来阐述高管团队中的更替问题。尽管高管团队中的继任问题也可以用与CEO继任一样的因素来阐释，但我们也点出了有关高管团队继任独一无二的特征和状况。

一、继任是否会发生？高管离职的决定因素

高管离职源于众多因素，包括死亡、疾病、强制退休、出于个人原因提前退休、为了另一家企业的高管职位而离开以及被解雇等。从理论上来说，所有这些原因并不具有同等的关注度。死亡与疾病最不被组织研究领域的学者所关注，因为它们并没有反映出决策行为，而且它们在导致CEO离职的因素中占比不足5%（Vancil 1987）。提前退休、为了加入另一家企业而离职、表面上的自愿退出目前并没有被广泛地研究。这些自愿离职并不是随机发生的，而且去了解它们是否倾向于在某种确定的组织和情境下发生是非常重要的。例如，正如我们在高管薪酬相关章节中所讨论的，高管倾向于根据自己的薪酬低于其他同类企业高管薪酬的程度来决定是否离职。高管也许会由于疲倦或压力而离职，这些疲倦和压力很可能来源于绩效压力、与大股东和董事会成员的争议或职位需要（Hambrick, Finkelstein, and Mooney 2005），如高度的竞争环境（Jackson and Hambrick 2003）等。若真是这样，CEO被解雇的预测因素也能用于自愿离职的预测。

与CEO群体相比，自愿离职很大程度上更倾向于在非CEO管理者群体中发生（比如，Fee and Hadlock 2003）。有几点论据可以支持这一预设：首先，CEO已经在其就职的企业达到了权力和影响力的顶峰，他们去其他组织以获得职位提升似乎没有太大的可能性。为了获得职位的提升，在职的CEO将不得不寻找规模更大或层级更高的企业。鉴于引入外部继任者对企业来说有较大风险（Vancil 1987; Wiersema 2002），CEO获得更大、更好的企业提供的职位则相对不大可能（虽然也具有一定的可能性）。因为一旦引入的继任者表现出较差的绩效，雇用新CEO的董事会将必须解释它们为什么从一家声望不如自己的企业挑选新的领导者。相反，非CEO管理者群体将既有动机又有契机去找寻新雇主。检测这一可能性的一种很有用的方法是去调查法定继承人被选拔或新人升迁到CEO职位之后，非CEO管理者群体离职（以及随后重新被雇用）的状况（Fee and

Hadlock 2003；Cannella and Shen 2001）。

重要的是,我们应当指出（正如我们在前面的讨论中所暗示的那样）一些"自愿"离职其实并非真正自愿,而是在董事会的推动和坚持下发生的。此外,CEO或其他高管对企业前景所做出的预期也很可能导致自愿离职在绩效下降之前发生。如Cannella、Fraser、Lee和Semadeni(2002)表示,一旦他们所研究的银行走向衰落,管理者们便很有可能跳槽去另一家银行就职。Wiesenfeld、Wurthmann和Hambrick(2008)详细地描述了企业破产导致个人专业声誉贬值的过程——这个过程对那些因破产或其他负面事件而声誉受损的管理者而言,具有显著的负面结果。

CEO离职最通常的情况是强制退休。在美国和其他许多国家,法律并不禁止强制退休,高管被强制退休不受法律保护。表面看来,研究发生在强制退休政策下的离职前因并没有太大的意义,因为这些退出是基于制度化的程序而非个人意志。

然而,至少有三个理由使我们需要仔细地考虑强制退休政策。第一,它们代表着领导力（以及间接地从战略上）革新的制度化路径。例如,Weisbach(1995)研究了CEO强制性更替与剥离近期收购的关系,观察到对绩效不良的收购进行剥离的可能性随着进行收购的CEO的退出(强制离职)而急剧增大。

第二,强制退休政策的实施显示出内部工作、权力结构以及企业近期面临的一些问题。由此,高管强制退休条例是否被采纳的影响因素就应被给予关注。并非所有的企业都有这样的政策,而且它们采纳这一政策的行为可能源于非常重要的机构、代理公司以及组织生命周期的强制性。事实上,有关高管人员强制退休条例的采纳可作为牵涉到有关管理者利益侵占、人员调配以及组织调整等企业坚定信仰的基础性转变的信号。

第三,当一个特别有影响力的CEO说服董事会自己应当超出法定期限在企业任职时,强制退休条例有时会被废除。这样的案例目前包括Merck公司的Roy Vagelos和通用电气公司的Jack Welch。研究企业突然取消限制的发生条件,以及长期任职的CEO带来的影响（比如其他高管的留任和激励以及股票市场的反应）,将会很有意义。

理论界有关CEO离职最受关注的类型是被解雇。解雇源于一系列复杂而又广泛的组织因素(Fredrickson, Hambrick, and Baumrin 1988; Shen and Cho 2005)。有多少CEO被解雇目前尚不明确,但大多数传统的论述假定这一比例范围为 10%～20%（Herman 1981；James and Soref 1981；Vancil 1987；Boeker 1992）。我们之所以说"传统的"，是因为近期有很多数据表明，CEO 被解雇的发生率在 20 世纪 90 年代和 21 世纪初期急剧上升，而伴随辞退现象的增加，选择外部人员作为新任 CEO 的现象也急剧增加（Wiersema 2002；Huson, Parrino, and Starks 2001）。增加的程度、增加背后的因素以及是永久性增加还是暂时性增加等问题将为以后的研究提供重要契机。我们随后将在本章中讨论这些问题。

由于辞退 CEO 在高管离职的研究中已经成为或明或暗的焦点，因此我们对诱发因素的讨论将主要以对其的解释为导向。某些情况下，考虑到整个高管更替现象，我们会暂时偏离辞退这一焦点。

总的来说，检测离职的方法应该是多变的，因为被迫离职往往在公众面前呈现得很隐晦，尤其是在早期的研究中。[①] 一些研究人员已经将 65 岁（美国大企业典型的法定退休年龄）之前的离职作为辞退的信号（Vancil 1987；Puffer and Weintrop 1991）。另一些研究人员则依据新闻媒体报道，有时还会对离职的众多报道进行测度分析以便于其进行判断（James and Soref 1981；Shen and Cannella 2002a, 2002b）。近来，对离职人员的年龄及其是否还保留着在董事会的职位进行双重考虑成为判断离职的一种趋势（Shen and Cannella 2002a；Denis and Serano 1996；Denis and Denis 1995；Denis, Denis, and Sarin 1997；Kim 1996）。事实上，Shen 和 Cannella（2002b）研究发现"年龄与董事席位延续"测度和媒体报道这两种方式之间几乎完全一致，它们都描述了离职的非自愿性。最终，一种独特而又可靠的判断辞退的方法被 Boeker（1992）所采用，他利用两个主要的市场调研公司有关半导体行业的详细数据来判断这一行业 CEO 被解雇的状况。

1. 组织绩效

CEO 们为何会失去工作？最显然的回答是：因为他们所在的组织绩效太差。从这一角度出发，研究起来一目了然；不良的组织绩效在 CEO 离职之前就会出现。一些研究尤其对 CEO 这一职位予以关注，另一些研究则关注层面更广一些的一系列高管职位；一些研究试图明确辞退对绩效的影响效应，而另一些研究则检测了对高管更替的大致影响效应，展现了企业绩效不良时出现的辞退、自

[①] 正如我们随后将讨论的内容，我们质疑的是为被解雇的 CEO 提供一块"遮羞布"以掩盖解雇行为的惯例可能不再作为上市公司解雇 CEO 相关措施的特征。

愿"出逃"以及高管疲惫等现象。从本质上来说,所有的研究都已经充分地梳理了各个年代的数据,以便证实不良的企业绩效先于离职而发生这一结论。正如我们将要在第七章中所看到的,在考虑了关于高管离职的影响效应之后,时间顺序这一问题就变得更为复杂了。

然而,即使不良的企业绩效与高管离职之间存在大致的关联,各种各样的研究似乎仍有点杂乱无章,因为这些研究在样本(从大型的综合型企业到半导体公司再到棒球队)的选取以及绩效测量方法的采用上存在很大的差别。一个主要的研究系列,也是对时序动态最早的系统研究表明,运动团队的输-赢记录和总经理的更替相关(Grusky 1963;Gamson and Scotch 1964;Allen, Panian, and Lotz 1979)。有些研究文献已经证明衰败的股票回报对管理者的离职具有影响(Benston 1985;Couglan and Schmidt 1985;Warner, Watts, and Wruck 1988)。还有些研究则将营利能力作为高管离职的预测因素(McEachern 1975;Salancik and Pfeffer 1997a;James and Soref 1981;Wagner, Pfeffer, and O'Reilly 1984;Harrison, Torres, and Kukalis 1988)。而越来越多的情况下,这一领域的研究人员会采用两种方式(Denis, Denis, and Sarin 1997;Denis and Serano 1996;Huson, Parrino, and Starks 2001;Shen and Cannella 2002a),有时还会对不同方式的解释能力进行直接对比(比如,Weisbach 1998;Brickley, Linck, and Coles 1999)。以半导体公司为样本针对被解雇 CEO 的研究中,Boeker(1992)将销售量增长作为绩效的测量指标,因为样本中的许多公司都相对年轻,还正在建立其战略地位;对于它们来说,营利能力还不是一个相关的指标(同时,由于其中许多公司都是私人所有的,股票收益数据作为可能的相关因素,因无法获取而没有被纳入考虑)。此外,在一篇有趣的文献中,Puffer 和 Weintrop(1991)发现,与股票市场的绝对水平或可量化的企业绩效相比,辞退 CEO 这一现象和证券分析师的期望与企业实际收入之间的差距联系得更为紧密。

总之,一个又一个样本的测试和大量的绩效测量方法表明,用企业不良绩效预测 CEO 离职的模型是强有力的。然而,企业绩效的解释力并非特别强;尽管企业绩效与高管离职在统计上相关,但它仍无法解释离职中存在的较大方差。在上文所引用的研究中,能用绩效解释的方差一直小于 50%,而且大多处于 10% 到 20% 之间。从更直观的层面来看,一些 CEO 在组织绩效良好时被解雇而一些 CEO 在组织绩效连年不良的情况下仍在岗的现象就相对较好理解了。

从某种程度上来说,研究者们在更多的情况下会检测不良绩效各种各样的表现形式来解释更大的高管离职方差。除了考虑多样的绩效指标(如利润、股票收益以及销售增长),研究者们还应该用不同的特质来衡量每个指标:它的水平、趋势、持续性以及它与期望的偏离程度。这也提出了以下问题:什么会使CEO更容易被解雇——是由于低绩效、持续低绩效、持续下降的绩效,还是像Puffer和Weintrop(1991)所发现的,出乎意料的低绩效?这些联系会随着CEO任期的变化而变化吗?在回答这些问题之前,去评估这些各式各样的绩效不足对高管离职的相关影响将是很有意义的;将总体绩效(由各要素组成)形成一个综合性指数以作为预测离职的基础也将是非常有用的。

在这一领域,Kim(1996)尤其专注于企业绩效的时序动态以及它与CEO更替的关系。基于他对Hlmström(1982a)的观察的研究,一旦一个CEO的声望或绩效记录建立起来,新的绩效信息的边际效应就将会变弱。例如,近期绩效对长任期的管理者的影响比对短任期的管理者要小。Kim(1996)的数据得出两个结论:首先,就他的样本来看,那些处于任期的早期阶段以及拥有十年以上任期的CEO(而非那些拥有中等任期的CEO)退出的可能性(例如绩效-独立性可能性)基线更低;其次,仅考虑辞退时,一定年限内的绩效对CEO的影响在其任期的前五年会很快减弱,然后又趋于平稳,而当CEO的任期达到十年或十年以上时又会更进一步地减弱。换句话说,长任期的CEO已经积累了如此稳固的业绩记录,以至于近期或当前的绩效下降并不会对其被解雇的可能性产生较大的影响。当然,CEO的权力也可以解释将当前的企业绩效和辞退CEO相联系时所观测到的时序动态。

在不同的情境下,不同的绩效评价方法可能会对CEO离职产生不同的触发效应。例如,利润对于一家大规模的成熟企业可能是一个有效的绩效指标,但是销售增长才能够为小规模的、正处于成长期的企业中管理者的去留提供依据(Boeker, 1992);或者在某种所有权结构下,利润与高管离职相关联,而在另一种所有权结构下,股票回报才是离职更强有力的决定性因素(Salancik and Pfeffer 1980; Denis, Denis, and Sarin 1997)。最终,Reutzel和Cannella(2004)表明,对于那些具有具体而明确责任的非CEO管理者(如CFO),与职责具有直接关联的绩效评价方法是离职的重要指示因素。如这些案例以及仅能为绩效指标在一定程度上解释的方差所示,如果研究者想要找出对高管离职的精确预测要素,他就不得不跳出绩效这一层次而着眼于其他的预测要素。这些要素中更有研究价值的是存在于企业中的代理情况。

2. 代理情况

自 Berle 和 Means(1932)证实了美国大型企业中所有权与管理权日益分离的局面后,理论家们便开始对所有者(或受托人)和经理人(或代理人)之间隐含而富于变化的关系的影响表现出极大的兴趣。代理理论包括多个方面(Jensen and Mecking 1976;Eisenhardt 1989a),对高管的去留具有显著影响。

一系列研究考察了 CEO 的任期是否取决于企业的所有权结构。McEachern(1975)发现,业主经理人(那些至少有 4%股权的经理)的留任可能性一般高于其他 CEO。McEachern 的论文中有一部分扩展论述道,Salancik 和 Pfeffer(1980)试图证明企业绩效与 CEO 留任的关系是否变化取决于所有权状况。他们发现在所有者经营的企业中,绩效与留任之间无任何关联;在"外部控制"的企业,即至少有一名非 CEO 高管控制一定量的集中股权的企业中,营利能力和任期之间有正相关关系;在"管理者控制"的企业,即股权广泛分散,没有一个主要控股人的企业中,股东回报与任期之间被发现有正相关关系。在另一项紧密相关的研究中,Allen 和 Panian(1982)发现,在一家家族控股 5%或更大份额的企业中,与那些处于家族控制或没有类似状况企业的 CEO 相比,不属于这一家族的 CEO 具有更短的任期,且其任期与绩效的联系更为紧密。这些研究表明,所有权结构影响高管任期是有实证支持的,就业主经理人来说,不良的绩效不会受到纪律性的惩处也就不足为奇了。

若遵循上述某些研究中的逻辑,将 CEO 的任期看成是否会减小被裁可能性的指示因素,一个潜在的问题便会呈现出来。任期代表着 CEO 在其岗位上任职的所有年限,反过来又由其被允许在企业待多久以及其从多早开始从事这一工作所决定。由于业主经理人往往是创建者或创建家族的成员,与那些非主要所有者相比,他们可能在更年轻的时候成为 CEO,因此,业主经理人的长任期可能差不多同时归因于他们早期开始的任期和在被辞退这一事件上的相对豁免权。

有几项研究专门探讨了辞退问题,所以我们才有机会去观测 CEO 在不同所有权情况下的任免。正如我们在前文中所提到的,James 和 Soref(1981)发现低营利能力和辞退相关。然而与他们的预期相反,他们发现在不同的所有权情况下,绩效不良对辞退并没有什么影响,甚至在某些已经建立的所有权分类方案中也是这样。然而,他们的样本是有限的(仅有 16 例被解雇的案例),因此他们的结果只具有参考价值。

Boeker(1992)的样本更为充实(超过 22 年历史的 67 家半导体公司,包括 115 位被辞退的 CEO),而且结果与代理理论的预期一致。他的研究表明,CEO 所持有的股份和被辞退的可能性大体上负相关,即便在绩效不良的情况下也一样。此外,在绩效不良的情况下,股权越分散,CEO 被解雇的可能性就越小。

Denis、Denis 和 Sarin(1997)调查了所有权结构及其对企业绩效——离职的相关因素之——的影响。他们总结出[同时也注明自己与 McConnell 和 Servaes(1990)意见一致]高管更替与高管及董事会成员的股份负相关,与至少存在一个外部大股东正相关。因此,从这些研究来看,业主经理人受到保护而免于被解雇。类似地,股权广泛分散也会使 CEO 远离解雇风险,甚至在其绩效不良的情况下也一样。当 CEO 本人只有少量股份而其他人拥有大量股份时,其将处于最不利的位置。

基于董事会组成的不同,代理理论同样能对解雇进行预测。某些研究数据也提供了非常一致的结果。Salancik 和 Pfeffer(1980)得出了一个一般性的结论,即董事会中的内部成员——那些对 CEO 负极大责任的高管——越多,CEO 的任期就越长。Weisbach(1988)也同样发现绩效和高管任期之间的关系仅存在于那些董事会由外部人员控制的企业中。Boeker(1992)发现在低绩效的情况下,董事会内部成员的百分比与辞退负相关。而在另一项持有异议的研究中,Denis、Denis 和 Sarin(1997)并没有发现董事会被外部控制的企业(如拥有 50% 以上独立外部董事的董事会)中存在绩效-更替关联度的提升。

总之,代理情况——由所有权结构或董事会组成所呈现——对高管离职有相当大的影响。CEO 的控制力越强——源于其所拥有的股份、起主要监督作用的所有者的缺席或董事会中少量的外部独立董事——其被解雇的可能性就越小,即使其绩效不良。然而,近来有些研究却采取了某种程度上的不同方法,通过调查外部代理(尤其是在市场被企业垄断的情况下)如何施压从而影响高管更替或使其被解雇。

在假设早期没有企业垄断市场的情况下,Hadlock 和 Lumer(1997)将 20 世纪 30 年代到 40 年代的企业绩效-CEO 更替状况与近期的企业绩效-CEO 更替状况进行了比较。他们的数据表明,早期的非自愿更替几乎不存在,同时也与股权回报无关。但是他们发现早期的 CEO 薪酬与其企业绩效的联系更为紧密。他们总结道,近来,董事会成员因为潜在的被接管的威胁而做出反应(解雇 CEO)。

Walsh 和 Kosnik(1993)研究了某一行业的某一企业中不友好的接管意愿如何影响其他企业高管及董事的更替,并得出了相似的结论。他们进行对比的三组企业分别为被企业收购者作为目标的企业、与这些企业最相近的竞争者,以及一个控制组。他们只在目标企业和它们的竞争者中找到了上述市场规律的证据——如果这些竞争者正在遭受持续的低绩效。他们得出结论:对于企业控制权的市场惩戒效应确实会刺激董事会做出反应。

同样,Denis 和 Serrano(1996)对控制权争夺失败后的管理权更替进行了研究,发现其样本企业中有34%都在两年内更换了高管。在大多数辞退案例中,外部控股者作为控制权争夺的一个直接结果出现。如果没有外部控股者,管理者们将倾向于保有他们(竞争后)的地位,即使其绩效不良。他们总结道,没有外部控股者且绩效不良的企业,高管发生更替的可能性较小。此外,竞争后没有高管更替的企业更可能经历与竞争相关的管理者股权增加,而不是外部独立股权的增加。这项研究表明,企业控制行为可能会增加高管更替,但是这一作用受到所有权结构的调节。

最后,Arthaud-Day、Certo、Dalton 和 Dalton(2006)指出对低绩效的惩罚超过对低盈利的惩罚,因为他们证明了由于财务重述产生的企业合法性挑战也会引发 CEO 和 CFO 的高更替率。他们的研究还指出,合法性威胁的严重程度对更替很重要,而且那些对财务重述有最大责任的企业将遭受最严重的后果(比如人员更替)。

另一类研究关注对高管辞退产生影响的高管自主权。在一篇有趣的理论综述中,Shen 和 Cho(2005)提出了一种精确的方法来衡量高管自主权对高管非自愿更替的影响。他们建立了目标自主权(LOO)和行动自主权(LOA)的概念。LOO 指管理者追求其自利目标的自由,这一概念是基于经济学关于自主权的模型提出的(Williamson 1963)。一个面临被很多投资者要求提高绩效的压力的管理者便是一个低 LOO 的例子。LOA 指给予管理者的选择权或替代品的程度,来自管理学中关于自主权的概念(比如,Hambrick and Finkelstein 1987)。Shen 和 Cho 在一个 2×2 矩阵中提出了这两个维度的概念,并评估出最能解释每种情况下的退出的理论。在低 LOO 和低 LOA 的情况下,管理者面临来自股东的高压力,但是仍有少量的选择权。非自愿更替在这一情境下最好的解释是替罪羊理论,而且这时的退出经常会有高管介入。在高 LOO 和低 LOA 的情况下,来自股东的压力很小,战略选择权也很小。这时,非自愿更替的最好解释为高管团队的社会心理学动力解释(比如,Wagner,Pfeffer,and O'Reilly 1984),而且退出行为广泛存在于那些价值观和其他观点与高管团队中的其他成员不同的高管中。

在低 LOO 和高 LOA 的情况下,股东为了获得高利润或高增长而向高管施加高压,关于如何开展工作的选择权也很广泛。此时,适应理论能最好地解释这种情况。非自愿更替代表着适应的意愿,而且一般发生在绩效低或环境发生改变时。更替现象倾向于在那些由于技能水平太差或者技能被淘汰而无法再做出贡献的人群中出现。最后,在 LOO 和 LOA 均很高的情况下,来自股东的压力很小,而如何开展工作的选择权很大。非自愿更替在这种情况下既可能是由高管团队(Shen and Cannella 2002a)的动态性所引起的,也可能是由低绩效所引起的。它同时倾向于表现为对低绩效的被动回应,而不是适应的主动意愿。

3. 其他组织特征

除了代理情况,其他的组织特征也可能影响高管继任的可能性。就这一点而言,组织规模曾被重点研究过。Grusky(1961)在 20 世纪 60 年代早期对比了《财富》500 强企业中规模最大的 26 家和最小的 27 家,发现越大的企业越容易经历高管继任。Grusky 的解释是越大的企业越制度化,也就越能在不破坏制度的前提下经历 CEO 更替;因此,它们便相对可能用强制退休条例为其他有资历的人腾出位置,而一旦 CEO 的绩效停滞不前,这些人也将很乐意提前解雇该 CEO。重要的是必须指出,Grusky 的样本只包含《财富》500 强企业的顶端和末端,在企业规模的幅度上是很有限的。换句话说,真正的小企业并没有被包括进来。

证实 Grusky 研究的尝试产生了多种多样的结果。James 和 Soref(1981)在其样本中发现,与较小的企业相比,大企业更倾向于解雇自己的 CEO。然而,在 Puffer 和 Weintrop(1991)以及 Boeker(1992)关于解雇 CEO 的研究中,他们发现组织规模对其并没有什么影响。

我们的解释是规模与总体的 CEO 更替率趋于正相关,主要是因为大企业的 CEO 在年龄更大时上任(Vancil 1987),而且也因为这些企业更可能强制 CEO 退任。按照 Grusky 的逻辑,大企业中的官僚化和制度化是这些特点存在的原因。然而,官僚化是否会引起大企业 CEO 的高辞退率还有待商榷。

近期的研究给企业规模对高管离职的影响提出了一些新的问题。其中有些问题比较突出。首先,小企业更可能既没有大的外部控股人也没有重要的业主经理人。这对绩效-更替关系具有相反的影响作用。没有仔细控制这些相反作用的样本很可能得出无效结论。其次,小企业天然没有太多内部高管作为企业未来 CEO 的选择。小企业选择外部成员的普遍倾向(比如,Dalton and Kesner 1983)很可能更适合用这一原因来解释。

最后,最近的研究表明,家族和/或创始人所有权是一个很重要的因素,不仅在发展中国家是这样,在美国也是这样(Anderson and Reeb 2002;Rubenson and Gupta 1992;Anderson and Reeb 2003)。从 Berle 和 Means(1932)开始,研究者便容易忽视对家族所有权的调查,而且当提到家族所有权时,也倾向于认为其具有消极作用(Demsetz and Villalonga 2001;Miller and Le Breton-Miller 2003;Miller et al. 2007)。上面涉及的结论说明,美国国有化企业中的家族控制比以前的研究者意识到的要普遍得多。近期的很多研究成果,特别是 Anderson 及其合作者的研究都表明,企业总体上的发展或绩效有时会由于集中的所有权和控制权而获得显著提升。① 显然,在剔除有关上市公司中长期的家族控制的影响、成本等因素,包括它对高管更替的影响后,仍然存在很多研究机会。

总之,有关组织规模、所有权状况以及 CEO 继任的研究并未穷尽。我们提出以下命题以阐述仍有待探索的领域。

命题 6-1:(由于 CEO 上任更晚以及强制退休条例的存在,)与小企业相比,大企业拥有更频繁的 CEO 更替。

命题 6-2:(控制了绩效、所有权配置等变量不变之后,)小企业比大企业更可能解雇其 CEO。

命题 6-3:相对于非家族控制企业,家族控制企业更可能解雇不属于家族成员的 CEO,而且更不可能解雇属于家族成员的 CEO。

命题 6-4:近期绩效对解雇 CEO 的影响受到 CEO 在任期内所积累的绩效记录的调节。也即,CEO 前期积累的绩效记录越好,近期不良绩效对其解雇所产生的影响就越小。

还有一个目前尚未被研究到的组织特征对 CEO 更替率(包括被辞退的情况)有重要影响:企业的结构,尤其是它是否有事业部[Williamson(1975)所说的"M 型"]。本质上,事业部制结构创造了大量的综合管理岗位,以至于能加强对

---

① Miller 及其合作者(2007)反对关于"家族"控制的一贯定义,并将该大类分成了企业控制型与家族控制型,前者仅包含一个所有者,而后者则涉及不止一个家族成员对企业事务的积极参与。而且,他们的研究表明对于广义上所定义的"家族企业"与通常的国有化企业之间的绩效差异而言,该区别极为重要。

潜在 CEO 技能的训练,并对其进行观察。职能型结构的企业除 CEO 外没有高管拥有经营整个事业部的经历,与其相比,事业部制结构(也可能由一个层级的高管负责许多部门)的企业更可能有大量已做好充分准备的潜在内部 CEO 候选人。我们预期那些企业将拥有相对高的 CEO 更替率,因为其内部供应的济经人才不仅有权执行强制退休条例来为其他人的晋升腾出空间,还能为替换绩效停滞不前的 CEO 提供现成的人选。因此,我们提出以下命题。

命题 6-5:拥有事业部制结构的企业与职能型结构的企业相比具有更高的 CEO 更替率。

4. 环境

企业的外部因素,尤其是行业特点,也会对 CEO 更替率产生影响。有一种观点认为 CEO 更替率会随着行业的生命周期和发展而变化。然而,这些因素可能会对总体的高管更替率和被辞退率产生反向影响。首先,处于新兴、高增长行业中的企业更倾向于雇用年轻的高管(Harris and Raviv 1979)。因此,新兴行业中由于强制退休、死亡和疾病而产生的继任较成熟行业更少。然而,与成熟行业相比,新兴行业具有更大的因果关系模糊性(Pfeffer and Moore 1980),这导致了不确定性以及对组织领导者效率的强烈归因(Meindl, Ehrlich, and Dukerich 1985; Hambrick and Finkelstein 1987)。当新行业中的企业表现不好时,领导者很可能会被认为是问题产生的根源从而被替换掉;而成熟行业的企业表现不好时,观察者更可能将问题归因于行业环境,而不是企业高管。因此,我们提出以下命题。

命题 6-6:辞退在年轻的、成长型行业中比在成熟行业中更为普遍。

行业中企业的数量可能是影响高管更替的另一个因素。Fredrickson、Hambrick 和 Baumrin(1988)主张同行业企业的数量越多,合适的 CEO 职位候选人的潜在供应量就越大。Parrino(1997)进一步描述了行业中企业的同质性如何对高管更替产生两个相互依存的影响。第一,因为处于同一行业的企业能更直接地相互比较,所以董事会便能更容易地判断出问题的产生到底是不是由于 CEO 的能力不足。第二,一旦董事会判断出 CEO 能力不足,在同一行业寻找一个替代者也相对容易,因为其技能在行业成员中能够直接转换。

首次公开募股(IPO)的环境对于研究企业快速变化的需求如何导致对新 CEO 技能的需求很重要。举例来说,Li 和 Cannella(2007)创建了一套理论来解释生物科技公司在开始 IPO、进行发售、作为一家上市公司存活下来这一过程中对于不断变化的技能的需求。风险投资者(VC)对这一过程具有很大的影响。研究者预测当 VC 的持股比例很高时,在 IPO 之前职业经理人取代技术导向的创建者的倾向很高。IPO 的环境为 CEO 技能的学习提供了丰富的机会,因为企业需求的演变实在是太快了;创建者的背景很少能使其为企业全方位的需求做好准备;此外,强大的外部所有者的存在激发了高层领导者的快速变化。

环境的不连续是影响高管继任的另一个重要的外部因素。Haveman、Russo 和 Meyer(2001)研究了组织对其生存环境中不连续的变化是如何进行回应的。他们认为动态的环境不连续经常会迫使组织做出改变,但这些改变并不一定会立即出现。相反,改变最常在一段时间之后发生,因为权力分配在组织内部相对稳定,也因为累积的资本以及合法性并不会马上消失,而是会慢慢地贬值。事实上,持续低绩效通常是引发变化的必要条件。遵从此逻辑,他们的结果表明,环境不连续性对 CEO 更替率的即时影响微乎其微,而后逐渐增强。

最后一个在继任研究中应该被考虑到的重要的环境因素是时尚和流行(比如,Abrahamson 1991)或流行风格(比如,Ocasio and Kim 1999)的影响。正如我们之前所提到的,CEO 被解雇以及外部继任的比率在 20 世纪 90 年代末有了很大的提升,而这一趋势一直持续到本书编写时。这一现象是制度化的还是只代表短期波动(如一种"时尚"或一种"风格")仍有待观察。不管这一上升趋势是不是永久的,我们都应当观察到它通过企业间网络进行扩散(比如,Davis 1991;Westphal and Zajac 1995)。我们相信这一领域存在绝佳的研究机会,正如以下命题所概括出的。

命题 6-7:若公司董事会中的外部董事在其他公司担任外部董事时曾参与过辞退决策,则辞退将更可能发生。

命题 6-8:若公司董事会成员在其他公司担任外部董事时参与过外部继任决策,则外部继任将更可能发生。此外,若公司外部董事中的一个或多个在其就任的公司本身就是外部继任者,则选择一个外部继任者的可能性将增大。

命题 6-9:因为与辞退相关的制度化压力在 20 世纪 90 年代末上升了,所以企业在新闻稿中用更具体的语言来描述辞退,将离职鉴定为辞退的可能性将增大。换句话说,辞退时委婉语言的使用将减少。

5. 前任(现任)特征

最后也应考虑现任 CEO 的特征对继任可能的影响。我们已经讨论了 CEO

自己所持有的股权倾向于保护其不被辞退,但是其他形式的力量也能达到同样的效果。这些力量的基础包括高管的任期(Hambrick and Fukutomi 1991;Ocasio 1994)、家长式威权(Vancil 1987)、同时担任董事会主席和 CEO 双重职位(Finkelstein and D'Aveni 1994),以及在文献中被描述的其他形式的力量(Finkelstein 1992)。事实上,CEO 的权力并不仅仅是避免被辞退的基础,同时也是其免受强制退休条例限制——CEO 离职的最大驱动因素——的决定性因素。

CEO 的性格特点也会影响其在现任岗位上的去留。在一个对 CEO 离职步骤的深入分析中,Sonnenfeld(1988)发现有些高管执着地坚守其岗位,因为他们具有"英雄主义的自我概念"。Sonnenfeld 并没有对构成这一人格的症候群进行详细的描述,但是自恋、权力需求,甚至精神质的夸大妄想可能会包含在心理学家对这一概念的诠释中(McClelland 1975;Zaleznik and Kets de Vries 1975;Kets de Vries and Miller 1984;House,Spangler,and Woycke 1991)。

总之,CEO 继任的可能性取决于一系列的影响因素。在继任模型中组织绩效很显然是一个关键因素,但绝不是唯一的影响因素。如果想要获得高管离任的有效预测,企业的代理情况、其他组织特征、外部环境以及现任者的特征(尤其是其权力和人格特点)都应该被考虑到。这些影响因素也将会影响整个继任过程,这也是我们接下来将要探讨的。

二、继任过程有何动态特征?

某些 CEO 的继任给组织和其他个人竞争者带来了混乱、噪声及创伤。但还有一些继任则看起来并没有什么大不了的,且几乎不被注意到。遗憾的是,并没有太多研究着力于研究继任过程。这一领域为何缺乏研究是显而易见的:相比而言,继任的某些方面可以公开追溯,但对继任过程的检视则通常需要掌握组织内部的一些考量和相关事件,而这些往往是很敏感的信息。继任过程最全面的分析由 Richard Vancil(1987)做出,他所撰写的《交接权杖》(*Passing the Baton*)一书揭露了其对顺利而有序的权力交接的偏好。然而,他的研究只是基于对 CEO 和董事会成员的深入访谈,描述了一系列继任过程的概况。

1. 继任类型

从一个极端情况来看,Vancil 眼中最"健康"的类型是"接力赛"(Vancil 1987,

13)。如果用这种方式,一个法定继承人会在现任离职之前就被挑选出来,最典型的是将组织阶层中排"第二"的高管(通常拥有总裁或 COO 的头衔)提升上来,为其过渡到 CEO 的职位做好充分的准备(见图 6.2)。这一方式是有序的,而且具有持续性。

	CEO 1（现任者）	CEO 2（继任者）
接力赛	A————————'—————— B---------------************ C------------------------ D------------------------	———————————— ———————————— ———————————— ————————————
"赛马"	A————————'—————— B--------------------++++++ ++* C-------------------+++++++ +++ D------------------------	———————————— ———————————— ———————————— ————————————
提前进行 "赛马" 和接力赛	A————————'—————— B------- +++++ +++++++++********* ** C------- +++++ ++++++++++ D------------------------	———————————— ———————————— ———————————— ————————————
危机继任	A ————————X—————— B-----------------------------* C------------------------ D------------------------	———————————— ———————————— ———————————— ————————————

A,B,C,D	：高管
————	：CEO 服务期
' '	：预期离职日期
X	：突然离职
--------	：高管团队成员没有被指定为竞争者时
++++++	：被确认或被通知成为继任竞争者
******	：被确认或被通知成为法定继任者

图 6.2　继任过程的几种主要类型

另一种可供选择的继任过程是"赛马"。在这一方式中,两个或更多的高管将介入一场竞争,来争夺最高职位。有时,竞争非常公开,具有指定的竞争者,整个组织甚至媒体都聚精会神地关注。比如通用电气公司的 Jack Welch 曾让一些高管展开竞争以接替自己的职位——Jeffrey Immelt 赢得了那场竞赛。然而有时,竞赛过程很隐蔽,竞争者们会被告知他们正处于一场竞赛中,但是竞赛过程中不会有公众介入。某些情况下,参赛者不会被明确告知这场竞赛的存在,也不会知道自己正处于竞赛之中。这种模糊性带来了灵活性,同时也减少了激烈的对抗和争论,并且能进一步对竞争者的进取心和精明程度进行考察。

有时"赛马"先于接力赛发生,因为有很多选手为法定继承人职位而展开竞争。的确,只要继承人还未被指定,就存在隐性的"赛马",因为有抱负的高管都会争取进入比赛的最后阶段(Lazear and Rosen 1981)。

第三种情况,在没有指定继承人时便会存在危机继任。这种情况包括疾病或死亡,或者更常见的,现任者突然被辞退。最后,Shen 和 Cannella(2002a)列出了第四种可能的继任过程——权力争夺。此时,一个或多个高管团队成员会挑战现任者作为领导者的资格。如果成功了,CEO 将会被其中一位挑战者替代。我们在本章后面的部分将会详细讨论这一继任过程。

决定哪种类型的继任过程将会发生的因素最近获得了大量研究者的关注。危机继任的情况下,多种力量将会介入,它们本质上是随机因素。在接下来的部分,我们将特别关注导致"赛马"发生的因素。

首先,"赛马"需要有多个有资格的竞争者。最基本的情况下,它需要两个或两个以上适龄的高管,也即,这些人如果赢得了竞赛就必须能够在岗位上至少服务几年。超过60岁的高管很少会被考虑作为CEO的候选人(尤其是那些执行65岁强制退休条例的企业),因此"赛马"的范围和可能性便减小了。除了高管年龄,还有其他的系统力量决定着哪种类型的继任过程将会发生。我们做出如命题6-10所示的预期。

命题6-10:"赛马"继任过程比接力赛更容易发生,若①企业拥有能提供大量管理职位作为检测CEO能力的环境的事业部(M型)组织结构;②最大的几个部门规模大体相当;③不止一个最大的营业部门拥有相对较高的绩效。

这一情形使得许多合格的竞争者出现,所有这些竞争者都认为相关部门应该仔细而彻底地考虑自己成为继任者的条件。如果企业并没有关于COO职位的一个确定传统——接力赛所采用的典型手段,"赛马"发生的可能性也会增大(Cannella and Shen 2001)。然而,Hambrick 和 Cannella(2004)指出COO职位并不等同于法定继任者。有些COO,或许是很多COO并没有对自己成为CEO一事抱有很高的期望。在本章接下来的部分我们将详细讨论COO这一群体。

有所不同的是,接力赛通常出现在以下这些企业中:有一个制度化的COO职位、职能型的组织结构,或有一个在规模、战略中心性或绩效方面超过其他所有附属部门的部门。在这样的企业中,高管们有明确的手段获得最高职位。

最后,各企业在确立法定继任者的时间上也不尽相同(要么提前进行"赛马",要么提前进行接力赛)。考虑到动荡和不稳定性因素的存在,CEO的选择拖得越久越好,以便最新的选择标准能够被应用。相反,在更稳定的情况下,下一任 CEO 的资格能够被更早地测到,而推迟这一指派将会无利可图。所以,我们提出如下命题。

命题 6-11:行业越稳定,所处其中的企业越稳定,法定继承者就会被越早地确定——不论是采用接力赛还是提前"赛马"的方式。若环境或战略情境是动荡的,则决策者会相对推迟其对于新 CEO 的选择,以便他们能相对确定对领导者资格的新需求。

一些近期的研究为继任过程提供了重要依据。Ocasio(1999)研究了董事会如何被 CEO 继任规则所影响,认为 CEO 继任是程序化的,会被正式规则和非正式规则所限制。正式规则的一个例子是任命一个法定继承者——公开宣称继任者已经被确定而且将在一段时间后升职。非正式规则的一个例子是,企业的现任者被挑选出来之后内部继任与外部继任的普遍程度对比。运用这一逻辑,Ocasio 将继任(CEO 更替的发生)和选拔(继任者是内部人员还是外部人员)作为两个相互依赖的现象进行建模。他的理论预测了成熟企业由于有更多的经验,将更倾向于按规则行事,尤其是与那些首次发生创建者继任并没有先例可循的企业相比。他的数据表明,董事会依据先例和正式的内部劳动力市场对高管继任做出选择及决定。此外,他证明了对规则的依赖并不是由于理性的或适应性的战略,也不是由于存在外部董事与候选人的社会关系。他的样本表明,规则既是有效的(比如,规则存在时,继任率将上升),又是有限的(比如,即便在绩效不良、内部所有权存在以及存续时间较长的企业都表明这些规则应该被打破的情况下,规则还是会被遵守)。最后,Ocasio 总结道,规则并不是一直被贯彻或者与环境无关的。换句话说,继任规则确实重要,但是它们不一定会被遵守。

Vancil(1987)对继任的讨论强调了接力赛继任中法定继任者或指定继任者的重要性。Cannella 和 Shen(2001)研究了法定继任者的任期以及影响他们获得提升或被迫退出的因素。这一研究基于一个命题,即法定继任者晋升或退出的决定具有内在政治性,而且会受到企业绩效状况的影响。他们的理论(比如说 Vancil 的理论)证明 CEO 在继任者的选择上会产生矛盾。一方面,确定一个继任者是现任者作为永久典范的最好选择;而另一方面,继任者代表着对现任者有意的替换,因此象征着现任者时代的终结。Cannella 和 Shen 发现,在绩效良好的情况下,CEO 会试着拖延对继任者职位的提升,有时甚至会努力将他们逐出公司;在绩效不良的情况下,CEO 倾向于站在其继任者身后,因为董事会对继任者胜任力的挑战也相当于对现任 CEO 的挑战。现任 CEO、外部董事以及法定继任者之间权力的分配对法定继任者晋升或退出的可能性产生了非常重要的影响。

Zhang 和 Rajagopalan(2004)采用了一种非常不同的方法来研究继任问题,研究了企业没有指定法定继任者时的情况——例如,企业采用或公开或隐蔽的"赛马"继任的方式。他们指出为继任做好计划对战略管理来说很关键。但是接力赛继任优缺点并存。其缺点包括 CEO 之间趋同的倾向降低了继任者选择的可能性,导致其他高管士气低落。与命题 6-10 一致,这一研究的数据表明内部候选人越多,企业拥有法定继任者的可能性就越小,而这一关系在绩效不良的情况下会更加凸显出来。绩效不良同时会降低继任者选择的可能性。此外,如果行业中有很多较大或同等规模的企业(更多的外部 CEO 候选人),则选择一个法定继任者的概率就会较低。最后,行业标准的高度战略一致性(同样,更多的潜在外部候选人)也会降低法定继任者存在的可能性。

还有两项研究表明,继任过程在对企业运作很重要同时,对投资者也发挥着重要的作用。在第一项研究中,Harris 和 Helfat(1998)重新诠释了 Worrell、Nemec 和 Davidson(1997)的研究数据。Worrell 等人指出,在他们的样本中高管拥有三大头衔(董事长、CEO 和总裁)时,股票市场将做出消极回应。他们总结道,同时拥有这三种头衔表明 CEO 进行了利益侵占,从而使投资者做出消极回应。Harris 和 Helfat 认为,消极回应还有可能是因为三种头衔一人所有的现象表明该企业缺乏继任计划。他们解释了 Worrell 等人的研究结果[拥有三种头衔会导致投资者的消极回应,但是拥有两种头衔(董事长+CEO 或 CEO+总裁)投资者却没有回应]与投资者希望看到继任计划的证据这一结论保持一致。

在第二项研究中,Shen 和 Cannella(2003)验证了投资者对继任接力赛的启动和结果均会做出回应。他们的数据表明,投资者会对法定继任者的晋升做出积极回应,而对无内部继任接替做出消极回应。并且,投资者会对外部继任做出积极回应。这项研究还调查了企业当前绩效对投资者回应的作用。与企业处于不良绩效情况下相比,在绩效良好的情况下,投资者对继任者晋升表示欢迎的程度普遍更高。此外,继任者退出时结论将会相反,即绩效不良时,投资者希望看到继任者退出,以结束这一计划好的继任接力。他们解释道,这些结论表明投资者希望企业在绩效良好时进行继任接力,在绩效不良时放弃这些继任计划。

2. 现任者与董事会的影响力对比

选拔新任 CEO 是董事会的专属权力(Vancil 1987；Lorsch and MacIver 1989),某些理论家总结称这是董事会仅有的一项能够可靠或有效执行的任务(Mizruchi 1983)。董事会改革的潮流以及投资者的能动性也许导致了董事会在进行 CEO 选拔时付出更多的努力,还可能导致先前提到的近期辞退和外部继任的增加。然而,现任 CEO 在选拔其继任者时仍占主导地位这一事实还是被广泛认可,而且经常具体到过程和结果两个方面。

在一篇经典的文献中,Levinson(1974)向 CEO 们恳求"别再选你自己的继任者了",他声称现任者对许多候选者所拥有的、CEO 职位最需要的新技能缺乏客观认识。然而,许多现任者对他们的副手有明确的偏好,有时还会向某个候选人许下最终会提拔他的诺言(即便是暗示性的)。至少大多数 CEO 都具有人类的私欲,希望通过自己一手选定的继任者更进一步地加深自己在组织中的影响。事实上,现任 CEO 完全可以期望对继任过程施加董事会准许的最大限度的影响。

因此,继任过程可能是现任导向的、董事会导向的,或者处于两者之间[被 Vancil(1987)称作"合作关系"]。Zald(1965)用一个社区服务组织的案例对"合作伙伴"继任现象进行了深入的阐述。在这一案例中,现任管理者控制了过程,但实际决定由董事会做出,即从两位继任候选人中挑选一位。需要注意的是,Zald 的案例研究中清晰地突出了一点,即董事会将会选出与现任 CEO 意识形态更一致的候选人,即使这一候选人起先在董事会中远不如其他竞争者突出。正是通过操控整个过程,尤其是通过举行讨论会,董事会能借此提高两位候选人的曝光率,使得现任者能够将取胜希望渺茫的候选人转变为最后的赢家。

Zald(1965)在其对继任过程的研究中列出了一系列增强现任者影响力的因素。借鉴 Zald 的因素,同时用一些增加的项目对其进行扩充,我们提出了以下四个命题。

命题 6-12:现任 CEO 对继任决策的影响程度取决于以下事项:①组织目前的绩效表现很好。②现任高管拥有很长的任期。③董事会与合格继任竞聘者的接触较少(这些情况包括很多董事会成员资历相对较浅、继任竞聘者对企业来说是新人,或继任竞聘者不是董事会成员)。④代理情况削弱了董事会的影响力。这一情况又包括:ⓐ股权广泛分散且没有单个主要控股人(除了非 CEO 是主要控股人的情况);ⓑ董事会成员拥有很少的股份;ⓒCEO 同时也是董事长;ⓓ董事会成员由现任 CEO 挑选或任命。

以上命题表明减小现任 CEO 被解雇可能性的因素(正如本章前面所讨论的)同样支撑着现任高管对自己继任者任命的影响力。这关系到 CEO 和董事会之间权力的较量。

近来有两项研究为继任情况下董事会和现任者的力量对比问题提供了新的理论及数据支撑。第一是 Zajac 和 Westphal(1996c)的研究,这一研究表明外部董事对继任决策有极大的影响。我们将在本章继任者的特征这一部分对这项研究进行详细的阐述,同时需要提及的是,在他们的样本中,若绩效不良或外部董事强大,企业便倾向于选择外部继任者。外部继任者的特征往往与董事会成员而非现任 CEO 一致。这一结论明确地支持命题 6-12 的主旨。

第二是 Shen 和 Cannella(2002a)的研究,他们提出了一个没有被以往文献考虑过的继任过程。基于权力主张理论(Ocasio 1994; Pareto 1964),他们认为某些继任既非始于董事会,也非始于现任者,而是由其他高管团队成员所发起的。在两种情况下,现任 CEO 的权力可能会受到来自一个或多个高管团队成员的挑战。第一种情况是新上任的 CEO 在其就任早期权力还未得到巩固。典型的情形是高管团队成员没有成为 CEO 职位的考虑对象:他们可以成功地发动一次政变从而取代新任 CEO。第二种情况是现任者已长期在任。在这种情况下,高管团队成员害怕董事会选择外部继任者,所以他们会努力驱逐现任者然后保证他们中的一个晋升为 CEO。此时,对自身职位的担心(因为外部人倾向于制造更多的高管更替事件)使得高管团队成员团结在一起,正如他们努力驱逐现任 CEO 以及避免外部继任者的出现一样。这项研究证明了 CEO 继任过程有时会遭到非 CEO 的其他高管的强烈干预。一项关于绩效产出的后续研究(Shen and Cannella 2002b)支持了这一结论:权力争夺虽然不是准则,但也并不少见,而且可以带来组织适应性的提升。

三、谁将被挑选出来?

新任高管的选拔被广泛地认为是组织适应其环境变化需要的重要契机。总体层次的研究发现外部环境和 CEO 特征之间事实上存在关联。举例来说,Fligstein(1987)跟踪发现,拥有金融背景的CEO比例升高的原因可以追溯到美国的反垄断法,该法鼓励了企业多元化——一个偏好金融而非经营才能的战略。Hambrick、Black和Fredrickson(1992)发现,与低技术导向的行业相比,高技术导向行业中的CEO往往更年轻,任期更短,受过更多的专业教育,具有更多的研发经验。

研究者们还发现,高管特征与组织创造的环境趋于一致。例如,Drazin和Kazanjian(1993)发现技术导向的企业在其生命周期的成长阶段通常会拥有具备专业技术能力的CEO,而之后,到了更成熟的阶段,拥有财务、行政管理和市场运作背景的CEO则更为普遍。Datta和Rajagopalan(1998)发现新任CEO往往和他们所处的行业要求相匹配。Li和Cannella(2003)认为在IPO的情况下,风险投资者希望用更多管理导向的高管取代技术导向的创建者,而那些换下了技术导向创建者的企业将拥有更多成功的IPO。Pfeffer和Salancik(1978)指出了与组织面临的关键突发状况及其CEO特征之间一致性的其他案例。

许多标准模型已被提出,呼吁管理者特征应该与职位的具体要求相匹配(Wissema, Van der Pol, and Messer 1980; Szilagyi and Schweiger 1984; Gupta 1986)。关于与特定类型职位相匹配的理想高管的具体特征,猎头公司同样也有其自身的一套逻辑和框架。

我们在这一小节的关注点也具有同样的脉络,即着力于给定情形下谁将会被选为新上任的高管这一问题。特别地,通过关注继任事件我们可以加深对总体共变模式发生过程的理解。而且,通过对继任事件的特别关注,我们可以调查出各种各样的诱发因素是如何导致选拔结果的产生的。

有关CEO选拔结果的实证研究大多聚焦于解释"外部人"何时将会被选为新任领导者。我们对这一有趣的话题进行了深入的调查,也讨论了如何定义"外部人"的新概念。此外我们认为,内部人或外部人成为CEO的争论仅仅是高管人员配置需要多大的连续性这一宽泛问题的一个变体。

1. 内部人与外部人的选择

选择组织之外的人作为新任CEO通常仅在少数企业案例中发生,而且往往被解读为董事会成员希望变革的明确信号(Vancil 1987; Lorsch and MacIver 1989)。相反,选择内部成员表示董事会希望保留更大的连续性,同时希望保持目前的战略着力点。虽然当前仍有一些研究对这一主张提出了质疑(比如,Shen and Cannella 2002a,2002b),但此观点在理论家和实干家中仍占据主导地位[也可参见 Shen 和 Cho(2005)的研究]。接下来我们将要讨论的问题是,辞退类继任事件和外部继任者选择(尤其是在辞退发生后)的外部继任事件近来的比例均急剧上升(Wiersema 2002;Huson,Parrino,and Starks 2001)。

(1) 绩效的作用

新任 CEO 是否会来自外部最明显的潜在指示因素是组织在继任发生之前那段时间内的绩效状况。有关这一问题的调查中,大多数研究发现与内部人接受任命相比,外部人接受任命的情况下企业的前任 CEO 绩效更差。这一模式在以棒球队(Allen,Panian,and Lotz 1979)、半导体公司(Boeker and Goodstein 1993),以及各行各业大型企业的某个部门(Cannella and Lubatkin 1993)为样本的研究中均被观测到。

虽然 Dalton 和 Kesner(1985)发现前期绩效与外部人 CEO 之间并不存在关联,但他们的样本量明显比我们刚才提到的其他研究小。此外,不同于其他研究,Dalton 和 Kesner 是在没有调整行业平均水平的情况下对绩效(营利能力与股价)进行调查的,因此他们的结论就变得很难具有说服力。我们确信,外部继任者往往会被带入低绩效的情况下。

然而,即使在支持不良绩效与外部人选择相关的研究中,这一关联也并不完全。在 Boeker 和 Goodstein 的研究中,能被绩效解释的方差不足 20%,而在 Cannella 和 Lubatkin 的研究中,这一比例还不到 10%。在 Allen、Panian 和 Lotz (1979)的研究中,选择内部管理者或外部管理者的棒球队获胜比例间的差别几乎可以忽略不计(49.6% 与 46.6%)——为单独的不良绩效并不能决定内部人或外部人选择这一结论提供了生动例证。支持这一结论的是 Huson 及其合作者(2001)对 20 世纪 70 年代的辞退和外部继任与 20 世纪 90 年代的辞退和外部继任进行的对比研究。他们的记录表明,尽管外部继任和辞退均存在急剧增加,但绩效-辞退关系却没有什么变化,而且这一关系在任何时期都不是特别紧密。因此,我们必须找到辞退和外部继任的其他解释。

(2) 社会与政治因素

选择外部人作为新任 CEO 是一项极具风险的决定。它代表了对现任者战略方向的否定,至少是对其人员配备能力的否定;它违背了与潜在内部继任者的隐性契约;它还妨碍了那些有可能因内部人权势而获得事业发展的其他管理者(Cannella and Lubatkin 1993;Shen and Cannella 2002a,2002b)。由于外部继任对企业来说是特殊事件,因此董事会在将外部人转变成新上任的领导者时必然存在附加条件。仅仅存在绩效不良的情况是不够的。

有些学者对能预测外部继任的因素,尤其是政治和组织结构因素进行了研究。例如,Boeker 和 Goodstein(1993)发现董事会中内部人员的比重越大,集中于内部董事的股权越多,新任 CEO 来自外部的可能性就越小。Cannella 和 Lubatkin(1993)发现,当现任 CEO 同时也是董事长时,外部继任的可能性就会减小。Shen 和 Cannella(2002a)表示,非 CEO 高管也许会联合起来对抗现任 CEO,尤其当他们正面临外部继任者的威胁时。这些研究发现清楚地呈现了组织结构和政治因素(包括内部人的势力)及其在影响内部继任和外部继任的选择上扮演了什么样的角色。代理情况的其他方面,比如股权集中度、法人持股的比例、现任者任期内董事会任命的比例以及现任者所持有的股份都应当在未来的研究中被考虑进来。

(3) CEO 被解雇与外部继任的共同起源

的确,决定雇用外部人作为 CEO 的势力很大程度上与解雇 CEO 的势力相同。这并不是说辞退总是导致外部任命;它们共变,但并不完全同步(Cannella and Lubatkin 1993;Huson, Parrino, and Starks 2001;Shen and Cannella 2002a)。当然,这两种行为本质上取决于同一势力,代表着面对令人失望的当前政权时董事会的能动性。因此,在进行些许调整之后,我们认为一个对辞退强有力的预测模型也将高度适用于对外部继任的预测。

我们引用了 Fredrickson、Hambrick 和 Baumrin(1988)提出的预测辞退的综合框架,如表 6.1 所示。正如该表所描述的,不良的绩效是 CEO 被解雇和外部选任决策的预测因素。我们之前曾对辞退进行过探讨,研究者的一个挑战是如何对不良的绩效状况进行构想(水平、趋势和持续性,利润、增长、股价和分析师预期,行业标准,等等)。对解雇进行预测最有效的绩效度量标准很可能对外部CEO 选拔的预测也具有最强的效力。

表 6.1 表明本质上所有的预测因素都会对解雇和外部选任决策施加类似的

影响。[这一结论也可参见 Ocasio(1999)的一个类似的讨论。]这些因素包括董事会的预期和归因、董事会的忠诚度和价值观、现任 CEO 的权力,以及合格的外部候选人的可获得性。唯一的例外——导致相反预测结果的因素——是内部候选人的可获得性:合格的内部候选人的存在可能会迫使董事会解聘现任者,但内部候选人市场的存在将促成内部任命。Parrino(1997)的数据也支持了这一结论,表明外部继任相对有可能存在于拥有很多同质性企业的行业中。

表 6.1 预测 CEO 被解雇和选拔外部继任者的主要因素之共性

预测因素构成	CEO 被解雇	选择外部人
当前或近期的组织绩效	不良的组织绩效增大了解雇和任命外部人的可能性	
董事会的预期和归因	如果董事会有很高的绩效预期或将不良绩效归因于当前的管理,解雇和选择外部人的可能性将增大	
董事会的忠诚度和价值观	如果董事会完全忠于股东而不是现任管理者,解雇和任命外部人的可能性将增大	
现任 CEO 的权力	若相对于董事会,现任 CEO 拥有很大的权力,则解雇和任命外部人的可能性将减小	
可替代的候选人的可获得性	合格的外部候选人的可获得性增大了解雇和外部选择的可能性	
	合格的内部候选人的可获得性增大了解雇的可能性	合格的内部候选人的可获得性减小了外部选择的可能性

资料来源:改编自 Fredrickson 及其合作者(1988)。

关于 CEO 被解雇和外部选任这一描述的中心要点是,它们紧密结合,是大体上相同的特征群的两种表现:董事会或其他决策机构努力使组织摆脱目前领导政权的控制,同样重要的是,它们明确地向股东表示自己正在这样做。由此看来,解聘和外部选任很显然都具有重要的象征意义:它们是清理仪式——董事会对过去已成过去的有力证明(Gamson and Scotch 1964)。

当然,并非所有的外部选任都依赖于政治力量,而且它们也未必都需要不良绩效。有些组织天然缺乏对 CEO 职位感兴趣或进行了精心准备的成员。这类组织可能包括大学、医院和运动队。在这些行业,CEO 候选人从其他组织跳槽一般都是为了获得更高的声望或收入。这些行业中一个强势的规范[或 Ocasio(1999)所言的"规则"]便是外部替任,而内部人则很少被纳入考虑。

但是在绩效变差之前,董事会成员希望他们所选的外部人能带来领导方式的创新。这样的例子可见于 1994 年,预计到保健行业中制药公司伴随着集中化、地区化趋势而产生的激烈竞争的压力,大型制药公司 Merck 的董事会从外部聘请了 Raymond Gilmartin。这些主动的外部任命相对并不常见(比如,Haveman,Russo,and Meyer 2001),而且,外部任命是极为不和谐且具有创伤性的。然而,可以合理地推测出,与更稳定的行业相比,选择外部人作为 CEO 更可能发生在将要或正处于重要间断期(如放松管制或处于重大的技术转型期)的行业。我们主张对不同行业内部继任和外部继任进行对比考察。

(4)"外部人"统一体

不管怎样,我们都认为内部继任和外部继任对比研究中最大的突破是"外部人"这一新概念的提出。在之前的很多研究中,内部继任和外部继任被限定在严格对立的二元状态中:新任 CEO 之前要么在企业的高管层中任职,要么没有。① 这是一种十分受限的方式,其与存在一定程度的"外部性"这一事实相冲突。例如,直接从公司以外调任的新 CEO 和在该公司任职两年后新上任的 CEO 中,前者更可能被称作外部人。然而,与在该公司拥有 25 年任期的职员相比,曾在该公司任职两年的新任 CEO 就应该被称作外部人。

首先,让我们退一步考虑为何我们对内部继任和外部继任对比如此感兴趣。正如我们之前所探讨的,外部继任的发生取决于董事会试图摆脱以前领导政权控制的努力程度。更具体地,董事会期望所选出的外部人是思想开明的,对维持现状有较低的意愿,能够思考和构建新的行动方案,以及在人际和社交上无太多顾忌,与内部高管无依附关系,从而能带来重大的人事变革。此外,任命外部人这一举动将向内部发出变革即将到来的信号,同时还向外部表明董事会已经采取特别措施与过去决裂。所有这些目的均能用量化的、连续的条件来考量,以不

---

① 一些对"外部人"的典型定义包括以下几点:任何在企业中工作不足两年的员工(Cannella and Lubatkin 1993),任何从未在企业中工作过的人(Boeker and Goodstein 1993),以及任何没有向前任 CEO 直接汇报工作的人(Dalton and Kesner 1985)。参见 Pitcher、Chreim 和 Kisfalvi(2000)以及 Guthrie 和 Datta(1997)在继任研究中对"外部人"测量的相关评论。

同的外部性程度来达成不同水平的期望目标。

表 6.2 是 CEO 从完全内部人到完全外部人的合集。完全内部人(在企业中任职超过 15 年)传统上成为大型企业的常态(Vancil 1987)。然后就是企业中拥有中等任期(指 5～15 年)的管理者。接下来是那些拥有较长任期或中等任期但近期升迁很快的管理者,他们看起来像是"特立独行者"或"新时代"中的一员。最突出的案例是 Jack Welch,他越过了当时通用电气的一百多位高管,连升多级,迅速升职为通用电气的 CEO(Tichy and Sherman 1993)。"迅速升迁"恰当的应用型定义应该是某一管理者成为企业高级职员所用的年限与其在这一企业任期之间的百分比。

合集中接下来的部分便是企业中拥有短任期(指 1～5 年)的高管(包括特意作为下一任 CEO 被引进的人员)。在以往的大多数研究中,这些管理者将会被看成是内部人,即使与标准相比他们对于企业来说还是新人。接下来便是在美国商业领域似乎更为普遍的一个层次——任命外部董事会成员为新任 CEO(Lester, Shen, and Cannella 2006)。最具代表性的是其他企业的前任 CEO,此人只是"类外部人",因为他很可能认识该企业的许多高管,而且可能很了解(甚至批准过)企业当前的战略方向。

最后一组是刚从企业外部雇用的职员。即使在这组人中差异也是存在的。某些新雇员来自该企业所属的行业并对这一行业有一定的了解,或在认知层面上认可这一行业规则或"菜谱"(Spender 1989; Hambrick, Geletkanycz, and Fredrickson 1993; Parrino 1997)。更"外部"的是来自不同但相关行业的新雇员,例如从 Betcon Dickinson(医药产品)转入 Merck(制药公司)就职的 Raymond Gilmartin。最后是完全外部人,即来自完全不相关行业的管理者,如从 RJR Nabisco(食品和烟草行业)转到 IBM(数据处理设备和服务行业)的 Lewis Gerstner。

表 6.2 同时也表明,四大"外部化"(如上所述)指标的程度暂时预计可从每种任命类型中合理地得出。新任 CEO 与完全外部人越接近,得到四大附属指标的期望就越高。然而,并非每一外部化层次都是平均的。例如与在企业中拥有长任期的新任 CEO 相比,由于长期关系更少,中等任期(5～15 年)的新任 CEO 在社交/人际方面具有更强烈的变革精神。但是任命中等任期的高管将不太可能向外界传递任何较为强烈的变革信号。

表 6.2　新任 CEO 的"外部人"程度及预期附属指标

		预期趋势			
	新任 CEO 的来源	利于变革的开放性思维	利于变革的社交/人际外向性	变革的内部信号	变革的外部信号
完全内部人	本企业长任期（大于15年）	+	+	+	+
	本企业中等任期（5~15年）	++	++	++	+
	本企业的"特立独行者"或快速升迁者（具有长任期或中等任期）	+++	+++	+++	+
	本企业短任期（1~5年）	+++	+++	++++	++
	外部董事	+++	+++	++++	+++
	同行业中的新雇员	++++	+++++	+++++	++++
	相关行业中的新雇员	+++++	+++++	+++++	+++++
完全外部人	不相关行业中的新雇员	+++++	+++++	+++++	+++++

表 6.2 中等级用"+"表示，且合集中各类雇员的具体排序的确具有推测性质。但这一合集中的概念清晰地表明研究者们完全可以进行更准确的预测——包括谁将被挑选出来，以及不同类型任命的后续影响——只要他们开发出有关内部和外部更精准的概念。同样重要的是，与目前采用的二元路径相比，更深入地思考"外部人"这一概念能为董事会、猎头公司以及其他涉及高管选择的团体或组织提供更具操作意义的视角。

近来，有些研究为"外部人"的概念做出了贡献。首先，Zajac 和 Westphal（1996c）提出质疑，与选择和现任者有不同功能背景的继任者相比，为何选任外部人被认为是变革更突出的信号。现任者和继任者功能背景的不同能表明领导者态度和行为的转变，从而为继任后战略提供重要线索。他们的数据表明，在不良绩效与/或强有力的外部董事存在的条件下，企业倾向于挑选与外部董事有类似特点的继任者（无论是来自企业内部还是外部）；选择外部继任者时，企业会被与外部董事所属企业具有相似战略经验的候选者所吸引。这一研究指出，即使继任者来自企业外部,其功能背景也应被予以考虑。

Parrino(1997)研究了行业中企业间的异质(或均质)水平与内部人、同行业外部人以及其他行业外部人被选为继任者的相对可能性间的关联。研究数据表明离职、强制离职和外部继任更可能出现在由类似企业构成的行业中。更进一步地,在由相对同质化的企业构成的行业中,外部人更可能来自同一行业而非不同行业。Parrino 认为其数据支持了行业同质化时不称职的 CEO 既容易被发现也更容易被低成本地替代这一结论。绩效不良的 CEO 之所以能被很容易地发现,是因为在这类行业中企业间具有相对可比性,这使得董事会更倾向于将企业绩效归因于 CEO 的能力。他们之所以能被低成本地替代,是因为此时可替代并可获得的候选者更多,对有关企业的特殊技能的需求更小。

最后,Bailey 和 Helfat(2001)对外部继任者的技能合集进行了调查,指出不同技能对组织绩效并没有不同的影响。在 Castainas 和 Helfat(1991,1992)的研究基础上,Bailey 和 Helaft 将外部继任者的技能分为三类。通用技能在高管从一家企业转向另一家企业时能够被完全转移;行业特定技能在一定程度上能被转移;相关行业技能被转移的可能性最小。

2. 更宏观情况下的延续和变革

CEO 选任中的内部和外部问题实际上是一个更宽广视角上延续与变革间的较量。大体上,惯性会在高管选拔时发挥强大的作用力(Ocasio 1999; Haveman, Russo, and Meyer 2001)。这一惯性由于根深蒂固的权力配置格局、行政管理条例或组织文化的存在而存在。举例来说,有些企业被观察到在其任命 CEO 时,只是年复一年地从同一个职能部门挑选对象(Pfeffer 1981b)。CEO 继任千篇一律的原因还有,任命取决于领导者倾向于认为其继任者必须与他们相似(Kanter 1977; Hambrick, Geletkanycz, and Fredrickson 1993)。通常而言,新任 CEO 与其前任相似这一趋势是存在的(Smith and White 1987; Vancil 1987),尽管关联并不是确定性的(Ocasio and Kim 1999; Zajac and Westphal 1996b)。因此,除非存在一种制衡力量,否则企业不仅会倾向于选择内部成员作为继任者,而且还可能选择与前任最相似的内部成员作为继任者。正如某些研究讨论所示,抵消或打破惯性的力量可能是环境转变、强大的董事会或不良绩效。因此,我们可以提出以下命题。

命题 6-13:环境越稳定,继任者与前任在企业任期、行业任期、功能背景、企业运营经历以及教育背景等方面就越相似。

命题 6-14：前任 CEO 势力越强大，继任者与其就越相似。

命题 6-15：董事会实力越弱，警惕性越低，继任者与其前任就越相似。

命题 6-16：组织近期的绩效越高，继任者与前任就越相似；相反，不良绩效会带来与前任不同的新任 CEO。

不仅不良绩效会带来选择与前任不同 CEO 的偏好，绩效下滑的具体形式也会让董事会转向一位资历和专业与企业目前面临的具体挑战相适应的新任 CEO。

命题 6-17：绩效下滑的具体类型与继任者的具体特征相关。例如：①低增长将会促成对具有市场、销售经验或在成长型业务中拥有良好绩效记录的候选者的偏好；②低盈利但保持着令人满意的增长率和市场份额时，将会产生对在业务加固及合理化方面具有运营和控制经验的候选者的偏好；③诉讼或道德犯罪类问题将会产生对具有法律方面经验的候选者的偏好。

在一项针对 232 位 CEO 继任者的研究中，Zajac 和 Westphal(1996b)为先前提到的一些普遍争论甚至很特殊的命题提供了支持。将挑选新任 CEO 设想成一场现任 CEO 和董事会之间开展的竞赛，他们发现，继任前组织绩效越差(由股票收益和盈利同时衡量)，前任 CEO 的权力越小(衡量指标有前任的任期、前任是否同时拥有董事长和 CEO 职位以及其任期内外部董事任命的比例高低)，新任 CEO 与前任 CEO 就越不相似(依据功能背景、年龄、受教育程度和教育机构的类型)。更有趣的是，Zajac 和 Westphal 发现导致新任 CEO 与前任不相似的要素与新任 CEO 与外部董事的相似程度有紧密的联系。人们也许会推断，CEO 和董事会是在参加一场克隆他们自己的比赛。正如在许多组织中所呈现的一样，继任的结果取决于 CEO 和董事会的权力谁大。

Westphal 和 Fredrickson(2001)表示，CEO 继任后的战略转变更多地反映了董事会而不是 CEO 的影响，因为新任 CEO 的选择可能反映的是董事会的偏好。与传统的观点不同，他们不认为外部董事除建议和商讨之外再无影响力，也不认为外部董事在战略和战略指导方面难以参与，他们建立了解释董事会如何通过对挑选新任 CEO 施加影响来发起战略性变革的理论。在他们的模型中，董事依据本企业的战略，来设想能更好地匹配目标企业战略的战略性变革；董事从外部挑选具有相关经验的 CEO，由此促成其预想的战略的实施。他们的证据为其模型提供了强有力的支持，并且更有趣的是，他们还得出了这些活动不受绩效驱动的结论。换句话说,当董事所在的总公司与其目标企业具有显著的企业战略区别时,无论目标企业的绩效如何,董事都可以通过操控 CEO 的继任来改变这家企业的战略,使目标企业的战略更加接近其总公司。

此外,Ocasio 和 Kim(1999)还调查了财务背景 CEO 出现概率增大——正如 Fligstein(1987)记录的直到 1980 年的情况——是否在 20 世纪 80 年代余下部分一直在持续。借鉴 White(1992)的成果,这项研究将继任"体系"与继任"模式"进行了对照。体系相对不变,而且经常存在一种"想当然"的状态。相反,模式是较为暂时性的,而且更易遭受冲突、争论和变革。他们的研究记录了来自企业中不同职能团体内精英间的控制权争夺赛,指出了管理者权力的过时性与争议性,尤其是在继任情境下。这一研究证实了掌权团体(具有财务背景的 CEO)技能的过时促进了这一团体的更替。更进一步地,这一研究对一个重要的调整机制——继任者的选择——进行了记录。

四、结 论

有关 CEO 继任的前因这一研究方向依然存在很多潜在的富有成效的途径和方法。我们提出了我们认为对今后的调查研究很重要的几点。首先,有研究者富有启发性的数据显示,有关 CEO 继任的前因近年来发生了剧烈转变。Hadlock 和 Lumar(1997)记录了相对于过去许多年前,近年来继任的驱动力发生了怎样的变化,但是至今仍没有对不久前——后安然时代——的变化(如果存在的话)进行记录的细致研究。因为《萨班斯-奥克斯利法案》要求上市公司确认并公开足够多的信息,所以便很有可能对继任产生重大影响。更进一步地,富有启发性的数据表明后安然时代的董事对绩效或其他问题的容忍度会更小,更可能吸纳外部人,而且还可能更容易为股东的短期兴致所驱动。对《萨班斯-奥克斯利法案》对于 CEO 继任进展的影响进行仔细的研究将会是一次很有意义的尝试。而且,内部继任不再是大型上市公司"惯常"的情况,很可能会对 CEO 职位之下的高管升迁和留用产生重大影响。如果内部继任没有较大的可能性,那么较低级别的管理者就没有必要将他们大部分的精力都投入同一家企业。鉴于有关企业专属技能的基于资源的论据,这一结果很可能对企业的长期竞争优势产生不良影响(Castanias and Helfat 1991)。

我们同样被近期对家族所有的大型上市公司的研究趋势所吸引。正如我们之前所指出的,有关"家族"企业如何定义尚存争论。对许多研究者来说(比如,Anderson, Mansi, and Reeb 2003; Anderson and Reeb 2003; Villalonga and Amit 2006),任何大型控股者的存在都会形成家族企业。此外,Miller 及其合作者(2007)的研究将大型控股者分为个人(企业家)和家族两部分。在后一种情况下,必须至少有两个家族成员是企业所有者以及活跃的经理人或董事。本质上,Miller 等人将家族企业定义为以向后代传承为主要目的的企业。基于这一定义,家族企业中继任研究间的关联清晰可见。然而,即使在只存在一个大股东而没有其他家族涉入的情况下,继任情形中仍存在一些有待解决的关键问题。近期的数据表明,企业家控制和家族控制的企业均大量存在,即使在美国上市公司中的情况也是如此——这是一个直到现在还被广泛忽视的事实。尽管有关家族企业中的继任问题已经存在很多文献,但这一问题的焦点已转向小企业而不是规模大的上市公司(比如, Handler 1990; Miller 1998; Handler and Kram 1988; Brown and Coverley 1999)。近来关于大型企业已有一些研究做出了贡献(比如,Lee, Lim, and Lim 2003; Wasserman 2003),但仍有很多工作有待完成。

关于高管继任的研究并无任何式微的迹象,而且许多有趣和具有挑战性的问题依然存在。例如,我们对文献的回顾强调了新任 CEO 的概况首先取决于董事会对现状寻求多大程度上的改变,以及这些改变的特性。董事会可能会理性地看待日渐浮现的对专家型 CEO 的新需求,他们也可能会进行不太理性的自我克隆或盲目地拒绝现任者偏好的候选人。进而,正如我们将要讨论的,继任者的特征将会对企业之后的战略、合法性以及绩效等产生重要影响。

第七章
高层变革:高管更替与继任的后果

伴随着对高管团队继任的讨论,我们现在转到与高管更替与继任的后果有关的话题上。沿袭图6.1(前述章节已介绍),我们斟酌高管继任怎样影响大量重要的组织产出。首先,很多研究表明,继任对继任者的行为具有重要影响。我们从以下几个方面组织对这一话题的讨论:一次继任可能产生多种多样的变革,继任过程如何影响新任领导的早期生存预期,以及伴随新任领导上任后的"持续进行的任务"。在第二部分,我们考察领导者继任的整体绩效后果,这也是多年来吸引了众多研究的一个话题。我们以回顾的方式开始本章。回顾的内容涉及 Grusky(1960,1961,1963,1964)关于体育团队的研究,以及他与 Gamson 和 Scotch(1964)广为公开的交流。尽管自这些研究开始的四十多年中选手们的身份几经改变,但他们关于替罪羊和内外部继任者的讨论还在继续。接下来我们转向情境因素,如所处的组织生命周期、伴随继任而来的组织层面的变动以及制度因素(如间断性的改变等)。然后我们回顾了大量有关股东反应的研究。在这之前,我们先提出一些议题以帮助推动未来有关高管继任影响的研究。

讨论完 CEO 继任的影响后,我们将关注点转向 CEO 之外的高管更替、高管团队的更替以及在 CEO 之下的特殊组织职位(如 CFO)的更替。在这方面的研究并不像关于 CEO 的研究那样多,因此我们设立一个部分单独讨论此类继任的前因后果。在最后一部分,我们列举了所有和继任有关但又不是紧密贴合如

图 6.1 所示的分析模型的研究。它们包括临时继任、战略业务部门（SBU）领导变革以及组织领导间继任后的清算（Fama 1980）。

一、继任有哪些后果？

研究者们更致力于了解继任的影响或其接下来的问题，而非高管更替其他层面的问题，是合乎情理的。然而，执着关注继任的影响却经常使得研究者们忽略了一些至关重要的情境因素，因此常得出经不起推敲的自相矛盾的结论。

两项在当代学术界对高管继任起到至关重要作用的研究——Gouldner（1954）对一家石膏厂高管继任的研究和 Guest（1962）关于一家汽车工厂的研究——的结果表明，是时候把关注点转移到关于高管继任效应的研究上了。在 Gouldner 的研究中，Peele 是石膏厂的新经理，他的前任是一位非常受欢迎的领导，很宽厚、包容。工厂效率下滑是 Peele 这个外来领导加入的原因。然而，工厂的其他内部管理者认为应该由他们中的一个来担任新领导；此外，Peele 采取了严格的管理方式，实施了大量的惩罚措施。员工士气和生产率骤然下降。

在 Guest 的研究中，Cooley 是汽车工厂的新任领导，同样也是从外部指派来应对低工作绩效的困境的。他的前任却有很多和 Peele 一样的特质——独裁集权的、爱惩戒的、粗暴的。组织里的成员很高兴能够摆脱前任领导，因此 Cooley 很快通过一种合作参与的管理方式、对不受欢迎的工厂规则的放松以及平易近人的行事风格得到了工厂上下的支持。员工士气和生产率都得到了大幅提升。

这两项研究，其中任何一项都能成为高管继任影响的统计研究中的一个数据点，通过它们完全相反的结果表明得出普遍性结论是非常困难的。换言之，如果一个研究者想要就高管继任得出一个普遍性的结论，那么他的预测模型不可避免地必然会包含一系列假设条件。Gordon 和 Rosen（1981）在一篇考虑周到的文章中同样验证了这一点，他们提出了一个包含大量前置和后置假设的继任模型。图 6.1 是关于 Gordon 和 Rosen 想法的一个更形式化的版本，它表明了我们的观点：一个人不可能在不考虑促成继任的因素、继任过程和继任者特征的基础上做出任何关于继任影响的令人信服的预测。此外，继任后的事件和行为是相互影响的，它们包括新任领导的行为、组织变革、组织绩效以及利益相关者态度。

1. 新任高管的行为和组织变革

新任高管面临的两难局面使得研究者在任期的早期预测领导行为和组织活动变得复杂起来。一方面,新任高管通常会由于缺乏信息而难以做出明智的决策。另一方面,他背负着证明其对这份工作的价值和管理效能的巨大压力,这通常要求他采取一些初期举措。

一个新任高管,即便是内部指派的,刚上任时由于缺乏对手头工作以及相关事实、各方往来、发展趋势及各种问题的了解,因此处于不利地位。Gabarro 关于新任总经理的研究也很好地揭示了这一点,他说,"在刚进公司的那段时间,你拼命地尝试着去了解组织。你面临着一大堆陌生的问题。你必须尽快了解周围的人以及他们的能力,这是最需要技巧的事情。起初你担心会打乱计划而什么也不敢做。但问题是你必须在你学着去了解它的同时让公司正常运转"(1987,1)。

相应地,新任高管花费大量精力去仔细审视(Aguilar 1967)、潜心钻研(Gabarro 1987)以及综合学习。Mintzberg(1973)建议新任经理花费相对更多的时间发展人际关系和收集信息(协调者和监督者的角色)而不是进行大量战略决策。其他研究者进一步强调新任高管与高管团队建立可靠的、建设性的关系的需求(Gabarro 1987; Greiner and Bhambri 1989)。

与此同时,新任高管也会为尽快展示他是这个职位的正确之选而感到压力重重。一种倾向是新任高管花费相当多的时间和高层(董事长或董事会的其他成员)打交道以获取信息和确认什么是他需要做的(Stewart 1967)。还有一种相关的倾向是新任高管尝试说服董事会建立"现实"的预期,正如一个被 Vancil 采访的高管所说的,"我体会到在和他们[董事会成员]的第一次会面时校正他们的预期有多么重要。我不想让他们认为我会带来一些能立刻解决所有问题的灵丹妙药"(1987,59)。

与管理团队和董事会间建设性、支持性的关系也许是在新高管职位上顺利渡过前两三年最重要的因素(Gabarro 1987; Vancil 1987; Greiner and Bhambri 1989)。但是,通常来说,新任高管出现意外事故或失败的概率相当高。在高管任期的前几年会有不成比例的解雇的情况出现(Fredrickson, Hambrick, and Baumrin 1988; Ocasio 1994; Shen and Cannella 2002a)。新任高管通常不像已在岗较长时间的高管那样拥有那么大的权力(Hambrick and Fukutomi 1991; Miller 1993)。如果新任高管既很脆弱又是在压力之下去展示其权力的,那么他们就不能只进行学习和建立关系,而必须采取一些实质性的举措。

(1) 持续进行的任务

我们现在来关注新任高管采取的战略性举措的类型。尽管没有普遍性的模式,但如果我们扩展 Gordon 和 Rosen 提到的关键点——"新任命的领导者并不是完全独立于其支持者和周围那些对他有所期待的人来履职的"(1981,239),就能够提高我们的预测有效性并能更好地理解新任高管所采取的举措。大多数新任高管都有达到组织当前的绩效和预期(Vancil 1987)以及董事会的期待(Zajac and Westphal 1996b)的任务(即使这些任务并不明确)。新任高管通常因为其与任务相匹配的资历和文凭而被相中,因此他们最初的行动也往往或者应该与任务相匹配(Gabarro 1987; Westphal and Fredrickson 2001)。Hambrick 和 Fukutomi 通过一个我们现在所熟知的 CEO 任命实例阐释了组织情况、任务、继任者选择、继任者资质和继任者行为的影响:

> 1981 年,通用电气获利颇丰,却有很低的增长率并且被主要成熟业务所拖累。在几个替代 Reginald Jones 作为 CEO 的竞争者中,Jack Welch 被董事会选中。Welch 以雷厉风行的行事风格与记录在案的创新以及不断增长的业绩而著称。甚至他的人口统计特征都似乎和所需要的一切相一致:年轻、接受过科技方面的高等教育以及在研发上富有经验。看起来 Welch 毫无疑问地能为通用电气注入青春和活力;他被准确选中,因为他的行为模式……被认为将会带来青春和活力;他背负着要像所期待的那样行事的压力。Welch 立马出售了大量低增长业务,将主要资源投入高增长业务以及当时还没有被纳入"技术"范畴的产业(如家用电器和照明),寻找技术优势,这一点都不令人感到意外。(1991,722)

Westphal 和 Fredrickson(2001)的研究(如前所述)明确指出,至少有一些董事会成员在继任者选拔上非常积极,并且他们的选择决策反映了其个人经历和偏见。而且,新任 CEO 一般至少是在考虑过他们的技能以及这些技能是如何与已感知到的企业需要和情境相匹配的基础上才被选拔出来的。这符合许多企业继任背景下"持续进行的任务"存在的现实。

作为同样现象的一个更广泛的指示,研究者不断发现外部引入的新任高管会比内部任命的新任高管在战略和人员上做出更多变革(Grusky 1960;Carlson 1962;Helmich and Brown 1972;Kesner and Dalton 1994;Kraatz and Moore 2002)。

基于我们之前在本章的讨论,我们有理由认为一个外部继任者也许只是一个格式塔指标:低绩效或者环境变化、董事会对彻底摆脱过去的渴望以及做出重大变革的使命。然而,它们中没有一个是二元对立的,都可以在阶梯式连续的条件下被考虑进来。和我们先前的讨论一样,我们提出以下命题。

命题 7-1:继任前组织的绩效越差,继任者做出的战略和人员上的变革就越大。

命题 7-2:继任者和前任高管的相似度越低,其做出的变革就越大。

命题 7-3:继任者越是极端的外来者(如表 6.2 所描述的那样),其做出的变革就越大。

此外,我们预期以下三者——一个"持续进行的任务"、对具有与任务相匹配资质的高管的选拔以及新任高管证明其初期绩效的需要——的结合将有助于带来那些能有力地反映新任高管背景的初期战略举措。因此,我们提出以下命题。

命题 7-4:在任期的前几年,高管的背景特征与其所采取的战略举措的数量、种类的关系比在这一职位上的其他任何时期都紧密。

(2)高管的早期生存预期

正如 Gabarro(1987)研究里一个看似异常的结论所阐释的,高管很有必要好好理解和忠实于其初期的任务。Gabarro 发现,其样本中少数来自行业外的新任高管在前三年所实施的组织变革比内部继任者少,这几乎与所有在这一方面的其他研究都不一致。他的解释是内部继任者具有更多的相关知识并且能够比缺乏知识的外部继任者更快地采取行动。然而,正如我们所提到的,这一发现本身背离了现有的其他证据。

但是,这一不同寻常的结论和 Gabarro 另外一个发现结合在一起来看就会变得合理起来:在他研究的有限的外部继任者中,很多人都失败了。正如我们所强调的,外部继任者容易在失败的可能性相当大时被引入以应对困境,但是他们之所以被引入却是因为董事会或高管想要进行重大变革。如果一个外来新任高管做出的变革比高层期望的少(就像在 Gabarro 的小样本案例中那样),那么他就表现得和任务要求的不一致。

Denis 和 Serano(1996)的研究为"持续进行的任务"这一概念以及那些为实现特定目标而有权安排继任者的极有权力的个人的存在提供了支持。他们研究了伴随CEO继任的资产重组(宣布出售账面价值至少为企业总资产10%的资产)。他们发现,相对于现任CEO,经过失败的控制权争夺而被挑选出来的新任CEO更倾向于进行资产重组,当企业存在独立股东时这种效应尤其显著。并且,他们证明,在其样本中,大多数独立股东作为控制权争夺的结果而特别地存在,以及他们因此倾向于支持资产重组。

出于以下三个原因,对早期任务的偏离增大了失败或者遭解雇的可能性。第一,由于相对缺乏经验与眼光,高管的行为可能超出其职权范围,导致错误的判断和应对措施。第二,当一个糟糕的决策被早点发现时,CEO做出一个错误的选择决策的成本会相对较低。因此,我们认为在新任CEO任期的头几年,董事们会保持高度警惕,他们可能会通过企业中资历更深的其他高管(Shen and Cannella 2002a)的监督活动来获得帮助。第三,当新任CEO的行为与董事会所期望的不一致,或者高管并不是按董事会所预想的方向着手行事时,即便是最微小的失误也会比在协商一致的方向上动摇时所犯的同样的失误引发的蔑视和报复更多。因此,一位产品创新专家被引入灌输创新思想时,他最好不要转向成本合理化——至少不要一开始就这样做。

考虑另一个实例。在ITT公司作为CEO进行了长时间的治理后,Harold Geneen退休并且被一个长期的内部助理人员Lyman Hamilton接替了位置,而后者在上任后立即取消了Geneen的许多收购计划。这并不是董事会希望这个继任者做的,所以他很快就被解雇了(Geneen留在董事会并没有帮到Hamilton)(Fredrickson, Hambrick and Baumrin 1988)。因此,一个新任CEO的任务,即便只是很隐晦的,也限制了他的自主权(Hambrick and Finkelstein 1987)。

因此,我们提出以下命题。

命题7-5:新任高管的任务、他的经历以及组织变革举措的数量和方向之间的相关性越强,高管任职超过三年的可能性就越大。

或者,有证据表明,CEO继任本身就会引发变革,而无论继任的本质是什么。例如,Weisbach(1995)考察了CEO离职和先前收购被取消的关系。[①] 他假设,当初做出收购决策的CEO出局后,取消绩效很差的收购的可能性将会增大,事实证据支持了他的假设。但是,他发现这种取消率在正常离职和被迫出局的CEO之间并没有差异;甚至在计划好的继任中,一个确定的继任者接任CEO职

---

① 关于资产剥离决策过程的详细情况可参见Shimizu(2007)以及Shimizu和Hitt(2005)。

位后仍会导致收购被取消。Ravenscraft 和 Scherer(1987)的一项研究得出了同样的结论。这两项研究指出,即便是常规的、毫无掣肘的继任也会使新任 CEO 做出那些前任 CEO 不愿意或是不能做的变革。

总而言之,高管任职后的行为变化多端并且无法被一般性地预测。但是,通过在预测模型中综合考虑当下情境、继任过程和继任者特征,我们对早期高管行为的理解能够得到有效提升。接下来我们将转向高管继任对绩效影响的话题。

2. 对组织绩效的启示

高管继任能改善或者降低组织绩效吗？对这个问题我们并没有总体的答案。如果继任明显是有益的,那么其效益会很快被知晓并且组织将会开始每周更换其高管。如果继任是明显有害的,那么这同样也会显而易见,然后组织会开始在高层启用健康的 25 岁的年轻人并且尽一切可能延长其职业寿命以及他们与组织保持联系的时间,包括为他们取消强制退休政策。尽管以上的问题看起来毫无希望并且很幼稚,但它确实是第二次世界大战后管理继任研究领域的初始焦点(Grusky 1963)。很幸运的是,学者们将研究推进到更有成果的问题上来,例如继任在什么时候才是最有帮助或者最有害的？我们现在追溯这一研究发展的脉络,总结提炼其中主要的结论和影响。

(1) 体育团队的研究

关于继任的绩效影响的大样本研究开始于对体育团队的一系列研究。这种组织类型,尽管或许只是与其他组织略微相似,但还是为研究者提供了以下两个方面的重要优势:控制良好的抽样程序,以及没有争议的绩效测量方法——这一点最令人心动。

Grusky(1963)从 20 年来由 16 支棒球队所得到的证据开始这项研究。他发现(场地经理)管理职务的继任率和组织层面的效用度负相关(1963,21)。Grusky 并不是简单地将其归因于单向的因果关系,而是总结出"恶性循环"的运作方式:绩效不良的团队倾向于替换掉他们的经理;新任经理却又对团队斗志和社会结构具有破坏性,因而进一步影响团队绩效。Grusky 宣称,该"恶性循环"理论(继任的负面影响)已经战胜了"常识"理论(继任会改善绩效)。

然而,Gamson 和 Scotch(1964)重新分析了 Grusky 的数据,并得出结论:这并不是"恶性循环"理论,而是已被证明的"替罪羊无效"理论。他们认为场地经理通常是在短期的"低迷"阶段被替换的;绩效之后会得到提高,但并不是因为场地经理,且这种提高是不可持续的。通过调查赛季中期继任的二次抽样样本,他们确实发现团队绩效在继任发生后立即得到提高但很少有能够维持下去的。Gamson 和 Scotch 打了一个比方——"如果我们对印第安霍皮族祈雨舞表演之前月份和随后月份的平均降雨量进行比较,就会发现随后的降雨量更多。但如果没有干旱就不会跳祈雨舞,所以这样的比较是有误导性的。尽管如此,这种'衰退终结'(slump-ending)效应也许有助于解释对这种惯例作用的固执信念"(1964,71)。

在这段故事里,Gamson 和 Scotch 提醒我们两件事情。第一,虽然低绩效不是发生继任的唯一情况,但继任更多发生于低绩效的情况下。甚至一些自愿离职是出于逃避、厌倦或面临绩效不良时预期会被解雇而采取的行动。第二,如果一个组织在某一时期的绩效特别差,则它在下一阶段的绩效很可能也相对较差,但是,平均而言,由于要回归到均值,因此绩效仍将有所改善。

在一次反驳中,Grusky(1964)引入了内部继任和外部继任的区别。他发现团队经历内部继任能改善绩效,然而外部继任却和组织绩效的轻微下滑相关。Grusky 称"内部继任者比外部继任者的破坏性小"(1964,74)。

接下来我们要回顾的两项关于体育团队的研究表明这一系列研究取得了相当大的进步,因为它们很可能对其他类型组织的继任具有相当重要的借鉴意义。第一项是 Allen、Panian 和 Lotz(1979)同样在棒球队进行的研究。他们的重要贡献是对向平均水平回归进行了谨慎的控制。为了和这方面研究的整体方向保持一致,他们也分别分析了内部继任和外部继任。[①] 图 7.1 展示了前一季度的绩效和当前季度的绩效相比,不同类型的结果是如何出现的,一般来说,在大多数组织环境中有以下四种继任情况:

第一,没有高管继任的组织。它们的绩效很高,并且在下一年中,它们的绩效依旧很高。

第二,有内部继任的组织。它们的绩效略低(在平均水平之下),并且在下一年中,它们的绩效仍旧略低。

第三,有外部继任的组织。它们的绩效非常低,并且在下一年中,它们的绩

[①] 他们也会将期间继任与期中继任分开。然而,无论继任发生在当期的什么时候,他们均使用整个时期的绩效,从而使这些比较变得没有说服力。

效或多或少有所提高,但很可能只是由于向平均水平的回归而已。

第四,有多重继任的组织。它们的绩效非常低。向平均水平回归的趋势不知怎么和它们无关,它们的绩效更差了(毫无疑问是因为多重继任,或是之前提到的"祈雨舞"效应)。

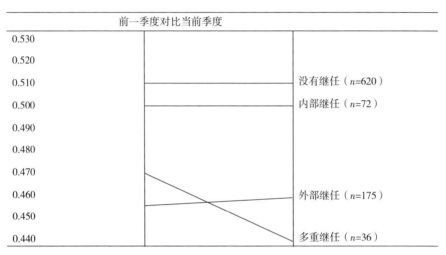

图 7.1　Allen、Panian 和 Lotz(1979)研究的棒球队获胜率:前一季度对比当前季度

注:继任发生在季度之间或当前季度期间。

因此,继任通常在一定的情况下发生,这些情况也许会造成一种是继任才导致这种情况发生的错误印象。但是,单纯的继任行为——尤其是当领导者所要求具备的资质没有改变并且没有理由相信新任领导一定比前任领导好时——无法做出关于新任领导带来的影响的有说服力的预测。

然而,高管确实在能力上有所不同,这是我们接下来要回顾的其余的体育团队研究的主要观点。Pfeffer 和 Davis-Blake(1986)对 5 年来 22 个职业篮球队的数据分析发现,正如我们所预想的,单纯的教练继任对随后的团队绩效(当先前的绩效被控制时)并没有影响。但是,当新任教练的能力被考虑进来时,继任又确实对随后的团队绩效有影响。具有良好的历史记录的,或是在职业篮球队有执教经历的,或是帮助过其他队伍提高战绩的新任教练,在被指派新任务时会比那些不具有这些资质的新任教练完成得更好。Cannella 和 Rowe(1995)关于棒球队的研究也得出了同样的结论,但是他们发现联盟的竞争力也有重要的调节作用。这些研究引入了一种常识性的但长期被忽视的观点,即除其他因素外,继任的影响取决于新任高管的能力。

关于体育团队中的管理继任方面的研究走过了一段曲折但是意义重大的道路。通过对体育团队相对可信、无争议的绩效测量,我们对继任的一些方面有了更多的了解。

但是,体育团队的两个方面在该研究中被忽略了,并且他们指出了在这种组织中观测任何继任效应的重要局限。具体而言,体育团队(尤其是开展已久的运动)在其所处环境中不会遭遇重大变革。它们的规则、比赛场地、球的尺寸等,尽管时过境迁仍保持大致相同。(我们相信棒球爱好者会很乐意让我们明白这一点,但即便是像引进人造草皮这样的事,也与航空业的管制放松或汽车产业的全球化截然不同。)体育教练的执教项目很少会从根本性上过时。

再者,竞争优势很大程度上取决于企业特定的因素(Barney 2002)。在所有竞争者都相同并且它们都从同样的来源中获取资源(如职业运动员)的情况下,培养企业独特的竞争优势相当困难。并且,企业特有的人力资本是竞争优势的核心,因为这很难被竞争者模仿(Bailey and Helfat 2001)。尤其是在自由经理人出现后,很难把体育团队如何能开发大量特有的人力资本概念化。基于这些因素,把管理继任当作一种适应性手段的想法(Pfeffer and Salancik 1978)在体育团队的设置中关联性有限。

(2) 这取决于继任情境

当规则改变时,当环境改变时,当新的重大战略建立起来并实施时——这些都是继任的影响可能会很深远的情境。在此,我们将考察集中在三个特定背景下的项目上:新兴企业,转型背景,环境动荡。

基于组织所处的生命周期,可以很合理地认为高管继任有不同的影响。Carroll(1984)沿着这一思路,认为企业第一个 CEO 的离职将是极具破坏性的;由于新兴企业相对脆弱,因此,在经历这种离职后企业倒闭的可能性会增大。用在 7 个随机挑选的城市中设立的 150 年家报社作为样本来检测这一观点,Carroll 得到的结果支持了他的假设,三个有趣的发现如下:①在首位出版人(基本上是 CEO)离开后,报社的倒闭率高得不成比例;②当出版人同时又是编辑时,倒闭率达到最高,对此的猜想是因为这种情况下高管的个性和价值观在报纸中体现得更为透彻;③与以后的时间(第三、六、十一年)相比,在报纸发行的前两年,高管离职对报社倒闭率的影响更大。很显然,当组织更稳固、更制度化时,首任 CEO 的离职就没有那么具有破坏性了。事实上,随着时间的推移和资源的积累以及合法性的提升,CEO 继任本身应该对倒闭率没有普遍影响。

在 20 世纪早期对一家本地电话公司的相似研究中,Haveman(1993b)得出了和 Carroll 相似的结论:高管的离职提高了组织的死亡率。这种效应在新公司中很显著,但是会随着时间的推移而减弱。因此,会有高管任职的连续性对组织绩效和发展尤其重要这样的组织情境出现。

同样,研究组织转型的学者一直强调新任领导对一次成功的转型是必要的。基于大量的样本数据,Hofer(1980)声称,如果想要转型成功,领导力上的变革是需要的,因为现任的管理者难以做出所需要的改变,并且失去了太多关键利益相关者的信任。Bibeault(1982)得出了同样的结论,但也提出了在转型困难背景下 CEO 更迭的一些数据。在他研究的 82 个转型背景下,3/4 有新任 CEO 参加。在这些新任 CEO 中,2/3 来自外部。这支持了对陷入困境的企业高层需要新视野、活力和信誉的总体描述。

在转型背景下,CEO 的更迭很可能只是形式上的替罪羊,或者"祈雨舞"效应。事实上,据我们所知,Bibeault 和其他研究者都没有提供在转型背景下不同 CEO 继任模式结果的有效证据。我们认为,通常来说,管理变革,尤其是由外来者带来的管理变革,在转型背景下提供了提高绩效的最好机会。

继任发生的制度环境是继任引发或未能引发战略变革的另一个重要因素。为了支持这一观点,Sakano 和 Lewin(1999)调查了日本企业中新任 CEO 在战略变革上的影响。他认为日本企业中的巨大制度压力——伴随着被动的资本市场、脆弱的治理结构和 CEO 补偿机制——会有助于减少新任 CEO 在日本企业中实施激进的组织变革。其 162 家日本企业的样本表明这些企业中的战略变革是渐进的,并且和继任相对独立。因此,在一些非常严格的制度环境下,更换领导者在整体战略上也许并不会带来很大的改变。

日本的情况在环境压力方面是极端不活跃的一种。或者,当环境动荡,尤其是出现重大间断时,现任高管的能力或许就会变得过时。在这样的环境下,高管继任通常是有效的。Virany、Tushman 和 Romanelli(1992)用 1968—1980 年微电子产业的公司作为样本来例证这个观点,据他们所言,该行业的环境非常动荡,在这种环境下,新的视角(或"二阶学习")是当务之急。他们发现 CEO 继任通常和微电子产业中的利润提升联系在一起。他们还发现当 CEO 更迭、高管团队更替与战略变革结合在一起时,绩效得到最大的提升,但此处最基本的结论是动荡的环境容易导致高层的更迭。

Tushman 和 Rosenkopf(1996)对 CEO 更迭、高管团队更替和战略再定位进行了区分,认为三者的影响在组织情境下是因情况而异的。重大变革在稳定情境下具有破坏性,而在动荡情境下是适合的。在 Tushman 和 Rosenkopf 进行的分析中,资历更老的高管的工作很大程度上取决于情境是否需要一阶学习(在收缩期)或二阶学习(在重新定位时)。利用这个理论,他们认为破坏性的继任(CEO 更替伴随着高管团队的更替,此外还有战略再定位)促进了二阶学习并且在动荡情境下很适合。在更稳定的情境下,这样的继任对随后的企业绩效不利。动荡也许来自情境或组织因素,这两种形式需要不同的解决办法。当动荡来自情境时,伴随着高管团队更替的 CEO 更迭是需要的;但是当动荡来自组织内部时,这样大规模的变革并不合时宜。该研究论证了情境对于预测 CEO 和高管团队更替以及战略再定位的影响的重要性。二阶学习在动荡情境下具有功能性作用,但在稳定情境下会引发功能失调。

当制度情境发生巨大的改变时,处于产业中心的组织经常在应对这种变化时不知所措。此时,从制度外引入的领导者也许对成功地适应变化至关重要。沿着这些观点所提供的思路,Kraatz 和 Moore(2002)着重关注了从制度外引入的新任领导的角色,研究制度是如何改变的以及是何种因素导致制度性措施被替代或废止的。他们对美国 600 所私立文理学院进行的抽样提供了强有力的证据。抽样研究证明,来自组织领域外围的新任领导(如来自焦点学院传统同辈群体之外的组织)在学院层面和制度层面启动变革发挥了关键作用。需要着重强调的是,该研究展示了来自组织领域边缘的领导者是如何利用知识传播和组织性的学习的,以及他们是怎样引入新的心理模型和假设的。

有趣的是,间断的情境变化并不一定会给产业中的所有企业带来相同的领导变革的压力,尤其是在情境发生变化的早期。例如,Haveman、Russo 和 Meyer(2001)研究了组织如何通过进行产业变革、领导变革以及和这些变化相关的绩效产出来应对间断的变化。我们先前大致回顾了这项研究,关注情境如何影响继任。他们的研究表明情境的间断性增大了管理继任的概率,但并不是马上。相反,这种间断性的影响是逐步显现的。同时,他们的研究也考虑到继任对绩效的影响,并且证明那些在间断的情境变化发生后及时主动更换 CEO 的企业,比那些等到绩效出问题(大概是由不连续性所引起的)后才做出改变的企业,拥有更高的绩效。

之前我们嘲弄了更换 CEO 本身对绩效有普遍影响这一观点(尽管早期研究

已经证明组织革新需要稳健水平的继任)(比如,Weisbach 1995;Shen and Cannella 2002b),现在我们为"稳健水平的继任在一定情境下是有益的"这一结论提供一条防线。在此,我们建立"匹配—转换/替代—再匹配"的概念。我们假设,一个董事会在选拔 CEO 时,会力求任命那些能力或资质与当时的以及未来可预见的企业情境相匹配或适合的人。新任高管也许并不是完全适合的(事实上,我们讨论了也许会使选拔偏离规范的理想状态的惯性因素和政治因素),但总的来说,这样任命的新高管会比随机选拔的高管更适合,并且在多数情况下都要适合得多。

新任高管基于其能力或新学习到的种种知识行事。然而,随着时间的推移,环境朝着不同于现任者的能力和视野的方向逐渐改变,并且改变也许是根本性的。那些认知上同步发展并且与环境变化保持同一方向的高管少之又少。因此,一开始在特定情境下很适合的高管随着时间的推移会变得不那么适合。

无论高管是任职至强制退休还是以其他方式离开,董事会最终都会有另一个机会重新调整,使高管能力与新环境和组织的要求相匹配。所以,一般说来,新任高管会比离开的高管更符合当前的和正在出现的种种要求。

例如,当 Reginald Jones 在 20 世纪 70 年代早期被任命为通用电气的 CEO 时,公司正在经历观察者所说的"无利润增长"阶段——公司大规模进入新兴产业,急剧扩张,但收益却不尽如人意。Jones 将纪律和秩序带入公司;在他 1981 年被强制退休前,公司面临的是完全相反的情况:利润极高但少有增长。国际机会与公司擦肩而过。随着 Jones 的离开,董事会有机会选择具有适应新出现的状况的能力的高管。他们选择了 Jack Welch,他以超凡的创新力、雷厉风行的行事风格和在科技领域的专业性而著称(Aguilar, Hamermesh, and Brainard 1991;Tichy and Sherman 1993)。

"匹配—转换/替代—再匹配"模型不是一个确定性的观点,我们是在描述趋势。并不是所有的选拔决策都是适合的;替罪羊式的、复制的、粗心大意的选拔也会出现。然而,我们相信这个框架允许我们用一种连贯的思路去解释在动态环境里的继任趋向于带来绩效提高这一重要发现。

"匹配—转换/替代—再匹配"模型的一些证据来自 Datta 和 Rajagopalan (1998)的一项研究,他们调查了行业环境和继任 CEO 的特征之间的关联。他们认为当新任 CEO 符合其行业要求时,他们更容易观察到最好的绩效结果(Gupta 1988)。他们着重观察了三个行业特征:资本密集度、产品的差异性和增长率。

他们在这三个特征以及继任 CEO 的组织任期、年龄、教育水平和功能背景间建立起联系以做出假设。他们进一步认为新任 CEO 适应行业特征的程度与其随后的绩效正相关。利用在 10 年窗口期内 119 家制造业企业 134 次继任的样本,他们提出了一般性的证据证明了新任领导和行业特征相适应会带来绩效提高这一观点。

(3) 股东的反应

基于高管继任事件也许包含着重要的信令信息(signaling information)的假设,研究者们探究了股东的反应。不论是在研究设计(测量和模型设定)还是在相应的结果上,这都造成了大量足以被形容为前后矛盾的著作的出现(参见 Warner, Watts, and Wruck 1988 以及 Furtado and Karan 1990 的大量文献综述。同样可以参见以下相关文献:Beatty and Zajac 1987; Friedman and Singh 1989; Lubatkin et al. 1989; Worrell, Davidson, and Glascock 1993)。

细述这些研究的一个主要障碍是它们通常包含了常规的和投资者完全预料到的继任事件;因此,当宣布或实施这样的继任时,它们并没有引起特定的市场反应。也许只有 CEO 的意外死亡才满足研究实验的要求。像这样的研究,一般来说,没有发现股市有所反应(Johnson et al. 1985)。

有人质疑大多数的 CEO 解聘是否足够"突然"以符合一个令人满意的研究实验的要求。然而,至少有两项研究发现解雇或者董事会启动的 CEO 离职产生了积极的股市反应(Friedman and Singh 1989; Worrell, Davidson, and Glascock 1993)。也许在遭遇困境的企业中会不同程度地出现这种情况,这样的解雇或许会给所有者们带来政策会有所转变的希望。

这一系列研究的一项重要改进就是已经开始致力于对离职声明和继任声明做出区分。尽管这种区分增加了操作方式的复杂多样性,但它至少在三项研究中产生了有趣的发现:外来 CEO 的任命会激发有利的股市反应。即便如此,每个结果的限制条件还是降低了这一模式的明晰度。Reinganum(1985b)发现,在他的样本中,外部继任者声明的 CEO 离职只在较小的企业中产生了积极的市场反应。[①] Worrell、Davidson 和 Glascock(1993)发现与任命外来者相伴随的解雇会产生有利的市场反应(支持"改变正在发生"的理论)。但是 Lubatkin 及其合作

---

① 我们的解释为,小企业会允许更大的管理自主权,即管理者发挥影响力的机会,因此,在这样的企业中,股票市场往往会支持外部继任。

者(1989)发现,在高执行力的企业中任命外来者也会带来良好的市场反应,这对简单的替罪羊理论提出了质疑。最近,Huson、Malatesta 和 Parrino(2004)总结道,董事会组成、法人股东、接任压力和外来 CEO 都强烈地影响着投资者的反应。然而,只有法人持股对管理资产利润具有重要影响。这些结果只是整个这方面研究不同结果的一个缩影。

我们为正在研究股票市场对高管继任反应的学者提供了四条建议。第一,努力将本章中以及本书其他部分提到的思路结合起来:注意管理自主权的概念并且在模型中加入适当的情境因素(诱发情境、继任过程、前任者和继任者的特征)。第二,仅在样本中纳入那些对投资市场来说接近或完全出乎意料的继任事件;否则,市场反应很难被捕捉到。例如,因为强制退休或任命一个长期指定的继承者而导致的 CEO 的离职,会在实际事件发生前被敏锐地、逐渐地体现在股票价格上。第三,考虑直接重复一些先前比较完善的研究。你也许会侧重于关注不同员工规模的企业或不同时期的企业,但目的应该是探究给出的既定模式是否具有稳定性。这一系列的研究利用了一组不断变化的变量和模型,因此得出了不一致的结论。直接进行复制可以让你成为第一个发现其他人已经发现的相同结果的研究者!第四,注意比较市场对继任声明以及高管任期头两到三年企业实际绩效的反应。积极的(或消极的)初始反应在多大程度上得到了证实?的确,一些卓越的战略研究者嘲笑那种认为可以从事件分析(event study)中发现所有战略影响的观点(比如,Porter 1987)。关于投资者反应的研究也许会为研究高管声誉、"领导的艺术"(Meindl, Ehrlich, and Dukerich 1985)和投资者对"祈雨舞"的信心提供重要视角。

二、CEO 之外的高管更替

CEO 之外的高管更替也许同样可以反映或预测重要的组织现象。尽管高管团队中其他高管的离职现象通常来说没有像 CEO 更替那样被广泛研究,但近年来也逐渐成为研究的重点。

包含 CEO 在内的高管更替的最一致的预测指标是组织绩效。Wagner、Pfeffer 和 O'Reilly(1984)发现,在 31 家大企业的样本中,高管团队离职的比例(在 5 年期间)与该企业相对于其行业的获利能力的相关系数为-44。Boeker(1992)在他关于半导体企业的研究中发现,低绩效和高管离职(尤其是遭解雇)间同样具有强相关性。接下来我们要回顾的最近的很多研究都呈现了相同的结论。

Blackwell、Brickley和Weisbach(1994)证明银行部门间的部门绩效是部门主管更替的重要决定因素,但是他们并没有判定外部市场是如何看待这种离职或者试图将整个企业的绩效与离职的高管联系起来的。同时,他们也提出了企业整体绩效从多大程度上可以归因于部门主管的问题。

以这些问题为基础,Fee和Hadlock(2003)仔细研究了收入最高的五种管理人员的更替情况,比较和对比了CEO和非CEO高管。他们注意到非CEO具有更高的更替率(大概15%,相较于CEO的9%来说)且非CEO的离职总是与CEO的离职相关的。Fee和Hadlock也注意到,与级别较低的管理者相比,CEO似乎对企业不良的绩效承担更大的责任。一旦他们控制了CEO解雇,绩效和团队成员的离职就没有什么关联了。

Fee和Hadlock也尝试去确定那些离职的高管是否在其他地方就职。通过对出版物和上市公司文件的查询,他们发现大概有16%的离职高管在其他地方就职。年龄对寻找新的就业岗位极为关键。在那些60岁以下的人中,他们发现有27%的人在其他地方被雇用;在那些50岁以下的人中,他们发现大约有42%的人在其他地方就职。通过新闻公告,他们推断当一家企业宣告高管即将"退休"时,其说的便是事实。那些被发现在其他企业就职的高管的2/3在上市公司,其余的在私人企业。一般来说,新的工作看起来较差——在更小的企业,处于较低的层级,薪水较低。在他们有薪资数据的相对较小的样本中,74%的高管已经接受了减薪。有趣的是,离职的情形对重新雇用几乎没有明显影响。那些被迫离职的高管更有可能被重新雇用,他们被解雇的事实似乎并没有影响他们新工作的质量。离职时的企业绩效对重新雇用的可能性或者新职位的质量并没有影响。他们推断,高管在离职时付出了代价,但这个代价之所以出现仅仅是因为发生了离职这个事实,而与离职的原因或者外界条件没有关联。

Fee和Hadlock(2003)也研究了管理者从一家公司到另一家公司的流动。这项研究旨在确定原公司更高的股票价格是否增加了外部劳动力市场对高管的需求,也旨在理解高管续聘策略的影响(例如"黄金手铐")。他们采用了分组抽样方式来调查这两个问题。样本一是1990—1998年间2 196家上市公司雇用的每一位外部聘用的CEO。高管离开当前的公司去往新公司时,当前的公司通过采取为期5年的买入并持有策略,使得状况通常比该高管刚来时要好,这种现象在高管级别越高时越显著。样本二是1993—1998年间443家大型上市公司所有离职(又被其他公司重新雇用)的高管。对这个样本,5年期的股票收益增大了高管跳槽到其他公司担任CEO的可能性。横向的跳槽不会被股价绩效所影响。没有证据可以证明期权和限售股对高管续聘有任何影响。然而,在原公司的晋升机会确实会影响人员去留,因为许多离职(与再就业)都发生在最近没有获得晋升的高管之中。最后,新雇主的雇佣津贴(签约奖金)与老公司的期权和其他奖励高度相关。

Fee和Hadlock(2000)研究了产品市场竞争和管理层更替间的关系。他们认为有关产品市场竞争对管理层更替的影响的理论对于这一关系的标示含糊不清。他们的研究记录了1950—1993年间作为样本的报社中6个核心职位人员(总裁、发行经理、广告经理、分类广告经理、执行编辑和体育编辑)的更替情况。他们报告称在竞争的情况下(当区域中不止一家报社时)更替率提高了27%,并且广告经理的提升幅度达到近60%。工作绩效(通过发行量或者发行量的变化来衡量)影响总裁和发行经理的更替,但不影响其他职位的更替。相对绩效只影响广告经理和发行经理的离职。竞争和更替方面的绩效没有相互作用。换言之,绩效和更替的关系并不取决于竞争的激烈程度。

更多最近的研究表明了CEO更替和非CEO高管更替间的几点区别。首先,一波高管离职通常是由CEO继任引发的,并且至少有一些离职的高管在其他企业成为CEO。因此,非CEO高管的工作变动很明显会带来晋升。其次,当新职位低于CEO水平时,高管的离职和再就业倾向于成为他的一种成本。也就是说,新职位通常会次于原来的职位(Cannella et al. 2002)。最后,关注与高管具体职责相关的结果的绩效考核,也许是比对整个企业绩效的广泛评估更加重要的离职的决定因素。

正如先前的研究所表明的,也如我们之前关于CEO的结论,整体绩效无法充分解释高管更替率。相反,其他因素——包括社会政治因素——也很重要。第一,离职反映了权力。在一个非常有趣的分析中,Boeker(1992)发现在绩效不良的企业中,权力大的CEO(那些拥有的股份份额很大并且被相当高比例的董事会成员所围绕的CEO)不会被解雇。然而,他们的助理被解雇的比率却非常高。强权的CEO能寻找替罪羊并且将责任转嫁到他们的下属高管身上。Boeker没有研究具体哪个高管会被解雇,但是我们有理由认为他们的个人权力——他们所拥有的股份、他们的精英关系圈层以及他们的能力和企业重要突发事件间的匹配程度等(Finkelstein 1992)——能高度预示他们自己的去留。接下来来自

CFO 的证据同样证实了高管权力的重要性(Reutzel and Cannella 2004；Mian 2001)。因此,我们提出如下命题。

命题 7-6：一个高管在高管团队中的权力越大,当企业绩效不良时其被解雇的可能性就越小。

高管离职或许也和内部的社会力量有关。正如 Wagner、Pfeffer 和 O'Reilly (1984)所发现的那样,高管团队的相关人口统计特征影响着高管离职。特别地,高管团队的异质性程度越高,就在企业中的任期而言,高管离职率就越高。在个体层面,一个既定的高管和团队其他成员的距离越远(就年龄而言),其离职的可能性就越大。依照已经被广为接受的社会心理学理论,他们认为,人口统计上的相似性加强了社会一体化,这转而也有利于社会交流和凝聚力的增强。当团队成员互不相同时,社会关系很弱,自愿和非自愿的离职会更多。那些和团队中的大多数人最不相似的成员,会是最有可能离开的。Jackson 及其合作者 (1991)利用附加的人口统计维度发现了同样的结果。因此,我们提出如下命题。

命题 7-7：高管团队成员间的人口统计差异越大,团队内的离职率就越高。

命题 7-8：一个特定高管和高管团队人口统计的集中趋势差异越大,其离职的可能性就越大。

然而,一个高管可能会因为其与最有权力的团队成员特征的差异,而不仅仅是与团队所有成员的平均特征之间的差异而增大离职的可能性。高管团队中通常具有清晰的权力分层——如果只是通过等级制度来衡量的话——并且那个和最高权力层极不相像的高管,会经历 Wagner、Pfeffer 和 O'Reilly(1984)所描述的那种社会差距和远离政治中心所导致的脆弱性的结合。例如,如果处于最高层的三个高管,包括 CEO 在内,全都具有营销背景,那么具有制造业背景的副总裁相对来说就可能会离职。

Kim 和 Cannella(2007)就曾提出,高管的社会资本可以根据其所在地和功能被分为内部和外部两个维度。内部社会资本(与 CEO 或者企业创立者紧密相关)的作用,在绩效良好时而不是绩效不良时与晋升的可能性成正相关关系。他们的研究表明,社会心理方面的因素,比如同质性,可以被绩效压力所抵消。一个韩国企业高管的大样本数据显示,当绩效良好时,那些和企业里有权力的人有社会关系(也就是强内部社会资本)的高管被提拔了,但是当绩效不良时,那些和环境中的强势组织有关(也就是强外部社会资本)的高管被提拔了。

结合社会性和政治性因素，我们提出如下命题。

命题 7-9：一个特定高管与团队中最有权力的高管在人口统计特征方面的差异越大，其离职的可能性就越大。这种关联性比命题 7-8 描述的更强。

尽管差异性也许会成为高管离职的先兆，但在特定情形下，人口统计特征方面的差异或许会增大离职的可能性。在此，我们具体讨论高管们具有许多共同特征——尤其是年龄几乎相同——并且都渴望成为下一任 CEO 的情形。过多的相似性会造成直接竞争，而当高管们的特征更分散时则不存在这样的竞争（Vancil 1987）。对手们不仅可能会在继任竞争（增大了摩擦和离职的可能性）中相互对立，而且在继任决策做出后，胜利者也可能会采取报复性措施（甚至是无意识的），失败者可能会自动离职。

我们认为 CEO 继任对其他高管离职的影响非常有趣并且可能很重要。除了紧接着 CEO 继任的大量离职的趋势（Helmich and Brown 1972；Gabarro 1986；Fee and Hadlock 2003；Blackwell，Brickley，and Weisbach 1994），这一领域尚未被仔细研究。正如我们以上所提到的，竞争者们在人口统计特征方面的相似性会影响离职率，并且继任过程的性质（不管是一场激烈角逐的"赛马"还是接力赛，这场激烈角逐的比赛的透明度有多高，有多少竞争者，这场竞赛和现任者离职有多大的关联）也可能对高管离职有非常大的影响。

高管团队（除 CEO 之外）因组织绩效而更替的影响现在还较少地受到研究者的关注。由 Virany、Tushman 和 Romanelli（1992）开展的一项在微电子产业的研究，发现了和高绩效相关的两种不同的模式。最典型的模式是高管继任、彻底的团队更替和战略再定位的结合。他们认为，这是一个需要在动荡的产业（如微电子产业）中适应的各种事件的戏剧性的结合体。然而，第二种更罕见的模式包括战略再定位和主要团队的更替，但 CEO 不变。他们认为，这些企业能够迅速采纳新的视角和知识（通过团队内的重大更替），与此同时保持与已建立的组织资源和能力的关联（通过 CEO 的留任）。然而，纵观这两种模式，很显然团队更替对绩效的影响超过了 CEO 更替对绩效的影响。在这一特定产业（动荡且经常变化），高管团队的更替似乎是有益的。

Tushman 和 Rosenkopf（1996）之前的研究揭示了情境对于预测 CEO、高管团队变革的影响以及战略再定位的重要性。同时，在高管团队层面，该研究提供证据表明，相对于进入的高管团队，离开的高管团队对绩效会有不同的影响。在团队层面，更替的特定类型（进入还是退出）对于适应性显然是很重要的，因此对于绩效而言也就非常重要。尽管他们对该发现并没有做出理论性的解释,但是它似乎会成为未来研究的一个富有成果的领域。

正如 CEO 更替一样,情境的不同也许会导致团队更替产生不同的影响。在这方面,Hambrick 和 D'Aveni(1992)开展的一项关于失败企业的研究极具意义。这项研究是关于 57 家破产企业和 57 家相应的幸存企业的,它观察了和企业失败相关的高管团队的特征。在破产前的每一个 5 年,失败企业在一些高管团队构成指标上都与幸存企业有所不同(更小型的高管团队,更短的任期,更低的具有核心功能经验如营销或销售、经营或研发等的高管人员比例,更低的高管薪酬)。此外,在 5 年内,这些差异加速扩大。通过对团队更替和绩效变化的交叉滞后分析,他们得出结论,在以下情况下双向因果过程或者"恶性循环"会发挥作用:①团队缺陷导致或加剧了企业衰退,要么是由于战略错误,要么是由于利益相关者对明显不足的团队感到不安;②企业衰退导致了团队衰退[通过主动离职(通常是最具有流动性和能力的高管)、寻找替罪羊、吸引高管人才的资源有限等综合因素的影响](如图 7.2 所示)。Hambrick 和 D'Aveni 指出,即使也许有办法来阻止这种持续衰退,它还是有引人注目的势头,这种势头以一种学者和顾问从未想过的方式将企业的转机严重复杂化了。最后,之前提到的来自 Shen 和 Cannella(2002b)的证据表明,来自企业内部的新任 CEO 很可能在继任事件后对高管团队哪个成员应该离开做出更好的决策,而在外部继任者升迁后,高管团队成员的退出可能会弊大于利。

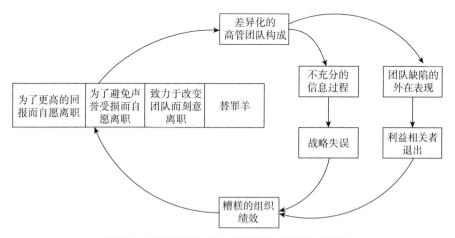

图 7.2　高管团队分歧和绩效不良的"恶性循环"

资料来源:改编自 Hambrick 和 D'Aveni(1992)。

Khanna 和 Poulsen(1995)将研究进一步建立在企业失败的情境上,评估企业破产的管理责任以及管理事业失败的影响。他们研究了企业破产前三年的管理决策,对一组提出破产申请的样本企业和与之相对照的没有经历财务危机的企业进行比较。他们也研究了投资者对企业持续衰退期间做出的决策声明(决策包括出售资产、关闭工厂、裁减人员、债转股和债务重组)的反应。他们得出的结论是,在两组样本中,高管做出的决策非常相似,只是在最终申请破产保护的样本中,高管更为频繁地做出决策。两组样本中,市场对决策声明的反应也大致相同。他们得出结论认为,破产企业的管理者做出的决策没有被投资者认为是价值递减的。并且,通过破产企业的样本,他们发现当管理者因为财务危机而受责罚时,管理者只是被当作替罪羊而已。

在这项研究的管理层更替部分,有证据显示,无论是对破产企业还是对对照样本的企业,投资者对于管理层更替声明[①]的反应都很明显和消极,并且投资者对内部继任和外部继任的态度并没有显著差别。他们在破产企业样本中发现,投资者对伴随着管理层更替的裁员声明具有强烈和积极的反应;而在对照样本企业中,相关反应却不显著。

Khanna 和 Poulsen 得出结论认为,在一个广泛的层面上,外部劳动力市场会对破产企业的管理者做出惩罚,即便他们的证据明确指出外部因素是破产的主要原因——替罪羊解释。

另外一个要考虑高管团队更替——其原因和影响——的情境是企业并购。并购是给研究更替现象带来严峻考验的社会破坏性事件。通常来说,并购者——以一种方式或其他方式——对留住被收购企业的高管具有明显的偏好。研究数据在这个问题上高度一致:被收购企业的高管会以极高的比例离职,大约是正常情况下的 2 倍(Hayes and Hoag 1974;Walsh 1989;Hambrick and Cannella 1993;Krug and Hegarty 1997;Lubatkin, Schweiger, and Weber 1999)。

然而,是什么因素影响着被收购企业高管离职的比例呢? 在代理的视角下,被收购企业之前的绩效应该会有显著影响,因为收购者会想要解雇那些他们认为无法胜任工作的被收购企业的高管。确实,被收购企业在收购之前的绩效解释了高管离职率的一些变动(Walsh 1989)。但是,Hambrick 和 Cannella 认为被收购企业高管的离职可以由一个相对稳健的概念——"相对地位"——来解释:

---

① 遗憾的是,Khanna 和 Poulsen 并未描述他们所谓的"管理者"的含义。不过从他们所报告的数量可知,除 CEO 之外,"管理者"还包括比 CEO 层级更低的主管。

收购通常笼罩着征服的光环(Haspeslagh and Jemison 1991; Hirsch 1986)。如果收购者感到大权在握或是高人一等,并且在与被收购方高管的互动和对被收购方高管的政策(包括但不限于直接解雇)中显露出了这种感觉,那么被收购企业高管的离职率会因此而受到影响。同样,如果被收购企业的高管感到低人一等,地位被剥夺或是掌握在收购者手中,那么他们将会倾向于离职。显然,收购者与被收购者的态度和行为相互影响。(1993,735)

Hambrick 和 Cannella 利用 97 个收购企业的样本来检验这些观点,得出和"相对地位"高度一致的结果。被收购企业在收购之前的绩效和离职率成反比(正如代理理论所预测的那样),收购企业和被收购企业之间的绩效差距是更为重要的预测指标。正如他们所认为的那样,"对优越感和自卑感的认知及行为,基于双方企业的绩效而调整。当二者之间的差距很大时,由于以下各种各样的干预因素,被收购企业的高管很有可能会离职:对于他们自己在合并后的企业中的能力和前途的自我怀疑、在收购企业高管手下被诋毁或降级以及直接被解雇"(Hambrick and Cannella 1993,756)。

其他相对地位的指标同样也和被收购企业高管的离职有关:温和的兼并会导致较低的离职率;高离职率紧随竞争投标而来;自主权丧失(收购者实施的政策)引发更多的离职;在收购后的企业中,个人地位得到保证(通常作为高级职员或董事)的高管相对来说不太可能离职。因此,在多重层面上,认为"相对地位"是被收购企业高管去留的主要依据的观点得到了支持。

在另一篇文章中,利用同样的样本,Cannella 和 Hambrick(1993)试图用高管离职的影响来检测被收购企业在被收购后的绩效。利用企业高管和证券分析师对企业被收购前后的绩效评级(在他们的评级中显示出高度的一致性),他们探讨了一些有关突发事件的情境(以往的绩效、关联性等)的假设,这些突发事件的情境可能会削弱高管离职和企业绩效之间的影响。然而,他们只发现了一种简单明了的关系:在并购后的头两年,高管的离职率越高,被收购企业在被收购后的四年里绩效就越差。即便是在那些被收购前绩效最差的并购案中,当离职率最低时,企业绩效也提升得最多。他们总结道,对于内部决策制度和社会过程以及与利益相关者的关系来说,并购是非常具有破坏性的。总之,资历深的高管的离职会加剧已有的严峻混乱的形势。

Krug 和 Hegarty(1997)也研究了收购与合并后的管理人员更替,指出收购一家美国企业时,外国收购者(非美国企业)会比美国收购者经历更高的更替率。他们只在美国范围内做了研究,但比较了盎格鲁收购者(美国和英国)、日本收购者以及非盎格鲁收购者和非日本收购者。有趣的是,所有三种类型的收购者前三年的更替率几乎相同。只有在第四年,尤其是在第五年,相对于盎格鲁收购者,日本收购者以及非盎格鲁收购者和非日本收购者才有较高的更替率。

Krug 和 Hegarty(2001)继续他们之前的研究,这次研究了高管对并购事件的认知,以及这种认知如何影响去留的决策。他们(并不意外地)发现对并购声明和并购后决策执行的变化有积极认知的高管更有可能留下来。有趣的是,已经离开的调查对象(高管)给他们的离开找了各种各样的理由。35%的高管因为"追求其他机会"或"按时退休"而离开;33%的高管因为较低的工作地位而离开;6%的高管因为作为交换的条件而离开;26%的高管因为被解雇而离开。对于那些没有离开的高管,家庭和社区的联系趋向于成为他们留下来的重要原因,即便有些人对并购后的职位并不满意。

Lubatkin、Schweiger 和 Weber(1999)试图复制 Hambrick 和 Cannella(1993)对相对地位的研究,但他们直接测度了对相对地位的认知而不是依赖于间接手段。他们假设,被收购企业的高管对于目标和收购者之间文化差异的认知与离职正相关,被收购企业的高管对于自主权丧失的认知与离职正相关。他们在收购后的第一年的发现都佐证了这两个假设,也在收购后的第四年发现了对自主权认知的证据。有趣的是,就像 Hambrick 和 Cannella(1993)以及 Walsh(1989)一样,其模型的解释力在第二和第三年都非常弱,因此产生了重要的问题,即在中间年份是什么程序在起作用。

Very、Lubatkin、Calori 和 Veiga(1997)研究了在欧盟(EU)组建后的收购浪潮中的整合收购。在 Hambrick 和 Cannella(1993)的基础上,他们将精力集中于相对地位的研究,直接测度被收购企业的管理者的认知。他们在一个 3×2 的设计中,研究收购了法国和英国企业的美国、法国和英国企业,并且将相对地位和文化联系起来。他们的研究总结道,收购后的绩效与收购企业的文化对被收购企业高管的吸引力正相关,并且与感知到的自主权丧失负相关。他们也阐释了文化距离的缓冲作用,这一作用对认知和并购后的企业绩效之间的关系有影响。重要的是,他们得出结论认为,尽管相对地位理论是为美国企业收购而建立起来的,但它同样也可以很好地预测欧盟企业的样本。

除了上面提到的研究,还有很多研究以一种形式或其他形式研究了高管团队中的成员间更替现象。例如，Barker、Patterson 和 Mueller(2001)研究了影响衰退中的企业的高管团队更替的组织层面的因素以及更替和战略变革间的关系。他们认为，不变因素(企业规模和企业当前战略下收缩期的长短)和变革因素(董事会的外部控制和濒临破产的风险)之间的矛盾会导致高管团队成员的更替，并且更替会与企业经营层战略、企业结构、企业控制权和经营领域的变化有关。他们的样本虽然很小(只有29家企业)，却为其假设提供了支持，证明更大型的企业和收缩期更长的企业会经历更少的更替和更少的战略变革，而外部控制与更多的更替和更多的战略变革有关。他们也提出，突发事件(例如一次失败的收购、一次恶意收购、一次失败的产品引进)似乎对高管团队的更替至关重要，因为更替是紧接着这些事件发生的。他们也描述了为 CEO "替罪"的离职高管是如何能够为一个有益的目标服务的——它改变了对现状的认知，帮助员工改掉了陋习，并且表明了改变的紧迫性。

Bigley 和 Wiersema(2002)调查了继承者显而易见的经验在 CEO 运用权力来启动多元化企业战略再定位中的作用。他们认为，要想在企业中观察到战略变革，CEO 必须同时具备实现变革的认知导向和力量——只有其中之一是不够的。为了观察战略再定位，他们的样本局限于多元化的企业，从而发现了支持其主要假设的证据。此外，在更多外部董事会任职的 CEO 也更有可能启动战略再定位，尽管他们无法检验关于这一现象的其他任何解释。沿着同样的逻辑思路，Shimizu 和 Hitt(2005)预测，当新任 CEO 来自集团外部时，一家绩效差的被收购而来的子公司更有可能被剥离。他们来自70家被收购企业样本的证据支持了这一预测。

Bloom 和 Michel(2002)赞成并且提供证据支持以下主张——高管团队成员间的薪酬差距增大了更替的可能性，同时也缩短了成员们的平均任期。

Mian(2001)研究了 CFO 的更替及其离职后到哪里开始下一份工作。Mian 设计该项研究来弄清规则的力量是否会以及如何在 CEO 以下的层面起作用，样本包含了1984—1999年间的2 227次 CFO 任命。Mian 指出，样本中50%的新任 CEO 是外部继任者——远远大于所报告的外部 CEO 继任者的数量。在 CFO 的更替中，35%的人是辞职；21%的人被内部调任；12%的人被重新任命；5%的人被任命为 CEO；只有11%的人退休了。总而言之，CFO 的更替本质上是有规则的——也就是说，它们因为绩效不良而发生。但是 Mian 发现市场对 CFO 离职的反应很小。对于内部替换，市场没有反应或是做出消极反应——并且只有当原 CFO 辞职和由企业内部人员继任时市场反应才是消极的。CFO 的更替同样也和 CEO 的更替相关。

Reutzel 和 Cannella(2004)建立起一个 CFO 晋升和离职的模型。他们预测认为企业绩效、CEO 继任、CFO 的权力以及 CFO 的效能是晋升和离职事件中的重要因素。结果表明,企业绩效、外部 CEO 继任、股息削减和 CFO 的权力都是 CFO 离职的重要前因。此外,企业绩效和 CFO 的权力也是 CFO 晋升的重要前因。

正如以上研究所阐明的,关注 CEO 以外的高管更替很有必要。研究高管更替的决定性因素使得我们能够以一种有益的视角观察组织中的社会性和政治性现象,并且研究团队层面更替的后果,尤其是在绩效方面的后果,最终会比只关注 CEO 更替使我们获得更深刻的见解。

总之,高管更替是一种对重要的组织现象的反映,同时也是其原因所在。然而,只有当有关高管和高管团队更替的各种各样的因素——突发事件的情境、继任事件及其程序、继任者特征和继任结果——被看作相互依赖的整体时,我们才能理解这些模型及其基本流程。

其他有关继任的有趣话题

在一篇有关临时 CEO 继任(一个创立者由于休产假而离开)的有趣且富有挑战性的人物志中,Ashcraft(1999)阐述道,在继任者的眼中,继任背后的原始推动力决定了继任者对继任这一事件本身的反应。并且,研究详细分析了继任者对临时控制权(临时领导者)变化的反应。这是一项在非常规情境下的非常规研究,采用了非常规的方法。这项研究同样也对女性和男性领导风格有重要的指示意义,因为该研究中离开的创立者是女性,而她的暂时替代者是男性。此外,参与到企业管理中的很多都是女性。

Drazin 和 Rao(1999)考虑了 CEO 角色之外的继任。他们的研究在一个 2×2 的矩阵中对比了非 CEO 高管的两个维度:与企业高层的距离,工作需要的是通才还是专才。在单元 1 中是 CEO(高层的通才)。他们的权力和董事会有关,并且更换 CEO 的影响很显著。在单元 2 中是部门经理(中层的通才)。在此处,绩效作为维度水平,由 CEO 而不是董事会来评估绩效。处于中心地位的领导者必须掌控好关键突发事件以获取权力,并且权力会因为可替换性而被削弱。在单元 3 中是战略业务单元职能经理(中层的专才)。他们几乎没有权力阻止解雇的发生,并且通常有很高的可替代性。最后,在单元 4 中是企业高级财务专员(高层的专才)。对于这一群体来说,权力来源于掌控关键突发事件的能力,并且在由谁来进行绩效评估方面是不明确的。

Drazin 和 Rao(1999)的证据得出了以下几点结论。第一,根据行业调整后的战略业务单元绩效与高管离职负相关,任期与任期和绩效的交互作用也同样负相关。其他的因素与绩效的相关关系并不显著。战略业务单元职能经理的权力减小了离职的可能性。这篇论文利用一个相对广泛的"绩效权力继任"模型阐释了对非 CEO 样本进行研究的重要性。

Pitcher、Chreim 和 Kisfalvi(2000)进行了一个继任研究的系统分析,并且就 6 项定性的案例研究做了报告——全都是在大型的国际性金融服务企业中进行的。在 8 年的研究中,子公司或母公司中发生了 9 次继任。他们的关键结论包括:两职兼任和董事会结构并不能解释继任的发生;需要有测度董事会警惕性水平的更好的方法;大股东(在这个案例中是母公司)在继任中行使了大量权力;为了发起继任,只需要一两个有权力的董事会成员;并且,很难将解雇与其他方式的离职区分开来。他们也总结认为,个性差异非常重要,因为有权力的领导者倾向于通过挑选其继任者以及企业中的其他领导者来复制他们的个性。最后,像其他许多研究一样,他们提到,所有的继任都引发了自动离职的浪潮。

Brickley、Linck 和 Coles(1999)研究了 CEO 激励[预期 Fama(1980)所提及的"清偿"会在 CEO 任期的最后几年失效]的范围问题。他们研究了 CEO 退任后在董事会的任职如何帮助缓解这个范围问题。如果 CEO 任期最后几年的绩效和其退任后在董事会外的任职有关,那么 CEO 就仍受到重要的激励以在任期的最后取得良好的绩效。他们考察了在母公司董事会留任和在其他董事会作为外部董事任职的情况。他们关于退任 CEO 的样本表明,那些年龄在 64 岁至 68 岁之间的退任 CEO 平均在 2.48 个董事会任职,近 88% 的退任 CEO 至少在一个董事会留有职位。在一个董事会中作为外部董事任职的平均薪酬是 44 000 美元(外加额外津贴和平时的津贴)。Brickley、Linck 和 Coles 得出结论认为,CEO 任职最后几年中母公司的绩效(包括股票和财务绩效)对其退任后是否在董事会任职很重要。特别地,基于市场的绩效与在母公司董事会的留任相关,并且财务绩效与外部董事会任职相关。他们的证据表明 CEO 在其任期的最后几年的绩效对其退任后的事宜,如董事会任职有重要影响。

三、结 论

正如我们的文献综述所提到的,关于非 CEO 高管更替的研究近年来已经丰富多样了。很多研究都试图考察 CEO 更替或高管更替与组织绩效的关系。然而,将 CEO 继任与组织绩效联系起来的研究都似乎苦于一个不可避免的事实:组织绩效是一个非常大的概念并且由十分复杂的前因所产生。所以,很难去严格地将任何单一的组织前因与总体的组织绩效联系起来。此外,任何像这样的研究都应该承认,其设计,就定义来说,都属于间接设计。也就是说,新任领导并不能直接创造组织绩效,但是必然会通过他们所进行的变革和采取的措施来影响组织绩效。这些变革和措施与组织绩效相关,并且这种关联十分复杂,还掺杂了许多不可控因素。我们相信会有更有用的方法来研究高管继任与更多中间组织产出,尤其是理论可以预测的、对组织绩效十分重要的产出的关联。例如,一个新任 CEO 也许会影响中间组织产出,如竞争反应速度(Yu and Cannella 2007)、竞争积极性(Yu, Subramaniam, and Cannella 2008)、新产品研制计划或企业层面的战略举措(比如资产剥离)(Hoskisson, Johnson, and Moesel 1994)。这些措施是否能导致高绩效是一个很重要但概念上有所不同的话题。

正如我们在这一章所详细阐述的那样,CEO 层级以下的更替和继任也是非常重要的一个议题,并且需要今后的研究进一步关注。在这些研究中,有一个重要的问题需要解决,那就是去界定并且捕捉到研究中的高管的实际职责。对于确定的职位来说,这个问题相当好解决。像 COO(Hambrick and Cannella 2004)或 CFO(Reutzel and Cannella 2004)这样的头衔已经有相对明确界定的职责与其相对应。然而,在高管团队层面研究中最常见的头衔应该是执行副总裁。这个头衔明显代表很高的地位,却几乎没有说明这一职务的实际职责是什么。这一事实极大地增加了研究和理解这一职位的继任所产生的影响的复杂性。

最后一个值得一提的话题是群体的概念。很多高阶梯队的研究表明,当一个新任 CEO 就职时,其或多或少地会负责构建高管团队。这揭示了群体层面有关高管团队继任的分析及其对组织绩效的影响。然而,除了极少的例外(比如,Helmich and Brown 1972;Shen and Cannella 2002b),有关新任 CEO 如何构建高管团队并没有成为许多研究的焦点。这个问题看上去很重要,在后安然时代,研究这个问题的时机尤为成熟。如果像我们在第六章中所提到的,CEO 继任在后安然时代变得更频繁,那么它很可能通过高管团队对较低层级的高管产生连锁效应。为了更好地理解继任对组织产出的影响,未来的研究有必要考虑这些问题。

第八章
了解董事会的结构、组成与警惕性

所有的上市公司都有董事会,表面上用来雇用和解聘高管,设定薪酬,回顾、批准和评价企业战略,并且通常意义上充当公司业务的监督者(American Law Institute 1984)。不管这些指令看起来有多么易懂明了,研究董事会的学者们还是对这个标准模型产生了许多担忧,并挑战了模型的假设和内涵。这些努力产生了一系列理论观点,而这些观点检验了董事会实际上做了些什么以及它们是怎样运作的。

资源依赖理论的学者们提出,董事会可以被作为一种机制,即通过共同选择能够代表组织未来关键偶发事件的外部人员,来降低环境的不确定性(Pfeffer 1972;Burt 1983)。社会阶层理论的学者们则更关注管理精英和董事会间的连接(Useem 1979;Mizruchi 1996;Mizruchi and Stearns 1988)。由管理理论的学者们所做的更具有描述性特质的一些早期研究则分析了董事会实际上做了些什么,这些研究通常得出结论认为,董事会是更缺乏活力而非具有活力的(Mace 1971;Herman 1981;Vance 1983;Wolfson 1984)。之后,代理理论的学者们通过强调董事会在监管[①]和约束高层管理上的作用,将其放在了公司治理的中心位

[①] 监管是指对管理行为的直接或间接监督(Jensen and Meckling 1976)。监管"可以通过财政预算、责任会计、规则条例以及政策等措施实现"(Tosi and Gomez-Mejia 1989,171)。

置（Fama and Jensen 1983）。在这一章和下一章里，我们会讨论这些不同的观点，从而建立一个董事会的模型。我们会回顾相关的研究，提出一些新的方向来指导未来在公司治理结构方面的研究。我们的主要目标是推动战略领导的研究和对战略领导中董事会角色的进一步研究。

从概念上讲，董事会在组织中履行两种职责。第一，它们起到缓冲器和跨越边界的作用，它们将组织与环境中的关键资源以及存在于董事相互连接的关系网中的有价值的信息连接起来（Price 1963；Pettigrew 1992；Kim 2002；Hillman and Dalziel 2003；McDonald and Westphal 2003；Zald 1969；Pfeffer 1972）。第二，董事会担任管理和内部控制的角色，一般认为（并且与法律相符）它们负责制定政策和进行监管（Zald 1969，Johnson，Daily，and Ellstrand 1996；Fama and Jensen 1983；Dalton et al. 2007）。这两种角色，一种以外部为导向，另一种聚焦于内部，实际上隐含在几乎每个涉及董事会的理论描述中。然而，其他的理论观点在看待董事会每种角色的重要性，以及对董事会在扮演每种角色的有效性的评估上都有所不同。

我们考虑同时聚焦于内部和外部的董事会活动，使每种活动都与战略领导相关联。我们对于董事会的主要兴趣聚焦于对其结构和组成的理解（第八章），以及它们对于高层领导和战略选择的直接及间接影响（第九章）。这种方法与本书的主题相一致，并且促进了对董事会的集中讨论。此外，这方面的工作量巨大，必然会对我们的研究范围有所限制。董事会影响着组织的战略选择，它们参与战略决策的制定，或者更一般的情况是，当战略决策被制定时，它们监督着高管。

图 8.1 展示了一个董事会模型，该模型强调了董事会如何与高层领导以及战略选择相适应。这个模型描述了影响董事会特征的主要情境条件，比如组成和结构。这些情境条件包括企业会面临的关键偶发事件、体制中的力量（社会阶层的影响和管理精英）以及代理的情况。反过来，董事会的特征也会影响其警惕性和行为——既包括监督和约束高管也包括参与战略的制定。根据我们的模型，这些董事会的活动会产生许多重要的影响。组织的产出会受到董事会警惕性的影响，战略参与度则反映了董事会在组织中的内外部双重角色，并且包含了不同的战略结果，比如多元化，资源管理，战略变革，以及与高管继任、高管薪酬和接管防御相关联的内部管理活动。此外，我们的模型还阐述了董事会的警惕性和战略参与是如何影响企业绩效的。这个模型是很有价值的，既体现在它

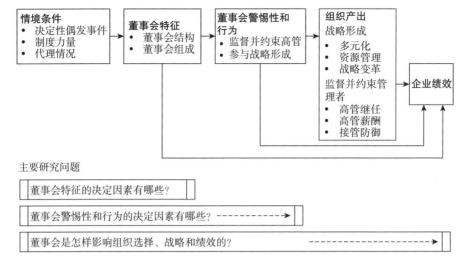

图 8.1　一个董事会模型

或许能够开发出一个有关董事会现象的预测性框架上,也体现在它针对广泛文献的极简的研究方法上。它还向那些想要更好地了解战略领导的人强调了一系列有关董事会的重要研究问题:①董事会特征的决定因素有哪些？②董事会警惕性和行为的决定因素有哪些？③董事会是怎样影响组织选择、战略和绩效的？在本章中,我们会解答前两个问题。第九章将解答第三个问题。

一、董事会结构和组成的决定因素

一种有效的方法是首先考虑董事会的特征。虽然我们可以列举出董事会的许多维度,但是出于一些原因我们的焦点还是在其结构和组成上。[①] 首先,董事会的结构和组成无疑是最基础的董事会维度,它们能够解释有关董事会的很大一部分研究(Zahra and Pearce 1989)。其次,不论是董事会结构和组成的决定因素还是其结果,都深深地根植于战略领导,因为结构和组成涉及社会的、心理的和经济层面的战略选择。

---

① 除结构和组成之外,调查董事会还可通过关注过程(它们如何作为群体相互作用,比如,Vance 1983；Finkelstein and Mooney 2003)、风格(它们的"个性"或操作模式,比如,Mueller 1981),以及内部组织(委员关系及委员会中的信息流动,比如,Brown 1981)等方式进行。

1. 我们对董事会结构和组成的定义是什么？

董事会的结构是指董事会的正式组织；它的主要维度是规模，是董事长、CEO 和董事会成员之间工作分工的界限。董事会的规模不难理解，它是由董事的数量所决定的。董事会规模长期被研究（Zald 1969）并且常常被视为一个关键特征（Pfeffer 1972）。[①] 董事会结构的第二个重要组成部分是董事长和 CEO 职位的正式结构。CEO 的二元性是指一个人同时拥有两种头衔的情形，而董事长和 CEO 职位的分离能被简单地称为非二元性。CEO 的二元性在关于董事会角色的讨论中是最具争议的话题之一，大部分的评论者都建议在企业中实行这两个最高职位的分离（比如，Lorsch and MacIver 1989）。然而，二元结构在那种要求强有力领导的情形下却可能是有利的（Finkelstein and D'Aveni 1994）。因此，CEO 的二元性是一个有趣的董事会结构特征。

董事会结构的第三个特征——其委员会——在历史上就没能在研究中吸引更多的注意，而那些确实存在的相对小部分的研究工作也是用委员会成员来研究其他现象。例如，Kesner（1988）以及 Bilimoria 和 Piderit（1994）通过研究董事委员会来检测在委员会成员中是否存在性别歧视。Ferris、Jagannathan 和 Pritchard（2003）利用委员会成员来检测那些服务于多个董事会的外部董事是否更倾向于逃避责任。Luoma 和 Coodstein（1999）则考虑企业是否会通过设立正式的委员会（如利益相关者委员会）来应对利益相关者关注的问题。所有这些研究，虽然对于理解董事会是重要的，但都在我们所要回顾的研究的范围之外。相比之下，我们确实要参看的那些关于董事委员会的少量研究，比如 O'Reilly、Main 和 Crystal（1988），则能更直接地贴合于公司治理研究中关于中心董事会的主题。

尽管有上述保留意见，但毫无疑问的是，董事委员会仍然能够引起战略学者和组织理论学者的强烈兴趣。Henke（1986）几年前认为，董事会对于战略的主要影响是通过委员会实现的，但是很少有严谨的研究考虑到这条影响途径（除了 Sherman，Kashlak，and Joshi 1998）。然而最近，两个因素被结合起来使得董事委员会变得更为重要了。第一个因素是针对外部董事的诉讼和其他威胁的大

[①] 正如我们之后在本章中所要讨论的内容，相当多的证据表明在 1980—1990 年间，上市公司董事会不仅规模缩小，而且也更加独立于管理（Westphal 1998；Westphal and Zajac 1997；Kaplan and Harrison 1993；Kesner and Johnson 1990）。

量增加(参见 Kaplan and Harrison 1993；Kassinis and Vafeas 2002)。这使得企业保证外部董事(尤其是独立的外部董事)的任职安全变得更为困难,因为外部董事可能会因为股东诉讼承担大量的责任,而这些责任无法完全得到补偿。

最近的第二个变化是 2002 年美国《萨班斯-奥克斯利法案》的通过和施行,随之而来的是一系列大企业的丑闻。《萨班斯-奥克斯利法案》大概是自证券交易委员会成立以来在公司治理方面所实施的最大范围的改变了。这个法案部分地规定了 CEO 和 CFO 必须亲自证实所有的财务报表,企业必须有审计委员会,并且要公开说明审计委员会中是否有"财务专家"。法案还进一步规定,企业需要非常迅速地公开任何高管或者董事的股票出售情况。在实施《萨班斯-奥克斯利法案》的同时,纽约证券交易所也修订了自己的规定,要求所有在纽约证券交易所上市企业的董事会必须有薪酬、提名以及完全由"非执行董事"组成的审计委员会；还要求非执行董事必须每年召开没有执行董事参加的集会,而且企业必须任命一名首席非执行董事(参见 Economist 2003)。到本书写作时为止,那些规定仍在演变过程中,但清晰可见的是,随着时间的推移,董事委员会将是一个更为突出的研究领域。

与结构相比,董事会的组成则定义了董事间的联系,而最近发现,它还定义了人口统计背景以及每个董事所带进董事会的专业知识。从董事会层面看,一家企业的董事会是由以下几个方面所组成的:①企业的高管(内部董事);②很少参与或不参与企业业务的其他组织的代表(独立董事);③与企业或企业中的重要人员有业务往来的其他组织的代表(比如为家族企业服务的律师),或者是与组织相关联的其他组织的代表(关联董事)[①];④创立企业的家族成员或者在职高管的亲属,而他们本身并不是企业的管理人员(家族董事)。尽管上述每个群组可能都会有不同的动机并且因此展现出不同的行为(Van Nuys 1993),但大多数关于董事会组成的研究都还是应用"内部"和"外部"这种更为简单的分类方法。由那些大量关于合并的文章可知,董事会的组成有时已经被视为最重要的董事会维度之一(Zahra and Pearce 1989)。

最近,有一种重要的趋势,就是将上述第三种和第四种分类合并起来构成一个

[①] 美国证监会将紧密联系(affiliation)定义为:(1)在过去五年中与该企业发生雇佣关系;(2)是企业高管或创建者的亲属;(3)是非常重要的顾客、供应商或与该企业形成信用关系;(4)投资银行家;(5)持有该企业股票(或债券)的公司代表;(6)企业聘请的律师事务所成员。

单独的"关联董事"的分类。关联董事是那些与企业具有"重要"业务往来的人——被证券交易委员会[Item 404(a) of the Securities and Exchange Act of 1934]定义为一年拥有 60 000 美元或更大业务量的人。此外,证券交易委员会将"某种业务关系"[Item 404(b) of the SEC act]定义为对企业的重要报偿,以作为对企业所提供的服务、财产、重要的恩惠、法律顾问、商业融资、咨询以及先前被企业作为高管雇用等的回报。这些个体的身份能够在股东签署的委托书中得以确认,或者保存关联董事名单的信息服务机构,比如投资者责任研究中心(IRRC)存在。

正如前面所提到的,董事会的组成也可以从人口统计的角度来研究。因此,其组成也可以由年龄、任期、种族、管理经验、行业经验和成员异质性等特征来定义。有趣的是,这表明将高阶梯队理论延伸到董事会并且研究不同的董事会成员特征和组织产出间的关系是可能的。之后,我们就将回顾沿着这些思路所进行的一些研究(比如,Goodstein, Gautam, and Boeker 1994;Daily, Certo, and Dalton 1999;Hillman, Cannella, and Harris 2002;Hillman and Shropshire 2005)。

董事会组成的最后一个层面是每个董事的持股比例;这在很大程度上或许可以解释董事会的很多事情,比如其相对权力。在外部董事的表现之后,董事权益成为下一个被研究得最多的董事会特征。然而,在许多研究中,董事持股的定义取决于内部董事、独立董事、关联董事和家族董事的定义(比如可参见 Villalonga and Amit 2006;Miller, Le Breton-Miller, and Lester 2005;Johnson, Daily, and Ellstrand 1996)。因此,持股比例和董事会组成的研究方法通常是相关联的。

研究董事会特征如何随时间的推移而变化也是很重要的。这一点尤其相关,因为董事会特征的改变是由董事会成员的离开和新成员的加入而导致的。董事离开其职位有许多原因:强制退休、疾病或死亡、转向更有声望的董事职位、缺乏充足的时间实现有效管理、被新任 CEO 所驱逐、与其他董事或 CEO 意见不合或者避免与绩效不良企业的污名相关联。尽管如此,与大量有关 CEO 离职的研究相比(在第六章讨论过),关于董事更替和选择的研究仍然很有限。[①]

[①] 作为高管成员的内部董事已被更为广泛地研究(比如,Wagner, Pfeffer, and O'Reilly 1984)。因此,我们将主要关注外部董事的任期与甄选。不过,企业管理者被任命为董事会成员这一问题也非常有趣且值得研究(某一管理者被董事会除名可能与他离开企业是一致的,因此对董事任期的这一方面稍微少了一些理论兴趣)。例如,管理者在以下情况下可能被选为董事会成员:(1)当他们被指定为 CEO 的继任者或潜在继任者时(Vancil 1987;Cannella and Shen 2001;Hermalin and Weisbach 1988);(2)作为对高绩效的奖励(Vance 1983);(3)其权力的结果(Finkelstein 1992)。因此,内部董事的甄选依然是一个有趣且重要的研究领域。

现在我们转向检视图8.1的第一个部分,概括出影响董事会特征的主要情境因素——关键偶发事件的影响、机构的权力以及代理情况。

2. 关键偶发事件

关键偶发事件有不同的来源,但是它们在带给组织解决必要事件的挑战上确实具有共同点。尽管关键偶发事件在环境紧急事件中有时被认为是唯一的,但我们还是会考虑从企业战略和绩效中产生的重要事件。

资源依赖理论的一个中心原则是企业努力降低与其相关环境的不确定性(Thompson 1967)。这种不确定性源于从环境因子中获取重要资源的需要(Pfeffer and Salancik 1978;Miles 1982)。董事会可以通过建立与其他董事会间的相互连接(Dooley 1969;Burt 1980;Pennings 1980;Mintz and Schwartz 1981)或者合作战略(Thompson and McEwen 1958;Pfeffer 1972;Burt 1979),来帮助降低组织间的依赖性。选举是"一个在组织的领导和政策决策结构中吸收新要素的过程,并被作为避免企业稳定性和存在性受到威胁的方法"(Selznick 1949,13)。这意味着,选择董事是因为他们有能力通过提供对企业至关重要的资源来降低环境的不确定性。

存在强有力的实践证据来证明这个观点。Pfeffer(1972)研究了80家制造业企业,发现那些相对具有更高财务需求的企业在董事会中拥有更多的银行家和董事以及更高比例的外部人员及律师。在接下来的一项针对57家医院的研究中,Pfeffer发现,"那些依靠相对较多政府资金来运营的医院……在董事会成员的选择上更看重他们的政治关系"(1973,358)。更通常的情况是,组织对环境要求的反应会趋于增加董事会的规模和多样性(Pfeffer 1972;1973)。

Pfeffer的两项研究是建立在先前社会学家的研究工作基础上的,比如Zald(1967),Zald发现非营利性组织董事的选择,是建立在他们募集资金和处理环境威胁能力的基础上的。资源依赖方法的基本逻辑也已经被最近的研究所支持(Provan 1980;Hillman, Cannella, and Paetzold 2000;Hillman, Cannella, and Harris 2002;Birnbaum 1984;Mizruchi and Stearns 1988;Boeker and Goodstein 1991;Pearce and Zahra 1992;Stearns and Mizruchi 1993;Hillman 2005;Lester et al. 2008)。

虽然选举战略通常被形容成一种降低不确定性的机制(Pfeffer 1972),但是选举可以以两种途径进行。比如,一个代表银行的董事可能会鼓励更重的负债负担以为其所在的企业带来更多的承销业务。因此,在董事被任命去拓宽对必需资源的获取通道的同时,他们也可能会满足自身的工具性需求(Aldrich 1979; Lester and Cannella 2005; Lester et al. 2008; Mizruchi 1982; Mizruchi and Stearns 1988)。

第二种类型的关键偶发事件可能来源于企业战略。Pearce 和 Zahra(1992)认为成功的多样性需要:①资产组合管理(Leontiades and Tezel 1981)和收购整合(Dundas and Richardson 1982)的技能;②进入外部资本市场的渠道(Oster 1990);③不同的技术知识(Roberts and Berry 1985)。他们发现多样性与董事会规模和外部董事代表正相关。这些结果与 Baysinger 和 Zeithaml(1986)的研究一致,他们发现人口统计特征在多元化企业和非多元化企业中存在差别。

与战略的概念紧密相关的是企业的生命周期阶段。Lynall、Golden 和 Hillman(2003)将董事会组成描述为由生命周期阶段以及 CEO 和外部金融家间的相对权力所决定的函数。他们认为,在某种程度上,当 CEO 比外部金融家更有权力时,董事会组成就将反映这种资源依赖关系。另一种情况下,即如果是外部金融家拥有更大的权力,则董事会将趋于反映代理(监管)或机构的要求。有趣的是,他们还注意到大多数的董事会都是成立于 IPO 之时,并且这种最初的董事会通常会趋于持续下去。出于这个原因,IPO 时的情况会成为此后几年内董事会组成的一个重要决定因素。

企业绩效也会影响董事会的结构和组成。大量的证据显示,绩效不良的企业有更高的管理更替率(比如,Wagner, Pfeffer, and O'Reilly 1984; McEachern 1975)。在某种程度上,这种更替会影响到内部董事,使得这些内部董事会被董事会的外部董事所替代(为的是提供新观点和加强监管),绩效不良的企业将会引进外部董事代表。在一项 1971—1983 年间关于 142 家大企业的研究中,Hermalin 和 Weisbach(1988)发现下降的利润和更多的外部董事相关联,这与上述逻辑是一致的。然而,与 Hambrick 和 D'Aveni(1992)对 114 家破产或幸存企业所做的研究一样,Pearce 和 Zahra(1992)也对 1986 年 119 家《财富》500 强企业做了研究,却得出了相反的结论。有趣的是,与 Hermalin 和 Weisbach(1988)的研究相比,Hambrick 和 D'Aveni 表明了随着企业接近破产以及外部人员的离职比例上升,外部董事的离职是怎样作为高管团队境况恶化的一部分的。但是在另一项研究中,Gilson(1990)检验了 111 家 1979—1985 年间境况糟糕的企业,并没有发现财务困境和外部董事代表之间存在关联。

Daily 和 Dalton(1995)利用 Hambrick 和 D'Aveni 的 57 家破产企业与配对的(非破产)企业的样本,再加上 50 家申请破产的企业与 50 家配对的非破产企业的样本,来研究在失败企业(申请破产前的 5 年)中 CEO 和董事成员的更替情况。他们发现(在这些企业中)CEO 和董事的更替确实增加了,但只有微弱的证据表明具有双重身份的人的数量减少,并且根本没有证据支持外部董事的比例会上升的预测。

这些不相一致的发现可能是由于绩效衡量的差异。例如,Hermalin 和 Weisbach(1988)用的是市场导向的指标,Pearce 和 Zahra(1992)用的是财务导向的指标,Hambrick 和 D'Aveni(1992)、Gilson(1990)以及 Daily 和 Dalton(1995)则将处于破产阶段或接近破产的企业作为样本。此外,在研究时期和模型设定上也有很重要的不同:Hermalin 和 Weisbach(1988)从前一年的变化开始,既测量了企业绩效也测量了外部董事代表情况;Pearce 和 Zahra(1991)对企业绩效进行了时期延后并且采用了外部董事代表的绝对衡量标准;Hambrick 和 D'Aveni(1992)运用了上述多种方法;Gilson(1990)报告的是简单的方法。绩效作为对董事更替的一种解释,相较于其产生于关键偶发事件的逻辑,更可能产生于制度视角。接下来的部分我们就将展开对这一观点的论述。

3. 制度力量

有关社会阶层理论和管理精英的研究展示了对董事会组成的另一种不同的解释。根据这一研究,资产阶级文化在董事们的交互影响下得以发展(Useem 1979;Ratcliff 1980;Useem 1984)。一个个体在这种所谓的商务精英中的权力取决于其在社会关系网络中的地位,而这种地位在一定程度上是由其所担任的董事职务所决定的(Warner and Abegglen 1955;Porter 1957;Clement 1975)。董事职务是在商务精英圈中与重要人物建立和保持联系的一种方法(Mariolis and Hones 1982)。正如 Koenig、Gogel 和 Sonquist 所认为的,董事职务间的相互连接能够让"商业领袖们同时占据几个有影响力的地位,从而使他们能够更有效地提升自我及其在经济和社交圈中的联合利益"(1979,177)。这些高层的商务人士通常享受在与其一样的精英社交俱乐部、商务圈和政府政策论坛中成为其中的一员。对他们而言,董事的职务为他们提供了无形的回报和声望,而这些正是商务精英圈所重视的(Allen 1974;Useem 1979;Mizruchi 1982;Palmer 1983;Davis 1993)。

这项研究表明,董事会因为其在团体中的私人关系而被选入董事会中(Mintzberg 1983a)。① 虽然一些人认为董事会事实上已不再是"老男孩俱乐部"了(Lorsch and MacIver 1989, 4),但是关于董事会间的连接以及商务精英圈令人信服的证据却一直在不断地累积。例如,在一项关于美国最大企业的董事的研究中,Davis(1993)提出那些在 19 世纪 80 年代被任命的董事,其所在的新董事会的数量取决于:①他们所在的其他董事会的数量;②他们已拥有董事职务的董事会的关联网络中心性。与代理理论的预测相反(Fama and Jensen 1983)②,绩效更好企业的董事相比绩效不良企业的董事更不可能进入新的董事会,具有恶意收购目标的董事相比其他董事更可能进入新的董事会。Davis 的研究提供证据支持了包括董事的声望以及他们在商务精英圈中的地位在内的制度因素作为董事会选择的预测因素,但是并没有支持代理理论观点的预测。

对董事间连接和社会阶层理论的研究强调了董事职务本身具有的声望,以及它是如何提升一个个体在管理精英圈中的地位的(Allen 1974;Useem 1979)。虽然成为管理精英圈中的一员即意味着成功,但同时也意味着有义务维护共同的成功形象。尽管 Davis(1993)认为,董事处于绩效不良企业的董事会中会影响到他们在精英圈中的地位③,但是这个观点与 Fama 和 Jensen(1983)的观点并没有太大的不同,他们认为外部董事的主要目的是建立和保护其声望。在某种程度上,如果董事未能成功履行其受托责任,则甚至可能会出现事后"清算"的情况,这需要以董事声望和相应的回报作为代价(Fama 1980;Gilson 1990;Kaplan and Reishus 1990;Hambrick and D'Aveni 1992)。

这个论点的逻辑表明了以下几个命题,而其中只有一个已经得到了验证。④

命题 8-1:一家企业的绩效越差,其董事离职的可能性就越大。

Hermalin 和 Weisbach(1988)在其研究中并没有发现任何支持这个命题的证

---

① 虽然我们在这里的讨论主要是从企业的角度关注董事甄选,但社会分层理论也指出个体寻求董事职位的原因是它可以提升其在企业精英圈中的社会地位(Useem 1979;Lester and Cannella 2005)。

② Fama 和 Jensen(1983)论证了外部董事会成员的声望将成为他们被任命的一个极为重要的考虑因素。因此,从这个意义上来说,企业绩效是声望的一个积极指标,代理理论预测绩效更好的企业的董事将更有可能被任命为新董事会的成员。

③ Gilson(1990)的研究表明,对于已从受困企业中辞职的外部董事而言,其拥有的董事职务数量在其辞职后的三年内减少了 35%。

④ 董事更替与较差绩效相关的想法也和管理者的更替理论相一致(Harrison, Torres, and Kukalis 1988)。因此,董事更替与企业绩效的负向关系也可以反映对于董事责任的归因。虽然这样一种选择性解释无法被轻易排除,但目前并不清楚企业中谁将进行这样的归因。

据,但是 Hambrick 和 D'Aveni(1992)、Daily 和 Dalton(1995)、Gilson(1990)对于境况糟糕的企业的研究,以及 Walsh 和 Kosnik(1993)对于恶意收购的研究则支持了该命题。

命题 8-2:一个董事担任其他董事职务的数量越多、声望越高,他就越有可能离开绩效不良的企业。

命题 8-3:当企业绩效不良时,一个本身是该企业 CEO 的董事更有可能离职。[①]

请注意,命题 8-1 至命题 8-3 表明,绩效不良的企业会降低外部董事职务的价值,因此那些担任其他董事职务或处于其他雇佣关系中的人会发现继续在绩效不良的企业中供职的成本会超过收益。其含义即是,企业或董事的绩效会对董事获取或维持其他董事职务的能力产生影响。比如,Gilson(1990)不仅发现破产企业中的董事更有可能离职,而且还报告称没有发现任何一位离职的董事会在另一家三年内将破产的上市公司任职。这项证据尽管具有暗示性,但还是表明当企业绩效不良时,外部董事要承担损失。

自 Gilson(1990)的研究以来,已有几项研究试图更好地理解企业董事市场以及如何发挥(或不发挥)作用以提高治理的有效性。例如,Brickley、Linck 和 Coles(1999)表明,对 CEO 而言,无论是退休后继续在原企业供职,还是退休后担任外部董事职务,都在很大程度上受其在原企业任期最后一年的绩效影响。虽然继续留任于原企业董事会与 CEO 任期内的股票绩效有很强的关联性,但是之后任职于外部董事会的行为则最好用财务回报来解释。这个证据表明在绩效公开后,任管理职位时的绩效对于获取外部董事职务的机会有重要影响。然而,在最近的一篇论文中,Westphal 和 Stern(2007)发现那些在低监管和低控制水平的企业中任职的董事,事实上更可能获得其他企业中额外的董事会席位,这个结果要归功于这些董事所具有的打破常规的品质。

另外两项研究检验了董事会的可见行为及其对之后的董事会任职的影响。在第一项研究中,Coles 和 Hoi(2002)研究了对反收购立法通过的反应会怎样影响那些在立法通过期间任职的董事之后获取董事职务的机会。他们研究了《宾夕法尼亚参议院法案》(SB)1310 条款,该法案严厉禁止收购,但是却为现有企业提供 90 天的时间来"选择退出"部分或全部立法条款。经由"选择退出",董

[①] 该命题假设,与其他外部董事相比,在任 CEO 将受到潜在名誉损失的更大威胁。

事们可以通过保持收购的大门敞开,来向外界传达其强有力的管理的承诺。①他们指出,在那些"选择退出"部分或全部《宾夕法尼亚参议院法案》1310 条款的被外部人员所主导的董事会中,每位董事在未来三年内获得至少一个董事席位的可能性是其他董事的三倍。

在第二项研究中,Farrell 和 Whidbee(2000)观察了外部董事离职的可能性以及那些促使 CEO 辞职的外部董事所拥有的新董事职务。证据表明,平均来看,在 CEO 被解雇后董事更可能会离开董事会,但是一些董事却能从解聘中受益。那些最容易离开的董事是与被解雇 CEO 有紧密关系的人。有趣的是,Farrell 和 Whidbee 还跟踪研究了市场对于替换决策(指新任 CEO 的身份)的反应。如果市场的反应是积极的,则他们就会认为这些董事做出了"好的"替换决策。那些没有与即将离职的 CEO 有紧密关系的董事、那些拥有大量股份的董事以及那些做出好的替换决策的董事,不仅更有可能留在解雇 CEO 的企业的董事会中,而且更有可能获得随后的董事职务。

其他的研究者已经超越了对绩效和声望的关注,开始研究能够影响 CEO 和董事长获得外部董事席位的其他因素。Booth 和 Deli(1996)研究了 CEO 和董事长担任外事董事的数量,并将其作为这些 CEO 和董事长原来所在企业的特征和任期的函数。他们强调的是外部董事的供给问题,这与 Kaplan 和 Reishus(1990)以及 Gilson(1990)考虑外部董事需求的研究相反。② Booth 和 Deli 主张,CEO 或者董事长是否选择作为外部董事取决于其原来所在企业的性质(增长前景)、CEO 的二元性以及 CEO 的任期。他们的逻辑表明,管理增长型企业的 CEO 更稀缺,并且与那些处在低增长企业中的 CEO 相比具有更高的边际产量。因此,由于高机会成本,这些 CEO 更不可能选择担任外部董事。关于二元性,他们则认为当 CEO 和董事长的职位相分离时,董事长有可能会培养继任者(Vancil 1987),并且也许因此更愿意也更能够接受外部董事职务。所有的这些预测都被证据所支持。最后,高管所在企业和其他董事会之间的董事连锁的数量与 CEO 或董事长所担任的外部董事职务的数量正相关。有趣的是,CEO 或董事长原来所在企业所拥有的外部董事数量与其所担任的外部董事职务数量之间也呈显著

---

① 他们也指出了法律的深远影响。在法案颁布后,宾夕法尼亚的企业在市值上预计损失了 40 亿美元(下跌 9%)。

② 遗憾的是,他们的方法论无法对这两种影响进行区分,参见 Lester 和 Cannella(2005)。

的正相关关系。虽然他们将这项证据所显示的情况解释为：当CEO原来所在企业的监管强有力时，其更可能担任外部董事职务。但是更合理的解释或许是：社会比较和制度进程促成了这一结果。

在另一种有些不同的方法中，Westphal和Stern(2006)指出，社会精英的资格能很明显地帮助董事保住其第一个董事席位(比如，Davis 1993)，但是有许多董事，例如女性和少数族裔，却能够在没有这样的资格的情况下获得董事席位。而且，少有证据表明，女性和少数族裔的董事席位是依靠董事们之间的社会凝聚力获得的。他们提出，人际影响行为(对企业CEO的逢迎)或许可以让这些不具备精英资格的人通往董事职务的道路更加平坦。逢迎行为有三种类型：观点一致(公开声明与逢迎目标人物的观点一致)、奉承以及提供帮助。他们认为，逢迎行为基本上是一种顺从或尊重的表现，并且表明了与董事职责相匹配的某种社会层次(类型)。他们还表明，对于那些没有被任命为董事的管理者，当其CEO担任外部董事时，他们对CEO的逢迎行为就会增加。此外，逢迎行为或许可以替代精英资格，当某个人不具备精英资格，或者当这个人是女性或者少数族裔时，这种效果会更强烈。正如理论所暗含的，他们的研究方法支持了观察到的效果由CEO所调节这一观点。这个证据指向了一个结论，即那些拥有董事职位的女性和少数族裔(以及其他被认为不具备精英资格的人)，更有可能是那些展现出逢迎能力和顺从形象的董事。补充的分析和数据还说明，对原来所在企业CEO的逢迎行为与对外部企业CEO的逢迎行为之间是相关联的。因此，通过这种方式获得董事席位的董事可能是顺从、非侵略性的监督者。更一般地，对于高管和CEO的特征及行为是如何影响董事席位获得的调查，也代表着一个令人兴奋的研究机会。

4. 代理情况

我们用术语"代理情况"来表示一个董事会及其CEO之间的权力分配情况。正如我们所认为的，代理情况产生于董事会和CEO之间一系列的权衡，并且通常以董事会有效监督高管的能力为中心。尽管在本章后面的部分分析董事会的警惕性和参与度时我们会详细地讨论监管问题，但是考虑代理情况会怎样决定董事会特征仍然是很重要的。这里我们提出以下两个命题。

命题8-4：对于监管有效性的需求越大，能够强化董事会独立性的董事会特征出现的概率就越大。

命题 8-5：董事会的相对力量越大，监管有效性的需求与增强董事会独立性的特征之间的关系就越紧密。①

第一个命题有一个规范性要素，因为它暗含了当董事会需要时，它们拥有能够增强其与 CEO 相对地位的力量。虽然这与严格的权力分配观点并不一致，但还是存在对这一预测的一些支持。Harrison、Torres 和 Kukalis(1988)发现资产回报与董事长和 CEO 职位的统一负相关，这表明绩效不良企业的董事会(假设存在对监管有效性的需求)，会通过确保 CEO 和董事长职位的分离来提升其独立性。与命题 8-5 相关的则是，Finkelstein 和 D'Aveni(1994)重新检验了 CEO 的二元性问题，并且发现当企业绩效不良时，强有力的董事会较不可能支持 CEO 的二元性。有趣的是，上述研究以及 Harrison、Torres 和 Kukalis(1988)的研究都报告了外部董事代表与 CEO 二元性之间具有显著的正相关关系，这是因为表面上 CEO 的二元性"会带来高层指挥的统一，而这种统一又能够确保企业内强有力的领导或者这种感觉的存在"(Finkelstein and D'Aveni 1994, 1099-1100)。

Worrell、Nemec 和 Davidson(1997)同时研究了二元性及被其称作多元性的情况。多元性指既是 CEO 又是董事长的人还拥有总裁的身份，即多元性代表了 CEO 担任企业中所有的重要职位——董事长、总裁和 CEO。他们观察到多元性大约存在于约 80% 的《商业周刊》1 000 家最大上市公司中，其中 15% 的公司的 CEO 担任全部三个最高职位。他们推断，通常情况下投资者对于二元性和多元性都是持消极态度的。有趣的是，对于那些直接被聘用为 CEO 的外部人员，市场对于多元性的态度则更为积极，这大概是因为这样的新任 CEO 传达出一种其是在一段不确定时期掌权的信号(Finkelstein and D'Aveni 1994)。

最后，在一项关于 IPO(一种能给企业提供大量资金的背景情况)下的董事会结构和组成的研究中，Beatty 和 Zajac(1994)发现，不管是高管所持有的股份还是给他们的薪酬中的非现金激励部分(研究中的自变量)，都与外部董事的比例及 CEO 的二元性负相关。因此，这项研究支持了命题 8-4 和命题 8-5 的逻辑，并且还表明董事会监管的需求中至少一部分可以被另外的联合激励机制(补偿计划和持股)(见第十一章)所减缓。换言之，当实施另一种激励机制时，

---

① 该命题表明，有效的董事会监管需要某些能够提高董事会独立性的董事会特征，即便在董事会自身相当强大时也是如此。当考虑到董事会实施其权力所运用的最初机制正是解雇 CEO(Lorsch and MacIver 1989；Mizruchi 1983)时，这看似矛盾的说法其实很有道理，而一个独立的董事会可能会参与整个战略制定过程(比如，Westphal 1999)。

董事会可能就不需要达到原先的独立程度了。正如 Beatty 和 Zajac 所指出的,这些结果强调了董事会监管和管理激励之间的权衡,表明了对于董事会权衡方面的进一步研究或许可以帮助我们进一步理解董事会的结构和组成。然而更重要的是,Westphal(1999)提供证据表明,激励补偿会削弱 CEO 和董事之间的合作,因此,一种管理机制向另一种管理机制的转换可能会涉及一些在监管讨论之外的重要权衡。

在另一种完全不同的背景下,Anderson 和 Reeb(2004)研究了家族所有制与企业绩效之间的关系。更详细地来看,该研究关注为什么家族企业比非家族企业经营得更好[①],尤其是在普遍认为家族所有制和家族管理会增加代理成本时。例如,当一个家族控制着一家企业的选票时,并购事实上是被禁止的,并且该家族可以将其股份资产转换成为他们所用,而无须顾虑企业控制权市场的情况。

然而,研究表明,当家族所有者将独立董事(例如,非"关联"或"压力敏感"董事)纳入董事会时,投资者反应良好。与 Beatty 和 Zajac(1994)相似,Anderson 和 Reeb 指出,他们的证据也强调了激励和监管之间的权衡。

虽然董事会和 CEO 之间肯定存在权衡,但 CEO 似乎也可能对董事的选择有很大的影响(Patton and Baker,1987)。由于通常很少有法律规定谁可以进入董事会,因此,其进入资格可能取决于影响力和谈判(Mintzberg 1983a)。一些人认为,CEO 可能会选择让其盟友进入董事会(Lorsch and MacIver 1989;Hermalin and Weisbach 1997),调查和轶事证据为这一观点提供了一些支持。例如,光辉国际(Korn Ferry)在一项关于如何确定董事候选人的调查中发现,"由董事长推荐"是最常被引用的方法(Jacobs 1991)。同样,Anderson 和 Anthony 指出,"虽然从法律上讲,董事会是由股东选举产生的,但从实际意义上讲,董事会基本上是一个自我延续的机构……主席经常支配关于新董事会成员的决定"(1986,93)。而且,在对董事会最完整的描述性研究中,Lorsch 和 MacIver 指出,"在大多数企业中,挑选董事一直是 CEO 的责任,他选择候选人,然后把他们推荐到董事会进行审批"(1989,20)。Lorsch 和 MacIver 引用了一位董事的话:"我认为 CEO 理所应当地认为他们有权挑选企业的决策层,但同时他们也会为其挑选出的决策

---

① Anderson 和 Reeb 将家族企业定义为创建者或创建者的后代控制了相当大的企业份额或相当多的选票的企业。

层提供支持"(1989,22)。尽管这样的证言让人印象深刻,但是最近的实证研究表明管理霸权和董事选择之间的关系似乎更为复杂。

有两项研究直接检验了 CEO 在新董事选择中所扮演的角色。Shivdasani 和 Yermack(1999)将公司分为三类:第一类公司中有提名委员会,并且 CEO 是其中一员[①];第二类公司没有设立提名委员会;第三类公司有提名委员会,但 CEO 不是其中的成员。最后,他们不得不将第一类和第二类公司合并,以与第三类公司进行比较。他们的证据表明,当 CEO 参与董事的选择(不论是作为提名委员会中的一员,还是因为没有设立提名委员会)时,新的外部董事更可能成为关联董事而非独立董事。此外,当选择独立董事并且 CEO 参与其中时,投资者的反应是消极的,而当 CEO 没有参与时,他们的反应则变成略为积极的。最后,他们发现对于其样本来说,当 CEO 没有参与董事的选择时,董事会(大部分由独立的外部董事构成)独立的概率为 55%,而当 CEO 参与董事的选择时,概率则降为 28%。

在另一项研究中,Hermalin 和 Weisbach(1997)建立了一个董事选择的理论模型。在这个模型中,CEO 与外部董事之间的权力平衡被看作一个 CEO 协商薪酬和董事选择的谈判游戏。虽然 Hermalin 和 Weisbach 从"CEO 通常会极大地参与董事的选择"这一假设开始研究,但他们并没有立即推断出这会导致无效的公司治理,而是考虑了导致这种谈判游戏的市场力量。在他们的模型中,董事会结构及其行为都是内生的。

这个模型提出了五项预测,并且存在支持性的证据,预测如下:

1. 与绩效良好的 CEO 相比,绩效不良的 CEO 更可能被替换(因为 CEO 的权力交涉能力是从其被感知到的能力中产生的)。

2. CEO 对于绩效的更替敏感度被董事会的独立性所调节(因为独立的董事会对监管更宽容,并且当绩效低迷时会更快采取行动)。

3. 当绩效低迷时,独立董事被添加进董事会的可能性会增大(因为 CEO 的权力交涉能力降低)。

4. 董事会的独立性随着 CEO 任期的延长而下降(因为更长的任期意味着 CEO 拥有更强的能力,这提升了 CEO 的权力交涉能力)。

5. 与市场计量方法相比,会计计量能更好地预测管理者更替情况(因

---

① 这种情况对于在纽约证券交易所上市的公司而言已被排除,因为最近几年,纽约证券交易所规定上市公司的提名委员会、审计委员会以及薪酬委员会均应完全由外部人士组成。

为收益反映的是目前的管理情况,而股价则同时反映了目前的管理情况以及对未来管理变革的预期)。

这个模型还做出了三项预测,但只有很少的证据支持这三项预测。第一,董事会的独立性会在长期内持续(因为那些增强或削弱董事会独立性的变化会倾向于改变董事会和CEO之间的长期力量平衡)。下面讨论的Zajac和Westphal(1996a)的研究将会支持这一论断。第二,当解聘基于内部信息而发生时,股价对于CEO变动的反应是消极的,而当解聘是基于公开信息时,反应则是积极的,这是因为CEO的变动同时传达出关于其自身和董事会的信息。基于内部信息的解聘会揭示出一些CEO相对于替换者的能力,但基于公开信息的解聘却不会揭示出任何有关CEO的信息,而是作为董事会独立性的标志。第三,该模型预测,当企业过去的绩效低时,CEO的薪酬对于绩效的敏感性会更高,但是当过去的绩效高时,其敏感性会更低。这是因为当绩效提高时,CEO的权力交涉能力也会随之增强,这让其能够获得更大份额的当期薪酬。①

对于CEO选择所有外部董事的论断的一个不同类型的挑战来自James Westphal 及其合作者(Westphal and Milton 2000; Westphal and Zajac 1998; Westphal and Stern 2006; Zajac and Westphal 1996a; Westphal and Stern 2007),他们都一致认为董事会有两种类型——一种是被CEO所主导,另一种是被外部董事所主导(也可参见Daily and Schwenk 1996)。此外,这演变出两种公司董事的市场——一种是那些已经表明自己有能力(和意愿)与股东利益保持一致的董事(如"积极"董事),另一种是那些已经表明自己支持CEO并且不"动摇大船"的董事(如"顺从"的董事)。例如,Westphal 和Zajac(1995)发现:①在CEO相对有权力的企业中,新任董事更可能在人口统计特征上与企业在职的CEO相似;②在那些董事会比CEO拥有更大权力的企业中,新任董事会与现任董事而非CEO更相似。这些结果也提供了一些在解释董事会特征方面存在董事会和CEO权力分配重要性的最有力的证据。此外,董事"二元"市场的存在——一种是针对那些"活跃"的董事,一种是针对那些"顺从"的董事——也需要在未来董事会的研究中加以认真考虑。比如,虽然压倒性多数的有关董事劳动力市场的研究都单纯采纳代理理论的观点(比如,Brickley, Linck, and Coles 1999; Gilson

---

① 关于CEO薪酬与绩效的更多问题,包括CEO权力等,将在第十章中进行详细阐述。

1990;Coles and Hoi 2002),但是一种关于董事市场分化的观点还是极大地改变了 Fama(1980)关于"清偿"的算法。

基于这项研究,我们首先提出一个普遍的命题,然后提出一个在 Westphal 和 Zajac(1995)的逻辑上延伸的命题。

命题 8-6:CEO 的权力越大,其在选择新任董事中的参与度就越高。

命题 8-7:CEO 的权力越大,董事与 CEO 存在个人或职位上的关联的比例就越高。

总的说来,董事通常会受到其所具有的背景情况的强烈影响。我们说明了关键偶发事件、机构势力和代理情况是怎样影响及改造董事会的结构和组成的。有关更好的董事会特征的预测模型的构建将取决于这些重要背景情况的纳入。这些背景情况以及董事会的特征都影响着董事会的警惕性及其行为——这就是我们接下来将讨论的内容。

二、董事会警惕性的决定因素

我们有关董事会的模型将董事会的警惕性和行为置于一系列大范围的决定因素及结果的中心。如图 8.1 所表明的,董事会的警惕性和在战略形成中的参与度可能会潜在地显著影响组织产出,比如企业战略和绩效。因此,清晰地理解董事会的警惕性和战略参与的本质至关重要,尤其是当它们很可能发生时。我们首先考虑董事会的警惕性。这一构念是代理理论的中心,并且被定义为董事会能够有效监督和规范高管的程度。传统的看法是,董事会的警惕性本质上被认为是一种权力建构。然而最近,Westphal(1999)以及 Sundaramurthy 和 Lewis (2003)的研究工作已经至少让一些研究者认为,董事会的警惕性与董事会对于 CEO 的相对权力相关联,但又超出了这种关联。在分析董事会警惕性的传统观点之后,我们将回过头来进行讨论。

1. 在监督和约束高管中的董事会警惕性

有关董事会的描述性文献(比如,Mace 1971)将董事描述为管理活动的无效监督者。然而,代理理论的学者将董事会置于公司治理结构的中心。比如,Gilson 和 Kraakman 声称"在公司治理结构的争论中,所有的观点最终都聚焦到董事会中董事的角色问题上"(1991,873)。在代理理论的学者看来,董事会的角色就是批准和监督高管的决策(Fama and Jensen 1983)。虽然有很多关于董事会监管的其他观点,比如市场控制企业的观点(Jensen and Ruback 1983)、资本和产品市场中的竞争力量(Williamson 1963)、公司法(Baysinger and Butler 1985)以及经理人和董事劳动力市场(Fama 1980),但在确保管理者按照使股东利益最大化的目标行事的活动中,董事会仍然被认为是核心(Fama and Jensen 1983)。董事会或许可以通过不同的方法来实现这个目标,包括实施绩效组合的薪酬计划、积极地向高管评估和反馈他们的绩效,甚至解雇 CEO(Fama and Jensen 1983;Mizruchi 1983)。

董事会的警惕性在理论和实践上的区别让很多学者去探索一些董事会比其他董事会警惕性更高的原因。为了理解董事会为什么不能总是对高管有所警惕和进行监督,我们有必要深入考虑代理理论。① 根据代理理论,股东和管理者具有十分不同的目标,这是由企业所有权和控制权的分离以及组织中管理者和股东所面对的不同风险所导致的(Jensen and Meckling 1976;Shavell 1979;Holmström 1987)。所以,尽管股东可以通过投资多家企业来多元化他们的风险,管理者的利益却只能与单一的企业捆绑在一起(Fama 1980;Baysinger and Hoskisson 1990)。这种风险特征差异的一个明显含义是,高管相比股东在某种程度上有不同的激励,这可能会导致无效率的管理行为,例如进行短期的、不担风险的战略投资(Lambert and Larcker 1985;Hill, Hitt, and Hoskisson 1988)、逃避责任(Jensen and Meckling 1976)、扩张企业(Amihud and Lev 1981;Myers 1983;Benston 1985)以及牟取管理上的额外收入(Williamson 1985)。②

面对这个根本的代理问题,董事会的主要责任是确保高管的行为与股东利

---

① 尽管我们在解释董事会为何并不总是保持警惕性时强调代理理论与管理者权力,但也有一些其他原因。Lorsch 和 MacIver(1989)以及 Main、O'Reilly 和 Wade(1994)的研究表明,由于许多股东会有与企业长期目标相冲突的短期利益,因此对于董事们而言盲目提高股东利益是无意义的。另一种由 Walsh 和 Seward(1990)做出的解释为,由于董事会很难准确地将组织产出归因于高管,因此这种模棱两可可能会渗透到激励机制中。此外,正如前面所提到的,许多董事会因为遵从一种社会规范而去支持 CEO 及其在企业中的领导(Patton and Baker 1987)。最后,外部董事可能仅仅是因为没有足够的时间及信息去有效评估管理者的建议和行动(Estes 1980;Baysinger and Hoskisson 1990),而内部董事则往往更多地受惠于 CEO(Patton and Baker 1987)。

② 参见 Lane、Cannella 和 Lubatkin(1998)。他们论证了虽然在薪酬或收购等问题上管理者与股东之间存在明显的利益分歧,但几乎没有理由相信类似的利益分歧也会存在于企业战略问题上。换句话说,管理者像股东一样,希望他们的企业成功,而且越成功越好。尽管 Boyd、Gove 和 Hitt(2004)挑战了 Lane 及其合作者所呈现的实证论据,但许多企业战略并不会造成巨大利益分歧的基本结论依然有效。

益是一致的(Alchian and Demsetz 1972；Fama and Jensen 1983)。根据这一观点，董事会将决策管理从决策控制中分离出来，保持董事会自身的批准和监督的职责(Fama and Jensen 1983)。然而，我们已经注意到，董事会并不总是高管的有效监督者。这其中的根本原因，正如实证研究所记录的(比如，Kosnik 1987；Main, O'Reilly, and Wade 1994)，是与董事会和高管(尤其是CEO)间的权力分配相关的。

说得稍微简单些，当权力的平衡倾向于董事会时，它们在监督和规范高管上的警惕性会更高，而当CEO更有权力时，董事会将成为不那么有效率的监督者(Westphal and Zajac 1995)。如 Lorsch 和 MacIver 所主张的，"为了有效控制，董事们必须拥有足够的权力去影响企业的进程。这种权力至少要略大于那些董事所要控制的人——要向他们报告的企业高管和雇员——的权力"(1989，13)。

因此，在董事会警惕性的研究中仔细考虑董事会和高管间的权力分配是必要的。

命题8-8：董事会相对于高管的权力越大，其警惕性就越高。

权力和警惕性间的关系紧密，因为一个有权力的CEO可以有无数的途径影响董事会的功能。正如我们已经讨论的，强有力的CEO可能深度参与董事的选择。CEO尽可能地选择其心仪的候选人，能够进一步增强其权力基础(Pfeffer 1981b)，并且也被看成是一种防御的信号(Fama and Jensen 1983)。一个强有力的CEO或许能够在董事会中担任董事长的职位，以便更好地控制董事会会议议程和讨论(Finkelstein and D'Aveni 1994；Cannella and Holcomb 2005)。这种CEO的二元性能够进一步增强防御性，因为董事长"能将组织大部分的信息传递给外部人员"(Mallette and Fowler 1992，1028)。Walsh 和 Seward(1990)指出了CEO为了进行自我防御而采取的一系列广泛行动，从找寻理由将不良绩效归因于外部影响(Bettman and Weitz 1983；Staw, McKechnie, and Puffer 1983)到重新定义相关的绩效标准(Jensen 1984)。

最近，Westphal 及其合作者新增了三种其他的机制，能让CEO增强他们相对于董事会的权力。第一种是CEO对外部董事会成员的逢迎行为(比如，Westphal 1998)。第二种是为了反对那些参与增强董事会相对于CEO权力的活动的董事而产生的社交疏远活动(是一种排斥行为)(比如，Westphal and Khanna 2003)。第三种是一些CEO参与那些初步表现为支持董事会的警惕性但最终却没有完全贯彻实施的活动(比如，Westphal and Zajac 1994, 1998, 2001)。实际上,第三种机制代表着实施那些可见的活动来错误地传达实际上并不存在的意图。除了逢迎行为,所有这些巩固地位的活动都会被 CEO 的权力所加强。

这个逻辑是隐含在代理理论中的,至少是在这个理论最早的构想发展起来以后。虽然 Fama 和 Jensen(1983)将董事会看成是股东利益的守护者,但进行实证研究的学者们还是聚焦于董事会的特征,比如外部表现(Weisbach 1988)和所有者权益(Morck,Shleifer,and Vishny 1988),并将其作为董事会警惕性的主宰者。关于战略管理的研究也是遵循这一路径,这些研究强调了这些反映权力的指标的作用,如 CEO 的任期(Singh and Harianto 1989b)、CEO 的所有者权益(Kosnik 1990)以及 CEO 是否任命在职的董事会成员(Main,O'Reilly,and Wade 1994)。这些研究都认为,董事会的警惕性是董事会(作为股东的代表)和 CEO(作为高管中的主导者)间权力分配的一项职能。事实上,正如 Fama 和 Jensen 所表明的,"董事会在决策控制上不是一个有效的工具,除非它能限制个体高管的自主权"(1983,314)。

那么,从根本上讲,代理理论是关于权力的理论。董事会与 CEO 间不同的目标导向和风险水平带来不同的激励结构,产生(在某些情形下)清晰的利益矛盾,而这些矛盾通常经由权力的利用得以解决。因此,董事会有效监督 CEO 的能力取决于董事会的权力,而 CEO 参与不能最大化企业利益活动的能力则取决于 CEO 的权力。去讨论董事会总是高管的有效或无效监督者,或者讨论 CEO 总是倾向于参与不能最大化企业利益活动的这些问题,在理论上是无法令人满意的,因为它忽视了权力的基础性作用。

将代理理论与早期有关组织权力的研究相比较是很有趣的。例如,Allen 指出,"权力理论认为大的企业规模和更多的利润仅仅在这些组织内提供了更多的盈余,而管理者们可以(至少可以部分地)将这些盈余分配给他们自己"(Allen 1981,1114-1115)。这与代理理论的观点没有太大的区别,代理理论认为 CEO 可能"会采取偏离剩余价值索取者利益的行动"(Fama and Jensen 1983,304),并且 CEO 的防御行为会导致机会主义的无效行为,这些行为会减少股东财富(Jensen and Meckling 1976)。那种认为权力是董事会职能中心的想法(Zald 1969),或者认为董事会-CEO 交互作用的结果,如高管薪酬(Lenski 1966)或 CEO 的继任(Alexander,Fennell,and Halpern 1993)取决于高管相对权力的想法,在组织理论中都不算新颖(Mizruchi 1983)。但这并不能表明代理理论没有为我们理解战略领导提供价值,而是说明把董事会和 CEO 间的权力分配作为该理论的中心是很重要的。①

鉴于董事会的警惕性对于理解战略领导的重要性，回顾这一构念如何在实证研究中被测度很重要。如图8.1可能表明的，在少数特例下（Pearce and Zahra 1991；Judge and Zeithaml 1992；Johnson，Hoskisson，and Hitt 1993），董事会的警惕性由其决定因素来测度，这些因素包括二元性、董事会中外部董事（或独立董事）的比例、外部董事的所有者权益，以及那些既非管理者又非董事的个体或警惕的机构的所有者权益（比如，Miller，Le Breton-Miller，and Lester 2005；Hoskisson et al. 2002）。

许多研究已经将警惕性归责于非二元性（Young，Stedham，and Beekun 2000）或外部董事代表（Kosnik 1987；Sundaramurthy，Mahoney，and Mahoney 1997；Weisbach 1988；Baysinger and Hoskisson 1989；Singh and Harianto 1989b；Wade，O'Reilly，and Chandratat 1990；Davis 1991；Mallette and Fowler 1992；Johnson，Hoskisson，and Hitt 1993；Lambert，Larcker，and Weigelt 1993；Sundaramurthy and Wang 1993；Brickley，Coles，and Terry 1994；Buchholtz and Ribbens 1994；Finkelstein and D'Aveni 1994；Main，O'Reilly，and Wade 1994）。然而，这些研究都没有明确地区分关联董事和独立董事（与企业无关联的外部人员），这一疏忽可能会导致误导性的结果。独立董事，如前面所定义的，被认为警惕性更高，因为：①他们对于财务绩效的关注是监管的核心组成部分（Fama and Jensen 1983；Byrd and Hickman 1992；Johnson，Hoskisson，and Hitt 1993）；②他们更可能解雇那些绩效差的CEO（Couglan and Schmidt 1985；Warner，Watts，and Wruck 1988；Weisbach 1988）；③为了保护他们自身作为董事的名誉，他们有动力进行监管（Fama and Jensen 1983）；④他们更可能客观地行事，因为他们不像内部董事或关联董事那样承蒙CEO的恩惠（Patton and Baker 1987；Schwenk 1989；Walsh and Seward 1990）。

尽管外部董事代表被普遍用来测量董事会的警惕性，但是一些学者仍然认为最有效的董事还是内部董事，因为与外部人员相比，他们消息更灵通，并且因此在董事会议的讨论中贡献更多有效的东西（Hill and Snell 1988；Shen and Cannella 2002a；Baysinger and Hoskisson 1990；Baysinger，Kosnik，and Turk 1991；

---

① 而且，详细说明有关各方（CEO和董事会）的利益这一点很重要。权力仅仅告诉我们可能追求哪方利益，但并没有告诉我们那些具体的利益究竟是什么（Lane，Cannella，and Lubatkin 1998）。

Boyd 1994）。这个争论需要解决的问题之一是,外部董事的表现是一个对董事会警惕性或参与度的不精确的测度,这会导致在研究中有不一致的发现。我们的观点是,虽然内部人员有潜在的可能比外部人员更多地参与到董事会的决议中,但是外部人员比内部人员更能提高董事会的警惕性。然而,董事会的组成只是影响董事会警惕性和参与度的一个因素。因此,将内部人员与外部人员纳入研究是对警惕性和参与度的间接测度——仅仅是诸多决定性因素中的一个。

当警惕性是推测得出的而非直接测度得出的时,将许多关于董事会警惕性的研究进一步复杂化的事实是,非常不同的治理机制间可以相互替换(比如,Walsh and Seward 1990)。比如,Rediker 和 Seth(1995)注意到,多样化的机制可以促进管理者和股东利益的结合,并且任何一种机制的等级都可能会被其他机制的等级所影响。他们以 81 家撤销管制后的银行控股公司为样本,检验了这些替代效应,并且推断出外部董事的监督、外部股东的监督和管理者持股的激励效应相互之间可以有效替代。

相类似地,Sundaramurthy(1996)表明,观察到的董事会警惕性的程度取决于在董事会会议之外所产生的治理机制。她的研究考察了 1984—1988 年间 185 家企业采纳的反收购修正案,表明修正案的采纳主要取决于修正案是否要求股东投票,以及如果要求股东投票,企业中养老基金所占的股份比例。① 因为修正案如果没有要求股东投票的话,董事会就更容易在没有机构投资者的干预下采取毒丸计划。研究者们将实际的修正案采纳情况建模,而不是看一份修正案是否被提交给股东并让他们投票表决。然而,可能没有一份被提交的修正案会被否决。相反,董事会更不可能在养老基金机构占有大量股份的背景下提交这样的修正案。

治理机制间的替代不仅仅是对利用董事会结构和组成直接测量董事会警惕性的唯一挑战。Westphal(1998)表明,CEO 们经常用人际关系影响策略来应对董事会结构独立性的增强(如外部独立董事的增加、CEO 和董事长职位的分离、董事会和 CEO 间人口统计距离的增加以及 CEO 和董事会间的友谊束缚)。换言之,当 CEO 面临其对董事会的相对力量减弱时,他们倾向于用逢迎和劝说行

---

① 有趣的是,Sundaramurthy(1996)有力地论证了存在两种类型的机构投资者:对公司治理感兴趣的投资者以及对公司治理不感兴趣的投资者。金融投资企业往往对公司治理不感兴趣,因为它们的投资战略要求流动性且它们不可能成为长期股东。与此相反,公共养老基金往往对公司治理非常感兴趣,因为它们的投资战略通常强调大规模投资与长期持有股份。也可参见 Hoskisson、Hitt、Johnson 和 Grossman(2002)。

为来让董事产生好感。Westphal 检验了这样的四种行为:观点一致、他人提升式对话(逢迎)、自我提升式对话和帮助行为。他收集了 CEO 对董事的逢迎和劝说行为方面的主要数据,并且实证地将这些行为与企业战略和 CEO 补偿关联起来。虽然董事会结构性权力的增强确实在像战略和补偿这样的结果上显示出预期的迹象,但是 CEO 的人际关系影响行为还是显著地削弱了这个效果,这支持了 Westphal 的结论,即认为存在对董事会结构力量的重要限制。

这一讨论说明,尽管董事会的组成常常被用来作为对董事会警惕性的测度,但这仍然是一种间接的测度,这种测度是基于对还未被验证的以及存在异议的警惕性和组成之间关系的假设。因此,我们提出如下的直接验证。

命题 8-9:董事会中独立[①]董事的比重越大,董事会的警惕性就越高。

如研究所表明的,董事会的警惕性通常也通过外部董事的所有者权益来测度(Salancik and Pfeffer 1980;Gomez-Mejia, Tosi, and Hinkin 1987;Kosnik 1987;Holderness and Sheehan 1988;Finkelstein and Hambrick 1989;Mallette and Fowler 1992;Johnson, Hoskisson, and Hitt 1993;Lambert, Larcker, and Weigelt 1993;Beatty and Zajac 1994;Finkelstein and D'Aveni 1994;Hoskisson, Johnson, and Moesel 1994)。这里的观点是指,所有者的利益为外部董事监督 CEO 行为提供了激励(Zald 1969;Alchian and Demsetz 1972;Shleifer and Vishny 1986)。然而又一次地,董事会的警惕性由其决定因素所测度,但还没有直接的试验能检测外部人员的权益是否确实与董事会的警惕性相关联。

命题 8-10:董事会中外部董事所拥有的股份比重越大,董事会的警惕性就越高。

在文献中还经常出现其他几种对董事会警惕性的测度,包括(低)董事薪酬(Vance 1983;Main, O'Reilly, and Wade 1994)、代表大股东的董事的数量(Zald 1969)、相对的董事会任期(Singh and Harianto 1989b;Wade, O'Reilly, and Chandratat 1990;D'Aveni and Kesner 1993;Sundaramurthy and Wang 1993)以及外部董事或董事在薪酬委员会任职之前 CEO 是否被任命到董事会中工作(Wade, O'Reilly, and Chandratat 1990;Lambert, Larcker, and Weigelt 1993;Main, O'Reilly, and Wade 1994;Westphal and Zajac 1994)。虽然存在对其中一些测度

[①] 再一次说明美国证券交易委员会将独立董事定义为那些与管理者或创建者无关、非在职或离职雇员、未被银行或律师事务所雇用以及不是来自与焦点企业有"大笔"生意关系的企业的人员。

方法的批评（比如，Baysinger and Hoskisson 1990；Walsh and Seward 1990；Gilson and Kraakman 1991），但所有这些测度都有某些优点，并且常常能在实证研究中带来有趣的发现。尽管如此，这些测度方法都是从真实的董事会行动或行为中得出的。没有基本的数据，要想判定董事会警惕性的确切程度是困难的。事实上，正如我们所认为的，董事会警惕性的每种测度本身就是一个决定性因素。

另一种改进董事会警惕性模型预测效力的方法是研究不同的应急假说，这些假说预测了某些情形，在这些情形下，那些本就倾向于具有高警惕性的董事会（这些董事会中大部分为独立董事、拥有高的所有者权益或者具有其他被认为可以影响警惕性的董事的特征）将成为更有效的高管监督者。这样的研究暗示，在大多数情况下，董事会和CEO间的力量平衡是倾向于CEO的。除了有在非紧急情况下不能直接挑战CEO的禁忌（Mace 1971），董事会还受到缺乏时间准备会议以及与CEO互动的约束、有限的信息和专业知识的约束，以及CEO专制的限制（Lorsch and MacIver 1989；Finkelstein and Mooney 2003）。然而，正如我们在关于决策形成中的董事会参与的讨论中所认为的，可能会促进董事会警惕性的环境是存在的。

其中一种环境可能是在企业面临危机时。例如，若干位研究者已经声称，在危机期间董事会约束高管的可能性会增大（Mace 1971；Lorsch and MacIver 1989）。虽然并不清楚危机是由什么造成的[①]，但是当它们发生时，其还是倾向于使董事会更有权力（Zald 1969）。有许多近期的例子，包括波音公司的Harry Stonecipher、百时美施贵宝的Peter Dolan、喜达屋的Steve Heyer以及泰科的Dennis Kozlowski都可以证明。

在某些方面，这些并不算新例子。关于CEO继任的研究一致发现更替与企业不良绩效是相关联的（比如，Brown 1982；Couglan and Schmidt 1985；Warner, Watts, and Wruck 1988）。尽管如此，一些关键问题仍然没有解决。为什么一些董事会对于不良绩效的反应要快于其他的董事会（毕竟，福特公司已经连续好几年损失市场份额了）？董事会是否被外部人员所主导或董事会是否拥有持有企业大量股份的成员重要吗？而这两个都是传统上衡量董事会警惕性的尺度。CEO的经验会影响董事会采取行动之前的时间长短吗？那些因其任期、年龄或

---

① 董事会对企业绩效与高管对该绩效的责任并不总是进行直接归因（Fredrickson, Hambrick, and Baumrin 1988；Walsh and Seward 1990）。

在商业精英圈中的地位而具有优势的 CEO,是否会被给予更多的时间去处理企业的任何问题?

一种可能的情况是被 Westphal 和 Bednar(2005)称为"阿比林悖论"的情形。他们认为"多元无知"可能会在企业的董事中出现,这会导致在面对不良绩效时保持战略不变。多元无知是一种社会心理学上的偏见。当一位董事对企业战略感到担忧时,他就会产生一种系统化的倾向,即低估其他董事对该战略的担忧程度。进一步地,当董事们之间的关系纽带弱或者彼此之间相互不了解时,这种趋势就会被强化。他们推断出,多元无知会减小个体董事发表对于该战略的见解的可能性,因此导致即使在面对不良绩效时战略仍不会改变。通过运用关于外部董事对战略可行性的理解的基本数据,以及其他董事对此的理解的基本数据,他们发现了能支持其理论的强有力的证据。由于多样化的董事会更可能出现多元无知的现象,因此这项研究也对董事会多样性具有重要影响。

其他的研究更仔细地研究了实际绩效,并将其视作关键因素。Daily(1995)检验了破产结果中董事会组成和董事会领导结构所扮演的角色,认为外部董事/独立董事的比例应该与成功的重组正相关,而与企业清算(一个对股东不利的结果)负相关。相类似地,非二元化应该与成功的重组正相关,而与企业清算负相关。她的证据有力地支持了独立董事具有的假设效力,却没有对非二元化所具有的假设效力提供任何支持。

Boeker 和 Goodstein(1993)检验了董事会组成、所有制结构和新任 CEO 的挑选之间的关系。他们预测接班人的选择将取决于前一任的绩效,但是这个影响效果会被董事会组成和所有制结构所调整。作为对其理论的支持,他们的证据表明,当董事会中外部人员的比例高时,或者当所有权没有集中到雇员或管理者手中时,不良绩效可能会更显著地带来外部人选择。

在绩效不良的企业中,董事会警惕性提高的现象在 Finkelstein 和 D'Aveni(1994)的研究结果中也是明显的,他们的研究发现,当企业绩效好时,警惕性高的董事会与 CEO 的二元性相关联,但当绩效差时则不然。董事会可能会姑且信任 CEO,但是当他们最终不得不做出反应时,他们会确信地做出反应。这个结论与 Mizruchi(1983)的讨论完全一致,后者认为董事会拥有"底线"权力(解雇 CEO 的权力),但并没有其他的权力。又或者,董事会和 CEO 间权力的平衡是不稳定的,就像企业绩效这种因素影响着这种平衡一样。这些问题和议题都很重要,也自然需要进一步的研究去解决。

2. 董事会-CEO关系中的竞争与合作

我们在讨论代理理论的话题时,必须同时考虑在 Westphal(1999),McDonald 和 Westphal(2003),以及 McDonald、Khanna 和 Westphal(2008)的研究中所提出的另一种观点。这些研究概述了一种理论,该理论涉及董事会-CEO 的合作及其对于治理结构和企业绩效的影响。他们对治理结构的研究给传统的代理理论对于董事会警惕性的解释带来了一些挑战。例如,Westphal(1999)回顾了大量的理论,这些理论概述了董事们为什么需要独立于 CEO 从而变得具有警惕性。在这一章的前面我们也涉及了很多有关同样主题的内容。然而,他也注意到(正如我们一样),董事们既实行监管也提供建议和忠告。虽然相对于 CEO 的独立性可能会提升董事会监管和控制的有效性,但是这种独立性也几乎必然会使建议和忠告的职责更难以履行。比如,寻求建议失败可能与地位的下降相关联(CEO 耻于寻求帮助),但是社会纽带可以减轻这种顾虑,使得当 CEO 需要帮助时更可能去寻求帮助。更进一步地,社会纽带使得董事们更可能对帮助的要求做出积极的回应。出于这个原因,社会独立性虽然能够提高警惕性,但同时也降低了董事会在向 CEO 及高管提供建议和忠告时的有效性。Westphal 假设,CEO 和董事间的社会独立性会增加监管但是会减少建议和忠告。他进一步预测到 CEO 的激励组合(将薪酬与绩效相关联)将会促使 CEO 去寻求更多的帮助,因为这降低了与社会纽带相关联的成本并且提升了其收益。Westphal 预测了其对企业绩效的直接影响,这些影响表明,不论是监管还是建议和忠告都将(独立地)提高绩效。最后他预测,CEO 的激励组合将会减弱监管对绩效的效果,而增强建议和忠告对绩效的效果。

为了检验这些假设,Westphal 调查了 CEO 并且随后调查了董事以对监管以及建议和忠告进行测量。结果并不支持独立董事会(代理)模型。不论是友谊纽带还是在 CEO 上任后被委任的董事的数量都与监管无关。此外,合作模型得到了支持。社会纽带会增加建议和忠告,并且 CEO 激励组合的调节作用也被大体上证实。考虑到企业绩效,不管是监管还是建议和忠告都与企业绩效正相关,但是没有任何证据表明这些效果会被 CEO 的激励组合所增强。Westphal 将这个证据与更广泛的问题相连,而该问题是研究激励是怎样影响社会过程的(建议和忠告的寻求)。他的研究也说明了,当董事的专业素养高时,社会纽带更有可能增加建议和忠告。显然,他的合作模型是代理理论之外的另一种方法,需要被更多地关注。

McDonald 和 Westphal(2003)探讨了建议和忠告现象"黑暗的一面",将建议和忠告延伸到董事会之外。他们的研究表明,获得相对较低企业绩效的 CEO 可能会去寻求那些支持性的建议和忠告,而非那些可能会挑战现状或现有战略的建议和忠告。比如,一个处于绩效压力下的 CEO 可能会从亲密的朋友或与自己相似的人(那些更有可能针对目前战略提供支持性忠告的人),而不是熟人或与自己不相似的人(那些更有可能质疑现有战略的人)那里寻求建议。[①] 这就可以为获得相对较低绩效的企业为什么通常不会改变战略这一问题提供一个可能的解释。通过运用调查方法,他们辨别了 CEO 的建议和忠告网络,强烈支持了其假设。特别地,他们发现"高管的社会网络可以影响企业面对经济困境时的反应,尤其是通过阻止战略的变化来应对相对较低的企业绩效"(McDonald and Westphal 2003,1)。进一步地,这项研究还支持了一种观点,该观点认为 CEO 对建议的寻求在组织衰退和绩效螺旋式下降上起间接作用。其他的研究发现还说明,CEO 在面对低绩效时对建议的寻求可能最终会给随后的绩效带来消极的结果。这表明了 CEO 的社会纽带是怎样在组织衰退中起间接作用的。虽然并非所有(或大部分)CEO 的建议和忠告网络都是由企业的外部董事所组成的,但是这项研究对于董事会的治理显然还是有重要意义的。

这一系列中的第三篇文章由 McDonald、Khanna 和 Westphal(2008)所撰写,他们检验了董事会能否增大 CEO 从外部无关联的群体中寻求建议的概率,这些群体能够对企业的发展方向提供增值的见地,而非仅仅是决断性的评论。他们发现,几种传统的董事会监管的测度——以绩效为基础的 CEO 薪酬、CEO 持股以及实际的监管行为——与 CEO 向外部管理者寻求建议的概率有关,这些外部管理者既不是 CEO 的朋友,也不具有与其相似的职位背景。进一步地,他们提供了提示性的证据表明,这种建议的寻求与企业绩效有关,并且甚至可能调节持股和绩效薪酬所带来的主要效应结果。因此,像这一系列研究中之前的研究一样,这项研究巧妙地将代理理论和社会网络相融合,产生更微妙的见地,而

[①] 从某种程度上说,这与 Staw、Sandelands 和 Dutton(1981)关于威胁僵化(threat rigidity)的研究相似,他们论证了处于压力之下的管理者往往会依靠一小部分同事以获取信息,而恰恰将在危机时刻最需要且更为关键的信息提供者拒之门外。

非单个纯粹的代理理论观点所表达的内容。总之,这项研究指出了董事会两大挑战——有效的监管以及促进直接或间接建议和忠告的机会——之间的相互影响。

三、结　论

这一章我们回顾了有关董事会结构、组成和警惕性的决定性因素的研究。多年以来,围绕着这些主题的问题在关于董事会的文献中占据主导地位,一方面涉及组织理论和战略,另一方面涉及金融和经济学。正如它所显现出来的,共同构成这些不同的理论传统的是对于结构和组成的许多共同属性的依赖。然而,即使我们将资源依赖与作为解释动机的驱动因素的制度和网络力量相比较,理论视角所关注的范围仍然相当狭小。能找到理论融合的一个点就是权力。权力和交换是资源依赖理论的中心;权力是组织网络和商务精英们的重要特征(和结果);并且权力是隐含在大部分代理理论中的。

同样也跨越三个理论的一个话题是董事的选择和离开。近年来有很多关于这个话题的研究,但少有例外的是,每项研究都只采用了单一概念的视角。更广泛地,被提供职位和接受以及董事会任命的过程仍然没有被很好地理解。尤其在后安然时代,当潜在的董事们面临重大的声望和财富风险时,谁会成为董事成了一个吸引人的研究议题。

我们要解决的另一个关键问题是董事会的警惕性。是什么形成了一个董事会的警惕性,以及具有警惕性的董事会会做些什么？研究是否已经清楚地回答了这些最基本的问题尚不清楚。进一步地,当论及董事会监管的具体方法时,只有一些研究倾向于仅仅孤立地检验某种方法。比如,如果一个董事会由独立的外部人员所组成,那么,确保高管薪酬与企业绩效相捆绑是否也能增加价值？或者 CEO 和董事长的职位是否应保持分离？我们能够想象出董事会可能实施的一系列监管机制,但是保持警惕性需要实施以上所有的机制吗？还是只需要实施其中的一部分？尤其是如果我们相信存在与实施一些类型的监管相关联的成本(如 CEO 和董事会间更少的信任、董事会有更少的机会去履行其对 CEO 提出建议和忠告的职责),这个问题可能会变得非常重要。

最后,如同任何一种组织过程一样,认识到董事会警惕性并非静态的或是独立于其他组织过程是重要的。当董事会逐渐加大其监管力度时,我们应该期望 CEO 在有些时候用微妙的方式做出回应(Westphal 1998; Hambrick, Finkelstein, and Mooney 2005)。这表明当谈及董事会警惕性时,并非假设其"越高就越好",而是"过高的"警惕性可能会引发意想不到的、需要注意的消极后果。

后面的观点将把我们引入下一章。这个领域研究的基本内涵是,董事会的结构和组成以及董事会的警惕性与组织的选择、战略及绩效相关,而这将是我们接下来要转向的主题。

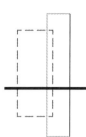

第九章
董事会参与和警惕性的结果

在美国及世界各地的公司治理体系中,董事会均发挥关键作用。肩负着对企业股东负责的首要责任,董事会被期望成为管理行动的警觉监督者,并在对管理者提供建议和获得批准方面扮演重要角色。因此,董事会的职责重大。当这些职责未被完全履行时,糟糕的组织产出便会接踵而至。鉴于其职责的重要性,董事会无论是对组织和社会还是对关注这些话题的学者来说都显得至关重要。

在实际情况下,董事会究竟做什么工作?在组织生命中产生了何种效应?这就是我们本章的关注点所在。我们将讨论对如下问题的不同看法:董事会对组织内外的进程发挥了多大作用,回顾快速扩张的董事会工作体系对各种结果产生了何种效应(这也是众多战略和组织理论学者的兴趣所在)。首先,我们将回顾董事会在战略形成期的参与性质,以及什么条件会促进或阻碍董事会在这方面的影响。其次,由于董事会的警惕性和参与度对若干关键组织产出及其关联研究有重要影响,因此我们将深入关注其产生的结果。在迄今已出版的著述中,关注以上话题的研究浩如烟海,想要全部回顾并不现实。所以,我们把焦点放在了关键性研究、指标及其他同时概括和分析董事会如何影响组织的研究成果上。

一、战略形成中的董事会参与

关于董事会实际上做什么工作,目前已有若干描述性的研究,这些研究对传递董事会行为的具体信息具有指导作用(Mace 1971；Mueller 1979；Herman 1981；Vance 1983；Wolfson 1984；Patton and Baker 1987；Whisler 1984)。从这个研究流派得出的几乎一致的结论是：董事会并未深入参与战略的形成。Clark曾说，"认为是董事在制定重要的商业政策和决策是不现实的。即使是最宽泛的商业政策，也是由高层职员来制定并修改的。董事们只是负责批准决策，或偶尔提出建议和质疑"(Clark 1986，108)。

比如，Whisler曾半开玩笑地列出了如下的董事行为准则(1984，基于同60位董事的面谈结果)：

规则Ⅰ(A)　禁止吵架
规则Ⅰ(B)　支持你的CEO
规则Ⅰ(C)　怀揣学徒心态
规则Ⅰ(D)　避免改革运动
规则Ⅱ(C)　我们并不负责管理企业
规则Ⅱ(D)　我们并不制定战略
规则Ⅲ(A)　远离下级管理者

这些准则的共同主题是：董事应避免正面回应的举动或破坏安逸的现状，并应该留在幕后。这一关于董事行为的概括已在管理学著作中存在多时，与代理理论的观点形成对比——代理理论总体上假定董事会居于中心地位(Fama and Jensen 1983)。但该理论的学者主要关注董事会的监管角色(比如，他们认为，董事会"最重要的角色在于监督企业中的最高决策者"；Fama 1980，294)，而不在于战略的形成。[①]

近年来，要求董事会参与战略决策制定的呼声日益高涨(Weidenbaum 1985；Power 1987；Galen 1989)。事实上，从表9.1美国法律协会(American Law Institute)的资料来看，董事会的确有制定主要商业决策、确定企业战略的法定权利(Clark 1986)。业界对董事职责(Galen 1989；Kaplan and Harrison 1993)的关注、养老金的影响(Dobrzynski 1988；Sundaramurthy 1996)、企业控制权市场、《萨班

[①] 尽管为了达到分析的目的，我们将董事会治理与战略形成角色分开讨论，但这些角色可能仍然有所重叠。在公司治理的角色中，董事会必须批准所形成的战略。为了更有效地推行，董事会成员必须理解该战略并认为在该企业运作的背景下该战略会起作用。理解该战略的最好方法之一就是参与战略的制定。

斯-奥克斯利法案》(《2002年上市公司会计改革与投资者保护法案》)的颁布,都对董事会施加了压力。此外,Lorsch 和 MacIver(1989)曾提到,许多董事希望自己能够更多地参与战略制定过程。在他调查过的董事中,大多数人都强调战略形成中的董事会参与的重要性。诸如 Kenneth Andrews(1981)等作者,也十分推崇这种观点。不过,在 Lorsch 和 MacIver(1989)的研究中,有董事同样提出,在战略形成的过程中,董事的首要职责是提出建议和做出评价,而不是制定战略。这样的劳动分工是由时间不足和信息匮乏所导致的。随着时间的推移,有些企业可能会通过增选董事来减轻董事会对管理层所造成的挑战。这一部分是因为(董事会参与)这样的活动将会使高管难堪,另一部分是因为企业有严格的规定禁止此类活动,一旦规定被违反,企业将采取惩罚性措施(Westphal and Khanna 2003)。

表 9.1 董事会职责(美国法律协会的规定)

1. 选举、评估、解雇主要的高管;
2. 监督企业业务的执行,目的是基于进步原则进行评估——企业资源的管理方式是否同提高股东利益一致、是否在法律范围内运行、是否符合伦理,同时将合理份额的资源用于公共福利和人道主义事业;
3. 对董事和主要高管认为重要的计划与行动、会计原则的实质性变化进行审核及批准;
4. 履行由法律或企业准则规定的其他董事职责。

资料来源:改编自 American Law Institute(1984)。

已经有部分学者开始关注董事会在何时、以何种方式参与战略形成,其研究已取得新进展。比如,McNulty 和 Pettigrew(1999)就如何参与战略形成采访了108 位英国企业的董事,其中,65 位为兼职董事(外部董事),包括 37 位主席和28 位非直接参与运营的董事,43 位为全职董事(内部董事),包括 23 位 CEO。他们总结道,战略通常并不由外部董事制定;若是由外部董事制定,则通常是由于管理层(内部董事)缺乏相关经验(例如国际性扩张或私有化)。他们总结出参与战略决策制定的三个层级:做出战略决策(例如批准或者否决);塑造战略决策;塑造战略内容、情境和实施方案。McNulty 和 Pettigrew 认为,外部董事通常在决策过程的最后阶段批准或否决战略决策。人们通常认为董事会毫无主见,与该观点相反,McNulty 和 Pettigrew 指出,并不是所有决策都会被董事会批准。

塑造过程由部分外部董事通过两种方式完成。首先(同时也是最通常的情况),在战略形成期,在董事会会议室内外,管理层向外部董事咨询(Westphal

1999 同样提到过）。其次,在缺乏和高管直接交流的情况下,在会议室内外,非高管董事均可对高管提出质疑、反对或进行考察。McNulty 和 Pettigrew（1999）观察到,高管通常会筛选出董事会无法顺利应对的提议,这样,在没有直接协商的情况下,外部董事就完成了确定战略决策的过程。

最后,在 McNulty 和 Pettigrew（1999）的研究中,仅有少数外部董事表示他们积极参与了战略形成（如决定战略的内容、情境和实施）。相反,外部董事经常参与确定需要经过深思熟虑而非仓促决策的战略的范围。通过督促和质疑高管,外部董事促使其深刻思考问题并做好充分的准备。另外,一些外部董事通过引进战略控制,确保战略举措在负责、可靠的框架下运行（也可参见 Johnson, Hoskisson, and Hitt 1993; Beekun, Stedham, and Young 1998）。

Forbes 和 Milliken（1999）发展了有关董事会认知过程的理论,在研究中,董事会被作为战略决策制定组来考察。他们提到了董事会的一些显著特征：面对复杂的任务；通常规模庞大（大于工作组的平均规模）；仅发挥阶段性作用；其产出实质上完全是认知性的。他们同样列出了四个关键的董事会过程,以及每个过程是怎样影响其有效性的。第一,工作规范,指董事的准备、参与和分析。第二,认知冲突,不但将影响力差异囊括进来,而且要求在积极与消极之间实现平衡。第三,知识和技能的存在及运用,并且他们注意到,存在并不能保证运用。第四,董事会的凝聚力与其工作绩效挂钩,同时他们还指出,这种关联很可能是曲线的。尽管他们对董事会研究的人口统计提出了尖锐批评,但他们的研究却极大地依赖于对群体和个体认知过程的相对标准的心理学测量——这种顾虑将使得实证检验他们的理论变得更加困难。

Golden-Biddle 和 Rao（1997）发布了一项有关运营中的董事会的案例研究。案例中的董事会属于一个叫作 Medlay 的非营利性组织,该研究主要针对该董事会的文化嵌入。研究结果主要阐释了组织认同,即成员间所共享的对组织核心的、长远的、独有的特征的信念是怎样影响董事角色并决定他们与管理者的互动的。同时,该案例阐释了董事会对 Medlay 预算（包括一些"大额"旅行支出）的关注是怎样凸显出对企业认同的矛盾,并由此给董事制造争议的。令人玩味的是,针对这些争议,有影响力的董事和高管通常会用保全面子的策略来解决,这使得董事们自我感觉始终在保持警惕性,同时确信自己在与他人合作。他们提到,"当董事会成员的举动违背了他们的期望角色时,组织认同的潜在矛盾就会显现出来,董事将面临支持组织身份的一方面而忽视其他方面的矛盾"（Golden-

Biddle and Rao 1997,593)。

Westphal、Seidel 和 Stewart(2001)回顾了有关技术、政策、战略通过社会网络扩散的大量研究。在此过程中,董事会发挥了尤其重要的作用(比如,Davis 1991;Abrahamson and Rosenkopf 1997;Abrahamson 1991)。然而,他们指出,关于董事会的二阶模仿(比如,对基本的决策过程或者计划的模仿)已被严重忽略。进一步,对于董事会而言,其一阶模仿也受到制约,因为根据法律,董事会成员必须来自焦点企业所属行业之外。因此,直接模仿比二阶模仿更可能受到限制。此外,虽然战略决策的内容通过网络连接时可能会出现问题,但决策制定的过程很容易通过网络传播。Westphal、Seidel 和 Stewart 考察了业务战略、收购行为和薪酬这三种政策后果背后的过程。他们假定,关联企业与其同行业其他企业之间在业务战略、收购行为和高管薪酬等方面的共性越大,焦点企业与所属行业之间的共性就会越大。来自31个行业的433家企业为他们的假设提供了证据支持。一些独立分析表明,一些企业似乎并没有模仿决策的内容,而只是模仿导致这个决策的政策。另外,所有的效应都来自直接连接(direct ties)(没有来自间接连接的情况)。

Rindova(1999)发展了相关的认知理论,以描述董事们如何通过与管理者们相似的方式来为战略做出贡献。她将外部董事看作决策制定专家,并认为他们的贡献主要体现在频繁应对那些影响战略决策的复杂性和不确定性上。同管理者们相似,董事们考察周围环境,对他们注意到的事物进行解读,并做出选择(也可参见 Stiles 2001)。

Judge 和 Dobbins(1995)运用了一种看待董事会参与的全新观点,他们聚焦于董事意识(特别是董事对于 CEO 决策制定风格的意识),以及这种意识是否会影响企业绩效。他们提到,Mace(1971)等研究者已表明董事意识对董事会运行至关重要——董事有参与的可能性,但意识是决定他们是否参与的重要因素,并且他们必须意识到要采取有效的措施。Judge 和 Dobbins 预测,意识与企业绩效正相关,与企业风险负相关。与 Shen(2003)的观点相似,Judge 和 Dobbins 进一步预测,董事在其任职早期更能意识到 CEO 的决策制定风格,因为在该阶段,CEO 通常最依赖董事的支持。来自42位 CEO 以及42位外部董事的采访数据支持了他们的假设。

Beekun、Stedham 和 Young(1998)研究了董事会特征是如何影响管理控制系统的,并通过这些控制系统研究企业策略(来自167家营利性及非营利性医院的样本)的风险特征。他们发展的理论主要做出了如下预测:董事会用来评估管理者的信息越多,评估就越依赖于行为控制;董事会拥有的信息越少,评估就越依赖于结果控制。他们假设:①更高的外部董事比例将导致以结果为基础的控制;②董事会的规模及多元化与对 CEO 评估的结果控制正相关;③董事会-CEO 会议的频率与结果控制负相关;④董事会中策略计划委员会的存在与结果控制负相关;⑤强调结果控制将增大采取风险规避型战略的可能性。最终的结果并不支持假设①,但其他的假设都得到了证实。他们总结道,当董事会采用基于结果的控制时,战略将倾向于规避风险。

David、Hitt 和 Gimeno(2001)发展了有关机构如何激励管理者进行长期投资的理论。他们提出:机构必须施加压力(治理方面的政治活跃性),并且被动地分享所有权是不够的。活跃(activism)的定义包括:做出公开声明、发起股东提议、直接协商,以及争夺代理权。他们预测,外部董事比例的提高将增强活跃效应。但在交叉滞后面板分析(cross-lagged panel analysis)中,他们并未发现支持此预测的证据。他们的证据的确证实机构的积极行动增加了研发投资(短期的和长期的均有所增加;在高增长的环境下,基于代理权的活跃效应更强)。然而,机构投资水平并不是其中的关键因素——活跃水平才是主要的推动力。最后,该研究考察了机构的积极行动对研发产出(而不是投入)的启示,并提供证据表明:机构的积极行动带来的研发投入上的增加,将导致研发产出相应提高。因此,尽管以下论断看似可信,即对管理者的制度压力能够通过独立的外部董事感知到,但该研究中的证据却未能支持该论断。

Johnson、Hoskisson 和 Hitt(1993)提出,当企业绩效下降时,董事会将会参与企业重构。一组 1985—1990 年间由 92 家企业组成的样本支持了该假设。其中,董事会参与通过一种调查工具进行测量,"得到高分表明,在重组或收购业务部门的决策中,董事会压力或参与度显著"(1993,40)。该研究同时发现,董事会自身的特征,比如外部董事代表性和外部董事权益(董事会警惕性的两大指标),是董事会参与的预测指标。同样,Shimizu 和 Hitt(2005)的研究表明,新任外部董事的加入将更有可能推动剥离低绩效子单元决策的制定。因此,根据以上研究,董事会特征的确会影响董事会参与。

在一项对 42 家来自四种不同行业企业(生物科技、医疗、纺织和多元化企业)的研究中,Judge 和 Zeithaml(1992)报告了一些有趣的发现。首先,与如下观点一致,即多元化企业面临着需要遵从董事会参与新准则的分散的因此并不直接的压力,他们发现,在战略决策制定的过程中,多元化和董事会参与负相关。①其次,许多人(包括该研究的作者)预计,内部董事在会议室讨论中贡献了宝贵的见解和信息(Tashakori and Boulton 1983;Ford 1988;Baysinger and Hoskisson 1990),但与此预计相反的是,外部董事代表增强了董事会参与。然而这个结果与此前讨论过的有关董事会-CEO 关系的权力观点保持了一致(比如,Lorsch and MacIver 1989)。最后,董事会规模和董事会参与负相关。

Westphal 和 Fredrickson(2001)讨论了第六章的一些细节,并总结道,有时外部董事通过对新任 CEO 的选择来影响战略。他们解释了外部董事对战略变化的定义方式:该战略变化能使焦点企业的战略与他们自己企业的战略保持一致,然后,外部董事会选择那些能够改造焦点企业的战略并使之适应自己企业的外部继任者。此外,正如我们在上一章所提到的,虽然这些证据为 Westphal 和 Fredrickson 的模型提供了强有力的支持,但这些证据同样证实了如下结论:董事会采取这样的行动并不是由绩效所驱动的。

关于战略形成中董事会参与的文献近年来大量增加。在本节的最后两个命题中,我们将这项工作与董事会结构和组成的两个成因——规模和多元化——挂钩。

大量有关群体规模的文献普遍认为:规模增大将使群体臃肿笨重(Gladstein 1984),其多元化将使得内部难以达成一致(Shaw 1981),并将增加冲突(O'Reilly,Caldwell, and Barnett 1989),而规模更小的群体则可能太过一致(Jackson et al. 1991),并只能获取有限的信息加工能力(Haleblian and Finkelstein 1993)。这在 Clendenin 那里得到了证实,他所调查过的 CEO 曾告诉他"大型董事会……难以管理"(1972,62),同样,Alexander、Fennell 和 Halpern(1993)也证实,董事会规模和异质性正相关。这些研究表明,规模庞大的董事会背负了"过重的包袱",削弱了他们参与战略形成的能力。

对于董事会规模-战略执行关系的肯定在 Yermack(1996)的研究中同样很明显。Yermack 研究了 1984—1991 年间 452 家美国的大型企业,他采用 Tobin 的 Q 理论来测量市场价值。在控制了企业规模、行业资格、内部股票所有权、成长机会以及替代性的公司治理结构后,他发现董事会规模和企业价值负相关。

---

① 董事会参与被定义为两方面:"形成新的战略方向"和"评价之前的战略决策",受访者被要求为"董事会参与战略决策制定的大体水平"打分(Judge and Zeithaml 1992,793)。

拥有小规模董事会的企业,财务比率更有利,CEO 绩效激励薪酬更高,低绩效 CEO 被解雇的风险更大。

命题 9-1:董事会规模越大,其参与战略决策制定的程度就越低。

同样,董事会的人口多元化也有可能阻碍战略参与。比如,在一项 1980—1988 年间对超过 1 500 家医院的研究中,Alexander、Fennell 和 Halpern(1993)发现,当董事会规模更小、意见更为统一时,领导力(被定义为高管之间频繁更替的系统化模式)更不稳定性。此外,Goodstein、Gautam 和 Boeker(1994)的研究表明,相比更为统一的董事会,职业多元化的董事会做出战略改变的可能性更小。当董事会试图去反映组织所依赖的来自各类支持者的不同观点时,他们已经丧失了一部分凝聚力(Clendenin 1972)和权力(Lorsch and MacIver 1989)。多元化强调差异,从而分散了董事会权力,而对共同目的的强烈一致则可能增强董事会权力(Hackman 1986)。最后,Westphal 和 Stern(2006)提出,人口多元化的董事同样有可能表现出顺从(也可参见 Elsass and Graves 1997;Lipton and Lorsch 1992;Westphal and Milton 2000;Westphal and Stern 2007),因此他们更可能身处 CEO 占统治地位的董事会。此外,Westphal 和 Bednar(2005)阐述了如下观点:当董事间的网络连接较弱时,人众无知(pluralistic ignorance)现象是如何更为显著的。该证据表明,董事会多元化(普遍来说)与更少的战略参与有关。[①] 如果该逻辑成立,我们就可以提出如下命题。

命题 9-2:董事会成员背景的同质性程度越高,董事会参与战略决策制定的程度就越高。

尽管这些涉及董事会参与的研究极具价值,但对于引发这一战略决策制定过程中更深入的董事会参与的条件,它们仅提供了部分证据——部分原因在于董事会参与的概念比通常情况要复杂得多。来看看图 9.1。这张图概括了战略决策制定的五个阶段,每个阶段都可能或多或少地受到董事会参与的影响。

关于董事会参与,我们仍有许多未知之处。有些问题仍然有待解答,比如:董事们是否平等地参与到了每个阶段?是什么决定了每个阶段的参与程度?某

[①] Chatman 和 Flynn(2001)论证了虽然多样性对群体功能产生负向影响,但如果该群体能够成功制定互动规范,则负向影响将大大减轻,因此说明多样性本质上在群体功能的问题中可能是一个非常消极的指标。

阶段的参与是如何与另一阶段的参与关联起来的？尽管诸如此类的问题需要实证调查，我们仍提出如下命题以供研究。

图 9.1 战略决策制定过程中的董事会参与

命题 9-3：在战略决策制定的各个阶段，董事会参与各不相同。董事们将以递减的趋势参与到下列战略决策制定阶段中：评估战略方案，评估战略结果，选择战略，提出战略方案，实施战略。

虽然这一命题略显挑衅，但我们必须考虑到它只是一种推测。虽然可能存在其他模式，但引发这些替代模式的条件仍有待调查。在下一节中，我们将进一步阐述有关潜在诱发条件的观点。我们所提到的"董事会参与"是指其一般含义，但必要时，对于战略决策制定过程不同阶段的董事会参与，我们也会指明这些诱发条件将如何对其产生不同的影响。

预测董事会战略性参与的情境条件

关于战略决策制定过程中的董事会参与规范，我们某种程度上站在了十字路口。较早的描述性研究普遍表明，董事会很大程度上是无效的；而更新的研究则表明，尽管董事会面临诸多约束，但其能够且的确更多地参与了战略形成。从某种程度上说，这些对立的观点可能仅仅是董事会参与规范在变化的反映。同时，《萨班斯-奥克斯利法案》的影响才刚开始显现。我们的预期是，在战略形成期，董事会将变得更为活跃，但还需进行相关研究。作为发展更完善的战略形成期董事会参与理论的第一步，我们广泛考虑了之前讨论过的相同的情境条件，然后提出提示性的命题。

（1）关键性偶发事件

我们考虑了两种关键性偶发事件：一种来自环境，另一种来自 Zald（1969）

关于战略决策的早期研究。在以资源依赖为视角的分析中,我们提出,董事会成员可能因其管理组织间依赖性的能力而被选择。鉴于该观点的正确性,那些面临着最大环境不确定性的企业董事会应该更多地参与战略决策的制定。这些董事会可能拥有辅佐高管的适当技能。事实上,一些学者已经表示,在外部环境不确定期间,董事会的战略性角色尤为重要(Boulton 1978;Mintzberg 1983a;Goodstein, Gautam, and Boeker 1994)。然而我们早前同样指出董事会成员是怎样被增选并被削弱影响力的。更为复杂的是如下的概念:由于环境不确定性使得手段-目的关系更为模糊(Thompson 1967),董事会关于战略的考察可能变得更具有政治意味,从而削弱了董事会成员的效力以及产生影响的能力(Olson 1982)。因此,我们尚未完全知悉环境不确定性是怎样影响董事会参与的,由此我们提出如下两个替代性的命题。

命题 9-4A:环境越不确定,董事会就会越多地参与战略决策的制定。

命题 9-4B:环境越不确定,董事会就会越少地参与战略决策的制定。

除了源自环境的关键性偶发事件,我们基于 Zald(1969)率先阐释的富有前景的理论逻辑,开发了另一套关键性偶发事件,并提出了基于该研究的命题。在提到高管认为需要"从属于(董事会的)观点"的程度时,Zald 指出,"在战略决策点上,董事会权力最有可能得到维护"(1969,107)。根据 Zald 的观点,战略决策点与生命周期问题和选择继任者有关。

基于这些观点,我们经考虑可提出一些命题。比如,董事会在新兴组织中参与度更高,因为这样的组织对政策规划和发展"行动纲领"的需求更大(Zald 1969, 107)。到目前为止,在有关这个概念唯一的实证检验中,Judge 和 Zeithaml(1992)发现,战略决策制定过程中的董事会参与和组织年龄正相关。这个意料之外的结果可归因于董事倾向于在工作时间之外发展更广泛的技能储备,使自己有可能为战略形成的实质性讨论做出贡献。不过,Judge 和 Zeithaml 所研究的是医院董事会(其与大部分商业组织的董事会都大不相同;比如,Alexander, Fennell, and Halpern 1993),因此这一发现对于其他情况的适用性仍未可知。另外,尽管对决策制定过程中("形成期"包括图 9.1 中的前三个阶段,"评估期"代表最后一个阶段)的董事会参与采用了多种测量方法,但他们并未提出更多有针对性的假设。诸如此类的假设能够将提出战略方案和评估战略方案、选择战略(这些在新兴企业中更显著)中的董事会参与和评估战略结果(这是更为普遍的董事会活动)中的董事会参与区分开来。因此,我们提出如下命题。

命题 9-5：组织年龄越大，董事会就越少参与战略决策的制定。相比实施战略和评估战略结果中的董事会参与，提出战略方案和评估战略方案及选择战略中的董事会参与与组织年龄更为负相关。

相似地，较小企业的董事会在战略决策制定时可能会更活跃。小企业不可能拥有大企业那样宽泛的管理人才，或许它们需要更宽泛的董事会角色。事实上，董事会成员有可能因为其战略技巧而被甄选（Vance 1983）；而这个选拔董事的标准更有可能被小企业所采用。当然，Zald（1969）的观点，即董事会能够为年轻企业提供有关政策规划的更有价值的建议，也同样适用于小企业。

命题 9-6：组织规模越大，董事会就越少参与战略决策的制定。相比实施战略和评估战略结果中的董事会参与，提出战略方案和评估战略方案及选择战略中的董事会参与与组织规模更为负相关。①

其他的组织转型可能同样需要更多的董事会参与。在收购、剥离及合资所代表的重要战略决策点上，董事会可能会更加突出，并且董事会实际上依法享有对这些决策的投票权。另外，收购过程异常耗时，会持续耗费管理层（Hoskisson and Hitt 1994）也可能包括董事会的精力。结果，在这种情形下，董事会在整个战略形成过程中的参与程度可能更高。

命题 9-7：企业兼并、资产剥离、合资经营活动的规模越大，董事会在整个战略决策制定过程各个阶段的参与程度就越高。

上文已经提到，对企业来说，选择新任 CEO 是一个关键的战略决策点，并且许多文献都记录了董事会在继任中的角色（Brown 1982；Couglan and Schmidt 1985；Johnson，Hoskisson，and Hitt 1993）。然而，事实上，这些研究只检验了董事会结构和组成的特征及 CEO 更替率，却忽略了更为直接的测试，即对董事会战略参与更替率含义的测试。其中一个例外是 Westphal 和 Fredrickson（2001），他们的研究表明，当董事会权力大时，新的 CEO 继任者在人口统计特征上可能与董事而不是（现任）CEO 更相似，并且他们有可能拥有与外部董事而不是（现任）CEO 更相似的战略经历。此外，他们的研究表明，这些效应并不是明显地取决于绩效。换句话说，这些效应并不是由在职 CEO 糟糕的绩效所引起的。

---

① 通过提出与更小型或更新的组织相比，更大型的组织［以及更老的组织（命题 9-5）］更加需要董事会参与以消除在这种背景下经常形成的核心僵化问题，我们也许可以走得更远。从这个意义上来说的确如此，与更小或更新的组织相比，更大以及存续时间更长的组织中的董事会参与可能会与企业绩效更加紧密相关。

命题 9-8：新 CEO 的任命增强了战略决策制定过程各个阶段的董事会参与。

Shen(2003)所发展的理论说明,董事会需要在新 CEO 任期的早期就开始关注 CEO 的领导力开发,但此后,在 CEO 奠定了权力基础、其领导力在企业内部被肯定后,董事会需要转向监督和控制管理型机会主义。Shen 的理论建立在如下的论断之上:董事会的职责是争取股东的最大利益,而不仅仅是将代理成本最小化。CEO 在其任期的早期,往往需要发展个人领导技能,直到这些技能被建立起来,尽管如此,他们的地位仍可能极不稳固(比如,Shen and Cannella 2002a)。随着 CEO 任期的延长,其对特定战略的领导能力和投入也会增加。这些研究者提出了三个关键的观点:①在任期的早期,管理者和股东权益可能并不会产生分歧;②当新的领导者有时间发展领导力时,股东权益会提高;③只有在 CEO 证明其领导力并且其权力已经制度化以后,机会主义才会成为问题。

命题 9-9：CEO 任期降低了战略决策制定过程各个阶段的董事会参与程度。

(2) 制度力量

早前,我们将制度力量描述为那些在公司治理中享有声望的管理精英所扮演的角色。管理精英俱乐部提供了一种独立的手段,通过它,董事们积累权力,由此,董事声望对董事会成员的挑选和变更来说是一个关键的前因。因此,我们略微延伸这一逻辑便可得出这样的结论:董事声望可以为董事会成员提供更大的机会来参与整个战略形成过程。这些富有声望的董事不可能仅仅充当"人云亦云"的角色,因为:①他们在大批董事会成员候选人中挑选人才的能力强,对他们来说,并不太可能屈尊于一个没有发言权的董事会;②企业的高管可能会把声望看作管理竞争力的信号(D'Aveni and Kesner 1993),这拓展了战略形成过程中董事的角色。

命题 9-10：董事的声望越高,其在战略决策制定过程各个阶段的参与程度就越高。

(3) 董事间的友谊连接

在战略决策制定过程的各个阶段,友谊连接将可能提高董事会的参与程度。Westphal 和 Bednar(2005)提供了间接证据,他们表明,当董事们相互之间并不十分了解时,他们可能会误解对方关于现行战略恰当性的认知。因此,当每位董事对现行战略表示关注时,其作为个体,可能会低估其他董事获得相同关注的程度,并且害怕由于自身表现得不配合或不合拍而使得没有董事愿意表达他们的想法。这种"多元化忽略"更可能在董事们不了解对方的情况下发生。① 此外,Westphal(1999)表明,当 CEO-董事的社会联系较强时,董事会为 CEO 提供更多的建议和忠告,企业的总体绩效也会更好。此外,Westphal 还提出,这些增加的建议和忠告似乎并不来自糟糕的监管。所有这些研究都表明,董事与董事间、董事与 CEO 间更为强化的友谊连接将提高战略决策制定过程各个阶段的董事会参与程度。

命题 9-11:董事与董事间、董事与 CEO 间的友谊连接越强,董事会在战略决策制定过程各个阶段的参与程度就越高。

(4) 代理情况

早前我们曾提到,董事会的警惕性取决于董事会和高管之间的权力分配。相比羸弱的董事会,权力大的董事会的警惕性也会更高。由此可知,相比羸弱的董事会,权力大的董事会会更多地参与战略形成过程。

命题 9-12:董事会权力越大,其在战略决策制定过程各个阶段的参与程度就越高。

董事表现活跃最常见的环境就是新兴企业,尤其是 IPO 企业。这些董事持有更多股份,可以为这些企业注入一些并不会被轻易替代的专业技巧(他们也因此获得了声望),更为重要的是,他们的权力很大,足以使其观点掷地有声。有大量研究证实了这一观点(比如,Gompers and Lerner 2003;Jain and Kini 1999)。

在研究董事会权力及其与战略决策制定的关系时,考虑董事会外部因素,比如家族所有权(Miller and Le Breton-Miller 2005;Miller, Le Breton-Miller, and Lester 2005;Schulze and Lubatkin 2003)或养老金投资,是非常重要的。David 及其合作者(2001)总结道,外部董事感觉不到机构所有权的效应,至少一些有权力的外部所有者似乎通过向外部董事施压来影响企业。

Hoskisson、Hitt、Johnson 和 Grossman(2002)研究了治理和企业创新战略之间的关系,得出的结论是:不同的所有者(公共养老基金相比专业投资基金)对企业创新战略有不同的偏好。根据他们的数据,公共养老基金经理偏好内部创

---

① 关于一些对比证据与理论,可参见 Shimizu 和 Hitt(2005)。他们表示,新的外部董事的到来会增大撤销表现不佳部门的可能性。此外,他们还将该证据解释为对新任外部董事有助于打破组织惯性这一想法的支持。

新,而专业投资基金经理则偏好收购(外部创新)。更令我们感兴趣的是,企业里持有大量股权的内部董事与内部创新相关联,而企业里持有大量股权的外部董事则与外部创新(收购)相关联。

董事会和高管之间的权力分配同时还扮演了如下角色:调节之前提到的所有关系,因为这些关系受制于有限的权力。因此,董事会权力不仅应当对战略参与发挥直接效应,还应对加深董事会参与战略形成的倾向(由于各种关键性偶发事件)发挥间接效应。比如,命题9-5的第一部分指出,在新兴组织中,战略决策制定中的董事会参与程度更高。考虑到代理条件,我们可以提出另一个命题:董事会权力越大,组织年龄和战略决策制定中的董事会参与之间的(负相关)关联就越强。其中,关键性偶发事件对董事会参与发挥了"催化剂"的作用,但此类参与的实际程度依赖于董事会和高管之间的权力分配。我们提出以下命题概括这种关系。

命题9-13:董事会的权力越大,关键性偶发事件与战略决策制定中董事会参与的关联就越强。

本节讨论了董事会战略性参与的可能解释。其他预测因素可能同样值得研究。不过,我们可以断定,即使一些历史性规范已经严加管束了董事会的战略参与,《萨班斯-奥克斯利法案》和整体的商业环境正推动董事会表现得更为活跃。因此,我们应当预期,董事会在战略决策形成过程中扮演着日益重要的角色,而这一影响有赖于各种情境条件以及董事会权力。

二、董事会与企业绩效

尽管董事会不常使用其隐性权力去直接影响组织产出,例如战略,但它们仍在一系列与战略性领导力有关的产出中影响重大。想象一下董事会是如何影响高层管理的:它们参与CEO的选拔和继任,决定薪酬体系及其水平,设置各种收购防御措施,其警惕性影响了CEO领导组织时的自主权程度。因此,尽管董事会成员的角色有限,他们仍能参与一系列影响高管和CEO工作绩效的活动。在一篇有关董事会监管和战略性参与结果的实证研究中,这些效应得到了证实。我们在上一章的图8.1中检验了董事会的警惕性和参与程度对绩效的影响结果。

鉴于各类文献对董事会角色形形色色的解读、大量研究对董事会在战略决策形成过程中的直接影响范围的质疑、董事会行为和实际绩效结果之间的鸿沟，我们未能找到调查董事会和企业绩效之间直接关系的大量研究。然而这一关系对研究者们来说极具吸引力，过去几十年中，已有大量实证研究发表。研究者们已经调查了董事会规模的绩效效应（Pfeffer 1973；Dalton et al. 1999；Provan 1980；Chaganti, Mahajan, and Sharma 1985；Zahra and Stanton 1988；Pearce and Zahra 1992）、外部董事代表（Vance 1955；Daily and Dalton 1994；Wagner, Stimpert, and Fubara 1998；Dalton et al. 1998；Vance 1964；Pfeffer 1972；Schmidt 1977；MacAvoy et al. 1983；Baysinger and Butler 1985；Chaganti, Mahajan, and Sharma 1985；Kesner 1987；Hill and Snell 1988；Morck, Shleifer, and Vishny 1988；Zahra and Stanton 1988；Rosenstein and Wyatt 1990；Hermalin and Weisbach 1991；Hambrick and D'Aveni 1992；Pearce and Zahra 1992）、董事权益（Kesner 1987；Daily et al. 2002；Morck, Shleifer, and Vishny 1988；Schellenger, Wood, and Tashakori 1989）、内部董事权益（Vance 1955, 1964；Pfeffer 1972）、董事和高管权益（Lloyd, Jahera, and Goldstein 1986；Kim, Lee, and Francis 1988；Oswald and Jahera 1991）、董事背景和经历（Norburn 1986）、CEO 两职兼任（Berg and Smith 1978；Daily and Dalton 1994；Baliga, Moyer, and Rao 1996；Dalton et al. 1998；Boyd 1995；Chaganti, Mahajan, and Sharma 1985；Rechner and Dalton 1991；Daily and Dalton 1992）、董事会参与战略制定（Judge and Zeithaml 1992）、董事会权力（Pearce and Zahra 1991）以及董事会特征（Molz 1988）。正如 Zahra 和 Pearce（1989）详尽的研究所暗示的，这些研究不可避免地产生了混合型结果。

我们不应惊讶于不一致的发现，Zahra 和 Pearce（1989）给出了几点理由：①一些情境因素往往被忽略，例如行业、组织生命周期、企业战略等；②这项研究并未着重考虑董事会成员如何相互交流并最终做出决策；③强调单变量的研究方法（通过单独考虑一个或两个董事会特征）使得跨研究间的比较和整合异常困难；④研究者们在测量董事会特征（比如外部董事的代表性）时通常采用不同的方式；⑤许多研究采用了同期（而不是滞后）的方式来测量企业绩效，可能会混淆因果关系的方向。[①] 或许最为重要的是，董事会结构和组成对企业绩

[①] 正如之前所说明的内容，Hermalin 和 Weisbach（1988）发现绩效不良会导致董事会组成的变化，因此绩效对董事会组成的横截面回归可能有偏差，因为董事会组成的变化来自过去的绩效（Hermalin and Weisbach 1991）。

可能并没有普遍的效应。董事会和企业绩效之间存在太多的中间个体和过程、太多的偶然因素(这可能会影响到董事会和企业绩效结果之间的关联方式)、太多影响企业绩效的其他因素(这其中可能存在很强的直接关联)。

不过,通过确保监管的质量以及在战略形成中的参与,董事会仍能对企业绩效产生间接效应。事实上,对于董事会监管和战略参与如何影响非绩效性结果的调查非常有前景。如图8.1所表明的,董事会对高管更替、高管薪酬、收购防御等结果甚至多元化、资源管理、战略变化等战略性结果都具有更强烈的影响,而不是仅仅引发二阶效应(比如企业绩效)。我们现在转而考虑这些结果。

三、董事会对战略的效应

高管通常是决定企业战略方向时最有影响力的组织人物(Hambrick and Mason 1984)。然而,如图9.1所揭示的,在战略决策制定的过程中,董事会同样可能扮演直接或间接的角色。通过参与委员会、为高管提供建议、监督高管决策,董事会能够直接影响战略。通过削弱跨组织间的相互依赖、传递其他企业的战略信息,董事会能够间接影响战略。此外,借助建议和忠告的角色(比如,Hillman and Dalziel 2003),董事们可通过向CEO提供建议和社会支持(参见Westphal 1999)、管理战略决策的情境(参见McNulty and Pettigrew 1999)等,间接影响战略。董事会的直接效应已经普遍地运用代理理论和战略选择的观点进行了实证模拟,而董事会的间接效应则依赖于资源依赖理论和制度理论。本节我们将回顾这项研究。

一项小规模却十分重要的已公开发表的研究检验了战略性结果是如何成为董事会结构和组成的直接结果的。Goodstein、Gautam和Boeker(1994)对医院进行了研究,他们检验了董事会规模和多元化是否与战略变化有关。他们认为,更大、更多元化的董事会有更多固有的内部分歧和矛盾,因此他们假设董事会结构和组成与战略变化有负向关联。结果显示,尽管两个系数均为负,但只有董事会多元化与战略性变化的多种指标有显著关联。也就是说,与董事会组成单一的企业相比,有多元化董事会的企业更不可能出现战略变化。[①]

[①] 在第五章中所讨论的关于把高管团队的异质性与组织产出直接联系起来的一些问题也可能与此相关。

在 Goodstein、Gautam 和 Boeker(1994)之后的研究着重提供了关于因果机制的解析。比如,Westphal 和 Bednar(2005)证实,更多元化的董事更不可能在董事会议中发言,即使他们对企业战略的可行性非常关注。Westphal 和 Milton(2000)表明,对规模较大的董事会来说,在人口统计特征上占少数的董事倾向于不在董事会议中发言,除非他们与其他成员有友谊连接,或者该董事会中的其他成员在别的董事会中是少数派。

在另一项不同的研究中,Cotter、Shivdasani 和 Zenner(1997)研究了目标公司的外部独立董事在应对收购企图(要约收购)时所扮演的角色。他们的结论是:当目标公司的董事会处于独立地位时,初始投标溢价(initial tender offer premium)、出价溢价修正(bid premium revision)以及目标股东收益在整个要约收购期间都会更高。此外,对于独立的董事会来说,毒丸计划和积极的收购抵制均会导致更高的溢价及股东收益。

Kassinis 和 Vafeas(2002)研究了一些企业承受很高的成本(诉讼费和罚款)的原因——因为这些企业未遵守法律法规,而其他的企业遵守相关法律法规,从而避免了这笔成本。通过比对 1994—1998 年间 209 名违反者与相应的样本企业的诉讼前概况,他们得出如下结论:随着董事会规模的扩大、来自其他行业企业的外部董事比例的提高以及内部所有权的稀释,这些企业被起诉违反环境法规的可能性也随之增大。这一可能性会随外部董事数量的增加而增大。他们接着总结道:企业董事会对有关企业环境政策的决策起到中心作用。

在一项类似的研究中,Kesner、Victor 和 Lamont(1986)研究了董事会组成与企业违法行为之间的关系。然而,他们的证据并未证实外部董事比例和违法行为数量之间有显著的关联。此外,违法行为的发生似乎并未导致任何董事会的结构性变化(例如增加外部董事)。最后,CEO 的两职兼任并不与违法行为的发生相关联。

关于董事会如何影响战略,Baysinger 和 Hoskisson(1990)提出了一种不同类型的观点:在财务控制和战略控制之间,外部董事更重视前者(如更为客观的、绩效导向的控制机制),因此,不断提高的管理雇佣风险和以外部董事为主体的董事会与多元化趋势有关。参加多样的商业运营活动稳定了企业的收入流,使高管将雇佣风险分散(Amihud and Lev 1981)。Baysinger 和 Hoskisson 指出,这一观点的有趣之处在于,增强的多元化是外部董事代表性的间接结果,而不是由于之前所假定的外部董事的警惕性(事实上,可能与之相反)。尽管这一观点十分有趣,但它只得到有限的证据支持。1980年,一项针对94家研发密集型《财富》500强企业的研究中,Hill和Snell(1988)发现,内部董事与外部董事的比例和多元化的董事会范围负相关,和专业化比例及关联性比例正相关。这一发现与他们基于代理理论的设想相反,但与Baysinger和Hoskisson(1990)的逻辑相符。1985—1990年间,Hoskisson、Johnson和Moesel(1994)研究了203家重组中的企业,他们发现,外部董事权益减少了重组时间和资产剥离(divestiture)的数量。然而,就其他测量方法在外部董事对重组和资产剥离影响的效应方面,这项研究并未找到支持性证据。同时,一项针对13个样本的元分析研究了外部董事比例和无关多元化的关系,但并未找到显著的效应(Deutsch 2005)。

为了延伸关于研发活动中财务控制和战略控制对比情况的观点,Baysinger和Hoskisson(1990)还假设,外部董事代表与较低的研发支出相关联,因为外部董事对财务控制手段的运用在管理者之间引发了风险。到目前为止,所有旨在跟进这一问题的研究均是支持性的(Hill and Snell 1988;Baysinger, Kosnik, and Turk 1991)。此外,Deutsch(2005)有关外部董事和研发支出的元分析也非常有力。值得一提的是,根据标准代理理论的解读,外部董事占多数的董事会,其警惕性的提高将使企业限制无关多元化,并促进研发活动,因为诸如此类的举动与股东利益相一致。① 因此,对于董事会警惕性而言,外部董事代表性这样普遍的测量方法可能并不可靠。②

应用组织理论的研究者们也已考察了董事会如何影响诸如企业借贷、多元化态势和收购行为等战略结果。运用资源依赖理论,Mizruchi和Stearns证实了董事会中的财务代表如何与企业借贷相关联(Stearns and Mizruchi 1993;Mizruchi and Stearns 1994)。通过对一组包含22家《财富》500强企业为期28年的研究,他们发现了一个资源获取的一致模式。比如,一方面,董事会中寿险经理的存在同长期私人借款正相关,而与长期公开借款负相关。另一方面,董事会中的投资银行家更可能从公共来源而非私人来源借款。总的来说,他们都为如下的结论提供了具有说服力的证据:董事会中不同种类财务代表的存在与不同类型融资方式的采用有关。

---

① 例如,Amihud和Lev(1981)提出并发现管理者控制型企业中的无关多元化比所有者控制型企业中的更多。也可参见Lane、Cannella和Lubatkin(1998)以及Boyd、Gove和Hitt(2004)。

② 正如前面所说明的,许多学者都将外部董事分为附属型和独立型两种类别。附属型董事为那些与企业有"重要"商业往来的人。

更为近期的三项经典研究同样检验了董事会是如何影响多元化的。在运用制度理论框架对 1963—1968 年间企业采用事业部制组织形式所做的研究中，Palmer、Jennings 和 Zhou(1993)检验了如下观点：①连锁董事提供了有关战略创新的信息，且这些信息正在其他企业中被使用；②与已采用事业部制的其他企业之间的连锁数目越多，焦点企业采用该形式的可能性越大。出乎意料的是，结果却是混杂的，拥有董事连锁的企业出人意料地减小了采用的可能性，而没有董事连锁的企业却增大了采用的可能性[①]；该结果被归因于和这些连锁相关的、信息传播的不同模式。然而，在制度理论对董事会如何影响战略的解读方面，这项研究仍然具有普遍的支持力。

Palmer、Jennings 和 Zhou(1993)同样检验了基于政治理论的董事会假设，但并未发现显著结果。不过，他们的研究因对董事会特征的多重解读而仍具价值。该研究强调了研究董事会的一般条件：对董事会客观特征的依赖必须从强有力的理论出发，因为这些特征受多重解读的支配。

Tihanyi、Johnson、Hoskisson 和 Hitt(2003)考虑了机构投资者在企业战略中的角色（国际多元化），以及董事会组成和技术性机会的调节效应。他们的研究聚焦于两种机构投资者：公共养老基金和专业投资基金。[②] 由于专业投资基金很快就能收回其投资组合收入，因此他们倾向于采纳短期观点。相反，公共养老基金则属于长期投资者。他们预测，这两种所有者均会倾向于国际多元化。

这两种机构投资者的区别被一些调节变量所具体化——董事会组成和技术性机会。他们提出，国际多元化虽有益处，但也可能加剧代理问题。他们预测，当外部独立董事存在时，特别是当其对国际多元化有经验时，专业投资基金将更加支持国际多元化。相反，当内部董事较多时，公共养老基金更为支持国际多元化。由于公共养老基金关注长期效应，因此他们预测其会偏好技术性机会（企业所在的市场或行业对产品创新的需求或接受程度）更多的行业中的国际多元化。他们选取的 197 个标准普尔综合 1500 指数企业的样本为所有这些假设提供了佐证。

Ellstrand、Tihanyi 和 Johnson(2002)研究了董事会组成及 CEO 两职兼任如

[①] 拥有董事连锁是指"被那些主要附属于其关联的两家企业中的一家的人（如所有者或员工）所创造"，而没有董事连锁是指"被主要附属于第三方机构的人所创造"(Palmer, Jennings, and Zhou 1993, 107)。

[②] 关于机构投资者的其他分类系统，参见 Brickley 及其合作者(1988)。

何影响企业国际制造业务投资组合收益的平均政治风险。基于早期国际战略方面的研究工作（比如，Sherman, Kashlak, and Joshi 1998; Sanders and Carpenter 1998），他们提出，内部董事偏好低风险的投资收益组合，外部董事偏好高风险的投资收益组合。此外，内部董事还可能说服关联董事支持其对低风险的偏好。他们还预测，CEO两职兼任和低风险的投资组合相关联。虽然支持性证据相当少，但他们提出的三个假设中的两个（唯一的例外是内部董事和关联董事之间的一致性）都得到了支持。

另一组研究从社会网络出发考察了董事会，Haunschild（1993；1994）发现了极具支持性的结果。在第一项研究中，通过1981—1990年间327家中型和大型企业的样本，Haunschild检验了董事会连锁是否与收购活动相关联，并提出，"在那些有权影响组织兼并和收购活动的管理者中，董事连锁机制是个人联系的重要途径"（1993，568）。她发现，焦点企业的收购活动同与之（通过管理者）相关联企业的收购数量正相关。她同样也发现了倒U形关系。这些结果适用于不同类型的兼并，并且在控制了若干替代性解释之后，也同样适用于收购活动。

第二项研究聚焦于收购溢价的规模，并提出，通过董事关系与收购企业挂钩的企业支付的前期溢价（prior premiums）规模是一个显著的预测因素（Haunschild 1994）。在1986—1993年间240个已完成的收购样本中，这一猜测得到了证实。将以上两项研究综合起来考察，Haunschild的研究为董事会和战略形成关系的制度理论观点提供了强有力的支持。

在一篇理论文章中，Certo（2003）指出，对于IPO企业，董事会特征会影响合法性，从而影响市场表现。在IPO背景下，董事会的一个关键角色就是向可能的投资者暗示企业价值，因为他们（未来投资者）对技术或商业计划的细节知之甚少。Certo（2003）提出，投资者对IPO声望的认知来源于董事会总的社会资本和人力资本，并且随着投资者声望的提高，董事会声望对企业价值的暗示性作用会更强。

一些实证证据支持了这个话题。Higgins和Gulati（2003）检验了刚起步的生物科技企业的"高阶梯队关系"（upper echelons affiliations）是否提高了承办其IPO的投资银行的声望，并报告称他们找到了大部分的支持性结果。尽管该研究是首先确立董事会原则的研究之一，但声望带来声望（Merton 1973）的观点已在各类情境中得到证实（Podolny 1994）。另一项有关1994—1996年间上市的电脑软件企业（Pollock et al. 2007）的类似研究将IPO价值作为因变量，也得到了同样的结果。

IPO的董事会不仅能带来声望,其实际技能也同样极具优势。特别是对于在起步阶段一起工作的最高管理团队,由于他们已经积累了对年轻企业较多的共享知识,因此董事会能够因其相关专业技能而增加价值。这正是Kroll、Walters和Le(2007)的发现,他们调查了524家创业企业的IPO表现中原始管理团队所扮演的角色。他们还发现,团队成员拥有股票所有权与企业绩效也存在关联。

Carpenter和Westphal(2001)研究了董事会及其对战略的影响,并构建了两个问题:董事是否具有为战略做出有意义贡献的恰当知识? 是什么因素影响了知识-贡献的关系? 他们从社会认知的角度出发,认为在其他企业董事会的经验极有可能至关重要。他们考察了稳定与不稳定环境,并指出,在稳定的环境下,战略实施比战略发展更为重要。当与技术性关联企业(那些遵循相似战略、在相似产品市场或国际市场情境下运营的企业)有所联系时,董事能够助力战略的实施。诸如此类的社会联系使得知识结构高度发展,其信息量更大、结构性信息更多。他们假设,在稳定环境下,与焦点企业战略性关联的其他企业的董事任命将增强董事在董事会中对战略问题讨论的贡献能力。他们对董事会监管和围绕战略问题的建议互动进行了平行预测。

相反,在不稳定环境下,异质性比战略相似性更有益,但程度太高的异质性会阻碍社会互动(social interaction)。Carpenter和Westphal假设,在不稳定环境下,一名董事在其他企业董事会的任命与战略性相关的其他企业董事在焦点企业的任命越互补,董事在董事会战略问题讨论方面被认可的贡献能力就越强。他们对战略决策制定的监督和董事会在战略问题上的建议互动水平进行了平行预测。

Carpenter和Westphal抽取了《财富》1 000强企业中的600家作为样本,针对每家企业,调查了其CEO和一名外部董事。① 所有的假设都得到了支持。他们总结道,正如连锁董事会文献所预测的,重要的并不仅仅是社会结构情境(social structural context)。相反,社会结构情境被战略情境调节了。证据同时显示,与担任其他公司的外部董事相比,这些外部董事受母公司战略的影响更深。

Gulati和Westphal(1999)研究了社会影响网络(social influence networks)

---

① 他们对该调查及其概念的有效性进行了精彩讨论,并在附录中提供了调查条目。

(董事会连锁)是如何影响战略结盟形成的。他们提到,理论上,连锁机制对嵌入观点(embeddedness perspective)发挥中心作用,并应当影响政策和战略决策。然而,将这些连接的内容(指连锁机制)具体化也非常重要,他们认为,间接连接能够强烈影响或"决定"直接连接的效应。他们的研究聚焦于合资企业,并预测了不同社交过程(董事会-CEO 关系)的直接效应,以及间接连接对合资企业成立的调节效应。

董事会连锁(以及其他网络连接)通常被认为能降低形成结盟和选择结盟伙伴过程中的不确定性。Gulati 和 Westphal(1999)假设,直接连接将增大两个连接企业结盟的可能性,他们同时还预测,当董事会对 CEO 施加控制(董事会保持独立性的程度)时,这一效应会被削弱。他们将董事会-CEO 关系分为三类(详见 Westphal 1999):独立监管和控制,紧密合作,不作为。建议和忠告通常应 CEO 的要求而生,因此董事会和 CEO 之间可能会发展成强力的合作和工作关系。这种合作可通过如下方式影响结盟的形成——信任、积极影响、对彼此的信心。最后,他们假设,CEO 和董事会之间的联系越紧密,他们之间结盟的可能性就越大。每个假设均被他们的大企业样本所支持。

间接连接的角色是研究的重要组成部分,因为间接连接能影响直接连接中的信任水平。Burt 和 Knez(1995;1996)认为,第三方关系倾向于同时增强信任和不信任。间接连接以这种方式影响直接连接的强度,而不是其方向。他们以《财富》/《福布斯》600 强企业为样本,并通过测量信任、控制和合作的水平鉴别 CEO-董事会合作。调查项目与档案控制(0.42)和合作(0.34)的测量紧密相关。第一个假设被拒绝了——董事会中的个人并不能影响到与其所在的企业结盟的可能性(因为该研究针对每家企业只调查了一个董事)。其他假设均得到了支持。在补充分析中,Burt 和 Knez 表明,信任调节了控制和合作效应,这两者并不是相反的影响关系(控制和合作影响信任)。该研究的关键贡献就是它表明,董事会连锁可同时产生积极效应和消极效应。此外,证据支持了如下论断:独立的董事控制倾向于将 CEO-董事会关系政治化。

当考虑其整体性时,大量的研究精力被用在董事会如何影响战略的问题上(尤其是近年来)。这与如下的历史观念相悖,即在董事会治理的企业中,其对实际事务的影响甚微。但这与董事会制度层面的变化相符,即要求不断向董事会施加压力,以使其在履行股东受托职责时更为活跃。

另一个新结论是,董事会结构和组成既是组织产出的原因,也是其结果。让我们回顾来自对相关文献评价中的两个例子：

第一，董事会和多元化之间的关系是怎样的？一方面，有限的证据显示，多元化的企业为获取更多信息与专业技能，倾向于给董事会带来更多的外部董事（Pearce and Zahra 1992）。另一方面，越来越多的理论和证据显示，由于 CEO 寻求分散雇佣风险，因此外部董事通过关注财务控制倾向于和更强的企业产生多元化的联系（Hill and Snell 1988；Baysinger and Hoskisson 1990）。

第二，董事会与企业借贷之间的关系是怎样的？来自银行界的董事可能会被安排到董事会中任职，因为企业希望有足够的资本来源（Pfeffer 1972），而在其董事会中有更多银行业代表的企业，其借贷可能会更多（Mizruchi and Stearns 1994）。因此，要理清关于此类关系的头绪实属困难。正如我们之前所提到的，增补选举通过两方面发挥效应，来自银行业的董事和企业都能从互动中获益。

从这个有关董事会和战略的研究分析中我们能得到两个关键启示：①多样的理论观点影响了董事会，对于由这些观点所导致的结果，调查者必须考虑替代解释方案；②从概念和分析的角度来看，研究者需详尽考虑与假设中的因果关系相反的可能性。

作为超级管理团队的董事会

未来的假设可以将高阶梯队理论延伸至董事会。① 由于多数董事会的决策制定能力有限，而高管在影响战略、企业绩效等组织产出方面扮演着更重要的角色，因此鲜有研究详尽地、大规模地检测了梯队理论假设。然而在一些例子中，董事会的自主性相当强，因此在这些例子中检验高阶梯队理论假设是非常明智的。比如前文提到的关于医院董事会的研究，Goodstein、Gautam 和 Boeker（1994）发现，更大的董事会规模与更少的医院服务重组相关联。尽管他们就其假设并未正式采用高阶梯队理论框架，但他们用于支持假设的逻辑和后续的发现显然是一致的（Hambrick and Mason 1984）。

如果董事会被看作与高管团队运营相似的决策制定单元，或许高阶梯队理论观点可以用这种方式进行拓展。如此，关于高阶梯队理论的两个重要改进（refinements）与董事会高度相关——自主权和权力的调节作用（Finkelstein 1988）。我们已经提过，董事会并非总能直接影响组织产出，其自主权程度有

---

① 参见 Carpenter、Geletkanycz 和 Sanders（2004）。

限。董事会成员受限于自己相对于CEO和其他高管的权力,他们的决策及做出决策的能力同样受限于和限制高管相类似的诸多环境、组织和个体因素。友谊连接使得他们作为决策制定主体的潜在角色更为复杂,他们也受其影响(Westphal 1999)。因此,由于研究中存在许多此类相似因素,高阶梯队理论命题必须考虑这些限制因素。[①]

如果董事会是超级管理团队,那么研究个体董事相对于其他成员所具有的权力就显得尤为重要。尽管大量研究已经检验了董事会和高管之间的权力分配,并有较少的研究检验了高管团队内部的权力分配,但实证研究对董事会成员之间权力分配的调查才刚刚起步。比如,若干研究显示,外部独立董事比关联外部董事更有影响力(Byrd and Hickman 1992; Anderson and Reeb 2004; Cotter, Shivdasani, and Zenner 1997; Shivdasani and Yermack 1999),Westphal及其合作者的研究也显示,多元化的董事(diverse directors)(至少有两种不同的定义方式)倾向于更少地参加董事会会议(Westphal and Bednar 2005; Westphal and Milton 2000; Westphal and Stern 2006)。

对于董事会影响组织产出的程度,未来更深入的分析将有助于改进解释方差,并提供一个潜在的令人兴奋的调查线索。此外,对董事会权力的分类进行开发并将其与高管团队相关的研究进行比较显得十分有趣(Finkelstein 1992)。然而,在任何与权力有关的研究中,研究者将强权派系的偏好具体化的能力都相当重要(Lane, Cannella, and Lubatkin 1998; 比如,Golden and Zajac 2001)。

另外,我们补充一点:尽管这些研究在过去的目的主要是研究高管,但现在这一观点为许多针对董事会特征的研究打开了一扇门。比如,在第十一章中,对于一些战略学者和组织理论学者所感兴趣的结果,我们回顾了高管薪酬对这些结果的影响以及理论和实证数据对"董事会作为超级管理团队"这一观点的支持程度,大家也可以设想董事会薪酬是如何通过与之相似的方式发挥作用的。事实上,Deutsch、Keil和Laamanen(2007)最近的研究内容正是如此,他们发现,外部董事的股票及优先认股权报酬和其所在企业在倒U形模式下的收购速度有

---

① 在Hambrick和Finkelstein(1987)关于管理自主权的最初阐述中,他们提出,强劲的外部力量是对管理者选择的一个重要约束。对于董事会成员而言,也许最重要的"强劲的外部力量"就是高管团队。因此,当我们讨论董事会自主权时,从概念上考虑我们将"警惕性"定义为什么以作为概念的主要组成部分非常有意义。然而,警惕性和自主权的含义并不相同:警惕性是指自主权的一个特定方面,而自主权是一个更为宽泛的概念,它包含了大范围的环境属性与个体属性且超出了通常被视为警惕性的范围。

显著关联。

如果董事会是超级管理团队,那么许多驱动高管之间关系的现象也有可能适用于董事会成员。考察一下 Finkelstein(1992)所鉴别出的四种主要权力类型:结构性权力、所有权权力、专家权力和声望权力。每种权力类型似乎在董事会成员间都是有效的。结构性权力来自董事会内正式的等级关系,比如 CEO 的职位是否同董事会主席的职位结构性分离。所有权权力来自持有企业股票和具有家庭关系,这两者均是董事会权力的重要推动力。专家权力来源于董事会成员减少关键性偶发事件所导致的不确定性的能力,这长期以来都被认为是董事会的中心任务(Pfeffer 1972)。声望权力是高管影响力结构的主要组成部分,并被当作董事会权力的预测因素(D'Aveni and Kesner 1993)。然而,董事会的若干独特特征需要更为复杂的权力分配模型,其中最主要的特征就是内部董事和外部董事都是董事会成员。关于哪种董事类型更有影响力,目前尚未可知,因此发展这些观点尤其需要考虑到其中的差异性。此外,我们回顾的关于友谊连接的研究显示,可能存在第五种董事会权力来源。

如果董事会是超级管理团队,则基于最初的高阶梯队理论,我们可能提出许多命题,下面我们将提供两个例子。

(1) 董事会和功能背景

若干研究已调查了如下观点:管理者的功能背景与企业所采用的战略有关(比如,Hitt 和 Tyler 1991)。Hambrick 和 Mason 称,"这一功能背景可能并不会主导高管的战略决策,但其的确可能会施加影响"(1984,199)。将这种观点扩展到董事会层面,我们提出如下命题。

命题 9-14:企业在不同功能间的资源分配与这些功能反映在董事会成员背景中的程度正相关。

我们能从 Westphal 和 Fredrickson(2001)以及 Zajac 和 Westphal(1996c)的研究中找到对这个命题的支持,他们的研究表明,企业中权力的主要来源(CEO 或董事会)是继任 CEO 功能背景的重要决定因素。Westphal 和 Fredrickson(2001)将这种分析用于研究继任者战略。同时,Golden 和 Zajac(2001)就如何发展模型从而将人口统计特征概况以及对变化或稳定的偏好联系起来进行了讨论。

然而,Jensen 和 Zajac(2004)发现了不同的结果。他们研究了三种不同的代理情境(CEO、董事和非 CEO 的高管人员),以及这些代理情境对企业战略(比如多元化和收购)的影响。他们指出,人们通常认为人口统计特征影响偏好,而代理理论则认为,职位是比人口统计特征更重要的因素。比如,代理理论预测,无论其人口统计特征如何,外部董事均会偏好更低水平的多元化。结果显示,具有财务背景的 CEO 会偏好更高水平的多元化,并且进行更多的收购,但功能背景对外部董事或非 CEO 的高管人员并无影响。① 该研究对任何超级管理团队研究方法来说都非常重要,因为董事的角色可能会改变或抵消个体的人口统计特征效应。

(2) 董事会和任期

在对所有人口统计特征的研究中,被研究得最多的是服务或任期的持续时间。我们已在第四章中提到,长任期与特定举动的战略持续性相关联(Finkelstein and Hambrick 1990)。因此,在董事会层面,我们提出如下命题。

命题 9-15:董事会成员的任期越长,组织中的战略变化就越小。

Golden 和 Zajac(2001)研究了医院董事会的人口统计特征,旨在弄清人口统计特征概况和对变化的偏好之间的关联。他们描述了董事会任期延长是如何揭示其对现状和持久性的更大决心的,但更丰富的经验同样会增强沟通以及群体层面的功能。他们做出了预测,将董事会任期、董事平均年龄、职业异质性和一些特定职业(比如,商业和法律偏好改变,而社会活动家偏好维持现状)与战略变化关联起来。最后,他们认为,董事会对改变和接踵而来的变化的倾向会随其权力的增大而增强。他们还考察了监管活动并预测,对 CEO 进行了更多综合性评估的董事会也会与更多的战略变化相关联。对一个由 3 198 家医院组成的样本进行的分析支持了所有预测。

先前我们讨论了自主性和权力是如何为高阶梯队理论逻辑提供关键改进建议的,但另一个问题同样需要强调:诸如上文所提到的命题如何受调节性影响(moderating influences)的支配?我们提出两个一般性命题来解决这一问题。

命题 9-16:董事会自主性越强,董事会的人口统计特征和组织产出间的关联就越强。

命题 9-17:董事会的人口统计特征和组织产出间的关联被董事会成员之间的相对权力分配所调节。

---

① 在补充分析中,他们表示与非金融业 CEO 相比,金融业 CEO 往往并不会实施更好的收购行动或多元化举措,且就他们的样本而言,多元化并没有创造股东价值。

前文提到的 Golden 和 Zajac(2001)的研究为这些观点提供了支持。其他的支持证据可以在 Westphal 和 Fredrickson(2001)以及 Zajac 和 Westphal(1996b)的研究中找到。然而,正如之前所提到的,在把权力和组织产出关联起来之前,将高权力群体的偏好具体化非常重要。

总之,我们的目的只是针对董事会和战略形成之间的关系揭示出一些可检验的命题,而不是正式发展理论,以将高阶梯队理论的观点延伸到董事会。不过,这其中仍有很多研究机会。

四、董事会监管和纪律行为

相比董事会积极参与战略决策制定的说法,董事会在组织中充当监管角色这一观点获得了更广泛的认可。已有研究调查了董事会导致的不同结果,包括高管继任、管理者薪酬的设置以及收购防御措施的采用。在第六章中,我们检验了 CEO 选拔和更替,因此本章不再赘述。不过,第六章中的一个观点值得重述:没有董事会在其中发挥中心作用,CEO 就不会被聘用或解雇。事实上,在董事会参与的所有活动中,聘用和解雇 CEO 最能代表其最终责任,即约束最高管理层(Zald 1969;Mizruchi 1983)。

在回顾有关董事会监管和纪律的实际结果的研究之前,考虑董事会通过何种运行机制来发挥这种效应尤为重要。实证研究很少涉及这些机制。而一些学者的惯常假设是,外部董事(或董事会警惕性的其他测量方法)和各种组织产出相关联。其中一个隐性假设是,外部董事向高管们施加压力,以使其行为方式符合股东利益。尚未明确的是,董事会这样做时警惕性有多高。[①] 具体来说就是,当董事会保持警惕性时,高管们会更努力工作或者工作绩效会更高吗?警惕的董事会怎样影响高管们来做"正确的事情"?尽管已有学者(比如,Perrow 1986;Finkelstein and Hambrick 1988;Barkema 1993;Davis and Thompson 1994)提出过这些疑问,但鲜有研究运用实证方法具体说明、测量乃至检验董事会是如何影响组织产出的(唯一的例子是 Westphal 1999)。我们相信这样的研究项目非常有必要。尽管相

---

① 相同的批评不应轻易用在对高管的研究上。因为:(1)相关研究已明确证实高管如何对组织产出产生影响(比如,Pettigrew 1973;Mintzberg 1985;Bower 1986);(2)虽然不一定受到普遍认同,但高层管理和战略与绩效的关系具有更强的理论传统(比如,Child 1972;Hambrick and Finkelstein 1987)。

关研究不足,但已有大量学者研究董事会监管的结果,正如我们现在所回顾的。

1. 董事会和高管薪酬

一直以来,董事会都被认为在确定高管薪酬方面扮演着重要角色(Fama and Jenson 1983)。代理理论学者倾向于把董事会的首要角色描述为统一管理者和股东的利益,而一些从组织角度出发的研究正开始积累相关证据,说明董事会在薪酬设置过程中的不同角色。

在其中最早的同时也仍最具说服力的一项研究中,O'Reily、Main 和 Crystal (1988)发现,CEO 薪酬与薪酬委员会成员及外部董事的薪酬水平正相关。基于社会比较理论,这篇文章提出,董事会组成可能包含有用信息,以揭示董事会和CEO 如何互动,并证明在委托-代理关系中,董事会并不一定扮演真实的委托人角色。这些观点都在随后更为详尽的研究中得到了支持(Main, O'Reilly, and Wade 1994)。[①]

董事会结构的传统测量方法对高管薪酬的效应相当复杂,在预示这一点上,另外两项更新的研究并未发现薪酬委员会结构对 CEO 薪酬的效应。Daily、Johnson、Ellstrand 和 Dalton(1998)研究了 1992 年 200 家《财富》500 强企业,Conyon 和 Peck(1998)关注了 1991—1994 年间《金融时报》100 强企业(英国 100 家最大型的企业),这两组人员均发现结果微弱或不存在。Conyon 和 Peck (1998)同样指出,同美国方面的研究(Westphal and Zajac 1995; Finkelstein and Hambrick 1989; Core, Holthausen, and Larcker 1999; Lambert, Larcker, and Weigelt 1993)一致,随着外部董事比例的提高,薪酬和绩效并没有表现得更为一致。与 O'Reilly、Main 和 Crystal(1988)一起,这些毫无结论的研究结果指出,这些"经典"指标——为代理理论学者和管理研究者们所同等使用——何以成为更不重要的薪酬预测指标,而非旨在揭示行为内涵的测量方法。

将有关薪酬的组织和行为观点同代理理论协调起来的一种方式,就是从权力角度详尽地模拟代理理论。事实上,尽管该方法通常依赖于代理理论学者所关注的权力指示因素,但其已在数项研究中被采用。比如,在 1975 年一项针对218 家大型工业企业的研究中,Allen(1981)检验了董事权益(是董事会权力或

[①] 有趣的是,薪酬委员会中仅由外部人出席并不会影响 CEO 薪酬(在规章条例变化之前,这样的委员会可以包含内部人)(Anderson and Bizjak 2003),而这使这些研究中的社会比较逻辑得到了更多支持。

警惕性的指示因素)的各种测量方法是否同 CEO 薪酬相关。最终结果并不具有明确的支持性,其他检验相似关系的研究同样遭遇了这种情况(Finkelstein and Hambrick 1989;Lambert,Larcker,and Weigelt 1993)。此外,在其他两项研究中(Lambert,Larcker,and Weigelt 1993;Main,O'Reilly,and Wade 1994),外部董事代表与薪酬正相关,尽管他们并未发现总体支付水平(Kerr and Kren 1992)或采用长期激励计划(Westphal and Zajac 1994)的显著效应。在我们增加了 Deutsch(2005)的元分析发现后,结果非常明显:董事会中外部董事①的比例并不是预测 CEO 薪酬的稳健因素。

若干研究采用了 CEO 权力更为稳健的测量方法——由 CEO 任命到董事会中的外部董事的比例,并已发现它与 CEO 薪酬正相关(Lambert,Larcker,and Weigelt 1993;Main,O'Reilly,and Wade 1994;Westphal and Zajac 1994)。尽管其他研究者已对两职兼任在理解董事会方面的重要性表示质疑(Baliga,Moyer,and Rao 1996;Daily and Dalton 1997),但其他两项研究表明,CEO 两职兼任——CEO 对董事会权力的另一个指示因素——是对高管薪酬的重要预测因素(Main,O'Reilly,and Wade 1994;Westphal and Zajac 1994)。在一项检验董事会控制(一个包含前文所提到的数个指示因素的复杂变量)对 CEO 现金薪酬效应的研究中,Boyd(1994)发现了同预期相反的结果:限制 CEO 薪酬的是内部董事,而不是外部董事。对此,Deutsch(2005)的元分析可能提供了意想不到的支持。该分析包含了 38 项研究,涉及大约 69 个样本,最后发现,外部董事比例同 CEO 薪酬负相关。

这些混合型的结果促使研究者采用更为细致的认知角度。其中一个例子是 Westphal(1998)的文章,他研究了 CEO 对董事会独立性(尤其是结构独立性,被定义为外部董事对内部董事比例的提升、CEO/董事会主席分离、CEO-董事会友谊连接的减弱、CEO 与外部董事人口统计特征距离的增加)增强的反应如何。现有证据显示,结构独立性增强并不总是会导致绩效提升(比如,Baliga,Moyer,and Rao 1996;Walsh and Seward 1990;Hermalin and Weisbach 1991;Davis 1991;Buchholtz and Ribbens 1994;Kesner,Victor,and Lamont 1986;Baysinger and Hoskisson 1990)。Westphal 提到,找不到此类联系的一个原因在于,CEO 在处理

---

① 虽然我们在此论点中已经说明,但仍有必要重申一次:关于这一类型的大部分研究并不会对附属型外部人与真正独立型外部人进行区分,而这也是导致这种结果不一致模式的一个缺陷。

董事会结构独立性时有多种选择,具体来说,是人际影响战术——说服和逢迎——的使用。说服就是用理由或逻辑使对方信服。逢迎就是通过采取一系列手段使个体对其他人更具吸引力。与我们的观点相符的是,Westphal(1998)认为,CEO 的逢迎和说服行为将提升薪酬水平,但会降低薪酬的权变比重。实证证据支持了这些预测。需要注意的是,这项研究是在董事会结构独立性提高的情形下进行的,Westphal 观察到 CEO 对董事会独立性的增强做出了回应。

总之,尽管测量方法的问题给研究带来了困扰,但研究记录非常稳健,足以说明董事会和 CEO 间的权力分配是 CEO 薪酬的重要决定因素。一些董事会通过薪酬合约来实施有效监管的能力被其有限的权力所牵制。鉴于此,该研究为我们之前的认知——将代理理论看作权力理论——提供了强有力的证据。此外,考虑了人际问题的少量研究(比如,Westphal 1998)提出了一个迷惑性的看法:董事会权力的内生性可能比通常认为的要强。

2. 董事会和监管行为

除了薪酬安排,董事会在引领企业对收购活动的回应方面也扮演了潜在性的重要角色。这种回应并不需要等待实际收购行为的实施,因为董事会能够预先制定大量反收购修正案或采取行动来减小成功收购的可能性。此种做法通常被认为不利于提高股东价值,因为减小收购可能性的举动有如下效应:将高管与企业控制市场阻断开来;减少股东利用目标企业所有者收益的机会(Jensen and Ruback 1983;Coles and Hoi 2002;Sundaramurthy 1996,2001;Sundaramurthy,Mahoney, and Mahoney 1997;Sundaramurthy, Rechner, and Wang 1996;Sundaramurthy and Wang 1993;Kosnik 1987;Mallette and Fowler 1992)。研究者已经检验了董事会如何整体影响金色降落伞[①]、毒丸计划[②]、分类的董事会条款[③]和反收购修正案,以及绿票欺诈[④]和收购抵制等的采用。

本研究形成了公司治理的重要研究方向。受代理理论逻辑的驱动,这些研

[①] 金色降落伞是指按照雇主与高管之间聘用合同中企业控制权或所有权变动条款对高管进行补偿的规定(Krueger 1985)。

[②] 毒丸计划使股东能够低价买进企业股份或溢价卖出其所持有的股份。这些权力造成投标者额外的财务负担,使收购变得代价高昂。

[③] 分类的董事会条款大体上将董事会分为三类,其中仅有一类支持每年的选举。据此,该规定使控制权的转让变得更加困难(Sundaramurthy and Wang 1993)。

[④] 绿票欺诈包括目标企业从投机者那里溢价回购企业股票以防止被收购。

究的重要性得以提升,因为收购防御被作为董事会检验信托责任的典型。从董事会采取多种措施以牺牲股东利益为代价来保护高管来说,确实存在委托-代理关系破裂的清晰证据。几乎所有可以观测的关系破裂案例都肇始于对高管权力的分配超过董事会。因此,本研究的主要贡献便是,将董事会和高管之间的权力分配确定为代理关系的主要推动力。

一些研究已考察了董事会和授予金色降落伞之间的关联。在其中的第一项研究中,Cochran、Wood 和 Jones(1985)假设,由于内部董事相比外部董事更可能受惠于 CEO,因此当董事会中内部董事更多时,企业内存在金色降落伞的概率更大。他们用 406 家 1982 年的《财富》500 强企业样本测试了该假设,并发现,董事会中内部董事的比例事实上与金色降落伞的概率负相关。Singh 和 Harianto(1989b)收集了一段更长时间内来自不同企业的样本,并得出了相似的结果。他们同样提到,管理者持股同金色降落伞负相关,这表明股票所有权能够代替基于收购的薪酬。其他的董事会特征与金色降落伞并无显著关联,包括董事会权益(Cochran, Wood, and Jones 1985)、董事会规模和董事会的相对任期(Singh and Harianto 1989b; Wade, O'Reilly, and Chandratat 1990),尽管 CEO 在董事会的任期是负面的预测因素(Wade, O'Reilly, and Chandratat 1990)。此外,Singh 和 Harianto(1989a)发现,内部董事在薪酬委员会中的占比与具有金色降落伞的高管数量负相关,相对的管理任期(正相关)和董事会规模(负相关)是金色降落伞合同规模的显著预测因素。

许多研究已经考察了董事会采用毒丸计划的效应。其中两项研究之间的比较具有指导意义,因为其样本中的企业和时间段基本重合。尽管其中测试的模型和分析技术不同,但这两项研究所得到的结果非常相似。Davis(1991)以及 Mallette 和 Fowler(1992)发现,内部董事权益同毒丸计划的采用正相关(但内部或外部董事代表与之并无关联)。[①] 此外,Mallette 和 Fowler(1992)还发现了内部董事的如下特征,即他们的权益和任期与毒丸计划的采用并无关联。不过,他们同样发现 CEO 两职兼任同毒丸计划的采用正相关。[②]

---

① 然而,Brickley、Coles 和 Terry(1994)提出,当董事会中大部分为外部董事时,股票市场对宣告毒丸计划的一般反应是积极的,反之则是消极的。

② 不考虑关于董事会与收购防御研究中的"中心代理理论"偏差,Davis(1991)也对企业间的相互作用会推动毒丸计划的采用这一想法进行了测试,并发现网络中心——特别是与企业紧密关联的已采用毒丸计划的董事——是焦点企业采用该计划的显著前因变量。因此,作为对关于董事会如何影响组织产出的理论视角进行明确测试的少有研究之一,该研究十分突出。

Sundaramurthy(1996)考察了反收购规定的采用,并将毒丸计划(其采用并不需要股东同意)与其他方式区分开来。她的关键发现是,机构所有权对反收购规定非常重要,但仅当需要投票时才发挥作用。因为毒丸计划并不需要股东投票,所以其与其他反收购规定不甚相同。

Sundaramurthy、Mahoney 和 Mahoney(1997)注意到,投资者经常会对反收购规定的采纳做出消极回应,并研究了其他治理机制如何影响股东对反收购规定的回应。他们考察了董事会的两个结构性特征:组成(内部董事和外部董事的混合)和两职兼任,并认为这两个特征均会调节投资者的反应。他们的证据显示,当董事会中外部董事更多时(与假设相反),投资者的回应更消极;在 CEO 两职兼任条件下,其反应更为积极(符合假设)。①

Sundaramurthy、Rechner 和 Wang(1996)考察了作为一种防御手段的分类董事会,并研究了哪些因素促成分类董事会的采用。② 他们假设,外部董事越多,就越可能采用分类董事会;忠诚的外部董事(在 CEO 任期内被任命)越多,采用分类董事会的可能性就越大;董事会任期与分类董事会的采用呈 U 形关系(因为资深董事越多,趋向于独立的可能性就越大);两职兼任将会减少分类董事会的采用;支持 CEO 的外部董事(那些自己就是 CEO 的人)越多,采用分类董事会的可能性就越大。最后,他们认为,机构所有权和 CEO 所有权将会减少分类董事会的采用。

他们的方法追踪了 1978—1988 年间的标准普尔综合 500 指数中的 192 家企业。在此期间,104 家企业采用了分类董事会,而另外 88 家则没有。运用历史事件模型,他们为如下假设提供了微弱支持:外部董事的比例与分类董事会的采用正相关,机构所有权与分类董事会的采用负相关。其他假设均被否定。

在另一项与反收购修正案有关的研究中,Sundaramurthy 和 Wang(1993)发现,董事会规模和分类董事会的采用负相关。而外部董事代表、CEO 两职兼任和外部董事任期与 CEO 任期的比率并不是显著的预测因素。此外,Brickley、

---

① Hermalin 和 Weisbach(1997)提出了一种关于当存在更多外部人时会产生消极反应的解释。他们提出可见的董事会行为会发送两种信号:一种是关于企业本身的,另一种则是关于外部董事对管理者的监督与审查的。当董事会中有更多的外部人且反收购案已被采用时,该信号则表明董事会中的外部人不愿意或无法阻止该行动——根据代理理论,这显然是一个消极信号。

② 分类董事会是指董事每届任期三年的董事会而非支持重新选举的董事会。每年有近三分之一的董事支持重新选举,因此董事会不可能被迅速替换,至少需要进行两轮选举之后才能替换大部分的董事。

Lease 和 Smith(1988)的早期研究发现,董事和高管权益与(管理层支持的)反收购修正案同意票数的比例正相关。

Kosnik(1987)进行了这一研究流派中最早的一些研究。在一项旨在测试抵制绿票欺诈的董事会特征的研究中,Kosnik(1987)发现,外部董事代表而不是外部董事权益与抵制绿票欺诈正相关。在跟进研究中,Kosnik(1990)发现,评估外部董事所面临的激励的改良方案(外部董事权益相对其本人所获薪酬的比率),同样和抵制绿票欺诈没有关联。这个针对高管的评估方案与其类似方案之间的相互影响非常重要,尽管当这个相互影响被放入回归时,"管理权益比率"的主效应不再明显。有关董事会和管理者之间的权力分配,这两项研究均发展了耐人寻味的测量方法,Kosnik(1990)的研究同样检验了各类董事会人口统计特征的效应。

最后,有两项研究已经检验了收购企图中的董事会角色。D'Aveni 和 Kesner(1993)采用多种理论视角认为,当高管比董事会权力更大时,企业更有可能会抵制股权收购。通过对相对管理权力采用一系列测量方法,他们并没有为其假设找到支持。相反,研究结果支持了以下观点:权力相对较大的管理者更有可能与竞标人合作。对比之下,Buchholtz 和 Ribbens(1994)研究了更多赞成股权收购的企业样本并发现,董事权益和收购抵制负相关。不过,外部董事代表与收购抵制完全无关。显然,这两项研究相当有趣,因为虽然经过精心设计,但都得到了和直觉相反的结论。

我们关于董事会如何与组织产出相关联的文献回顾显示了对代理理论权力观点的强烈依赖。尽管一些研究涉及了管理霸权理论而不是代理理论(比如,Mallette and Fowler 1992),或是关联更为松散的管理权力观点(比如,Allen 1981),但这些研究事实上不约而同地强调,以董事会和 CEO 之间的权力分配作为中心的理论观点驱动了这个研究流派。由此,实证研究反映出了我们早前关于代理理论是权力理论的观点。

从文献回顾中得到的第二个结论就是,尽管文献之间的理论基础基本一致,但其结果却大相径庭。这种困惑的来源之一——董事会警惕性的测量——需要在研究中得到更多重视。运用诸如外部董事代表或外部董事权益等概念来代替董事会警惕性可能是导致困惑产生的部分原因。在高管(权力)根深蒂固的情况下,外部董事可能没有足够的信息或独立性来实现股东利益。然而,大部分检验董事会治理效能的研究却采用了这样的数据。因此,我们需要更多直接测量董事会警惕性的方法——最好来自实地考察和研究数据,以更精确地评估董事会权力的真实程度。Westphal 及其合作者(Westphal 1998,1999;Westphal and Bednar 2005;Westphal and Khanna 2003;Westphal and Milton 2000;Westphal, Seidel, and Stewart 2001;Westphal and Stern 2006;Westphal and Zajac 1995,1998;McDonald and Westphal 2003),以及 Tosi 和 Gomez-Mejia(1989)都在探求超越"经典"的代理和权力模型。此类研究使得对如下问题的考察成为可能:广为使用的董事会警惕性的替代概念与直接的董事会警惕性的测量方法是否相关? 更直接的测量方法是否与组织产出相关? Jensen 和 Zajac(2004)的研究同样提醒我们,人口统计特征的替代概念可能有显著的情境依赖性。其中一种方法看似已经取得了成果,但并没有解决基础的数据收集问题:该方法建议放弃传统的内部/外部董事二分法,转而将外部董事分为独立董事和关联董事(前文已讨论过)。

显然,发展合理、可信、基于实地考察和调研的董事会警惕性的测量方法绝非易事,但此举的潜在价值颇高。研究者应对传统研究中较为狭隘的董事特征测量方法进行扩充。比如,Eisenhardt 提到了如下可行的董事会监管测量方法,比如"董事会会议的频率、董事会下属委员会的数量、长任期董事会成员的数量、有管理和行业经验的董事数量、代表特殊所有权群体的董事数量"(1989a,65)。这些特征与我们早前对董事会结构和组成的认知一致,但几乎没有特征在实证研究中得到过运用。

另一个原因可解释早前研究中的不一致结果。在所有研究中,研究者们都选择了一个因变量和一组自变量,但他们未曾考虑不同因变量间、不同自变量间的内部关联。比如,采用毒丸计划的企业可能认为没有必要再采用分类董事会制度。这说明,不同因变量之间能够相互替代,且不同的董事会警惕性测量方法间也能够相互替代。对于董事会监管结果和董事会警惕性[①]测量方法之间的替代性,研究者通常并不检验其内部关联,这可能解释了为什么许多研究中的结果并不一致。这种争论导致了如下的解释性命题。

命题 9-18:过去采用过反收购规定的董事会,更不太可能采用后续的反收

[①] 也有一些例外情况。比如,Davis(1991)在他关于毒丸计划采纳的研究中控制了其他反收购机制。此外,虽然监管委员会的一些措施可以成为替代因素,但由于其结构问题,其他措施可能会成为补充因素。例如,外部董事代表与外部董事股权在定义上有关联,因此我们也可以认为它们之间存在相关关系。我们需要对监管委员会措施间的相关关系进行审查。

购规定。①

同样,股东可以采用替代性的监管和纪律机制,这些机制并不用一次性全部使用。比如,董事会有若干可供使用的内部监管和纪律机制,包括薪酬合同、直接的董事会监管以及解雇(Walsh and Seward 1990)。此外,股东还能够依赖一些外部监管机制。不过,也有少数例外(比如,Morck, Shleifer, and Vishny 1989; Beatty and Zajac 1994; Rediker and Seth 1995; Westphal 1999),有的研究就是在未考察约束高管的替代方法的情况下进行的(Williamson 1983)。

鉴于代理成本可通过不同方式降到最低,模拟不同监管机制的研究均可更为精确地评估管理行为是如何被此类监管约束的。看看如下的例子。想象一家大量采用基于绩效表现的薪酬方案的企业,而其董事会被内部董事占据。依赖于董事会警惕性标准测量方法(比如外部董事代表)的研究可能具有误导性,因为在这家企业中,薪酬和绩效的关系紧密,这说明管理者实际上比较关注股东利益。

因此,对有关公司治理的研究来说,采用更为复杂的方法来详尽模拟相似监管机制之间相互替代的可能性显得非常重要,比如,我们提出如下命题。

命题 9-19:类似的监管机制(比如,直接的董事会监管、CEO 薪酬、企业控制市场、市场竞争等)之间可充当彼此的替代品。

最后,我们还需指出,研究董事会重要性的大量研究仍是基于代理理论的,但已有若干研究采用了替代性的理论方法。其中一种较有前景的方法把董事会看作社会网络的一部分(比如,Galaskiewicz and Wasserman 1981),且该方法已被以下学者采用:Davis(1991),Haunschild(1994),以及 Westphal(1999)。Davis 和 Thompson 认为:

> 企业精英组成了一群辨识度极高的"演员",并由大量正式和非正式的社会网络相连接。对公司治理来说,最重要的就是由董事会之间的成员重叠所带来的连接网络。大部分的大型企业通过共享董事被连接到同一社会网络中。这个网络……可以作为职业经理人之间凝聚力和协同合作的基础(Useem 1984),以及作为扩展企业控制所需技巧的潜在架构。由于董事会在企业内部拥有治理方面的最终权力,因此共享董事为企业间治理创新的传播提供了机制。(1994,163)

---

① 或者,也可能出现的情况是一旦董事会采纳了一种反收购方案,则有更大的可能性采纳其他方案。无论是哪种情况,这仍旧是需要解决的一个重要实证问题。

因此,仅依赖代理理论观点来解释董事会行为的研究可能会忽略重要的替代理论,其可能的后果之一就是前文所提到的不一致的结果。

五、结　论

在最后几章中,我们的目标就是发展综合性的董事会模型,该模型将董事会作为战略领导的中心——有时作为高管的监督者、CEO 的心腹,有时甚至是超级管理团队。考察如下两点使得以综合性的方案考察董事会角色成为可能:引发董事会结构和组成的情境条件,董事会警惕性和战略参与所导致的组织产出。这些章节同样提出了许多可检验的命题,并将研究焦点放在把董事会当作重要的战略领导、提倡用更为宽泛的理论方法来理解董事会和内外部力量之间怎样影响对方上。

在先前的章节中,我们回顾了董事会结构和组成的理论与实证研究,这两个特征在文献中最常被研究,且往往与警惕性相关联。此外,我们同样考察了董事会警惕性中权力的中心角色。我们最关键的结论之一就是:结构和组成除了是董事会警惕性的特征,更是其潜在的决定因素。不过,当我们把注意力转向董事会警惕性的结果时,这一结论仍有待商议。事实上,在董事会特征能够代表董事会警惕性这样的假设下,大部分研究已经检验了董事会结构和组成与各种组织产出之间的关系。

事实上,本文献所做的大多数工作就是围绕董事会警惕性创造一个"黑匣子",以至于它往往不是被测量出来,而是由更加普遍甚至有点可疑的因素推断出来的。这种情况为这样的学者创造了大量研究机会:他们已经关注董事会实际上做了哪些事情,以及这些事情对战略学者和组织理论学者感兴趣的组织产出是否会以及如何产生效应。研究上的最大突破将很可能来自采用有潜力甄别出董事会实际参与行为及其效应的定性方法。并且,调查方法也被证明很有用。组织科学领域的学者尤其适合这项挑战,既因为他们所受的方法训练,也因为已经考察董事会实际行为的研究在对董事会很多行为的鉴别中尚未超越代理理论的视野范围。董事会成员并非仅仅作为谨慎的股东代表,还可能参与到一系列的感知、行为以及非行为之中——曾几何时这些都是其高管的专利。通过更加密切地聚焦于这些实际行为而非迄今为止的主流文献中的一般性代理,我们将有更大的机会来增进对董事会实际行为及其对组织产出效应的理解。

第十章
高管薪酬的决定因素

高管薪酬是战略领导领域最具争议的话题之一。关于高管薪酬的争论引起了学者、管理者、政府以及立法者的广泛关注,并日渐趋向于一个问题:高管薪酬背后的逻辑是什么?学术界通常用激励、委托-代理关系等经济学理论来解释这个问题。然而,执行总裁和董事们面对更广泛的因素,这一系列因素规范高管行为,常常会导致薪酬设置中的目标冲突,包括可比性、公平性、权力、自主权和绩效。同时,政府为应对股东压力,采用不同的方法提倡公开高管薪酬,或建议限制具体的补偿措施。

接下来两章的目的是首先构建一个描述高管薪酬复杂性的体系,在此之后制定一个研究日程来推动关于这个话题的深入探讨。尽管这一体系可能无法包括高管薪酬的每个部分(因为上面列举的广泛项目),但我们还是试着提出了一个简单却综合的框架。这一体系从三个维度描述关于高管薪酬实证研究的假设:①因果关系的方向;②引用的理论视角;③分析单元。接下来的部分我们就开始阐述这三个维度。①

一、高管薪酬体系的组成维度

1. 因果关系的方向

高管薪酬可以被理解为因变量(被解释变量)或者自变量(解释变量)。学

---

① 关于替代架构,请参考 Devers、Cannella、Reilly 和 Yoder(2007)。

术界和大众在探究高管薪酬高于常人的原因时普遍将薪酬作为因变量。因此,大多数研究重点关注薪酬的决定因素。然而,对于战略决策和企业绩效来说,最有趣的是高管薪酬的结果,近年来这个领域引发了很多学者的兴趣。建立将高管薪酬作为自变量的模型不仅关注企业绩效,同时也关注战略决策、组织特征以及股东反应这一系列对高管薪酬体系反应灵敏的变量。

2. 理论视角

历史上,对高管薪酬的研究一直受经济理论的驱动,例如,Berle 和 Means (1932)曾在一部著作中记录了现代组织所有权与管理权的分离,该著作是现存最早也是股权结构研究领域最有影响力的一本书。其他经济学家开始专注于研究这种分离所带来的后果,包括观察得知"相较于企业的获利状况,高管薪酬与经营规模联系得更紧密"(Baumol 1967)。因此,受经济学家对高管薪酬决定因素看法的影响,早期关于高管薪酬的实证研究集中在企业规模和盈利这两个方面。在过去的 25 年中,这方面的研究一直被代理理论影响,而代理理论本质上比同类论证更复杂。最近,关于风险的观点拓展了这部著作的部分内容,尤其是以下这个观点:对于管理者来说,风险厌恶者实际上是损失厌恶者(Wiseman and Gomez-Mejia 1998)。因此,基于经济学的理论从传统上来说对高管薪酬研究有至关重要的影响。

尽管研究高管薪酬的经济学解释非常普遍,但基于社会心理和政治理论的组织观点也变得越来越常见。社会心理学理论认为高管薪酬的存在是一个社会现象(Barnard 1938;Hicks 1963),因此,它会被组织内外的其他个体行为所影响。政治学视角则认为高管薪酬与高管权力联系紧密(Finkelstein and Hambrick 1988)。综合考虑,对高管薪酬感兴趣的学者可以从经济、社会心理以及政治角度进行探讨。可预见的是,大多数研究都仅仅关注这些角度之一,但每个角度都可以为薪酬难题提供大量有价值的见解。另外,那些寻求将各理论视角结合起来的研究可能最有价值,因为它能引导关键性的试验,这些试验能帮助我们区分这些理论适用于哪些条件以及不适用于哪些条件(Platt 1964)。

3. 分析单元

高管薪酬的研究很少明确考虑分析单元的问题。大多数研究都集中在 CEO 的报酬或者高管的巨额报酬上。不太常见但可能非常有用的是研究高管团队的薪酬模式,例如薪酬的离散和差异,以了解其决定因素和后果。尽管对组织中普通员工薪酬的研究(Hirsch 1982)非常普遍,但是这个研究话题直接指向高管还是近几年的事。

综合考虑了因果关系的方向、理论视角和分析单元三个维度之后,我们发现了一个复杂但非常具有分析价值的研究体系。它的价值体现在以下两个方面:①提供了关于高管薪酬的综合视角,帮助我们解开谜题。②能够在多个复杂的潜在维度识别研究机会。③将前面提到的三个角度引入一个 2×2×3 体系,如表 10.1 所示,一共有 12 种可能的情况。显然,每个领域的研究工作相差很大。

表 10.1 高管薪酬的研究框架

视角	研究个别单元的因果关系推导		研究群组单元的因果关系推导	
	决定因素	结果	决定因素	结果
经济学	管理主义与新古典主义经济学 人力资本 边际产品 经理人市场	接受管理风险与长时间跨度风险 企业绩效	竞赛模型与薪酬差异	竞赛模型与人员退出 竞赛模型与企业绩效
社会学	模拟与规范性同构 社会性比较	公平与人员退出	社会性比较与薪酬差异	薪酬不平等与人员退出 薪酬不平等与企业绩效
政治学	管理者力量与董事会力量	激励机制的管理行为 薪酬的意外结果	最高管理团队中的权力分配	薪酬不平等与企业绩效之间的偶然政策 薪酬不平等与最高管理团队政策 相对的管理者薪酬与内部劳动力市场

为了呈现我们的研究,本章将重点放在高管薪酬的决定因素上,同时它也是主导其他问题的研究领域。我们还会回顾商业领域一般管理者薪酬的研究成果。下一章,我们将关注两个重点:检验薪酬的结果;回顾现阶段群体层级的因果关系方向,因为高管薪酬的决定因素和群体层级薪酬的结果研究常常需要从理论视角进行论证。这样做可以针对高管团队薪酬开展综合性讨论,避免重复。

第十章 高管薪酬的决定因素

因此,我们用既简单又综合的两章来从三个角度探讨高管薪酬的决定因素。

本章接下来分为四个部分,寻找高管个体薪酬在经济、社会和政治方面的解释,同时,检验商业领域一般高管薪酬的决定因素和结果。这部分每一节的目标都是概述关键问题和研究问题、主要研究发现以及尚未解决和回答的问题,同时针对未来研究提出建议。

二、高管薪酬的经济学解释

一段时期以来,高管薪酬的经济决定因素一直是研究的焦点。正如前文所提到的,多年来,经济学家对销售和利润在解释薪酬方面的相对重要性非常感兴趣。尽管深层次的理论在某些研究中并不是很明确,但是我们可以从管理学和新古典经济学角度进行描述。

1. 管理学和新古典主义传统风格的研究

根据管理学的观点,高管总是追求企业规模的扩大。原因如下:①规模比利润更容易控制;②大企业比小企业有更强的支付能力(Agarwal 1981);③大企业能够为高管提供更多的利益,如声望(Baumol 1967; Marris 1964; Williamson 1985)。管理学家自然地提出"企业增长假设",也就是说,企业规模(销售和资产)将会对高管薪酬产生正向影响(Ciscel and Carroll 1980)。可以这样认为,扩大企业规模对高管来说是一个有价值的目标,因为更大的企业会有更大的市场影响力和更多的资源,高管也会因为企业规模变大而获益。因此,在这样的背景下,管理的工作包含了更复杂和更重要的责任(Henderson and Fredrickson 1993; Ungson and Steers 1984; Hambrick, Finkelstein, and Mooney 2005)。然而,如果高管因为扩大企业规模而获益,规模更大的企业又会支付更高的薪水,那么企业规模和薪酬之间的关联就会加强:支付更高的薪酬让高管去管理一家大企业,他们因此会为了更高的薪酬而去扩大企业规模(Lenski 1966)。可能出于这个原因,横跨了数十年的实证研究显著证实了管理学的观点(Benston 1985; Ciscel 1974; Cosh 1975; Kerr and Bettis 1987; Marris 1964; McGuire, Chiu, and Elbing 1975; Meeks and Whittington 1975; Rajagopalan and Prescott 1990; Roberts 1959; Schmidt and Fowler 1990; Tosi et al. 2000)。组织规模与高管薪酬之间有非常显著的关联。

新古典主义经济学家支持"利益最大化"假设,该理论预期,在薪酬领域高管薪酬与企业利润显著相关（Ciscel and Carroll 1980）。根据这一观点，依靠管理者决策成长起来的企业要想实现利润最大化，利润应该"对高管薪酬有强烈且持久的影响"（Lewellen and Huntsman 1970，718）。直到最近，代理理论学家才揭示了薪酬与企业绩效相关的观点（Holmström 1979；Jensen and Meckling 1976）。代理理论不仅认为管理者利益与股东利益一致，还强调激励对于促进二者利益一致性的重要意义（Smith and Watts 1982）。所以，代理理论的传统实证研究假设管理者薪酬与企业绩效有显著的关系——主要在薪酬合同包含有效激励的假设下（Raviv 1985）。

尽管代理理论具备非常有力的概念支撑，Jensen和Murphy（1990b）在一项引起广泛关注的关于薪酬合同的激励有效性的实证研究中还是发现这些激励作用极其微小。举个例子，他们表明，企业价值每变动1 000美元会带来执行总裁薪水和津贴6.7美分的变动，几乎没有任何激励作用。近期，有学者对137篇已发表的文章进行了元分析，分析表明高管薪酬与企业规模或者企业绩效（或两者）之间的正相关关系非常弱（Tosi et al. 2000）。他们得出了这样的结论：股东价值每提升1 000美元，就会有3.35美元回报给高管。最终，在Aggarwal和Samwick（1999b）的一篇有趣的文章中，观察到的薪酬与绩效之间的关系略有增强（虽然相对而言仍然比较弱）。尽管包含了各种风险的度量，但在文章提到的例子中，股东财富每变动1 000美元，低绩效企业高管的财富变动27.6美元，中等绩效企业高管的财富变动14.52美元。当两者都比较显著时，这两种关联似乎都不足以提供强有力的激励。

所以，尽管代理理论作为一种理论具有很强的吸引力，但不支持它的证据（至少对高管薪酬而言）是非常一致的。薪酬与绩效之间没有直接关联（Hall and Liebman 1998；Gerhart and Milkovich 1990）。在回应这些令人失望的发现时，甚至连著名的代理理论学者都认为社会学和政治学因素在决定高管薪酬方面扮演了很重要的角色（Baker, Jensen, and Murphy 1988）。[①]

学者们可能会通过某些微小的差别打破边际平衡来继续回答两个相同的问题（规模和绩效），更有意义的问题是规模和利润在何种条件及特征下会决定高

---

① 关于金融的近期研究发现，代理理论并不会真正预测绩效与薪酬给付的关系，而是预测随着企业风险的提高，薪酬-绩效的关系将减弱（比如，Aggarwal and Samwick 1999b）。尽管第一个断言似乎有些可疑（毕竟在不同的假设下已有对代理理论的大量研究），但已有大量证据支持第二个断言。我们之后将在本章中对这些研究进行讨论。

管薪酬。确实,关于高管薪酬的研究最近有些进展——改变企业利润和薪酬之间的关系(比如,Finkelstein and Hambrick 1989;Gomez-Mejia, Tosi, and Hinkin 1987;Hambrick and Abrahamson 1995;McEachern 1975;Gomez-Mejia, Larraza-Kintana, and Makri 2003),同时检验组织控制(Aggarwal and Samwick 1999b;Bloom and Milkovich 1998;Stroh et al. 1996;Miller, Wiseman, and Gomez-Mejia 2002;Gray and Cannella 1997)、企业风险和管理自主权(Kerr and Kren 1992;Rajagopalan and Finkelstein 1992;Finkelstein and Boyd 1998)。接下来,我们将回顾这些研究。

2. 薪酬与绩效关系的调节变量

几乎所有关于高管薪酬的研究都隐含了管理学和新古典主义学派的观点。尽管代理理论调节了新古典主义的观点,但它仍然是薪酬研究的核心。事实上,代理观点几乎已经成为高管薪酬决定因素研究的典范。[①] 与此类似,管理学的观点随着时间的推移而变得更为复杂,同时,学者们区分并扩展了权力的角色,这是管理学观点的核心(Hambrick and Abrahamson 1995;Hill and Phan 1991)。然而,这项研究也有助于明确管理学观点实际上是一种政治观点,与经济观点形成了鲜明的对比。

(1) 企业控制

企业控制研究引出了与高管薪酬研究相对的理论视角。这项研究将外部控制企业(一个单独的非管理者占有大部分股份)与管理控制企业(没有一个单独的群体控制大部分股份)区分开来(Gomez-Mejia, Tosi, and Hinkin 1987;Hambrick and Finkelstein 1995;McEachern 1975)。外部控制企业与管理控制企业直接比较时,隐藏在新古典主义和管理学派背后的逻辑就显现出来了。表10.2呈现了这样的比较。在外部控制企业解释高管薪酬的潜在理论是代理理论(新古典主义)。代理理论中企业控制的核心取决于董事会,而董事会试图确保股东和高管目标一致(Fama and Jensen 1983)。所以,外部控制企业努力奖励绩效,同

[①] 最近,一些心理学研究已对代理理论的预测如何可能在社会背景下进行提出了质疑(比如,Parks and Conlon 1995;Stroh et al.1996),而其他研究已将代理理论扩展到了行为代理理论的领域(比如,Wiseman and Gomez-Mejia 1998)。虽然关于第一个领域的研究较少且不会在这里详细讨论,但我们之后将在本章中讨论行为代理理论。

时降低高管薪酬(例如设置薪酬上限、降低整体薪酬)。高管薪酬的关键推进因素是供求,关注边际产出和企业利润最大化。

表 10.2 外部控制企业与管理控制企业的比较

	外部控制企业	管理控制企业
基本理论	新古典主义 代理理论	管理学 管理霸权理论
组织控制的核心	董事会	高管
能力取决于	股东与高管目标一致	高管绩效的优势
薪酬设置的指导原则	奖励绩效 高管薪酬最小化	过程合法 高管薪酬最大化
关键驱动因素	利润最大化 供求 边际产出	社会政治力量 制度规范 官僚主义

在管理控制企业,被引用来解释薪酬的基本理论是管理霸权(管理主义)理论。根据这一理论,组织控制的核心是高管,因为董事会缺少对大股东的激励(Shleifer and Vishny 1986)。在没有补偿压力的情况下,薪酬是基于高管绩效的,更高的高管薪酬只需要确保股东的合法利益。管理主义观点由此认为社会政治因素提高薪酬,官僚主义和制度规范合法化薪酬。

Hambrick 和 Finkelstein(1995)在一项研究中检验了这些观点。他们在 1978—1982 年间选取了 188 家企业(涉及七个产业),并发现了外部控制企业与管理控制企业在高管薪酬模式上的不同之处。如表 10.3 所示,与我们根据所有者类别描述的薪酬模式的差异一致,销售的年差异对管理控制企业高管的薪酬提升产生了很大的影响,但对外部控制企业来说影响并不显著。

对企业绩效变化影响的检验产生了一些有趣的发现(资本权益报酬率):"研究结果显示,当企业利润上升时,支持(管理控制企业制订的)非对称激励计划的高管会产生实质性的薪酬提升,但企业利润下降时,支持非对称激励计划的高管的薪酬并没有变化。正如 Crystal 所猜测的那样,'……根据绩效发放薪酬,看到了吧?'图形显示了管理控制企业的高管如何在遵循现代企业实践基本公约的前提下努力最大化他们的薪酬"(Hambrick and Finkelstein 1995, 31)。

在外部控制企业,净资产收益率上升时,高管薪酬略微(不显著地)提高;净资产收益率每下降1%,高管薪酬下降0.51%。这些结果表明外部控制企业也有非对称薪酬计划,但是不同于管理控制企业模式。这样的发现与外部控制企业努力使股东与高管利益一致的观点并不吻合。Hambrick 和 Finkelstein(1995,189)认为,这些结果反映了主要所有者的贡献:"企业绩效良好时,所有者认为管理者并没有做出什么额外的贡献;他们只是做了他们的工作而已。他们履行了管理企业内在资产的责任。然而,绩效较差,与企业财产预期不一致时,管理就被认为是问题所在。"①

表10.3 高管薪酬变化的核心驱动因素(现金和股票期权)

预测	外部控制企业	管理控制企业
销售变化	无影响	影响较大
净资产收益率变化	净资产收益率上升时有微弱的正效应	净资产收益率下降时无负效应
业内高管薪酬变化	调节作用	影响大

在一项相关研究中,Werner 和 Tosi(1995)在一个更广泛的领域考虑了薪酬战略中所有权的含义。他们进一步预测所有权结构会对以下两个方面都有重要影响:不同层级的薪酬水平,同一层级的薪酬差异。众所周知,有权力的高管可以从股东身上获得额外薪酬(Gomez-Mejia, Tosi, and Hinkin 1987;McEachern 1975),但不为人知的是如何在较低的层级上影响薪酬。② 他们比较了所有者管理企业、管理控制企业以及所有者控制企业,预测管理控制企业将会在整个层级都有更高的薪酬,在所有者控制企业和所有者管理企业薪酬与绩效相关联,但在管理控制企业薪酬与利润增长相关联。更进一步地,他们预测,与管理控制企业相比,享受长期激励与津贴的管理者在所有者控制企业和所有者管理企业的比例会更高,在所有者控制企业和所有者管理企业津贴占薪酬的比例会高一些。在利用了一个跨越12个分级级数、包含200 000个管理者的庞大数据库后,他们只发现了支持第一项预测的证据——管理控制企业将会在整个层级都有更高

---

① 外部控制企业中,更大的监管委员会也许有助于解释为什么日本企业的CEO比美国企业的CEO赚得更少。在许多日本企业中,大型机构的股东是很常见的,而且他们通常背负着大量的企业债务,这使他们对企业管理产生了极大的影响(Prowse 1990)。因此,日本企业的CEO比美国企业的CEO薪酬要低很多便不足为奇了。

② 但是可参考之后我们在本章中对Wade、O'Reilly和Pollock(2006)的相关讨论。

的薪酬——而且证据并不充分。不管所有者结构如何,企业增长均与薪酬无关,只有在所有者控制企业,企业绩效变化与薪酬变化有关。部分证据支持预测——所有者管理企业中享受长期薪酬计划的高管比例更高。最后,与 Werner 和 Tosi 预测相反的是,管理者控制企业事实上在各层级都享有最高级别的津贴,同时比其他类型的所有权结构企业享有更高的奖金基数。

在 Wener 和 Tosi(1995)的研究基础上,Werner、Tosi 和 Gomez-Mejia(2005)检验政府如何影响薪酬策略。Baker、Jensen 和 Murphy(1988)认为薪酬-绩效的关系在较低的层级较弱,而 Werner、Tosi 和 Gomez-Mejia 提出了相反的观点——有理由相信在高管级别上观察到的薪酬策略会使整个层级串联起来。具体地,Werner 等人预测:①对所有管理者来说将薪酬与增长相关联降低了风险;②发展中的企业吸引雇员需要支付更高的薪酬;③由于需要在不同层级保持适当的差别,因此高层更容易获得高薪。他们的研究表明,在所有者控制企业而非管理控制企业,各层级薪酬水平的变化与绩效的变化相关联,在管理控制企业而非所有者控制企业,薪酬水平的变化与企业规模的变化相关联。然而,这些变化的程度很小(也可参见 Rousseau and Shperling 2003)。

还有一些关于机构投资者角色的研究。这些外部投资者是典型的"外部控制者"(至少理论上是),因为他们达到了在一系列研究中典型定义的标准——重要的外部股东。然而,正如我们在第八章中所提到的,机构所有者并非平等,因为许多人与企业有商业关系。基于早期研究(比如,Brickley、Lease, and Smith 1988),David、Kochhar 和 Levitas(1998)将机构投资者分为"压力敏感型"(例如银行、保险公司、银行信托)和"压力抵抗型"(例如公共养老基金、共同基金养老保险、基金会)[①],并且预测压力抵抗型机构投资者所有权范围与薪酬视绩效情况而变的程度正相关,与高管薪酬水平负相关。然而,其125家企业的薪酬研究样本(1990—1994)仅支持了关于高管薪酬的后一项预测。

最近的理论证据认为存在企业控制的第三方——家族控制——可能对高管薪酬研究有重要意义。Anderson 及其合作者(Anderson and Reeb 2003, 2004)、Villalonga 和 Amit(2006),以及 Miller 及其合作者(Miller, Le Breton-Miller, and

---

[①] 他们也说明了第三种(剩余的一种)机构投资者——压力不确定型——包括企业养老基金、证券交易以及投资顾问。在其分析中,他们控制了该群体的所有权。

Lester 2005)的研究揭示了两个关键的结论①:第一,家族所有制有非常重要的影响因素,甚至在美国的大型公立企业中也是如此;第二,家族所有制对企业绩效和风险具有深远的意义。当然,它也会影响到高管的薪酬。

在迄今为止对家族所有权和高管薪酬最完整的研究中,Gomez-Mejia、Larraza-Kintana和Makri(2003)一开始便阐明:因为与家族成员之间具有情感联系,所以家族企业的高管们有更高的就业保障。他们与企业密切关联,不太可能寻求其他雇主。基于这些原因,Gomez-Mejia及其合作者(2003)预测,家族企业的高管薪酬低于非家族企业的高管薪酬。他们的实证分析得出了一些结论:首先,关于绩效薪酬,他们指出,在非家族企业,当企业绩效在前25%时,高管得到的薪酬是企业绩效在后75%时的四倍多。然而,对于家族企业的高管来说,情况则相反。尚不清楚这种模式是否会受到继任、任期和股权的影响,但认股权证的确会进一步起作用。另外,Gomez-Mejia及其合作者(2003)发现绩效排名前25%的家族企业的高管薪酬是相同绩效水平非家族企业高管薪酬的1/4。很明显,家族所有和控制是影响高管薪酬及退出的重要因素。

总之,组织控制在高管薪酬的设置中扮演了非常重要的角色。这些研究明确了新古典主义和管理学角度关于高管薪酬的不同是至关重要的,并且帮助我们更清晰地了解考虑到关键事件(如组织控制等)的情形。

(2)风险

风险是代理理论的核心要素(Eisenhardt 1989a),也是薪酬管理研究中至关重要的因素。Holmström(1987)发现了风险特别的影响力,他认为,因为股东是风险中立的而管理者不是,所以管理者的薪酬在没有引起风险厌恶时不可以与绩效挂钩。这个"风险问题"有效地排除了所有解决管理者与股东利益分歧的可行方案。接下来,实证研究自然而然地专注于揭示激励与风险同在时的权衡问题。

Beatty和Zajac(1994)发现,高管在企业发行股票之初承担的风险与股票期权的运用以及薪酬计划中非现金激励的水平相关。因为高管在更具风险的企业

---

① 有趣的是,Miller及其合作者(2006)指出家族企业研究中对"家族"的定义十分矛盾。他们运用了两大关键标准:(1)在企业管理及公司治理上包含了不止一个家族成员;(2)目的之一是保持家族世代的所有权。他们更进一步说明,其称作"创业型"的企业(例如那些仅有一个家族成员作为大老板的企业)与真正的家族企业之间的区别对绩效产出而言非常重要。

已经经历过相当大的不确定事件,所以综合薪酬倾向于忽视风险成分,例如股票期权的运用和非现金激励。

Gray 和 Cannella(1997)将激励与风险分担的权衡作为他们的起点,描述了与高管风险分担相关的薪酬的三个方面:综合薪酬、薪酬风险和薪酬时间范围。他们预测,如果管理者被要求承担更多的风险,那么管理者将会得到更高的综合薪酬。更进一步,当企业遭遇的非系统性风险增加时,综合薪酬中基于风险的比重可能会下降。最后,他们预测战略性风险增加时,长期激励薪酬的比重会下降。他们选取了 1980—1989 年间 1 000 强企业中的 100 家作为样本,结果支持了这些预测。

Bloom 和 Milkovich(1998)检验了薪酬结构中风险的角色(他们的样本包括多方面的管理者而不只是执行总裁),得出的结论是,当商业风险较高时,短期激励就不受重视。可以预见到,在商业风险提高部分管理者的风险厌恶程度,并且短期激励受重视的情况下,强调管理者承担的风险,使得其决策时的风险厌恶程度更高。

Stroh、Brett、Baumann 和 Reilly(1996)在企业风险的背景下研究了代理理论关于浮动薪酬计划的预测。他们提出了与代理理论密切相关的三个变量:任务可程序化的程度、风险以及委托代理关系的时间长度。他们提出了与总现金薪酬相关的竞争风险溢价假说,预测从事程序化工作的高管可变薪酬比重较低。对于动荡和薪酬之间的关系,他们提出相对的假说:一方面预测在动荡的情况下,管理者会承担更多的风险(与代理理论相比),另一方面的预测则相反(代理理论的预测)。最后,他们认为在稳定性较差的组织中,管理者会因为上升的风险而获得更高的薪酬,并且有长期雇佣关系的管理者承担了较少的风险。

与 Gray 和 Cannella(1997)的观点相反,Stroh、Brett、Baumann 和 Reilly(1996)的分析并不支持代理理论的预测——在风险情境下,管理者的薪酬更高。事实上,他们的证据证明了相反的观点。而且,高程序化任务与更少的变动薪酬联系在一起(正如代理理论所预测的那样),环境动荡使可变薪酬更多(当企业风险上升时组织倾向于提高管理者的风险)。最后,长期雇佣关系减少了可变薪酬。他们的研究聚焦于中层管理者而非高管,论证引发了一些关注。他们得出结论:代理理论预测稳定环境下的薪酬安排优于动荡环境下的薪酬安排,这一点更广泛地回应了环境背景在解释前几章讨论的战略领导关系上的重要性。

Miller、Wiseman 和 Gomez-Mejia(2002)考虑过薪酬设置和企业风险之间的匹配度。在提出其概念性框架时,他们估算了什么时候使用浮动薪酬是有效的,并提出与此问题紧密相关的三个因素:代理人的控制程度,代理行为信息的可获得性,薪酬的成本(因为在风险更高的情况下,代理人可以要求更高的综合薪酬)。综合考虑这些因素,他们预测了一个曲线关系,例如不确定因素越多,浮动薪酬越少。一些研究(上面所引用的)支持这一观点:不确定因素变多时,绩效-浮动薪酬变得不那么有效,他们强调手段同样可能在中等风险的情况下最有效。最后,他们假设上面描述的影响面临的系统性风险会更高,因为高管的努力与系统性风险无关。实证分析证明了上面的所有预测。

风险和激励的研究与董事-监管行为相关。上一章我们揭示了这一话题,现在我们简单地证明,激励和风险分担的研究应当考虑与激励薪酬相关的成本和薪酬监管的平衡。例如,Zajac 和 Westphal(1994)认为企业风险提高了激励的成本(高管所有权和激励薪酬),在这种情况下,董事会的监管会产生比激励更有效的管理系统。然而,战略复杂性有副作用,使得监管成本高于激励。他们在1987—1991 年选取的世界 500 强企业的样本强有力地支持了这些论点。

Parks 和 Conlon(1995)通过对 MBA 学员的实验室研究揭示了雇主提供、雇员接受浮动薪酬计划的条件。他们的结论与代理理论和协同理论(Davis,Schoorman, and Donaldson 1997)相冲突。跟其他学者(比如,Rediker and Seth 1995)一样,他们指出,监管和激励可以相互替代,但是他们的贡献在于考虑到委托人和代理人之间的合作程度。他们假设,资源充足条件下的监管会促进委托-代理的合作关系——这是代理理论没有考虑到的观点。在资源稀缺的情况下,由于相互之间存在竞争关系,合作安排可能会促进风险分担。他们的论证与假设一致。他们进一步得出结论:代理理论有效地预测了资源充足情况下的薪酬安排,但并没有预测到资源稀缺情况下的薪酬安排。

最后,Wright、Kroll 和 Elenkov(2002)认为高管可能会主要为了提高薪酬而追求收购(也可参见 Morck, Shleifer, and Vishny 1990),但监管会阻碍类似的行动。他们的研究考虑了三种类型的外部监管:安全分析师、独立董事以及机构投资者。他们预测在更严格的监管下,收购的回报会在很大程度上影响高管的薪酬,但是如果监管不严,对高管薪酬影响较大的则是销售增长。他们的论证支持了股票收益和股本回报率的假说。

综合考虑,高管薪酬风险的作用研究揭示了一些有趣的结论。风险切实提高了人们对薪酬-绩效紧密关系的关注,同时,其他因素,例如任务可程序化的程度或手段,也需要考虑。正如董事会将绩效的降低完全归因于高管的办事不力一样,代理人隐瞒错误、错判甚至自利的行为的能力会增强。Holmström(1979)几年前的分析显示,没有一种单一的薪酬安排能解决委托-代理内在的全部问题。

(3) 管理自主权

在第二章中,我们回顾了关于管理自主权的研究,这些研究为管理自主权在综合薪酬和激励薪酬上的作用提供了证据支持。现在,通过对高管薪酬其他相关研究的回顾,我们重申并扩展了这些研究。关键要点保持一致:管理自主权强有力地预测薪酬和绩效相关的程度。简单来说,管理自主权的水平越高,管理者对组织产出的潜在影响就越大,确保绩效与薪酬紧密相关就越重要。

在这种情况下,Henderson 和 Fredrickson(1996)认为高管薪酬在某种程度上有处理复杂信息的作用。他们提出理论来支持信息处理是高管的关键工作这个观点,并且将薪酬与信息处理需求联系起来更简单且更易观测,因为边际产出的其他贡献更难被发现和评估。

他们认为三个企业层次的因素在信息处理中发挥了显著作用:①经营活动的数量和独立性;②技术应用;③管理结构。他们将 1985—1990 年间的 500 强企业作为样本,得到了对这些假设的一般性支持。①

Sanders 和 Carpenter(1998)研究了国际化及其对薪酬、高管团队组成、董事会结构的影响。基于 Henderson 和 Fredrickson(1996)的研究,他们描述了国际化的复杂性如何使得董事会监管更困难、成本更高,所以企业将高管薪酬与长期产出关联起来,据此提高薪酬水平。这些基本设想得到 500 家标准普尔企业样本的证实。他们进一步观察到信息处理需求导致管理结构设计得便于处理复杂事物。所以,Zajac 和 Westphal(1994)与其他人(比如,Parks and Conlon 1995;Rediker and Seth 1995)一样,认为监管与激励之间的权衡非常重要。另外,Sanders 和 Carpenter(1998)以及 Henderson 和 Fredrickson(1996)的研究都很有趣,他们将复杂性描述为解释高管薪酬的相关构念。就管理自主权的复杂程度

---

① 一篇由 Carpenter 和 Seo(2007)最近发表的论文探索了在企业中董事会对 CEO 的监管随着策略的简化而变得更加容易、减少 CEO 的加薪及加强薪酬与绩效间关系的相关问题,这些论点在他们的分析中得到了部分支持。虽然没有直接调用自主权,但他们所采用的逻辑与 Hambrick 和 Finkelstein(1987)以及 Finkelstein 和 Peteraf(2007)的相符。

而言,未来的研究也可以探索其他相关因素或指标的作用,例如资源闲置、资源可用性和规模等。

Balkin、Markman 和 Gomez-Mejia(2000)研究了高科技企业的激励机制与创新之间的关系。他们认为,在高管理自主权的环境下,高管因创新而获得的薪酬比因财务绩效而获得的薪酬高,并报告称,在高科技企业中,有 15%～23% 的 CEO 薪酬差异是由创新带来的,而在非高科技企业中,他们控制的样本显示,薪酬几乎没有差别。

Boyd 和 Salamin(2001)认为,管理自主权对于薪酬体系的设计非常重要,而这些体系需要与战略导向(例如面向变革的导向)相一致才能有效。他们预测,基础工资和奖金以及薪酬组合将与战略导向和等级水平正相关。他们的样本来自瑞士的两家大型金融机构,涉及来自不同层级的 917 名员工。其中,基础工资的预测得到了普遍支持,而奖金和薪酬组合的预测仅在高管中被证实。总的来说,这项研究的结论与管理自主权对薪酬十分重要的结论是一致的,并且对高管的影响更大。

最后,Cho 和 Shen(2007)在其研究报告中回顾了 Rajagopalan 和 Finkelstein(1992)的一项关于放松管制后企业薪酬变化的研究成果,并指出航空业的高管团队拥有更高的薪酬水平并且薪酬与绩效联系得更紧密。有趣的是,他们还另外指出,高管团队的更替也会产生同样的效果。

总之,如果我们把对管理自主权的讨论放到一个更大的薪酬-绩效关系的背景下,这些研究可能会向前推进一大步。事实上,正如我们在第二章中所指出的,管理自主权在一段时间以来一直被用来指导我们对薪酬的理解(Rajagopalan and Finkelstein 1992)。因此,尽管传统的新古典主义与管理主义在高管薪酬方面的争论似乎已经过时,但对权变变量和管理自主权的新的关注可能会给绩效-薪酬问题带来新的想法。我们用以下命题来总结这一讨论。

命题 10-1:高管薪酬与企业绩效之间并无直接关联。相反,薪酬-绩效关系的性质取决于权变因素,如企业控制、企业风险和管理者的管理自主权等。

命题 10-1A:外部控制水平越高,高管薪酬与企业绩效之间的关联就越强。[1]

---

[1] 然而,请注意,Hambrick 和 Finkelstein(1995)的结果表明,这种关系存在重要的微妙之处。

命题 10-1B：企业风险水平越高，高管薪酬与企业绩效之间的关联就越弱。

命题 10-1C：管理自主权越大，高管薪酬与企业绩效之间的关联就越强。

3. 人力资本

一些基于经济学的理论也经常被用来解释高管薪酬，包括人力资本（Becker 1975）、边际产出（Frank 1984），以及经理人市场（Fama 1980；Fama and Jensen 1983）。尽管这些理论经常被引用来解释薪酬，但直到最近，它们才正式被用在高管薪酬的实证研究中。根据第四章基于资源观点对高管经验的讨论，我们主要聚焦于人力资本视角。

人力资本源于管理者的经验和背景，并且是薪酬的重要来源，已经得到企业的认可和重视。相关的人力因素包括管理经验、教育和任期（Hogan and McPheters 1980）。从历史上看，这方面的研究只有零星的几项，偶尔会报告一些重要的结果。例如，Finkelstein 和 Hambrick（1989）发现高管的一般管理经验与其奖金有关（但与总的现金薪酬或工资无关），Agarwal（1981）报告了工作相关经验与高管薪酬之间的显著关联。Fisher 和 Govindarajan（1992）也报告称，业务部门负责人的薪酬与受教育年限正相关。一些研究也从人力资本的角度探讨了高管任期的影响，但得出的结果通常并不显著（Deckop 1988；O'Reilly，Main，and Crystal 1988；Rajagopalan and Prescott 1990）。

随着资源基础理论的普及，最近的一些研究重新回到人力资本领域。在这种情况下，Harris 和 Helfat（1997）研究了高管薪酬与三种技能之间的关联：企业特有的、行业特有的以及一般通用的。① 三种与技能特殊性相关的关键因素影响薪酬：人力资本的风险和回报、市场力量以及逆向选择。对于外部管理者候选人来说，企业特有的人力资本的匮乏，意味着他们必须对企业放弃的先前员工特有的人力资本进行补偿，以此来使企业正常运转。外部继任者也承担着更大的风险，因此可能需要额外的风险溢价来接受这份工作。企绩效绩也起到了重要作用——当绩效较差时，内部继任者和外部继任者都可能会提前要求获得补偿。他们预测，与内部继任者相比，外部继任者会得到更高的初始固定薪酬，而只拥有一般技能的外部继任者比拥有行业专属技能的继任者获得的初始固定薪酬更高。他们从福布斯薪酬调查（1978—1987）资料中挑选了约 305 名外部继任者。

---

① 他们交替使用了技能和人力资本两个术语。

其证据表明，外部继任者在工资和奖金方面获得了30%的溢价。此外，行业内的继任者获得的工资和奖金比内部人员高23%，比行业外的继任者高36%。这些结果与早期的一系列研究得出的结论一致（Gilson and Vetsuypens 1992；Joskow, Rose, and Shepard 1993；Hambrick and Finkelstein 1995）。

Carpenter、Sanders 和 Gregersen（2001）研究了国际经验对高管人力资本的影响。他们（通过基于资源和动态能力的观点）阐述了像人力资本这样无形的和社会性的复杂资源在与互补性资源捆绑时最有可能产生效益。因此，这一理论意味着跨国企业的一些特征将对高管的国际经验与企业绩效关系产生一定的影响。他们考虑了高管是否能够利用其薪酬安排来获取一些可能为企业创造的额外租金。他们的样本包含了《财富》500强企业中全部的跨国企业，这些企业至少在其他三个国家运营（$n=245$），没有证据支持国际经验的主要影响，但高管国际经验和企业全球战略立场的广度之间的交互作用非常显著，具有广泛的全球战略立场的企业倾向于向有国际经验的高管支付更高的薪酬。

Combs 和 Skill（2003）比较了管理者方法与人力资本方法在支付酬金上的差异，指出管理主义认为利益侵占会带来更高的薪酬，而人力资本理论则认为独特的技能才会带来更高的薪酬。与传统管理主义的研究相反，他们指出企业规模并不一定意味着管理阶层的利益侵占；准确地说，与情境预期相关的管理者薪酬（酬金）才是更好的指标。所以，管理主义假设股东对侵占关键利益的高管的突然死亡会有积极反应。相反，人力资本理论假设薪酬溢价来自特殊技能和知识（Fisher and Govindarajan 1992），所以股东对需支付薪酬溢价高管的突然死亡的反应应该是消极的。

权变的观点将这两个理论学派的观点融合到了一起。当高管权力变大时，股东更有可能认为薪酬溢价过高，所以可以将高管的突然死亡视为潜在的价值创造。控制力量增强时，薪酬溢价无法成为人力资本的回报，投资者对核心高管的突然死亡的反应更消极。运用异常回报，1978—1994年间77名高管（CEO、总裁、董事会主席）突然死亡的样本微弱地支持了权力适度预测，强有力地支持了控制适度预测。尽管存在一些测量问题（用董事会任期和创始人地位测量权力也许并不是人们考虑的前两个指标；同理，两个监管因素——外部投资者所占的比例以及提名委员会的存在——也是如此），但这仍是一项非常有趣的研究。原因有以下两点：第一，它指出对人力资本的研究需要非常细致准确地解释管理经验的含义（例如，技能相较于防御）；第二，它将监管和权力作为中心结构。高管行为的组织环境,尤其是他们所面临的动态权力,绝对是所有高管薪酬理论研究的核心组成成分。

总之,有关人力资本的研究还未得出一系列公认的结论。可以确定的是,人力资本在进入企业高层(Leonard 1990)或从外部挑选高管来领导企业方面可能是有优势的,但理论上并没有清晰地解释这种优势是如何直接转化为高薪的。在某些方面,直观地看,一些高管的薪酬比其他高管更高,这部分是由于技能组合的差异,而问题可能在于正在调查的主要研究观点与相对缺乏有效测试该观点的方法存在脱节。如果高管的经验是有价值的,那么董事会应该愿意因为这些经验而奖励高管。这样才说得通,上面提到的 Carpenter、Sanders 和 Gregersen(2001)的发现就是一个例子。挑战在于如何定义"有价值"。

我们在第四章中主要讨论了这个话题,证明了高管的经历必须在特定的情境下才有价值,这也是人力资本和薪酬研究真正的研究契机。事实上,我们在那一章中提出的大多数偶然的命题都可以整理成薪酬的命题。例如,命题4-19 提出了以下关于薪酬的新观点。

命题 10-2:相较于实行防御型战略的企业,实行探索型战略的企业中的高管产能经验与薪酬之间的关联更强。

命题 10-3:相较于实行探索型战略的企业,实行防御型战略的企业中的高管产能经验与薪酬之间的关联更强。

还可以换一种方式来考虑环境与高管薪酬之间的关系。有效支付高管薪酬的企业更可能留住高管并提高绩效。这是对同一个问题的不同解释。因此,当一种特殊类型的人力资本具有价值时(因为它有助于处理突发事件或制定企业战略),那些会因为这个特殊的人力资本而支付更高薪酬的企业可能会吸引和留住具有该最佳人力资本组合的高管。下面是两个具有代表性的命题。

命题 10-4:采用防御型战略的企业为具有高产能经验的高管支付的薪酬越高,他们离开企业的可能性就越小。

命题 10-5:采用防御型战略的企业为具有高产能经验的高管支付的薪酬越高,企业的绩效就越高。

最后,薪酬结构也是人力资本领域的重要考虑方面。举个例子,在某种程度上,一些管理经验与风险接受程度相关联(Gupta and Govindarajan 1984),人力资本因素可能与变动的长期薪酬相关联。这些经验可能会影响管理者对不同类型薪酬的偏好(变动与固定,短期与长期),因为一些管理者比其他管理者更容易接受风险。所以,如果高管对其薪酬的设置有一定的控制权(正如大多数高管所做的那样),那么高管薪酬就可以根据管理者的风险偏好量身定制,即通过某种方式表现人力资本(处理风险的经验)与高管薪酬相关。

4. 边际产出和经理人市场

除了人力资本,高管薪酬可能部分取决于边际产出(Finkelstein and Hambrick 1988; Frank 1984)和经理人市场的运作(Fama 1980; Jensen and Murphy 1990b),没有实证研究尝试直接衡量高管的边际产出或者对经理人市场进行建模。此外,学者们已经发现了一些决定高管薪酬的因素——比如管理工作的复杂性、管制的程度、企业规模和企业绩效等——可能是管理者边际产出的间接代表。例如,复杂的管理工作往往会为管理者提供更多的选择,提高其管理自主权(Finkelstein and Peteraf,2007),所以这都是他们对企业的潜在贡献。在这种情况下,有证据表明:①受管制企业的高管薪酬大大低于未受管制企业的高管薪酬;②受管制企业的薪酬与绩效之间的关联弱于未受管制企业(Joskow, Rose, and Shepard 1993),这与受管制企业的管理自主权较小的观点相一致(Hambrick and Finkelstein 1987; Rajagopalan and Finkelstein 1992)。从某种程度上说,这些发现反映了高管的边际产出,由此我们提出以下命题。

命题10-6:高管的边际产出越多,其薪酬就越高。

遗憾的是,由于市场的边界很长,经理人市场的影响有些难以衡量。在任何时候,空缺岗位有多少合适的候选人都是不明确的。可能就是基于这个原因,在高管薪酬的实证研究中,对经理人市场的思考是受限的(Fama 1980)。我们在这里只引用了两项研究。第一项研究来自Harris(1986),他们研究了经理人市场中高管的声誉,发现在高管外部继任期间,声誉对绩效和薪酬之间的关系有调节作用。具体来说,对于在经理人市场上有较高地位的新任外部高管来说,薪酬和绩效之间的关联更强。

第二项研究来自Ezzamel和Watson(1998),他们研究了市场竞争如何影响高管薪酬。如果劳动力市场的信息传播是有效率的,我们就没有理由期望薪酬-绩效之间的关联很强,因为非执行董事和薪酬委员会成员与高管相似,并且经常受到高管的社交影响,他们对高管薪酬过低的反应更快,而薪酬过高时则相反。因此,现金薪酬对薪酬较低的异常情况更敏感。[①] 此外,薪酬顾问也倾向于增加向上的偏差,因为他们专注于薪酬分布的上半部分。他们预测减少薪酬异常的期望会促进薪酬变化,并且可以解释 1992—1995 年间观察到的高管薪酬的"哄抬价格"。

他们选取了英国企业作为样本,将薪酬异常加入模型,显著提高了方差。二次项的添加尤其重要,意味着较大的异常是非常有影响力的。然而,虽然证据明确表示超额薪酬和薪酬不足的反应对高管有重大影响,但总体预测——对薪酬不足的反应会大于对超额薪酬的反应——并没有得到支持。

总之,从我们的回顾和评论中可以看出,从经济学视角出发对高管薪酬的决定因素的研究有很多。当然,这种类型的研究占了多年来关于高管薪酬研究的绝大部分。尽管如此,很明显还有很多方面等待研究者深入研究。特别地,我们鼓励对引发更紧密或更松散的薪酬-绩效关系的条件以及对薪酬的人力资本解释进行更多的研究。在接下来的章节中,我们不会局限于高管薪酬传统的经济学方向的解释,而是会探讨社会和政治理论如何解释相关研究,并且继续报告成果。接下来,我们就转入这个话题。

三、高管薪酬的社会学解释

尽管劳动经济学家把经理人市场视为工业经济的基本属性,但有趣的是,供求在有众多企业和高管的情况下才有意义,这也就说明劳动力市场是在社会基础上构建起来的。Ezzamel 和 Watson(1998)既研究了薪酬公平,也分析了高管劳动力市场。所以,当高管薪酬经济层面的决定因素已经被深入研究,而社会因素的影响却很少被注意时,从社会学角度进行探索就会有巨大的潜在贡献。

人们只需探讨一下高管薪酬是如何确定的就能明白为什么对薪酬的社会学解释是如此重要。首先,让我们考虑一下薪酬顾问的普遍影响(Baker, Jensen, and Murphy 1988;Crystal 1991;Bebchuk and Fried 2003)。大多数企业都聘用了薪酬顾问来协助制定其高管的薪酬[Bizjak、Lemmon 和 Naveen(2007)报告称,

---

[①] 测量异常值有几种方法,但都来自预测薪酬水平的回归所产生的残差。Combs 和 Skill(2003)以及 Wade、O'Reilly 和 Pollock(2006)也采用了同样的方法。稍后,特别是在评估薪酬公平时,我们将评判这种方法的恰当性。

他们的样本中约有 65% 的企业使用了薪酬顾问]。事实上，Wade、Porac 和 Pollock（1997）指出，高管在说明自己的薪酬时，经常会引用薪酬顾问的意见。他们还提出了一种社会薪酬理论，该理论认为薪酬顾问更倾向于关注薪酬的同一性，从而导致高管的薪酬比按照他们自己的实际管理成果定薪更加同质化（Finkelstein and Hambrick 1988）。

Conyon、Peck 和 Sadler（2006）对雇用薪酬顾问与 CEO 工资关系的研究是迄今为止最严谨的研究之一。他们检验了数个论断。首先，如果薪酬顾问确实对观察到的 CEO 薪酬增长负有责任，那么比起没有雇用薪酬顾问的企业，雇用了薪酬顾问的企业的 CEO 应该得到更高的薪酬。其次，当薪酬顾问为企业提供其他服务时，使用薪酬顾问的 CEO 应该得到更高的薪酬，因为这将为 CEO 带来额外的权力（影响力）。最后，根据社会比较理论，他们认为当 CEO 雇用薪酬顾问时，其薪酬应该与雇用同一个薪酬顾问的其他企业的 CEO 的薪酬相似。虽然 CEO 对薪酬顾问的依赖与 CEO 工资水平的相关性很小，但他们从公开上市的英国企业中得出的证据为这三个假设提供了支持。

除了顾问，其他很多因素也提供了社会学解释。第一，上市公司每年公开发布的公司代理人声明中，关于高管薪酬的信息消除了保密性并增加了可比性；实际上，关于工资保密性的研究表明，薪酬信息公开通常会增加社会比较压力（Leventhal，Michaels，and Sanford 1972；Pfeffer and Davis-Blake，1990）。第二，全国商业媒体对薪酬的大量报道进一步促进了企业内外的薪酬比较（Lawler and Jenkins 1992）。第三，高管薪酬数据的广泛可得性提高了其作为职业地位和成就的积分卡的价值，因此可能会激励高管明确自己的相对身份（Crystal 1991；Lawler 1966；Patton 1961）。

由此产生了一个有趣的研究问题：更多的薪酬披露以及 CEO 更容易进行薪酬比较是否真的会导致更高的薪酬。我们相信的确如此，并且设计了一项专门的研究，从公共政策的角度来检验这些假设。随着其他国家披露法案的自由化（与美国相一致），学者们有了真正利用这些"自然实验"的机会。

命题 10-7：一个国家新的法律、规章或者风俗提高了高管薪酬向股民披露的程度，会大幅提高而非降低该国高管的薪酬。

总之，可比性概念的提出自然而然地引起了学者们对社会过程以及薪酬设置与"社会规范"一致性的重视。在本章剩下的部分，我们提出了一些观点，这些观点可能为高管薪酬设置提供许多不同的社会学因素的研究方向，与之相关的三个主题是:制度驱动的同构压力、社会比较过程以及社会资本。

1. 高管薪酬的同构性

在关于高管薪酬的许多研究中,同构压力遵从"工资规范"是显而易见的。如果我们把行业视为一个组织领域的工作定义(Fligstein,1990),一些证明了行业对薪酬有强烈影响的研究结果就更有意义了(Deckop, 1988; Eaton and Rosen, 1983; Ely, 1991; O'Reilly, Main, and Crystal, 1988; Rajagopalan and Prescott, 1990)。例如,Rajagopalan 和 Prescott(1990)强调了薪酬决定因素如何在行业之间系统地变化;Hambrick 和 Finkelstein(1995)发现行业薪酬模式的变化与 CEO 薪酬的变化显著相关。然而,以上列出的大多数研究并没有把同构性作为薪酬的行业差异的解释,实际上,虽然大多数研究模型都把行业作为控制变量并且使用虚拟变量或者单个行业样本(Finkelstein and Hambrick 1989),但有些研究却把行业作为结构性经济特征的反映(O'Reilly, Main, and Crystal 1988; Rajagopalan and Prescott 1990)。

因此,由相似性的同构压力所导致的高管薪酬随行业不同而不同的想法已经得到了验证。遗憾的是,这样的假设可能经不起实证调查的检验,因为这种解释仅仅预测了不同行业间差异的存在,却没有提供指导来说明为何一个行业中 CEO 的薪酬高于另一个行业。此外,除了社会学解释,还有其他的解释来说明为什么不同行业的薪酬会有差异(例如,除了结构性的经济特征,管理自主权——因行业而异——也会影响到薪酬)。在这方面,Finkelstein 和 Boyd(1998)发现,来自任务环境的自主权与整体薪酬正相关。Rajagopalan 和 Finkelstein(1992)在研究电力行业的高管薪酬时,也运用了类似的逻辑(详细解释见第二章)。

当然,"行业规范"的影响也可以最直接地从一个行业内 CEO 薪酬的变化中观察到。与那些受限制较少的行业相比,具有特别大的同构压力的行业会有更多的同质化的薪酬结构。此外,管理自主权增加了 CEO 的潜在边际产出,并且为行业创造了更大的结果不确定性(Rajagopalan and Finkelstein, 1992),强调了不同企业的 CEO 薪酬差异。这些观点产生了以下命题。

命题 10-8:一个行业的管理自主权越大,该行业内 CEO 薪酬的波动就越大。

命题 10-9:一个行业的同构压力越大,该行业内 CEO 薪酬的波动就越小。

尽管有关高管薪酬同构压力方面的研究成果还不够完备,但这是一个很有前景的调查领域,从委托书中可以很容易地获得数据。在过去十年左右的时间里,有少数几项关于不同制度化过程如何在高管薪酬范畴中实现的研究。例如,Rajagopalan 和 Datta(1996)验证了采用浮动高管薪酬计划中类似的和规范化的同构的作用,该研究的主要假设是,对绩效-浮动薪酬计划的采用将是在一个行业中之前已经采用该计划(类似同构)的企业所占比例的函数。为了理解模仿行为的驱动因素,他们还考察了董事会成员所属的其他企业对 CEO 薪酬模式采用率的影响。初步研究结果表明,当董事会成员已经对特定的薪酬计划有所了解和有了经验后,企业更有可能采用这些薪酬计划,这表明从对于"合适的"薪酬计划的判断中产生的规范性同构压力可能会支配高管薪酬。因此,从某种意义上说,假设类似的同构压力在高管薪酬中与在管理创新中的作用相类似是合乎情理的(Burns and Wholey 1993;Teece,1980),对这种作用的进一步探索可能是富有成效的。之前讨论的 Conlon 和 Parks(1990)的研究对此争论也很重要。他们来自实验设计的证据表明,传统(委托人和代理人过去所做的事情)对薪酬设置有很大的影响。以下命题总结了这一系列的争论。

命题 10-10:行业中已经采用绩效-浮动薪酬计划的其他企业的比例越高,焦点企业随之采用的可能性就越大。

命题 10-11:董事会成员对已经采用绩效-浮动薪酬计划的其他企业的依附性越强,焦点企业随之采用的可能性就越大。

与其他管理过程一样,高管薪酬的设置是在高度重视合法性的社会情境下进行的,而这种情境中合法性非常重要。就像 Meyer 及其合作者(Meyer and Rowan 1977;Meyer, Scott, and Strang 1987)先前所建立的理论一样,采纳的一些环境规定在很大程度上是为了确保制度的合法性,而不是主动介入,因此我们也应该期待在薪酬领域应用同样的模式。

采用激励性薪酬结构,就是"重视合法性"的一种体现。在一项解释代理人一揽子长期薪酬激励(LTIP)声明的研究中,Zajac 和 Westphal(1995)描述了经济效益与政治现实之间的紧张关系,确认了采用薪酬计划具有的象征意义。他们认为,对采用 LTIP 的解释将反映出对社会合法性的主导信念,以及对企业领导者(董事会或 CEO,取决于谁更有权力)的信念。他们研究了采用 LTIP 的其他解释,这些解释建立在代理(采用薪酬计划是为了更有效地激励高管)或人力资本(采用薪酬计划是为了吸引、发展和留住高水平的管理人员)的原理上。他们分析了 1976—1990 年间福布斯排行榜 500 强企业采用 LTIP 的情况。证据显示，权力大的 CEO 更认可人力资本的解释，而权力大的董事会则更认可代理解释。此外，采用 LTIP 计划的时间越晚（以及采用 LTIP 计划的范围越广），运用代理理论的企业就越多。

在一项相关的研究中，Westphal 和 Zajac(1994)检验了所采用的计划是否真正被执行了（由企业出资）。他们认为，有权势的 CEO 对 LTIP 计划的相关风险不感兴趣，可能只会出于象征性目的而采用这些计划。他们表明，许多企业确实是这样做的——采用 LTIP 计划，但并不为其提供资金。有权势的 CEO 和绩效低的企业更倾向于象征性地采用 LTIP 计划。

Staw 和 Epstein(2000)研究了通用管理技术(PMT)的采用及其对高管薪酬（在其他方面）的解释。像 Zajac 和 Westphal 一样，他们的观点建立在这样一个基础上，即创新可以出于社会和经济原因而被采用。此外，Abrahamson(1996)将 PMT 的出现和采用描述为时尚周期。也就是说，在任何时候，老的做法往往都被认为是过时的，新的做法往往都被认为是更好的。制度化理论预测，采用 PMT 的动机更多的是对合法性的需求，而不是对高效性的渴望。他们努力衡量采用 PMT 对组织合法性（以及绩效）的影响。他们研究了 1995 年《财富》100 强企业，通过关于样本企业的新闻报道来衡量 PMT 的采用情况。他们的证据显示，采用 PMT 对企业的绩效没有任何影响（不管实施的效果如何）。[①] 此外，不管采用 PMT 是否与企业绩效有关，采用 PMT 的企业的 CEO 往往都会得到更高的薪酬。最后，他们表明，当新闻报道强调采用 PMT 时，CEO 往往会得到更高的薪酬，这也与企业的绩效或 PMT 的实际实施效果无关。他们补充道，这种影响表现在短期薪酬上，并且他们的分析清晰地将薪酬影响与采用 PMT 联系起来，而不是与声誉的提高或有效的实施联系起来。

最后，Sanders 和 Tuschke(2007)研究了德国的股票期权计划（德国的制度环境通常是不利于高管积累财富的）。他们根据制度化理论发现，有美国商业背景的德国企业——尤其是持有美国存托凭证的企业——更有可能成为股票期权计划的早期采纳者。其他重要的结论都与高管经验、董事会连接、监管障碍有关。总之，这是一项有趣的研究，因为它关注的是影响高管薪酬的制度压力——在这里是指对股票期权计划的采纳。

[①] Easton 和 Jarrell(1998)报告了企业层面实施的有效性，他们直接采用了这些方法。

总的来说,这些研究指出了社会合法性的考虑是如何影响管理创新,比如薪酬计划的。一般来说,通常的薪酬和特殊的绩效-浮动薪酬激励计划并不是简单的经济计算,而是受制于许多相对未知的复杂因素。

2. 高管薪酬设置过程中的社会比较

我们对同构的讨论与社会比较过程如何影响高管薪酬的观点非常相近。根据 Festinger 的观点,个人需要评估自己的观点、特征以及能力价值,也需要选择那些在某些方面与自己相似的人进行比较(Goodman 1974)。这个观点由 O'Reilly、Main 和 Crystal(1988)提出,在第八章中我们已讨论过该研究。具体来说,O'Reilly、Main 和 Crystal 认为社会比较过程会导致薪酬委员会成员依赖他们自己和他人(CEO)的经验。在 1984 年对 105 家大企业的研究中他们发现,薪酬委员会成员在其企业中的薪酬与样本 CEO 的薪酬水平高度相关。尽管这一结果支持社会比较的解释,但它同样也可能反映了这样一个事实:"最大的企业是由最有能力的人领导的,并且为他们提供最有声望和薪酬最高的管理岗位"(Lazear 1991,94)。[①]

社会比较过程对高管薪酬设置的重要性已经开始向经济领域渗透,这一点可以从一些研究中得到证明,这些研究结合了心理学和社会学的观点,试图完善有效工资的传统概念。例如,许多学者已经讨论了社会比较在雇员间发生的可能性,以及这个比较过程将和企业间竞争(比如,Akerlof and Yellen 1985;Lazear 1989,1991)一样影响生产率(比如,Aggarwal and Samwick 1999a,1999b)。

Aggarwal 和 Samwick(1999a;1999b)的两项研究非常有趣,因为他们把相对绩效评估(RPE,即把 CEO 的薪酬与竞争对手企业以及他们自己企业的绩效具体地关联起来)与企业间竞争关联起来。在第一项研究中,Aggarwal 和 Samwick(1999b)强调了代理理论的一个相对未经检验的关键性假设,即薪酬-绩效敏感性将随着企业绩效的变化而降低(以更好地保护管理者免于企业运作风险)。此外,不考虑绩效变化影响的研究会倾向于发现薪酬与绩效之间没有关联。RPE 背后的逻辑来自这样一个概念,即薪酬不仅应基于企业绩效,而且应基于任何能提供管理行为独特信息的措施(Holmström 1979,1982b;Holmstrom and

---

[①] 同样值得回顾的是,正如在第八章中所指出的那样,还有一些其他研究没有发现薪酬委员会具有同样的效果(Johnson,Daily,and Ellstrand 1996;Conyon and Peck 1998)。

Milgrom 1987）。仅仅展示自己企业和对手企业的薪酬绩效敏感性的平均水平并不能明确地检验 RPE 的准确性，因为它没有考虑到绩效的变化（风险）。然而，和其他几位学者一样（例如，Garen 1994；Lambert and Larcker 1987；Janakiraman, Lambert, and Larcker 1992），他们发现无论风险是否被控制，RPE 模型都没有得到支持。他们认为，不支持的原因可能在于，RPE 会加剧一些企业之间的竞争，但这些企业之间本身存在的相似性就可以保证 RPE。

Aggarwal 和 Samwick（1999b）验证了这一猜想。当一个行业开始遭受随机冲击，这个行业中的一些企业之间所受到的冲击也息息相关时，RPE 将会是高管薪酬结构的好方法（根据代理理论）。这源于这样一个事实：冲击在企业之间相互关联时，多个高管面临类似的情况，因此这些高管提供了有关每个受审查高管绩效的重要信息。然而，这一理论忽略了企业之间的所有战略互动。RPE 正向影响企业绩效，负向影响竞争对手的绩效。这激励了高管们去降低行业回报。

Aggarwal 和 Samwick 的证据支持上述观点，他们证实，在竞争性更强的行业中，企业对 RPE 的使用率明显更低，而且他们把此结果归因于在竞争激烈的行业中需要弱化产品市场竞争。他们从战略互补和战略替代两个方面构建了竞争模型，当产品是互补品时，RPE 由于导致了激烈的压价竞争而降低了收益。在这种情况下，薪酬水平会随本企业和竞争对手的绩效而提高。在竞争更激烈的行业中，提高自身企业绩效的激励更少，而提高行业中所有企业价值的激励更多。在与竞争对手战略互补的情况下，本企业薪酬-绩效敏感性与竞争企业薪酬-绩效敏感性的比率是该行业竞争水平的减函数。相反，在竞争者提供战略替代品的情况下，薪酬水平会随着本企业绩效的提高而提高，随着竞争对手企业绩效的提高而降低。薪酬也应该对竞争敏感，尤其是在竞争激烈的行业中。他们对 1992 年《财富》1 500 强企业的研究为这些观点提供了强有力的支持。

虽然这个观点由于（基于这一理论的）社会比较的流行而非常引人关注，但在检验这个观点时也出现了几个问题。第一，由于所有的高管和董事都参与了社会比较，因此想要厘清相关的比较问题是很困难的。跟董事一样，CEO 也会评估自己的薪酬，而这一理论在应该强调什么因素上并没有提供指导。（正如我们在后面所讨论的，一个政治模型就是这样做的，这也显示出了综合学科方法的价值。）

第二，高管们在评估其薪酬时，可能会在薪酬水平和职位声望之间进行权衡。这一点表明，薪酬可能只是管理者获得的一种形式的奖励，对其价值的评价可能因人而异。Finkelstein 和 Hambrick 沿着这一思路继续研究,认为经济报酬只是 CEO 可以获得的众多激励中的一种,"声望、挑战和权力对高管的重要性或许可以与薪酬相媲美,甚至大大超过薪酬"(1988,543)。高管们对其他奖励的重视程度可能取决于一系列因素,包括个人财富、工作经验、企业规模和营利能力,甚至行业状况。例如,我们可以假设,升任 CEO 的机会,或领导一家前沿的、高收益企业的挑战,可能比直接的财务收益更为重要。因此,财务激励和非财务性激励可能是相互替代的。只要整套激励措施足以确保适度的贡献,高管们就会继续工作(March and Simon 1958)。锦标赛模型甚至也会成为这种现象的主要表现形式(在本章的后面会详细讨论),该模型假定高管会接受较低的薪酬以获得能晋升到更高级别的机会。因此,我们提出如下命题。

命题 10-12:财务激励与非财务性激励负相关。

第三,当个体进行比较时,参照组是不明确的。例如,CEO 是否会将自己的薪酬与其他类似规模企业的 CEO、同行业的 CEO 或者其他参考群体进行比较?董事会成员的潜在比较可能更加复杂,因为他们的比较还包括他们自己的企业,即与他们所在的企业的董事会进行比较,甚至可能会与他们有所往来企业董事的经历进行比较。然而,当这些复杂的相互关系被放在一起研究时,社会比较过程开始类似于驱使同构压力朝向薪酬一致性的引擎。尽管存在一些概念上的困难,但仍需要进一步的研究来了解社会比较过程是如何影响组织薪酬模式的。

3. 社会资本

Belliveau、O'Reilly 和 Wade(1996)研究了社会资本及其对 CEO 薪酬的影响。他们将 CEO 与其他 CEO 及其薪酬委员会主席进行比较。这些委员会主席被认为是极其重要的,因为在薪酬设置过程中,参与讨论和决策的人相对较少,从而提升了他们的角色价值。

Belliveau、O'Reilly 和 Wade 提出了五个假设:①CEO 和薪酬委员会主席之间的社会相似性将导致更高的薪酬;②CEO 的社会地位将与更高的薪酬相关;③薪酬委员会主席的地位将与 CEO 的薪酬负相关;④地位高于其薪酬委员会主席的 CEO 将获得更高的薪酬;⑤地位高于其他 CEO 且薪酬委员会主席的地位低于其他薪酬委员会主席的 CEO 将获得更高的薪酬。他们的样本包括约 61 位 CEO 和薪酬委员会主席。社会资本是相对于样本中的其他所有 CEO 进行衡量的。前两个假设未得到支持,但其他假设都得到了支持。也许他们最有力的结论是社会资本比社会相似性更重要。

这项研究有几个重要贡献:第一,它是为数不多的几项关于社会资本和收入的研究。第二,研究者说明了在高管薪酬设置中社会资本比人力资本更有价值。第三,该研究是最早考虑比较社会资本(社会资本相对于与之相似的其他资本)的研究之一。第四,该研究提供了相对社会资本比绝对社会资本更重要的证据,也表明社会资本是通过直接的社会影响过程发挥作用的。

另外的五项研究也遵循类似的逻辑。第一项是第九章中讨论的 Westphal 和 Zajac(1995)的文章,在此也有意义。他们发现,CEO 与董事会在几个人力资本维度上的相似性与 CEO 的薪酬正相关,与或有薪酬负相关。这与 Belliveau 及其合作者(1996)(没有得到支持)的假设基本相同。

第二篇文章研究了德国企业的高管薪酬(Fiss,2006)。这项研究的有趣之处在于,Fiss 比较了管理特征的相对差异和绝对差异,这个二分法触及了社会资本研究中的一个核心挑战——如何将结论与直接的权力假设区分开。在这种情况下,Fiss(2006)发现,在 CEO 比董事会主席受教育程度更高、任期更长的企业中,高管团队的平均薪酬更高。[①] 有趣的是,比起权力,它对相似性的绝对测量(不注意方向性的测量),可以说更接近社会相似性。

这组文章中的两篇文章研究了 CEO 认证(《金融世界》评出的"年度 CEO"称号)对 CEO 和高管团队薪酬的影响。Wade、Porac、Pollock 和 Graffin(2006)报告了 CEO 认证与 CEO 薪酬之间的正相关关系,表明了声望和地位在薪酬设置中的重要性。有趣的是,被誉为"明星"是有两面性的:当后来的绩效提高时,CEO 的薪酬就会提高,但当后来的绩效实际上下降时,CEO 的薪酬也会下降。虽然薪酬和绩效之间任何程度的耦合都是需要注意的,但他们也指出,这个拐点仅出现在绩效的第 11 个百分位上,这意味着"绩效提升"的门槛被设置得过低。

他们对 CEO 进行认定的其他研究发现,CEO 明星地位发生一定程度的"身份泄露"同样会使其他高管的薪酬提高(Graffin et al. 2007)。由明星 CEO 领导的企业再一次被寄予了高期望,这样,企业的高绩效就会增加身份泄露的好处,而低绩效则与高管的平均薪酬负相关。然而,需要指出的是,后一个结果在分析中只得到了部分支持,不管怎样,明星 CEO 的薪酬对随后的绩效的敏感度是其

---

① Fiss(2006)认为高管团队薪酬与 CEO 薪酬高度相关,但不能使用后者,因为在他进行研究期间德国企业并没有披露这一点。

他高管薪酬的四倍。①

最后,Geletkanycz、Boyd 和 Finkelstein(2001)研究了 CEO 的外部董事网络是如何影响薪酬的。他们认为,社会资本对企业来讲,与其说是权力之源,还不如说是价值之源,他们认为当 CEO 的外部董事网络对企业有价值时,这种价值应该体现在薪酬上。因此,这也是我们在本章前面讨论过的匹配假设的另一个版本。

虽然大多数研究都认为管理资源很重要,但这些观点仅仅把管理资源局限为经验、知识、技能和判断。董事网络(社会资本)同样可能很重要,因为它们可以降低不确定性,提供获取信息和机会的途径,并为组织带来合法性和地位。因此,相较其他人而言,CEO 的人际网络对企业来说可能更有价值。Geletkanycz、Boyd 和 Finkelstein(2001)认为,企业的多元化程度是影响这种网络价值的关键因素。多元化企业具有更大的信息加工需求,也更需要多元化的资源。董事关系有助于满足这两种需求。基于这一逻辑,他们预测多元化将加强 CEO 外部董事网络与薪酬之间的关联。通过对 460 家《财富》1 000 强企业的抽样调查和对董事网络七个维度的测量(Freeman,1979),他们得出结论:CEO 薪酬与 CEO 董事网络的关联并不强。然而,多元化的调节作用非常大,这表明随着多元化程度的提高,CEO 外部董事网络的价值会得到提升。根据这一结果,我们可以预期,随着 CEO 社会资本(如董事网络)价值的提高,CEO 的薪酬也会随之提高。如何确定价值是研究中的主要挑战,虽然 Geletkanycz、Boyd 和 Finkelstein(2001)研究的是多元化的,但其他背景条件也同样重要。就这一点,我们提出如下建议性的命题。

命题 10-13:社会资本将与高管薪酬正相关,其相关程度取决于环境或战略情境条件对这种社会资本的需求程度。

命题 10-13A:相较于其他企业,在监管更严格的企业中,针对政府和机构的社会资本与高管薪酬的关联性更强。

命题 10-13B:相较于其他企业,在具有更多联盟和更少自主结构的企业中,针对供应链和分销链行动者的社会资本与高管薪酬的关联性更强。

---

① 在金融领域,还有另外两项研究涉及 CEO 声望和薪酬的问题(Garvey and Milbourn 2003;Malmendier and Tate 2005b)。

四、高管薪酬的政治学解释

权力是解释高管团队行为的一个重要因素,它在战略决策过程中起着核心作用(Bourgeois and Eisenhardt 1988;Finkelstein 1992)。因此,发现管理权力是决定薪酬的关键因素也并不令人感到意外。事实上,有些人甚至认为高管薪酬是权力的一个指标(Finkelstein 1992;Haleblian and Finkelstein 1993;Hambrick and D'Aveni 1992)。虽然有几项研究基于权力对薪酬做出了解释,但几乎没有一项研究试图提出和检验薪酬中权力作用的完整模型。①

高管薪酬的政治模式的核心是认识到董事会——作为管理者行为的监督者——和高管在本质上是相互对立的(Jensen and Meckling 1976)。董事会的职责是实现股东价值的最大化,而高管则更关注自身效用的最大化。② 因此,高管薪酬的设置将具有不同目的的董事会和高管聚集在一起,这些问题通常会通过政治手段加以解决。③ 例如,Westphal 和 Zajac(1994)以及 Zajac 和 Westphal(1995)对 LTIP 计划采用情况的研究发现,CEO 的权力与 LTIP 计划的采用有很大的关系。也就是说,企业 CEO 的权力较大时更可能采用 LTIP 计划,表面上是为了缓解股东绩效薪酬的压力,但实际执行(资助)这些计划的可能性较小,因为它们提高了 CEO 的薪酬风险。④ 他们认为,薪酬计划的制订可能只是象征性的设置,真正检验薪酬与绩效间关联的是这些计划是否可行。因此,这些研究结果表明了薪酬设置过程的高度政治化。

我们在此介绍最近的另外两篇文章。在第一篇文章中,Pollock、Fischer 和 Wade(2002)研究了 CEO 的权力如何影响高管股票期权的重新定价。他们提出的框架包括 CEO 权力、外部所有者权力和企业知名度。重新定价通常发生在股

---

① Main、O'Reilly 和 Wade(1994)的一项研究可能是迄今为止唯一的例外。他们为一个基于社会影响力的 CEO 薪酬模型找到了支持,该模型试图解释为什么董事会并不是机构理论家通常假设的有效监管者(比如,Fama and Jensen 1983)。

② 执行效用并不局限于对薪酬的偏好。高管也可能渴望更大的责任、成就和权力。

③ 很难想象一个基于权力的高管薪酬模型不以这些观察结果为出发点。然而,例外可能发生在受监管的行业,这个行业里的一些人认为监管机构为了避免公众对高管"过高"的薪酬收入感到不满,便利用其政治权力来降低 CEO 薪酬的总体水平以及给 CEO 的激励力度(以减小巨额名义薪酬的可能性)(Joskow, Rose and Shepard 1993)。然而,我们可以认为,监管机构实际上是一种超常和警惕的董事会(Stigler 1971)。

④ 他们还报告了采纳和使用股票回购计划的类似结果(Westphal and Zajac, 2001)。

价急剧下降(主要由于行业问题)导致期权缩水之后。这种股价下降之后的重新定价通常会引发投资者的抗议,并且符合代理理论中重新分配管理者和股东利益的观点。多项研究调查了这么做的理由有哪些,但没有一项研究支持将它们作为重新定价的正当理由(比如,Brenner, Sundaram, and Yermack 2000; Chance, Kumar, and Todd 2000; Carter and Lynch 2001)。Pollock、Fischer 和 Wade(2002)提出,当 CEO 权力较大、外部所有者权力较小、企业的知名度较低时,期权价差(执行价格与当前股票价格之间的差异)与重新定价的可能性之间的关联性更强。他们在 1998 年下半年对 136 家软件公司进行的抽样调查为这一预测提供了一些支持。我们还应该注意到,与其他大多数关于董事会和薪酬的研究相比,Pollock、Fischer 和 Wade(2002)部分依靠 Finkelstein(1992)的权力模型来衡量这一结构,该模型我们会在本章后面的部分提到。

第二篇文章与第一篇有所不同,但非常有趣。作为对"要对 CEO 薪酬进行同行比较"这一规则(1993 年由美国证券交易委员会实施)的回应,Porac、Wade 和 Pollock(1999)研究了 280 家企业在以他们所选的同行作为依据的条件下,对规则的改变会如何做出回应以及在委托书中会如何报告。他们得出了一部分结论:虽然该规则的目的是使薪酬设置过程更加透明,但其实际效果却是为企业的政治化提供了机会。

从政治角度对薪酬设置过程进行概念化的结果是,高管薪酬的关键假设变成了管理者(以实证工作中的 CEO 为代表)与董事会的相对权力。这里隐含的假设是管理权力将与更高的薪酬水平相关。然而,与我们之前对管理层控制的企业的薪酬设置的描述一致,个人管理者的权力能让其按照自己的偏好来决定以怎样的薪酬类型和数量来分配薪酬。虽然有些研究已经纳入了管理者的偏好(Finkelstein and Hambrick 1988; Hambrick and Snow 1989; Mahoney 1964; Westphal and Zajac 1994; Zajac 1992),但没有一项研究试图直接建立偏好如何影响薪酬的模型。因此,我们需要一个考虑到权力和偏好在决定薪酬方面的相互作用的模型。

命题 10-14:CEO 对薪酬的偏好决定了其薪酬的总量、组合和类型。

命题 10-15:CEO 的权力越大,其对薪酬的偏好与实际薪酬(数量、组合、类型)的关联就越强。

对偏好作用的考虑引出了另一个问题:CEO 的权力和薪酬是否会自我强化,从而使更有权力的 CEO 获得更高的薪酬,也使得他们能在企业中通过其所拥有的资本获得额外的权力。这样一来,薪酬制度可能有助于促进企业中 CEO 权力的制度化,其结果可能会对公司治理产生深远影响。如果是这样的话,这表明在权力和薪酬之间存在着一种尚未被研究的双重因果结构。这就需要用时间序列数据来理清因果关系。

尽管直觉告诉我们权力和政治在高管薪酬设置中很重要,但我们在第九章中对此话题的研究表明,结果并不总如预期那样。其中一个重要原因是,大多数此类研究都建立在用董事会结构指标来测量权力的基础上,而这些指标的构建充满了困难。以下几个例子说明了权力在高管薪酬研究中如何运用:绝对 CEO 任期(Finkelstein and Hambrick 1989;Hill and Phan 1991;Wade, O'Reilly, and Chandratat 1990;Westphal and Zajac 1994;Barkema and Pennings 1998),相对 CEO 任期(Singh and Harianto 1989a;Wade, O'Reilly, and Chandratat 1990),CEO 兼任状况(Boyd, Dess, and Rasheed 1993;Main, O'Reilly, and Wade 1994;Westphal and Zajac 1994),CEO 的董事会职位(Wade, O'Reilly, and Chandratat 1990),外部董事代表(Lambert, Larcker, and Weigelt 1993;Main, O'Reilly, and Wade 1994),CEO 在任命外部董事或薪酬委员会主席方面的影响力(Lambert, Larcker, and Weigelt 1993;Main, O'Reilly, and Wade 1994;Wade, O'Reilly, and Chandratat 1990),CEO 持股(Allen 1981;Finkelstein and Hambrick 1989;Lambert, Larcker, and Weigelt 1993;Barkema and Pennings 1998),CEO 家族持股(Allen 1981;Finkelstein and Hambrick 1989),外部人士持股(Finkelstein and Hambrick 1989;Gomez-Mejia, Tosi, and Hinkin 1987;Hambrick and Finkelstein 1995;Lambert, Larcker, and Weigelt 1993;McEachern 1975),以及调查措施(Tosi and Gomez-Mejia 1989)。

对这项工作的回顾表明,尽管已经使用了不同的权力衡量标准,但衡量标准和结构之间的关系还没有得到充分体现。虽然可以为所使用的全部测量方法编造一个合理的情况,但确实没有理论依据说明一种方法比其他方法更优。在某些情况下,人们甚至可以质疑测量方法的合理性。例如,就像我们前面所讨论的那样,任期可以作为权力或者人力资本的衡量标准。虽然 CEO 的股权可以增大其权力,但一些研究者认为股权与个人利益相一致(Jensen and Murphy 1990a)。

在高管薪酬研究中,需要有一个更宽泛的权力概念。权力是一个多维的复杂概念(Finkelstein 1992;March 1966;Pfeffer 1981a),这样带来的结果就是,如果没有一个明确的董事会-CEO 权力理论作为基础,使用不同的权力衡量标准的研究结果可能会不稳定。这样一个模型需要:①以理论为基础,构建董事-CEO 权力的概念;②利用该理论弄清权力结构的合适维度;③创建一种囊括了董事-CEO 权力各个维度的测量方法。虽然 Finkelstein(1992)的模型可以作为这个过程的一部分,但它是基于 CEO 相对于高管团队其他成员(而不是相对于董事会)的相对权力的。这个问题类似于我们在第九章中对董事会警惕性的讨论。正如我们在那一章中所说的,CEO 和董事会之间的权力分配是代理理论的核心,因此,在了解薪酬设置过程中具有核心意义。总而言之,关于董事会和高管薪酬的研究需要一种新的方法来衡量权力,尽管在过去的 15 年中对这些主题做了大量的研究,但这仍然是这些领域研究的核心挑战。[①]

五、事业部总经理的薪酬:决定因素和结果

到目前为止,我们主要关注的是企业高管薪酬的决定因素。然而,正如我们在本章开始时所指出的那样,对事业部总经理(GM)的薪酬研究还有一个相关的方向,现在我们将注意力转向那里。对这项研究所做的回顾表明,该研究方向还远远不够。大部分研究都集中在企业战略对事业部 GM 薪酬的影响上(Berg 1973;Hoskisson and Hitt 1994;Lorsch and Allen 1973;Merchant 1989;Salter 1973),一些概念和经验支持这个观点:相比多元化程度低的企业,在高度多元化的企业中,由于战略上的相互依赖性不强,GM 的奖励机制倾向于强调以绩效为基础的薪酬、客观标准和相对较高的激励性薪酬(Kerr 1985;Napier and Smith 1987;Pitts 1974)。其潜在逻辑是,薪酬制度必须符合战略情境以确保有适当的管理动机和绩效(Hambrick and Snow 1989)。

在此,我们重点讨论了与事业部 GM 薪酬相关的一些悬而未决的问题。在大多数情况下,多种理论视角并没有被用于研究事业部 GM 的薪酬,大多数研究仅仅关注了 GM 薪酬的决定因素。因此,我们要解决关于事业部 GM 薪酬的三个基本问题:①事业部 GM 薪酬有什么不同?②GM 薪酬的决定因素是什么?③GM 薪酬的效应如何?

[①] 在有关高管薪酬的探讨中,可能会出现另一股更新的政治力量,这值得关注和研究。越来越多的股东正在起草限制薪酬、要求更多披露或减少额外待遇以及迫使董事会控制薪酬合同的决议。他们依靠网站、博客、媒体和其他压力点来控制高管薪酬。这些努力对公司治理(它们通常绕过董事会)和薪酬的影响尚未被充分理解,但可能会为研究人员提供一个考虑这些问题的新视角。

1. GM 薪酬与 CEO 薪酬

事业部 GM 薪酬与 CEO 薪酬在管理方面有一些区别。首先,事业部 GM 通常比 CEO 受到更大的约束,因为他们属于中层管理人员,在薪酬设置方面的直接影响力较小。然而,忽视权力在事业部 GM 薪酬中的作用是不正确的,因为事业部 GM 获得的薪酬水平可能会受到高管对其上进心的看法的影响。其次,CEO 薪酬通常是由董事会正式确定的,而事业部 GM 的薪酬是基于内部评估。未来的研究可以在这一观察的基础上对企业内部的代理关系进行建模,CEO 作为委托人,而事业部 GM 作为代理人(比如,Galbraith and Merrill 1991)。再次,薪酬对 CEO 的激励作用可能弱于对事业部 GM 的激励作用,因为 CEO 通常拥有更多的财富,并且很可能被其他因素所激励,例如权力和声望(Fisher and Govindarajan 1992)。因此,事业部 GM 对财务激励的反应可能比 CEO 更强烈。最后,对于研究者来说,衡量事业部 GM 的管理绩效甚至比衡量 CEO 的绩效更加困难。虽然人们对什么样的衡量方式更合适存在争议(Antle and Smith 1986),但外部观察者通常可以通过几种方式来衡量 CEO 的绩效,包括股东收益。[1] 相比之下,用公认可行的衡量方式来获得事业部的绩效(无论是会计上的还是市场化的)非常困难(Fisher and Govindarajan 1992)。

2. GM 薪酬的决定因素

尽管前面引用的关于部门奖励制度的决定因素的研究已经提供了大量信息,但对 GM 薪酬实际水平的决定因素的研究却很少。然而,在一项依靠薪酬顾问收集的数据进行的研究中,Fisher 和 Govindarajan 检验了一个事业部 GM 薪酬的模型。他们的模型将关于 CEO 薪酬的研究结果(Finkelstein and Hambrick 1988;O'Reilly, Main, and Crystal 1988)运用到利润中心经理的研究中,发现企业规模、利润中心规模、企业绩效和 GM 的人力资本等变量是重要的预测因素。他们也承认,由于测量上的困难,其无法检验事业部营利能力与事业部 GM 薪酬之间的关联。虽然这项研究提供了很多信息,但它仍然引发了一个问题:如果事业部 GM 的工作与 CEO 的工作不同,我们是否能建立一个不依赖于 CEO 薪酬模

---

[1] 然而,我们要指出的是,在援引股权理论解释薪酬的研究中,相较于依赖某些更精确的 CEO 绩效指标,想要通过企业绩效来衡量会更困难。

型的事业部 GM 薪酬模型？事实上，Fisher 和 Govindarajan 指出，"CEO 薪酬的研究结果不能直接运用于事业部层面"（1992，205）。

CEO 薪酬可能是 GM 薪酬的一个重要驱动因素。正如我们前面所讨论的，Graffin、Wade、Porac 和 McNamee（2007）的研究发现，地位高的 CEO 会与下属分享财富。进一步地，我们将在下一章中提到，CEO 多付薪酬和少付薪酬的模式容易顺着等级制度向下逐级关联到其他高管（Wade，O'Reilly，and Pollock 2006）。更广泛地说，在下一章中我们将回顾的有关薪酬差异的其他研究也可能对 GM 薪酬有影响。

不同的环境和背景对 GM 薪酬的设置也有影响。例如，Hambrick 和 Cannella（1993）描述了在实施并购后的企业中人们如何对待留用的管理者，以及留用他们的意义。这一解释可以很容易地延伸到留用 GM 的薪酬上。此外，有些被留用的高管是其公司的创始人①，这似乎对他们的薪酬也有重要影响。

如果认识到总公司和子公司之间的关系类似于公司总部和事业部之间的关系，那么对于外国子公司薪酬的研究也是有意义的。我们尤其关注可能在 GM 薪酬方面为我们提供见解的研究。Roth 和 O'Donnell（1996）认为，有三个因素对总公司-子公司关系中的潜在代理成本至关重要：文化差异、子公司的角色、总公司对子公司的心理依附（也可参见 Golden and Ma 2003；Yu and Cannella 2007）。文化差异直接增加了代理成本，并且呼吁采取激励措施来纠正这一问题。研究者通过"子公司的角色"对全球战略和跨国战略进行了对比。在全球战略下，总公司占主导地位，而在跨国战略（横向集中）中则相反。因此，在跨国战略下，决策很难实现程序化而且监管起来非常困难。心理依附是指总公司对子公司的承诺。他们从这些观点出发，研究了外国子公司薪酬战略的四个组成部分：①总公司高管层薪酬组合；②市场定位；③子公司薪酬组合（针对整个子公司，而不仅仅是领导者）；④调整标准（绩效标准）。

Roth 和 O'Donnell（1996）认为文化差异及横向集中将与激励正相关，而母公司承诺将与激励负相关（因为母公司给的承诺越多，就会有越多的社会化来校

---

① 更广泛地说，一家企业的生命周期阶段可能不仅是 GM 薪酬的重要指标，也是 CEO 和其他高管薪酬的重要指标。举一个例子，Wasserman（2006）发现，在其 528 家私营科技公司样本中，创始人的平均收入比非创始人少 2.5 万美元［在本章前面的部分，我们注意到 Gomez-Mejia 及其合作者（2003）报告了家族 CEO 与非家族 CEO 的相同模式］，而且这种"创始人折扣"随着公司规模的扩大而降低。组织生命周期在高管薪酬设置中的潜在重要作用仍然是一个值得研究且有趣的问题。

准激励机制）。在薪酬水平方面，他们认为文化差异、横向集中和心理承诺都会提高子公司经理的薪酬。最后，在薪酬组合方面，文化差异和横向集中与子公司经理薪酬中激励性薪酬所占的比重正相关，而心理承诺将与激励性薪酬所占的比重负相关。

他们指出，激励背后的动机是降低监督成本，并预测文化差异和横向集中都会提高区域及企业绩效被用作激励的程度，而心理承诺则会产生相反的效果。最后，他们认为激励的一致性将与感知到的子公司的效能正相关。

Roth 和 O'Donnell（1996）收集了科学测量仪器以及外科和医疗仪器行业的数据，调查了 73 家母公司的 100 家子公司。他们的证据表明：①高管激励性薪酬所占的比重随着横向集中程度的提高和心理承诺的增加而提高；②薪酬水平（与竞争者相比）随着横向集中（跨国战略）程度的提高而提高；③激励性薪酬所占的比重随着文化差异的增大而提高；④较低的心理承诺会使区域和企业绩效标准的权重提高；⑤当子公司经理的薪酬设置与总公司的激励相一致时，子公司经理对薪酬战略可感知到的有效性提高。未来的研究可能会将这些发现扩展到 GM 薪酬的其他领域。

3. GM 薪酬效应

在我们讨论 CEO 薪酬时出现的许多问题也可能与事业部 GM 有关。例如，管理者们相互之间会比较其薪酬吗？这是否会影响到他们留在组织中的动机？答案并不明显，因为事业部 GM 的薪酬很少公开，而且组织往往有薪酬保密的行业规范。除此之外，大部分事业部 GM 薪酬方面的研究都采用了权变框架，这意味着结果与战略激励系统可能一致也可能不一致（Balkin and Gomez-Mejia 1990；Fisher and Govindarajan 1992；Galbraith and Kazanjian 1986；Govindarajan and Fisher 1990；Kerr 1975；Napier and Smith 1987）。然而，这一假设还未进行实证检验。但是我们可以预计，在所有条件相同的情况下，企业多元化与事业部 GM 基于绩效的薪酬之间的一致性程度越高，企业绩效就越高。① 此外，企业是采用战略控制还是财务控制制度（比如，Hill, Hitt, and Hoskisson 1992）似乎对 GM 的薪酬有重要影响，因为财务控制可能会使 GM 的薪酬与子公司的绩效产生更紧密的关系，而在战略控制下，薪酬会更复杂并且取决于子公司之间的相互关系甚

---

① 这一假设类似于 Michel 和 Hambrick（1992）对多元化和高管团队特征相互作用的绩效影响的研究。

至企业的整体绩效。

命题 10-16：企业越多元化，与绩效挂钩的薪酬与企业绩效之间的关系就越紧密。

Hambrick 和 Snow(1989)也提出了一些区分新任 GM 和资深 GM 的方法，他们认为每个群体都有自己的需求、欲望和价值观，因此会对不同的奖励制度做出不同的反应。新任 GM "年龄在 35 岁到 50 岁之间，在该企业的任期通常不到 10 年，并且与经验丰富的同行相比，他们往往管理着规模更小、级别更低的部门"（Hambrick and Snow 1989, 350）。资深 GM 比较年长，在企业的任期较长，且"已经在很大程度上获得了其年轻同行所追求的权力和责任地位"（Hambrick and Snow 1989, 350）。如表 10.4 所示，两者的区别扩展到了激励类型和数量、支付标准以及激励管理等方面。例如，资深 GM 倾向于现金和递延薪酬的组合，而新任 GM 则倾向于现金薪酬。这一逻辑的含义是，企业的绩效部分取决于激励机制和 GM 特点的结合程度。在表 10.4 中，每个单元格都代表着需要进行实证检验的关于事业部 GM 薪酬的假设。因此，如果新任 GM 和资深 GM 都能按照表 10.4 中所描述的激励类型、支付标准和激励管理获得奖励，那么企业的绩效就会提高。

表 10.4　不同管理情境下的激励机制

	激励类型和数量	支付标准	激励管理
新任 GM	晋升和提高的重要性，强调现金、可靠的基本工资、高激励杠杆和障碍	强调单元表现，依据的是定量的、客观的指标	明确清晰的激励机制
资深 GM	特权的授予以及对其重要性的认可，现金和递延股票相混合的薪酬，具有竞争力的平均基本工资、适度的激励杠杆和较小的障碍	同时强调所在战略单元和企业的绩效，同时强调定量和定性的指标	有些含蓄、灵活和模糊的激励机制

六、结　论

无数研究都在试图解释薪酬和绩效之间的关系，但都没有得出结论。事实上，在代理理论中，最令人困惑的问题之一就是为什么薪酬和绩效之间的关系并不稳固(Jensen and Murphy 1990b)。我们对社会和政治因素的研究表明,薪酬和绩效之间的关联性不强的一个主要原因是,委托-代理框架中的"代理人"并不一定是完全"理性"的、风险规避的、自利的,而是一个具有复杂的且无法言说的动机和利益的个体。再加上"委托人"监管的警惕性下降(如第九章所述),我们就不难看出为什么薪酬和绩效之间的关系并不是简单明了的了。

这些观点的含义都是基础性的:①绩效和薪酬之间并不总相关;②绩效和薪酬之间的关系是由偶然性因素所驱动的,取决于对以下因素的评估:委托人(董事会成员)的有效性、代理人(经理)对不同类型和数量的薪酬的偏好、替代性监管手段的存在、企业风险以及高管工作的性质和不同环境下的自主权。我们需要关注社会、政治以及经济因素,不仅要对薪酬有更全面的了解,而且要开始摆脱薪酬与绩效关系这样的基本困境。

总之,虽然对高管薪酬决定因素的研究在几个不同的学科中具有悠久的历史,但最终最重要的还是发展适当的概念逻辑,使之具有解释力和说服力。这意味着对薪酬的研究将会超出经济学、社会学和政治学解释的逻辑而打开对其理解的新世界的大门。

我们回顾本章时可以发现,对高管薪酬决定因素的研究仅仅是一部分的内容。薪酬对个人和组织都会产生影响。此外,组织是一个社会有机体,而且一个高管的周围还会有企业中的其他高管。这些简单的想法引出了薪酬的另一个研究领域——薪酬的效应和高管团队薪酬模式的特性。在下一章中,我们将对这些问题进行讨论。

第十一章
高管薪酬:效应与分配

在上一章中,通过运用表 10.1 的结构框架,我们研究了个体层面高管薪酬的决定因素。在本章中,我们将转向一项正迅速发展的研究——高管团队内薪酬效应和薪酬分配的解释及其意义。近年来,这一课题引起了学者们极大的研究兴趣,尤其是理论学家通过引入行为维度的研究拓展了代理理论的概念和内涵,实证研究学者也越来越善于将社会与政治视角同经济视角相结合来开展研究。本章主要分为两部分:第一部分为高管薪酬的效应,第二部分则为高管团队中的薪酬分配问题。

一、高管薪酬的效应

高管薪酬之所以引发了很多人的强烈关注,不仅是因为我们对 CEO 和其他高管所获得的巨额收入感兴趣,还因为高管基于其工作绩效所获得的薪酬可能会对高管本人、高管团队、组织及其利益相关者都产生很大的影响。尽管高管薪酬效应的研究在广泛性和历时长久性上比不上高管薪酬决定因素的相关研究,但在一定程度上,高管薪酬效应对于研究组织战略的学者而言却更为重要。事实上,高管薪酬可能会对企业绩效、战略决策、战略实施过程、管理动机、人员流动及员工行为产生潜在的影响。我们将在下面的章节中从经济、社会和政治视角重新回顾现有的研究并提出新的研究方向。

1. 高管薪酬效应的经济学解释

代理理论的学者在研究不同薪酬制度的效应问题上已长期处于领先地位。这并不令人感到惊讶,因为规范性代理理论的一个主要焦点是指定产生预期结果的最佳激励合同(例如,最小化管理卸责,诱导高努力程度与高绩效,避免利益侵占)(Harris and Raviv,1979;Holmström,1987;Holmstrom and Milgrom,1990;Ross,1973)。事实上,代理理论的一个基本假设是,制定薪酬契约可以激励高管努力实现企业绩效最大化,从而使管理者的利益与股东的利益相一致(Alchian and Demsetz 1972;Fama and Jensen 1983;Raviv 1985;Barkema and Gomez-Mejia 1998)。

根据以上思路,实证研究转向论证 LTIP[①](最常见的形式为奖金和股票期权计划)的作用,即提高高管的风险承受能力并延长投资期。同时,在假设 CEO 与股东利益相一致的前提条件下,LTIP 契约还能提升企业绩效,因为它会促使风险规避型的 CEO 转向具有吸引力但风险较大的商机(Lambert 1986)。在这方面,Larcker(1984)调查研究了奖金计划对银行酌量性支出的影响,他发现,相比在没有奖金的银行里工作的经理,在实施奖金计划的银行里工作的经理的非货币性支出(如办公支出、家具支出和员工薪酬支出)会更少。类似地,Lambert 和 Larcker(1985)发现,采用股票期权计划会提高浮动股本回报(其依据是经理人更倾向于进行具有更长投资期并且能够创造股东财富的风险投资)。最近,Wright、Kroll、Krug 和 Pettus(2007)开拓了一个与之前研究有所不同的新方向,研究了薪酬和股票激励(以及股票期权)在会计与市场收益(风险测量)上的标准误差的影响。虽然他们找到了对这些假设的有力支持,但是把收益波动率作为因变量[就像 Lambert and Larcker(1985)的研究一样]比依靠有风险的实际战略行动更容易产生测量误差。

上述观点让我们联想到了 Larcker(1983)的研究。在一篇被广泛引用的文

[①] 企业也可能使用非激励性现金补偿来促进期望的战略行为(Ramanan,Simon and Harris 1993)。例如,Kanter(1977)和 Rosen(1986)的理论工作以及 Cannella 和 Shen(2001)的实证工作都表明,对于 CEO 级别以下的高管来说,晋升欲望是一个非常重要的激励因素。

献中,他指出,长期绩效(考核)计划的采用与资本支出的增加有关(但一般只是在采用后的平均一年内)[①],由此产生的结果会与股东利益相一致。根据代理理论学者(Hoskisson and Hitt 1988)的观点,资本性支出的增加往往会带来一些风险,与其他的一些投资项目相比,其投资回收期将更长,而且被认为是符合股东利益的。在三项研究中,研发支出被认为对股东财富有长期的积极影响(Baysinger and Hoskisson 1990),Rappaport(1978)指出研发支出与长期或有支出正相关,而 Waegelein(1983)以及 Hoskisson、Hitt 和 Hill(1993)则发现,研发支出与短期奖金计划的采用和部门财务激励之间负相关。最后,Schotter 和 Weigelt(1992)通过对大学生样本进行实验,发现奖金计划会促使实验对象做出更长远的决策。然而,除了实验室研究(具有明显的外部有效性问题),在这些研究中管理行为的替代假设也不容忽视(Lambert and Larcker 1987)。

关于激励性薪酬和风险的另一种观点。虽然这一领域的典型研究是考察激励对战略导向型管理行为(研发支出)的影响,但 O'Connor、Priem 和 Coombs(2006)还是选择将虚假财务报告作为其因变量。我们可以把该问题视为管理者需要承受太多风险的一个实例。然而有趣的是,他们并没有论证股票期权提高了管理者的风险承担(本节讨论的代理理论中的经典假设)。相反,期权被认为有助于协调股东和管理者之间的利益,从而减少欺诈性财务报告的出现。在一项把130家企业成对匹配设计的研究中,他们发现了支持这一假设的相关证据。[②] 此外,他们还报告了二者之间的一种复杂的相互作用关系,当满足以下条件时,股票期权确实会增大虚假财务报告出现的可能性:①CEO 同时也是董事会主席,而董事会本身并没有获得股票期权;②CEO 不是董事会主席,但董事会有股票期权。虽然对于这些异常结果可能存在各种解释,但我们仅需要强调两点:第一,不同监管机制的互补性是一个仍在研究中的问题;第二,股票期权的影响取决于其他监管机制的观点表明,除了那些惯用的经典模型,我们还应该提倡运用更多的复杂模型。

对激励措施的效果进行更有力的检验,将考察以下命题:"一个能够改善委托-代理问题的激励机制,能更大限度地激励高管采取措施实现利润最大化,从

---

① Finkelstein 和 Hambrick 认为,这种短期影响可能是"霍桑效应"的证据,而且"需要源源不断的新的激励方案来激发管理行为"(1988,552)。

② 这一结果与 Deckop、Merriman 和 Gupta(2006)的研究结果类似,他们发现 CEO 长期薪酬与企业社会责任正相关(短期薪酬表现为负相关)。

而增加利润"(Leonard 1990)。然而,这一命题的研究仍存在许多问题,包括利润和薪酬之间作用方向的模糊性,以及高管通过协调或有薪酬奖励的支付与预期的高绩效之间的关系从而进行操纵的可能性。① 因此,在少数探索高管薪酬与企业股本回报率之间的关系的实证研究中,Leonard(1990)提出了一种模糊的U形关系:在其研究样本中,最成功企业和最不成功企业的高管薪酬最高。② Leonard承认这一结果与薪酬是一种激励手段的假设并不一致,并推测在低绩效的企业中,薪酬较高的原因是"不景气的企业可能需要通过薪酬差异化来吸引并留住优秀的管理者"(Leonard 1990,23-S)。该研究结果也进一步指出,在高管和绩效之间建立任何直接的、非中介的、非调节的关系都是很有难度的,正如我们在第四章中所强调的那样。运作良好的激励机制可能会引发一些特定的管理行为,但这些管理行为能否有效转换为企业绩效则取决于许多中介机制。

一些研究者指出方向随意性问题能够通过采用事件研究法得以解决(Lambert and Larcker 1987),但这一主张的实证证据并不明晰。Tehranian和Waegelein(1985)在研究奖金问题,Larcker(1983)以及Brickley、Bhagat和Lease(1985)在研究长期薪酬问题时,都提出薪酬计划的采用会带来超额利润,但Gaver、Gaver和Battistel(1992)并未在采用绩效计划的企业样本中发现任何有力证据。为了试图使这些研究结果协调一致,Gaver、Gaver和Battistel(1992)的研究指出了三个不同之处:①早期的一些研究依赖于小样本(Larcker研究了21家企业,Tehranian和Waegelein研究了42家企业);②由于有关薪酬计划的信息的获取时间不同,因此可能难以确定准确的事件日期(如美国证券交易委员会盖章日期、董事会会议召开日期以及代理声明日期);③似乎存在一种普遍的"年会效应",该效应与超额收益紧密相关,同时又独立于会议内容之外(Brickley 1986)。

最近的一项研究提出不同的观点,将提供激励的绩效情境作为决定因素之一,并将激励效应本身作为中介因素纳入研究范围之内。Carpenter(2000)检验了CEO的薪酬变化与战略变化相关这一观点。他提出薪酬的变化的确会带来战略的相应改变(衡量标准是对行业规范的偏离),但仅仅是在企业绩效较低的前提下。当企业绩效较高时,高管会表现出高度的战略持久性。这项研究(涉

---

① 大量企业回溯股票期权授予是此类行为最新也是最引人注目的例子。
② Balkin、Markman和Gomez-Mejia(2000)也得出了激励性薪酬与未来绩效无关的结论。

及 1991—1998 年间的 314 家标准普尔 500 强企业)支持下面的假设:提高长期薪酬和改善薪酬结构(固定薪酬和激励薪酬的组合)会对战略变化产生积极影响。此外,Carpenter(2000)报告称,在绩效表现前 35% 的样本企业中,这一关系会由正相关变为负相关,表明在高绩效企业中,更高的薪酬并不会引起更大的战略变化。

在评价上述研究时,以下几个观点具有较高的参考价值。第一,除了 Gaver、Gaver 和 Battistel(1992)提出的观点,激励薪酬计划和超额市场收益之间的关系通常还有两种替代性解释:①采用薪酬计划可能是为了最大限度地减少企业及其管理者的联合纳税义务(Hite and Long,1982);②当高管预期未来有较强的营利能力时可采用薪酬计划(Jensen and Zimmerman,1985)。[①] 后者可以进一步解释为什么企业在实施了股票期权计划后仍然采用绩效计划,因为一个额外且类似的长期薪酬计划产生的边际激励可能是不明晰的(Gaver, Gaver, and Battistel 1992)。

第二,到目前为止,几乎所有的大型企业都在使用长期薪酬体系(Leonard 1990;Sloan 1991),但很少有人能理直气壮地说委托-代理问题已经有所改善。因此,虽然有一些证据表明激励薪酬会引发 CEO 的积极行为,但关于薪酬合同是否能够有效地协调股东和管理者的利益这一点还很不明确。事实上,Holmström(1987)提醒我们,在现代企业中,管理者和股东之间不可能实现真正的激励一致。换言之,目前还没有能够使股东与管理者利益偏好一致的公司治理结构组合。

从哲学层面上说,这是完全正确的——这可能就是 Holmström(1987)的观点,从实际层面来看也是如此。例如,有证据表明,很大一部分被行使的期权将会被迅速转换为现金,而不是以管理者持股的形式保留下来(Ofek and Yermack 2000; McGuire and Matta 2003)。这种行为不仅使激励效应的发展迅速终止,同时也反映了管理者规避风险的倾向。在 Westphal 和 Zajac(1994;1998)的研究中,我们进一步发现,至少有一些 CEO 的激励薪酬制度是出于象征性的原因而不是实质性的原因。

第三,关于薪酬能否真正激励高管这一点是值得怀疑的。我们已经注意到了高管动机的复杂性,而关于高管的工作绩效会随薪酬增加而提高这一假设

[①] 毫不夸张地说,这就是那些提前授予高管股票期权的企业所发生的事情。

(Barkema 1993；Finkelstein and Hambrick 1988)实际上未免过于简单。因此,当代理理论学者假定薪酬激励与管理者行为价值的最大化存在直接关联时,他们实际上是基于对高管动机的简单设想(Fama and Jensen 1983；Holmström 1979)。我们认为这种假设显然并不正确,它导致人们对激励机制为什么并不总是产生预期的结果(或者企业的绩效为什么无法解释薪酬水平的相关变量)这一问题产生了困惑(Baker, Jensen, and Murphy 1988；Lawler 1971)。

在为数不多的试图探究高管动机的研究中,Donaldson 和 Lorsch 采访了 12 家大型企业的高管。他们得出的主要结论之一为:"与传统观点和大多数经济理论相反……财务奖励并不能激励高管"(Donaldson and Lorsch 1983,20)。相反,超越同行业竞争对手的愿望才是激励高管的真正原因。他们对高管动机的描述使人们对代理理论中关于薪酬契约的激励效应的隐含假设产生了怀疑,并认为基于社会和政治因素的另一种观点可能是有效的。这一观点也与 Chester Barnard 大约七十年前提出的观点相符,即"金钱奖励差异的真正价值在于假定由此所带来的认可程度或差异程度"(Barnard 1938)。

与其说高管薪酬具有普遍的激励效应,不如说是某些情况提高了高管薪酬激励效应的显著性。前面提及的 Carpenter(2000)的研究结果表明,较低的企业绩效在激励薪酬和战略变化的关系中扮演着助推器的角色。其他的调节因素还包括 CEO 任期较短(CEO 对变革更开放)、管理自主权较大(CEO 有做出改变的决策自主权),以及竞争强度较大(CEO 处于动态环境中)等。然而,在每一种情况下,实证分析都必须考虑到激励薪酬的解释变量在战略变化中的调节作用,而不是仅仅考虑主要效应。以下是三个说明性的命题。[①]

命题 11-1:CEO 的任期越短,激励薪酬与战略变化之间的正相关关系就越显著。

命题 11-2:在较高自主权的情况下,激励薪酬与战略变化的正相关关系比在低自主权情况下更显著。

命题 11-3:企业的竞争强度越大,激励薪酬与战略变革之间的正相关关系就越显著。

与第四章所回顾的关于薪酬的一些研究类似,薪酬计划与企业战略之间存

---

① 前一章中关于业务单元 GM 薪酬的讨论也可能是相关的。特别是,Hambrick 和 Snow(1989)的匹配度处方背后的理念与本章提出的匹配度理念非常一致。

在一个更广泛的问题,即薪酬设置与企业战略(或者其他一些关键的权变因素)相匹配时,企业的绩效会更高。Gomez-Mejia(1992)认为,薪酬战略应该与多元化战略相匹配,当二者相匹配时,企业绩效会更高。不仅如此,他还描述了企业中两种主要的薪酬模式——算法型薪酬模式与经验型薪酬模式。算法型薪酬模式更加注重工作评价程序、资历、最短学习时间、内部公平与层次级别。经验型薪酬模式则更加灵活,适应性更强,其中个人能力、人格特质、工作绩效(而非任期)、风险分担和市场敏感度都是很重要的。多年前,Berg(1969;1973)曾提出,经验型薪酬模式在企业集团中占据更重要的地位。而 Lorsch 和 Allen(1973)则认为,算法型薪酬模式在垂直一体化的企业中的应用更为普遍。Gomez-Mejia(1992)也曾预测,单一业务企业将倾向于采用经验型薪酬模式,这很大程度上是因为它们更加企业化;而算法型薪酬模式有利于直接控制和监管,从而能够降低相关多元化设置中的交易成本。在企业业务部门中,资本的专用性越强,经验型薪酬模式就越适用。他的证据也支持了这样的预测,即在单一业务企业中,经验型薪酬模式与企业绩效正相关(但并不适用于综合型企业),而在重点产品企业和相关产品企业中,算法型薪酬模式与企业绩效正相关。

Gomez-Mejia(1992)还研究了薪酬策略与多元化进程(内部增长或并购式增长)之间的关系,研究结果显示,算法型薪酬模式与稳定型(内部增长)企业的绩效正相关,而经验型薪酬模式与扩张型(并购式增长)企业的绩效正相关。总的来说,他得出结论,企业绩效会部分反映薪酬策略与企业战略的强化或匹配程度。我们对以上结论进行了总结和一定的拓展,可以得出如下命题。

命题 11-4:薪酬策略与企业战略之间的匹配度越高,企业绩效就越高。

命题 11-5:薪酬策略与企业生命周期的匹配度越高,企业绩效就越高。

命题 11-6:薪酬策略与企业环境应急能力的匹配度越高,企业绩效就越高。

第四,高管薪酬设置会引发预期和非预期的结果(从委托人的角度来看)。这些意料之外的结果可能会包括认知塑造行为,March(1984)称之为"会计管理和信誉管理"。CEO 可能会选择操控测量其工作绩效的工具,而不是通过调整战略行为来应对激励问题(如代理理论学者的主张)。例如,Healey(1985)发现,经理们会通过操纵记账的方式来提升其奖金的价值。类似地,CEO 可能会通过运用印象管理技巧来给媒体留下好印象,以获得媒体赞誉,或者通过延长自己的工作时间来显示自己对工作的忠诚,最终试图推动董事会对其行为的理解与感知(Finkelstein and Hambrick 1988;Walsh and Seward 1990)。这些对激励机制的反应，其净效果可能远不及，甚至完全有悖于代理理论学者的设想。

最后，大多数关于薪酬的研究都是采用推理的方法，而不是直接考察董事会对薪酬制定过程的实际监管程度。然而，有一项研究则通过询问某企业最高级别的薪酬管理者来评估董事会对高管薪酬的监管程度，"对CEO薪酬制定过程的监管程度与企业绩效正相关，但监管程度越高，对企业绩效的影响就越小"（Tosi and Gomez-Mejia 1994，1009）。这个提倡减少监管手段的采用的结论与之前学者们提出的假设一致——当企业绩效已经很高时，高管对绩效的影响必然是有限的（Holmström 1979），监管程度过高可能会导致CEO在做出战略决策时过于谨慎（Baysinger and Hoskisson 1990）。尽管存在关于监管主观评估的可靠性问题，这项研究还是为其进入监管过程的"黑匣子"提供了希望。

总的来说，在高管薪酬效应的研究问题上，传统的经济学预测与实证研究结果之间存在很大的差异（也可参见 Devers，Cannella，Reilly，and Yoder 2007）。此外，在解释此项研究结果的过程中又出现了相当多的问题。这些问题的出现很大程度上是由于对管理者动机的假设过于简单。下面的章节将着重讨论其他理论概念的研究，我们首先要探讨的是行为代理理论。

2. 行为代理理论

Wiseman 和 Gomez-Mejia（1998）对管理者承担风险的行为代理模型，尤其是高管薪酬的部分进行了详细的讨论。本节中的讨论很大程度上借鉴了他们的成果。接下来我们将详细阐述行为代理方法对传统代理理论描述的风险提出的四个关键挑战：第一，相对于行为代理理论，传统代理理论把任何非"风险厌恶"的行为都视作特殊情况或无趣的，且对风险概念的研究并不深入。与此同时，行为学方面的文献中充满了对风险承担行为的研究，这些研究以对实际决策行为的观察为基础，产生了一种异于代理理论的新观点（Kahneman and Tversky 1979；March and Shapira 1987）。第二，代理理论假定风险偏好是稳定的，而行为理论则强调风险感知（也即风险承担行为）主要取决于环境。第三，尽管代理理论已有大量的研究，但治理结构和代理风险选择之间的确切关系仍然不清楚。如果不考虑环境因素，就不可能有一个准确的理解。第四，大多数代理理论对风险的处理都是线性和递归的，而行为决策理论描述了绩效和风险选择之间更为复杂的关系，包括当前财富和先前成功的风险选择等因素的作用。

行为代理理论认为，风险承担行为会随着问题的形成过程而变化（与代理论中风险偏好稳定的描述相反)。在行为决策理论中,管理者将问题与一些参照点进行比较,并感知("框定")结果相对参照点而言的得失(Kahneman and Tversky 1979;March and Shapira 1987)。代理理论认为风险厌恶是制定决策的激励因素,而行为理论认为损失厌恶是一种激励因素。事实上,有大量证据支持行为决策理论的观点,即管理者会冒更大的风险来避免损失而不是获取收益(Gomez-Mejia et al. 2006)。此外,代理理论认为风险承受会加剧风险厌恶,但行为代理理论则认为风险承受能够部分调节问题形成过程对风险承担的影响(Sitkin and Pablo 1992;Sitkin and Weingart 1995)。换句话说,如果高管财富受到企业绩效的影响,那么高管在获得收益的情况下会认为个人财富面临更大的风险,而在蒙受损失的情况下则会认为风险较小。由此可以预测,积极的结构问题将会提高管理者所感知到的风险承受程度,而风险承受又会对风险承担产生消极影响。

决策内容的另一个重要方面是绩效历史。代理理论假设,过去的收益和损失已成为历史,即已"沉没",因此与当前的决策无关(Lambert 1986)。由于前景理论强调参照点和框架,并认为过去的绩效对现今的风险感知起到至关重要的作用(Bromiley 1991;Thaler 1980)[例如 Wiseman 和 Gomez-Mejia(1998)预测,提高企业当前的绩效将会提高代理人对企业未来绩效的预期],因此会降低高管将决策情况视为一种预期收益的可能性。

在评估激励机制的调整对风险承担行为的影响时,有以下四个问题需要考虑:①基本薪酬与激励薪酬的分配比例;②激励薪酬的设计;③设置奖励性薪酬的绩效目标;④绩效评估方法的选择(也可参见 Gomez-Mejia 1994)。虽然代理理论强调了激励和风险承受的相对重要性,但未达成绩效目标对就业风险的不利影响也很重要(Holmström 1987)。行为代理理论认为,高管们对基本薪酬和或有薪酬的感知各不相同。或有薪酬(contingent pay)的不确定性更高,所以基本薪酬被高管们视为一种年金或储蓄保险(参见 Larraza-Kintana, Wiseman, Gomez-Mejia, and Welbourne 2007)。因此,如果薪酬的变化是为了改变决策的参照点,那么当它涉及基本薪酬的变化时,该做法才更可行。高管们认为未来基本薪酬的风险是巨大的威胁,但或有薪酬方面的损失在他们看来并不那么严重。行为理论会认为高管们更偏向于损失厌恶而非风险厌恶,我们由此可以推断出代理人对损失更加敏感,而对不确定因素更为淡漠。因此,薪酬风险主要是通过对基本薪酬的感知风险来影响行为的(Wiseman and Gomez-Mejia 1998)。此外,风险厌恶和损失厌恶的差别可能会非常大,所以简单地增加或有薪酬并不一定能提高风险承受能力。

为了支持上述观点,Larraza-Kintana、Wiseman、Gomez-Mejia 和 Welbourne(2007)对 IPO 公司进行了实证研究,并发现其所谓的"基本"薪酬的变化与 CEO 的风险承受能力显著正相关,而这种薪酬的下跌风险与 CEO 的风险承受能力负相关。此外,就业风险也与 CEO 的风险承受能力正相关。

在讨论股票期权的设计问题时,Wiseman 和 Gomez-Mejia(1998)提出了"即时捐赠"的概念(Thaler 1980),他们认为股票期权实际上可能会增加风险负担,从而增加风险厌恶[(Larraza-Kintana、Wiseman、Gomez-Mejia 和 Welbourne(2007)发现了支持此观点的相关证据]。这一现象在价内股票期权中表现得尤为明显(参见 Sanders and Hambrick 2006)。如果期权的下跌风险为零,就不会产生风险厌恶。此外,目标的可实现性也是一个关键因素。代理理论并未提及可实现性,行为理论认为高目标会提高风险承受能力,而低目标会降低风险承受能力,其原因在于目标会影响组织架构(Kahneman and Tversky 1979;March 1988;March and Shapira 1987)。

关于绩效的测量方法,Wiseman 和 Gomez-Mejia(1998)对比了基于会计的测量方法和基于市场的测量方法,并讨论了二者之间的动机差异和信息差异。代理理论强调了测量方法的信息属性,并认为任何"噪声"都会提高代理人的风险承受能力(Lambert and Larcker 1987)。一些基于代理理论的讨论同样强调了会计基准测量方法与市场基准测量方法的动机属性(Jensen and Murphy 1990b;Rappaport 1986)。然而,正如前文所提到的,行为理论以损失厌恶取代了风险厌恶。从行为决策理论的角度来看,管理者可能会更加偏好会计基准测量方法,因为会计基准测量方法更易于控制,而委托人的偏好则相反(在这一点上,代理理论与行为决策理论达成一致)。然而,采用会计基准测量方法也可能会加大对实现目标的感知的可能性,由此产生更高的预期绩效水平,从而降低管理者的风险认知。因此,不管是行为理论还是传统的代理理论都能预测到相同的结果,只是原因有所不同。在行为理论中,其影响是通过架构间接产生的。

最后,监管是提高激励一致性的另一种作用机制。监管基本上是事后"解决"行为(Fama 1980),且依赖于行为准则和直接监管(Eisenhardt 1989a)。Wiseman 和 Gomez-Mejia(1998)认为,代理理论中对监管问题的观点混淆了控制(监管)机制与评价标准。管理理论认为,直接监管包括绩效标准的设置与沟通

(Griffin 2006),同时,这些标准将与监管人员的偏好相关联(也可参见 Tosi, Katz, and Gomez-Mejia 1997;Zajac and Westphal 1994)。然而,在行为代理理论中,监管的警惕性很可能会影响目标设置(警惕性越高的监管人员,其设置的绩效目标往往越高),由此将影响管理的参照点,并通过参照点影响管理决策行为。

一些监管方法遵循的是行为评价标准,而不是结果导向标准(Makri, Lane, and Gomez-Mejia 2006)。Wiseman 和 Gomez-Mejia(1998)指出,标准中的任何不明晰都会加重代理人的风险负担并降低其风险承担能力。此外,行为标准也会因一开始的不明确而导致问题增加。最后要谈到的一点是,监管通常是一种集体努力,因此监管人员之间必须达成共识。这也提高了管理人员头脑中的损失风险,特别是对于评估成员变化的组织而言。总的来说,上述所有因素均会增加监管问题的不确定性并减轻管理者实际的风险承担。

很明显,股票期权构成了高管薪酬的很大一部分,也是行为决策理论中通常会应用的薪酬抑制模式。但是,大多数关于股票期权的研究主要强调股票期权计划的采用(薪酬的前因),而忽略了股票期权对管理者、决策制定以及组织产出的影响(薪酬的后果)。此外,既有研究对股票期权的传统处理方式是将其等同于普通股所有权,但行为代理理论提出了一个强有力的理论框架,并阐明了股票期权提供的激励与股权的激励效果究竟有何不同。通过对该问题的深入研究,Sanders(2001)提出股权和期权的性质其实并不相同,因为期权风险是不对称的。换言之,股权和期权虽然都能从股价上涨中获利,但只有股权会导致真实财富的损失。因此,尽管股票和期权都能为风险承担带来激励,但行为代理理论认为股东权益的下跌风险可能会使高管更加厌恶风险。比如在收购过程中,拥有大量股权的高管可能对推进收购项目更加犹豫不决,因为他们可能会面临更大的损失。相反,股票期权持有者常常会因企业收益的方差增加而非企业收益本身的增加而获利。

在遵循上述逻辑思路的前提下,Sanders(2001)认为,股权与收购活动存在负相关关系,而期权持有与收购活动则存在正相关关系。[①] 关于资产剥离问题,股权的影响难以预测,但股票期权很可能会导致资产剥离的再一次发生,因为管理者没有什么可失去的,却有很多可以获得的(也可参见 Tuschke and Sanders 2003)。

同时,该研究还考虑了两个调节性假说。首先,CEO 的任期(假定该任期影

[①] 关于收购的主流代理理论方法,请参考 Wright 及其合作者(2002)以及 Fiss (2006)。

响个体水平的风险厌恶程度)被认为会削弱主效应。其次,企业绩效被认为具有类似的作用。具体来说,由于低绩效会导致消极的决策架构(相对更小幅度的下降),因此更强调良好的发展契机。此外,高绩效会引起高管的损失厌恶反应。所以,Sanders(2001)指出,正如 CEO 任期一样,在资产收购和资产剥离问题上,企业绩效往往会对股票和期权的预期关联起负面调节作用。

Sanders(2001)在 1991—1995 年抽取了标准普尔 500 强企业中的 250 家作为研究样本,并为上述假设找到了重要的支持依据。资产收购的主要影响(期权的积极影响和股票的消极影响)得到了支持。而且,股权与资产剥离负相关,而股票期权则与之正相关。任期和企业绩效对期权(风险寻求)均有调节作用,但对股票(风险规避)而言却不成立。不过,总体而言,该研究十分重要,因为它为股权与期权非对称的风险性质提供了实证依据。

基于 Wiseman 和 Gomez-Mejia(1998)以及 Sanders(2001)建立的行为代理理论,Sanders 和 Hambrick(2007)发展并建立了一个关于股票期权对管理者风险承担影响的稳健模型。虽然代理理论认为,要想获得巨大收益,就需要承担很大的风险,但对于何为"风险",其并未给出清晰的界定,尤其是从管理者的角度。因此,Sanders 和 Hambrick 概述了管理者风险承担的三个关键因素:①经费的支出额度;②潜在结果的极端情况出现的概率;③巨额损失(下跌风险)的可能性。之后,他们又提出相关理论来预测股票期权如何影响战略行为与企业绩效。大量股票期权的给予可能会导致高管寻求更大的风险,甚至会超出股东意愿,因为高管仅仅关注回报而很少在乎损失的大小。

此外,Sanders 和 Hambrick 还认为,股票期权可能会增大赌注的规模并导致企业绩效出现极端情况。他们指出,具有高赔率的大额赌注往往会导致更极端的结果,而这种结果远远超过能以长期投资来解释的程度。他们还假设:高管股票期权与长期投资规模间的相互作用与极端绩效存在正相关关系。

在发展关于风险承担如何影响企业绩效的理论的过程中,Sanders 和 Hambrick 指出,投资者对股票期权计划的反应似乎表明他们希望通过期权实现较高的绩效目标(比如,Seward and Walsh 1996; Zajac and Westphal 1995)。管理者往往过度强调下跌风险,而期权正好能够扭转这一倾向。因此,他们认为,当股票期权在 CEO 薪酬中占很大比重时,企业面临大面积亏损的情况将比大幅度获利的情况更普遍。

Sanders 和 Hambrick 以 1993 年标准普尔 500 强企业中的中小企业为样本,

证明了股票期权往往会导致更大规模的长期投资。此外,他们还指出,高管薪酬中期权所占比重越大,越容易导致企业后续绩效出现极端结果。研究结果显示,正如预期所言,CEO股票期权和股东总收益的关系会被部分调节,但这一关系并不适用于资产回报率。因此,股票期权的确会导致极端绩效,但主要是通过其他方式,而不是通过更高水平的投资来实现的。CEO股票期权与长期投资规模之间的相互作用会与企业极端绩效正相关,但只是对股东收益而言,对资产回报率并无影响。同时,他们还进一步指出,CEO股票期权与高投资费用的组合会导致极端绩效的产生。

最后,Sanders和Hambrick指出,研发、资本性投资和收购在投资回收期上具有较大差异。相比之下,收购无疑能更加快速地获得回报,但对于收购来说,投资的高赔率性质比投资规模的分散性更为重要。在面对极端情况时,代理理论的指导可能并不会有利于股东。因此,股票期权奖励的适度性显得尤为关键。股票持有和期权持有均会导致大量投资,但在极端绩效问题上,它们依然有所不同。

与Sanders和Hambrick(2007)同时发表的另外两篇文献也得出了相似的结论。Zhang及其合作者(2008)对拥有价外期权的高管是否比拥有价内期权的高管更有可能进行盈余操纵这一问题进行了相关研究。与前景理论相符的是,拥有价内期权的高管在承担额外的管理风险时往往损失更大。对于既拥有价外期权又面临高赔率的管理者而言,隐性激励会被逆转。Zhang及其合作者(2008)通过Execucomp数据库中的大量数据对上述观点进行检验,发现了重要的支持依据。有趣的是,他们同时指出了股票所有权会降低盈余操纵的可能性(与股票期权相反)。

在另一项研究中,Harris和Bromiley(2007)利用434家虚假陈述企业和434家控制企业的配对样本,检验了CEO薪酬对会计违规行为的影响。与本章中所讨论的其他观点相一致,他们发现CEO薪酬中股票期权所占的比重与CEO领导的企业中出现会计舞弊行为的可能性成正比。在这项研究中还值得注意的是,Harris和Bromiley并未发现奖金会引发同样的不良动机。由此可见,股票期权代表另一种薪酬这一观点的确更为可信。

因此,Sanders和Hambrick(2007)、Zhang及其合作者(2008)以及Harris和Bromiley(2007)均提供了关于股票期权对高管具有巨大激励效应的证据(但并非总是以他们的董事会所倾向的方式)。他们的发现让我们不禁想起Kerr

(1975)的经典文章——《关于奖励 A 却期待 B 的愚蠢行为》(On the Folly of Rewarding A, While Hoping for B)。该文章非常值得关注,且明确指出研究者盲目接受传统代理理论关于管理者激励的假设会有很大的风险。

关于股票期权的其他研究提出了期权激励在高管股票持有中的长期作用问题。例如,McGuire 和 Matta(2003)研究了 CEO 股票期权的行使如何影响企业所有权结构和后续绩效的相关问题。他们指出,在所有的美国企业中,管理者实际持有的股票期权都是股权的两倍。基于 Sanders(2001)的研究,McGuire 和 Matta 认为行使期权并不是一项常规决策,可能预示着对企业未来绩效的预期。此外,平均每家企业的股权中有 14% 是以期权的形式呈现的(Morgeson 1998)。现有证据表明,当高管行使期权时,所产生的大部分股权会被出售,因此期权行使对企业所有权结构的影响往往很小(比如,Ofek and Yermack 2000)。以 580 家持有股票期权的企业为研究样本,他们发现期权行使往往会增加高管股权(换句话说,并不是所有的期权都会被立刻出售)。然而,股东权益会对期权行使与股权变化之间的关系起到调节作用(股权比例降低时,更多的已行使期权会被保留下来,而不是被出售),同时期权行使会与后续绩效存在较微弱的正相关关系。最后,股权所有权对期权行使与企业绩效间关系的影响较为显著(随着股权的增加,期权行使与后续绩效间的弱正相关关系将会减弱)。总而言之,期权行使对股权所有权几乎没有影响,目前也没有证据表明行使期权会使未来绩效变差。与 Sanders(2001)观点相一致的一项研究表明,虽然 CEO 股权的减少会使企业未来绩效下降,但期权行使并非如此。McGuire 和 Matta 由此得出结论认为,他们的研究几乎没有为股票期权可以促进激励一致性这一观点提供全面的支持。

为了确定高管是否运用私人信息决定行使股票期权的时间,Carpenter 和 Remmers(2001)也研究了股票期权行使及其与后续绩效的关系。1991 年 5 月以前,行使期权所获得的股票至少需要被持有 6 个月才能出售。在此期间,期权行使与超额股票绩效显著相关,由此也表明高管的确利用内部信息来决定期权行使的时间。然而,自 1991 年以来,除了在一些小企业中观察到了微弱的负相关关系,他们并没有发现期权行使与企业后续绩效之间存在显著关联。

Devers 及其合作者(2006)在收购行为和 LTIP 的背景下,直接对比了代理理论预测与行为理论预测。他们通过代理理论进一步指出,与 LTIP 相关的企业绩效(如股东收益)会由风险承担行为进行调节,也会通过收购行为进行测量。同时,在吸收了行为决策理论中的观点[损失厌恶是高管感知的关键风险因素

(Wiseman and Gomez-Mejia 1998)]后,他们提出了一个富有竞争力的观点:管理者对风险和收益的感知是负相关的。与代理理论的观点正好相反的是,他们着重指出了高管团队层面的 LTIP 对企业绩效的间接影响可能是消极的(通过收购行为)。通过对标准普尔 500 强企业的大样本进行研究,他们为行为决策理论的预测找到了有利的实证支持——股东收益会与高管团队层面的 LTIP 负相关,并最终得出结论:LTIP 会激励管理者承担高风险,同时也会使他们承担坏账风险。

总而言之,行为决策理论的新研究对传统代理理论中有关高管薪酬的观点有很大的启示作用。进一步来说,随着研究者在对高管薪酬进行实证分析时不断吸收行为理论的观点,我们可以更清楚地了解管理者的风险取向、动机以及行为,这些在很多方面都是整个研究领域中最基础的问题。

3. 高管薪酬效应的社会学解释

行为代理理论的相关研究其实是从社会心理学角度解释高管薪酬效应的一种自然延续。的确,组织行为研究领域中最重要的一个问题即为薪酬与产出间的关系问题(Baron and Cook 1992)。产出主要包括绩效、满意度、缺勤率和人员更替率。关于这个论题的文献显然太多(不过几乎所有文献的研究对象都是组织中的低层员工),无法在这里一一进行回顾,但我们依然可以集中研究与战略领导力最为相关的两种产出,即绩效和人员流动率,并把它们看作与高管有关。

本次讨论的核心为高管的管理动机问题。在这一点上,组织行为学著作中关于公平理论的研究也许能够提供一些帮助。根据公平理论(Adams 1963;1965),"不公平的现状会激励参与者改变行为以回到最初的公平状态"(Greenberg 1982,391)。对于薪酬问题,公平理论指出,个体通常会将其报酬和生产率与周围的人做比较并以此对自身行为做出调整,而这种行为调整主要来源于超额支付或支付不足。然而,对于高管而言,更努力工作或更不努力工作(Greenberg 1982)似乎并不适用。[①] 正如我们之前所提到的,管理者均有在工作上表现出色的强烈动机,而这些动机并不一定是基于金钱,例如 Donaldson 和 Lorsch 称,"想要成功或出类拔萃的欲望通常以一种个人比较的形式表现出来,比较的对象可能是同事,也可能是在其他企业做 CEO 的朋友"(1983,23)。因此,认识到薪酬

[①] 就这一点而言,传统的公平理论通过表明不公平会导致憎恨来为代理理论学者所指的"怠工"提供动机。

作为一种象征性奖励有其最大的激励意义这一点很重要(Lawler 1966)。薪酬是衡量管理成功与否的一张主要计分卡,所以,提高薪酬也许并不会使高管们更努力地工作,但降低薪酬可能会导致他们极度不满。

如果公平理论对企业绩效的解释力较弱,那么对于高管的更替率而言,公平理论则与其有较大关系。薪酬与更替率的关系可以理解为,薪酬过低的高管会觉得不公平从而离开组织。当然,如果该高管并不是一位高效的管理者,那么他可能会觉得离开并不是一个好的选择。但一般而言,我们可以看到,当高管所得到的薪酬低于其绩效水平时,他们与其同行相比的确有正当理由寻找其他工作。而对此问题的调查研究可能会面临较为棘手的问题,如选择合适的参照组、评估劳动力市场环境、考虑可抗衡的非金钱诱因(如能够乘坐商务舱或拥有一间大办公室并带领大量员工),而这些非金钱诱因可能会使"薪酬较低"的高管依然留在其工作岗位上。①

命题 11-7:与同行相比,高管薪酬越高,其更替率就越低。②

关于这个问题,认识到期望理论在高管薪酬中的应用同样非常重要。期望理论指出,动机是员工对以下几点认知的函数:①努力程度与绩效关系的清晰度;②绩效与奖励关系的清晰度;③奖励的价值(Lawler 1971)。由于设置激励薪酬计划的影响之一是奖金将随绩效的提高而增加,所以员工会提高其努力程度。同时,薪酬与绩效相关也是代理理论的中心观点之一。③ 然而,从期望理论的角度可清晰地了解奖金为什么对高管无法产生预期效果但对薪酬水平较低的员工却能起作用。首先,高管任务的模糊不清(March 1984;Mintzberg 1973)削弱了努力就会产生绩效的管理期望。管理者对可能影响企业绩效的众多因素,如企业环境、经济状况、经济调控措施甚至运气几乎无法控制。而且,在高管中,可见薪酬无疑包括基本薪酬和激励薪酬两部分,这使得评估参照组的产出变得更为困难,并且使得预测与参照组的比较结果更具挑战性。因此,期望理论得出的结论是,由于高管领导力的内在不确定性,所有高管奖励的激励效果都非常有限。

---

① 正如我们之前所提到的,CEO 从其职位所带来的声望与地位中获益最多,因此该预期对于 CEO 而言可能并不高。

② 该命题的另一种不同形式——与 CEO 相关的管理者薪酬——已经实证检验,我们将在之后讨论高管团队中的薪酬分配时转向该主题。

③ 然而,认识到关于代理理论所预测的将成为关联形式的内容依然存在歧义这一点很重要。例如,Aggarwal 和 Samwick(1999b)得出的结论为:代理理论关于薪酬的广泛预测局限于薪酬-绩效敏感度与企业风险负相关的论断。

其次,对高收入的高管来说,额外薪酬的边际效益可能并不显著(Finkelstein and Hambrick 1988)。① 对于年收入已达数百万美元的高管而言,薪酬增长的激励价值不大。这说明了区分递增薪酬的激励效应与获取尽可能多的薪酬的自然欲望的重要性。由于高管薪酬具有作为衡量管理地位与成功的工具的重要象征性价值,因此我们不能认为高管会拒绝涨薪,尽管额外薪酬未必具有激励作用。

4. 高管薪酬效应的政治学解释

高管薪酬效应的政治学解释主要说明薪酬计划如何引发寻求自身利益最大化的股东(及管理者)的意外行为。其基本观点是,CEO 权力与 CEO 薪酬密切相关。在本章中我们将对此进行思考与探讨。

正如前面所提到的,薪酬,尤其是权变报酬(March 1984)受到 CEO 的操纵。CEO 可能会试图做出最有利于自己的会计决策,而不是通过评估长期投资决策来应对长期红利。由此的确可以认为,采用激励计划会引发企业中的政治活动。然而,除少数研究以外(比如,Healey 1985;Zajac and Westphal 1995;Westphal and Zajac 1994),几乎很少有学者对激励机制中的管理操纵问题进行研究。鉴于 2006—2007 年广泛报道的股票期权丑闻,对此问题的研究显得格外重要。

高管的薪酬数额可能也会引发政治行动。事实上,行为代理理论认为,高管的薪酬越高,其风险厌恶程度就越高,因为当企业经营不善时,他们的损失会更大(Wiseman and Gomez-Mejia 1998)。此观点与传统代理理论正好相反。传统代理理论认为,有保证的高薪是 CEO 愿意进行合理但有风险的长期投资的条件之一(Eisenhardt 1989a)。在这种情况下,高管被期望把许多精力放在"会计管理和信誉管理"上。这是薪酬激励机制如何产生意外后果的又一个实例。对此,我们提出以下命题。

命题 11-8:高管的薪酬水平越高,他们采取政治行动(企图操纵会计系统或个人名誉的自利性行为)的程度就越高。

命题 11-9:采用基于绩效的薪酬支付计划会提高高管采取政治行动(企图操纵会计系统或个人名誉的自利性行为)的程度。

---

① 也可以这样说,以激励为基础的薪酬的动机影响高管的实际财富,而不是其保障薪酬。在检验这一假设的过程中,Zajac(1990)发现,CEO 认为其个人财富与企业财富之间关联性更强的企业,往往更有利可图。

高管薪酬可能也会引发利益相关者的一系列行动。除了已经讨论过的股票市场反应和高管激励效应，薪酬可能也会影响董事会、员工、供应商、消费者、竞争者和监管机构（Finkelstein and Hambrick 1988）。例如，Beatty和Zajac（1994）指出，当高管获得的激励薪酬较少时，企业将加强监管行为。此外，由于薪酬奖励或薪酬计划可能会传递出关于组织运营状况和发展目标的相关信息，因此利益相关者会密切关注企业代理人及其发布的信息内容。例如，有大量轶事表明，企业代理人的薪酬部分经常混淆真实数据（Crystal 1991；Porac, Wade, and Pollock 1999），由此我们进一步相信，不同的利益相关者试图用不同的方法对薪酬信息做出解释。

最近，在证券交易委员会的代理报告要求上出现了新的变化。报告要求企业识别"同类群体"以进行绩效比较。该要求为整合印象管理开启了一扇有趣的新窗。[①] 可以预见的是，在选择同类群体（相同的行业，相同的企业规模）时可以采用的决策规则多种多样，但Murphy（1994）指出，企业应该选择能够提升其相对绩效的同类群体。因此，不仅利益相关者乐于接受这样的信息，企业也同样愿意积极管理薪酬以发送"合适的"信号给利益相关者。在评价这一观点时，Porac、Wade和Pollock（1999）研究了同类企业的选择问题，并得出结论：尽管证券交易委员会新规则的设计是为了使薪酬设置程序更加公开透明，但这实际上却为企业提供了将其政治化的机会。

将薪酬视为信号的一个非常重要的背景是，在IPO中，企业的技术及市场方面的因素存在极大的不确定性。在这种情况下，薪酬结构发送出强烈的信号表明谁是掌权者及其可能的动机何在。例如，Certo、Daily、Cannella和Dalton（2003）曾思考股票期权和股权所有权可能对未来的风险承担行为传递出不同的信号。他们认为，当高管也拥有股权（伴随着下跌风险）时，投资者会更加偏好期权。他们还提到，在IPO中，不仅股票期权与企业价值正相关，而且股票期权与股权的相互作用会对企业价值产生更加显著的积极影响。他们在1996—1997年间对抽取的193家新股上市企业进行的调查为股票期权能够提高企业价值的假设提供了微弱支持，但为股票期权与股权的相互作用会提高企业价值这一观点提供了强有力的实证支持。从某些方面来说，这些结果并不令人感到

[①] 这一规则本身是对管理者薪酬实践的一种政治回应。

惊奇,因为股票期权可能会提高收益波动率这一结果并不会使投资者产生投资热情(Sanders and Hambrick,2007)。

有时,薪酬计划传递的信号可能会对企业产生负面影响。例如,CEO薪酬的大幅增加可能会遭到工会及薪酬水平较低的员工的反对(Finkelstein and Hambrick 1988)。当然,近年来的趋势是CEO的离职补偿越来越多(无论是否由于解雇而支付),这引发了猛烈的批评(Dash 2007)。

除此之外,"高薪可能意味着潜在的组织冗余,而供应商可能会将其解释为一次可利用的机会,以此提高价格而无须担心会遭到强烈反对。类似地,通过研究年终奖金,竞争者也可以了解企业内部的财务状况。监管人员也可以从薪酬水平中判断出行业的财务运营状况"(Finkelstein and Hambrick 1988, 553)。因此,高管薪酬会被不同利益相关者进行复杂多样的解读,每一位利益相关者都可能在这种解释中找到自己的政治优势。

二、高管团队内部的薪酬分配

到目前为止,我们的讨论仍然主要集中于CEO薪酬。然而实际上,群体层面的薪酬分析同样具有重要的理论意义。该研究所包含的隐性认识为,在企业中,个别管理者的薪酬非但不是凭空制定的,反而受到高管薪酬体系的影响。事实上,高管薪酬是权益的转移,而这个概念隐含在诸如某些管理者为什么能比同一企业中的其他管理者赚得更多等问题中。虽然可以进行其他分类,但在本节中,关于高管团队内部薪酬的研究回顾了核心且相关的两个问题:①什么导致企业中CEO与其他高管的薪酬差异如此之大?该差异会产生怎样的结果?②在一个高管团队中,所有高管之间薪酬差异的决定因素和影响是什么?

1. CEO与企业其他高管的薪酬差异

关于高管团队中的薪酬差异问题,发展最为完善的研究理论应该是锦标赛模型(Lazear and Rosen 1981;Rosen 1986)。以经济学为基础,该理论提出当监管不可行或费用过高时,基于等级的薪酬体系会比完全依靠个人绩效的薪酬体系更加有效(Becker and Huselid 1992;Conyon, Peck, and Sadler 2001)。对于高管而言,这意味着薪酬水平的显著差异实际上体现了不同的层级(如高管、副总裁、总裁、CEO)。该理论的基本假设为,高管努力工作并表现出色是因为他们希望在每场锦标赛中胜出(顺利晋升到更高的层级),并获得以薪酬增长为主要形式的奖励。由于竞争 CEO 职位是每个高管在企业中的终极目标,因此高额的薪酬增长将被作为这一职位的激励因素(Rosen 1986)。高管团队的最终薪酬结构由此被定义为上一职级的更高薪酬以及从 CEO 到第二高职位较大的薪酬差距。

关于锦标赛模型,有以下两个问题需要注意:第一,该模型的核心逻辑是否在高管团队的实证研究中得到了验证?第二,锦标赛模型对组织产出(如企业绩效、管理者更替率)有何影响?

在高管团队的背景下,研究者已对锦标赛模型的核心逻辑问题进行了几项实证研究,但结果并不一致。一方面,实证研究支持层级间的薪酬差异将随着晋升而增大的观点(Lambert, Larcker, and Weigelt 1993; Leonard 1990; Main, O'Reilly, and Wade 1993; Conyon, Peck, and Sadler 2001)。例如, Lambert、Larcker 和 Weigelt 发现"CEO 与其下一级在薪酬水平上存在'超乎寻常'的巨大差异"(1993, 453)。Main、O'Reilly 和 Wade 发现,副总裁的人数(一种对锦标赛中参赛者数量的衡量,因此也是锦标赛规模的体现)与 CEO 薪酬正相关(尽管他们得出的结论为,"如果一场……锦标赛正在进行,那么晋升虽然会带来薪酬的提高但不会立刻按照预期速度提高")(1993, 625)。而 Conyon、Peck 和 Sadler(2001)也得出了类似的结论,至少对于现金薪酬(尽管并不是对于激励薪酬)来说的确如此。①

另一方面,O'Reilly、Main 和 Crystal(1988)指出,副总裁的数量与 CEO 薪酬负相关,该观点与锦标赛模型的预期正好相反。同时,该结论还表明,支持锦标赛的假设条件实际上会缩小 CEO 薪酬与副总裁平均薪酬之间的差距。锦标赛模型核心假设的这种反向结果在后来 Henderson 和 Fredrickson(2001)的一项研究中得到了进一步的证实。该研究表明,企业中副总裁的数量与 CEO 薪酬差距负相关。

这些关于锦标赛模型核心逻辑的多种复杂结果可以反映出对薪酬差异的不同解释,而这种薪酬差异与"锦标赛"的存在几乎没有关系。从某种程度上说,高管薪酬其实是作为管理成功的一种象征(Lawler 1966),高管之间的薪酬差异

---

① 参考 Zhang 和 Rajagopalan(2004),他们提出了锦标赛理论的观点,来解释拥有更多 CEO 职位候选人的企业为什么更不可能使用接替人员而更可能采用锦标赛的方式,因为锦标赛提供了信息优势与动机优势。尽管并未直接关注薪酬,但他们的证据支持了这一预测。

实际上可能表明高管团队中的权力分配。当这些差异不是建立在等级结构的基础上时，这一点可能尤为正确。作为结构的客观标志，等级地位可以被视为实际权力的指标。通过了解高管的薪酬模式，也许可以了解关于内部劳动力市场的更多概念——晋升、快速通道、朽木（无用之人）。例如，当假设薪酬更高的管理者会因具有发展前途而被挑选出来并与企业共同发展时，相对薪酬可以作为后续晋升的预测指标。虽然该研究对中上层管理者可能具有最大的预测价值，但这种预测信息无疑也将在高管团队层面起作用。

命题 11-10：高管的相对权力决定了其薪酬差异的大小。

命题 11-11：在同企业同级别中，相对于其他高管，相对薪酬越高的管理者其职位晋升的可能性越大。

根据层级水平制定的薪酬水平差异可能是为了满足企业组织结构划分的需要（Simon 1957）。薪酬差异随层级上升而增大的现象也许是不同结构的权力水平的反映。就这一点而言，CEO 与次级管理者在薪酬上"超乎寻常"的差异可能也是由于 CEO 拥有相对其他高管而言不受约束的权力，而此观点正好与命题 11-10 相符。同理，CEO 薪酬与副总裁薪酬的差异大小可以表明 CEO 的独裁程度，并反映出"CEO 对自身在企业中的价值评估与其他人的价值评估的差异"（Hambrick and D'Aveni 1992, 1452）。

对于组织中的薪酬差异问题，至少存在两种相互矛盾的社会政治学解释。薪酬差异大可能是由于企业特性并不需要跨级别合作（例如，不相关多元化企业在最高层管理者之下设立各个业务部门的负责经理；Michel and Hambrick 1992），因为锦标赛结构的薪酬效应会导致过多的政治活动从而破坏高管合作的能力。因此，薪酬差异可能取决于高管工作中合作与相互依赖的程度。另一种可能是，基于等级的薪酬差异将完全根据组织中正式职位的相对地位进行区分（Berger, Cohen, and Zelditch 1972; Berger et al. 1985）。根据地位-价值理论（status-value theory），对地位一致性的追求使得薪酬因层级水平而不同（Cook and Hegtvedt 1983）。

Henderson 和 Fredrickson（2001）的研究也阐明了第一种解释。对比锦标赛理论中关于合作与协调的争论，他们的研究结果部分支持锦标赛理论。具体而言，他们发现，尽管相互关系对 CEO 薪酬差距并没有影响，但他们所检验的其他有协作需求的指标——业务数量、研发投资、资本投资、企业规模——均与 CEO 薪酬差距正相关。他们把这些结果解释为对锦标赛理论的一般性支持，因为拥有复杂协调需求和战略的企业在监管问题上通常会面临更大的挑战（Carpenter and Seo 2007；Finkelstein and Peteraf 2007），从而要求更大的薪酬差距以使管理者保持平衡。（对立假设则认为，协调需求指标与薪酬差距负相关。）这些研究均富有趣味性，但后续研究需要更加准确地将组织特征与这两种理论视角相匹配。①

Henderson 和 Fredrickson（2001）的研究也引发了一些有趣的后续调查。他们指出，有些组织同时需要协调与监管。这是一项重要发现。如果这是真的，它表明后续研究应该独立测量监管需求与协调需求，从而对这两种理论视角进行更为清晰的检验。此外，组织中还存在一种凌驾于 CEO 薪酬差距之上的协调和监管机制。例如，协调不仅可以通过较小的薪酬差距获得，还可以通过促进高管间的相互信任、建立同类高管团队或推动高管团队行为整合等方式获得。较大的薪酬差距可以激励高管正确行事，但绩效奖励薪酬和警觉的董事会也可以起到相同的作用。因此，区分对 CEO 薪酬差距的协调解释与监管解释，以构建一个对锦标赛理论和社会政治理论更加严格的测试，是一次值得尝试的机会。

一般来说，锦标赛模型与其他以经济为基础的高管薪酬模型一样，都倾向于过度强调外部激励结构的必要性而低估了大多数高管自我激励的程度（Donaldson and Lorsch 1983；Finkelstein and Hambrick 1988）。尤其是对 CEO 而言，他们的积极性之所以很高，是因为其工作富有挑战性的性质（Patton 1971；Roche 1975）、工作的内在价值（Barnard 1938；Patton 1961）、安全需要（Patton 1961）、成就需要（Kraus 1976；McClelland 1972）、权力需要（Ungson and Steers 1984；Zaleznik and Kets de Vries 1975），以及在经理人市场上建立良好声誉的愿望（Fama 1980；Patton 1961）。

锦标赛结果并不稳健的第五个原因是，大家可以在工作中设想一个逆向因果逻辑：CEO 与其他高管间保有较大薪酬差距的企业（或行业）更容易使高管专注于同一目标——取代他们的老板。正如我们在第五章中所讨论的部分内容，高管团队的规模受到其他很多因素的影响，但实际上在较大的薪酬差距在企业（或行业）中实现标准化后，也同样会起到重要作用。

---

① Henderson 和 Fredrickson（2001）也检验了多个预测绩效的模型，但唯一得到实证支持的预言是锦标赛理论预言，即更大的 CEO 薪酬差距与更大的协调需求间的相互作用将与之后的企业绩效呈正向关系。

最后，企业中将由 CEO 而非董事会雇用直接向其汇报的人（Lorsch and MacIver 1989）。那么，CEO 是出于何种激励因素才会选择设置一个以自己的职位作为奖品的锦标赛模型的呢？根据此逻辑，CEO 与企业副总裁之间较大的薪酬差距更可能反映 CEO 所掌握的权力而不是代表锦标赛的存在（Shen et al. 2003）。因此，我们还需研究锦标赛模型对高管的意义。该研究不仅要着眼于 Rosen 及其合作者（Lazear and Rosen 1981；Rosen 1986）的最初观点，还要解决对基于组织中政治学和社会学理论的薪酬差异的解释可能混淆的问题。尽管有定性证据表明组织中的确存在晋升竞争（Vancil 1987），但竞争何时出现及其对高管薪酬结构的影响仍然是一个重要却未解决的研究问题。

虽然存在多种理论以及关于锦标赛理论核心逻辑问题的非常混乱的实证研究结果，但仍然有一小部分研究正尝试解决更加困难的问题：薪酬差异如何影响管理者更替率和企业绩效？我们可以预想，如果高管意识到锦标赛正在进行，他们可能会：①在此结构中自行选择进入或退出组织（这是上文提到的逆向因果逻辑问题）；②在剩余人员中，更替率可能会以阶跃函数的形式呈现，而在每一级阶梯上由晋升决策确定谁赢谁输。换句话说，在每一级晋升阶梯上，晋升失败的管理者都更可能离开。这也就意味着，除非晋升决策已经制定，否则，在实行以锦标赛为基础的结构薪酬的企业中，高管的更替率会相对偏低，因为他们可能不太愿意在为升职奔波时离开自己所在的企业。

上述部分观点已经在实证研究中得到了检验。例如，尽管 Cable 和 Murray（1999）的研究主要关注大学管理部门而非商业组织，但他们发现锦标赛模型与荐举流动模型（一种人才推荐制度，晋升决策主要基于老员工对某些候选人的支持和拥护）相比，能够更好地描述大学雇佣决策。然而，仍有一些问题有待解决。第一个问题是，与其他组织相比，锦标赛式的薪酬体系是否能够更成功地留住管理者。

命题 11-12：实行锦标赛式薪酬体系的企业，其高管更替率比其他企业更低。

我们可以进一步思考，在这类企业中，高管更替会在什么时候发生。根据阶跃函数的逻辑，我们可以得出如下命题。

命题 11-13：实行锦标赛式薪酬体系的企业，其高管更替更可能发生在晋升决策时期，而在未做出晋升决策时高管离职的可能性更小。

命题 11-14：在实行锦标赛式薪酬体系的企业中，其他高管的职位晋升会提高未晋升高管的离职率。

除了影响高管的更替率,由于锦标赛理论的目的是提供激励,因此该理论认为,采用锦标赛结构的企业会比未采用该结构的企业绩效更高。尽管有证据表明,在非组织环境(如赛车和高尔夫球赛事)下,个人表现会受锦标赛机制的影响,并且赢家和输家之间差距的大小尤其能提供有用信息(Becker and Huselid 1992;Ehrenberg and Bognanno 1990),但对于组织中的高管而言,这些想法几乎未被研究过。

一项关于高管与普通员工间的薪酬差异的研究也非常值得关注。Cowherd 和 Levine(1992)运用公平理论(Adams 1965;Homans 1961)和分配公平理论(Kulik and Ambrose 1992;Andrews and Henry 1963;Martin and Murray 1983)评价了业务部门层面上组内薪酬公平(职位层级上的薪酬离差)对产品质量的影响。该研究表明,当层级较低的员工与上层管理者之间的薪酬差异较小时,产品的质量会更高,因为较小的薪酬差异会提高低层级员工对最高管理目标、努力以及合作的承诺意识(尽管研究者并没有测量这些中介效应)。Cowherd 和 Levine 将钟点工及低层级管理者的薪酬与高管薪酬进行比较后发现,产品质量与低层级员工对不公平的感知呈现出高度敏感的相关性。他们的研究结果有力且一致地支持了薪酬不公平与产品质量低下相关这一观点。

近期的一项研究对检验 CEO 薪酬差距的影响作用很具有启发性。与我们在协调和合作问题上的观点一致,Wright、Kroll、Lado 和 Elenkov(2005)提出并发现薪酬差距会激励多元化企业的管理者,但并不影响集中化企业的管理者。然而,期权缺口与企业绩效正相关。该研究另一个有趣的地方在于它对组内薪酬差距——处于同一层级的高管间的薪酬差异——的研究。组内薪酬差距——无论是工资、期权还是二者兼有的形式,均与企业绩效负相关,表面上看这是因为相对于高管的同级别管理者而言,该高管获得的超额薪酬及其产生的标示效应造成了被忽视的高管激励问题。组内薪酬差距更多涉及公平理论而非锦标赛理论,由此我们可以思考几个值得探究的有趣问题。[①] 例如,组内薪酬差距首先出现在什么地方?高管的分布特征可能在这一问题的回答上扮演重要角色。

[①] 在"内部"薪酬差距的情况下,我们在这里提出了这些命题,但我们真正想指出的是,内部薪酬差距与薪酬差异在本质上几乎没有区别。是否考虑 CEO(不是关于内部薪酬差距而是关于薪酬差异)的问题,应该以被检验的理论和论点为基础,而不是由经验选择来决定。

命题 11-15：高管团队的异质性（基于任期或功能背景）与内部等级薪酬差距正相关。

CEO 和其他高管的任期模式可能也很重要。考虑到外部人员往往会获得额外支付（Harris and Helfat, 1997），我们可以预测，外部人员更多的企业会存在更大的薪酬差异。

命题 11-16：高管团队中外部人员所占的比重越大，组内薪酬差距就越大。

随着时间的推移，CEO 的工作逐渐稳定，他们往往更加偏好稳定而非变化（Hambrick and Fukutomi 1991），由此使希望维持现状的高管的薪酬自然下降。

命题 11-17：CEO 的任期与组内薪酬差距负相关。

管理自主权为管理者对决策和绩效施加重要影响创造了机会。正如前面的章节所谈到的，董事会往往为这种自主权支付薪酬，因为它们意识到高效管理者所具有的潜在影响力（Hambrick and Finkelstein 1987），故在高自主权的企业和行业中，其整体薪酬会更高（Rajagopalan and Finkelstein, 1992；Finkelstein and Boyd, 1998）。然而有一个问题仍未探究，即自主权是否会导致管理者薪酬差距，因为激励薪酬的大力推广并不能让每个高管都获得同等薪酬。

命题 11-18：管理自主权与内部等级薪酬差距正相关。

最后，从 Wright 及其合作者（2005）的观点（内部等级薪酬差距会使意识到自己被同级管理者超越的高管倾向于消极怠工）是正确的这个意义上来说，我们可以推测该团队会出现更高的更替率。

命题 11-19：与组间薪酬差距相比，组内薪酬差距与高管更替率的关系更加紧密。

在我们关于锦标赛理论最后的讨论部分，我们认为，尽管锦标赛模型已在高管薪酬差异研究中占据重要地位，但关于公平理论和不公平现象更加丰富而长远的研究还有待开展。我们对合作重要性的部分看法与传统理论一致。与锦标赛理论所提出的薪酬差异能产生激励效应不同（Rosen 1986），高管团队中的薪酬差异也可能具有破坏性且功能失调。在承认这种可能性的前提下，作为锦标赛理论（Gordon and Rosen 1981）的最初支持者，Lazear（1989）提出，由于不平等薪酬会推动组织中破坏性的政治活动，所以相对于跨级别的薪酬不平等，薪酬压缩的方式可能会更受欢迎。

就这一点而言，最近关于薪酬差距问题的两项研究非常值得关注。在第十章提到的一项研究中，我们就高管薪酬的社会资本解释的内容进行了讨论，

Wade 及其合作者(2006)也就高管的明星效应如何影响 CEO 与其他高管间的薪酬差距这一问题进一步发展了其理论。他们发现,CEO 即时地位与相对薪酬差异正相关。他们也发现,明星 CEO 会与其他高管"分享财富",然而,要对此结果做出纠正的一点是,只有当明星 CEO 确定其能够获取更多财富时,他们才可能与他人分享财富。Wade 及其合作者(2006)把这种情况称为"赢家通吃",这似乎也是一个很好的总结。

另一项研究在分析高管薪酬时,将公平理论置于中心位置。基于 CEO 薪酬过度支付或支付不足将对其他管理者(并不仅仅是高管)薪酬及更替率产生影响的观点,Wade 及其合作者(2006)检验了一系列假设。他们发现,通常情况下 CEO 薪酬过度支付或支付不足与下属的薪酬高低有关,在已报告的回归数据中,CEO 薪酬支付不足对高管更替率至少有 1/2 的边际解释率。

总而言之,这项研究为公平理论预测提供了较为复杂的支持,这也许在一定程度上是由于方法上的挑战。事实上,在该类研究中最大的困难是如何准确判定"过度支付"与"支付不足"。Wade 及其合作者(2006)凭借残差模型方法,致力于剔除其他被视为恰当或公平的薪酬决定因素的影响。在公平理论的背景下,这些薪酬的其他决定因素中最为重要的几乎可以肯定是管理者绩效,但由于缺乏个体层面的数据,他们只能将企业绩效作为测量对象。很显然,这将产生严重的偏误。不仅因为企业绩效并不能完全反映个人绩效(即便对 CEO 来说也是如此[①]),还因为(至少在该研究中)企业绩效往往被用于代表所有管理者的个人绩效。这是所有此类研究存在的一个问题,但也许在一定程度上为今后的研究提供了契机。当个体水平的管理绩效难以获得时,管理者的人力资本和层级水平[Wade 及其合作者(2006)收集了这些指标的数据]也许是值得考虑的替代指标,如管理者在组织中的晋升速度(一个管理者在企业中曾任职的职位数量与其组织任期的比率)、平均薪酬增长幅度,或外部董事会成员的数量。虽然用客观的调查方法或其他定性数据补充这些客观指标会有其内在成本和困难,但这样形成的方案可能是最佳解决方案。

2. 高管团队内部的薪酬离差

尽管锦标赛模型以薪酬差异为中心,但当考虑高管团队中的社会化比较过

---

① 需要考虑的是,在企业的成功远远不仅取决于个体的工作这一假设下,研究组织的学者多年来正在研究非 CEO 对企业绩效的影响。

程时,越来越多的学者也开始关注薪酬离差。虽然薪酬差异和薪酬离差在概念及经验上都十分相关,但薪酬离差的研究范围要更为广泛,部分原因在于它不需要受到作为解释性理论的锦标赛视角的束缚。事实上,薪酬离差,即高管团队内部的薪酬水平差异,是高管薪酬的关键性因素。原因有两个:第一,高管团队中的薪酬分配将对团队协作产生重要影响;第二,研究薪酬离差可能是评估社会因素在制定高管薪酬过程中的重要性的最佳方法之一,因为社会比较发生在团队层面。因此,研究者在关注个人(如 CEO)的薪酬时,很可能会忽略薪酬离差。

我们还必须思考两个基本的研究问题:第一,为什么高管团队成员的巨大薪酬离差只在部分企业中出现? 第二,高管团队内部的薪酬离差会产生怎样的组织产出? 与之前在锦标赛理论中关于协调与合作的观点一致,从社会心理学视角来看,在一个组织中,当高管团队成员中的合作、协调及社会整合对企业成功起到至关重要的作用时,薪酬离差将减小(Finkelstein 1995)。这是可以预见的,因为薪酬离差所产生的部分结果如政治内讧(Lazear 1989)、冲突(Frank 1984;Leventhal 1976)、低信任度和低信息分享度(Whyte 1955)等都会对重视协调与合作的组织产生破坏性影响。正如 Deutsch(1985)所言,薪酬离差传递出这样一种信号:一些团队成员在团队中的价值不如其他成员。

在高管团队层面试图检验上述观点的挑战之一是确定薪酬离差的潜在负效应对管理层的运作最为不利的影响。尽管研究通常局限于高管团队内部相互作用的性质,但我们可以了解更多有关多元化的内容。在具有不同多元化形态的企业中进行的关于管理工作差异的研究表明,在多元化程度相对较低的企业中,其相互依赖和社会整合的程度更高(Galbraith and Kazanjian 1986;Vancil 1979)。相反,在高度多元化的企业中,"管理者是作为相互独立的技术资源而不是协调实体存在的"(Michel and Hambrick 1992, 17)。因此,我们可以猜测,与多元化程度较低的企业相比,薪酬离差更可能出现在高度多元化的企业中;一些证据表明,企业在制定薪酬过程中也会考虑这些问题。在高度多元化的企业中,高管更倾向于基于部门绩效而不是基于组织整体绩效的薪酬体系(Kerr and Slocum 1987;Pitts 1974)。考虑到各部门间的绩效差异,这样的政策可能会增大高度多元化企业的薪酬离差而减小集中化企业的薪酬离差。在多元化程度较低的企业中,薪酬设置更多的是基于企业整体绩效,从而促进独立业务部门之间的协调合作,以实现协同效应(Hoskisson and Hitt 1994)。

命题 11-20：企业的多元化程度越高，高管团队中的薪酬离差就越大。

命题 11-21：企业的多元化程度越低，高管团队中的薪酬离差与企业绩效间的负相关程度就越高。

团队层面的分析不仅考虑了薪酬的社会影响因素，而且也使大家自然地转向对权力因素的关注。权力在本质上是一个相对的概念，只有当权力的对象或是某人的权力使用被明确时才有其意义（Blau 1964；Emerson 1962），因此，需要考虑一个与命题 11-10 类似的基本命题。

命题 11-22：高管团队成员中的权力离差越大，团队内部的薪酬离差就越大。

虽然该命题的表述十分明确，但目前鲜有研究对该观点直接进行实证检验。行为因素对于解释高管薪酬的重要性正逐渐被大家认可，对于在研究中一贯采用经济坐标的学者而言更是如此（Baker, Jensen, and Murphy 1988；Jensen and Murphy 1990a；Lazear 1989）。对高管薪酬感兴趣的学者还可以从一种综合平衡的视角去研究经济、社会、政治因素如何影响高管薪酬这一问题。从某种程度上说，这在对个体水平的分析中其实已经实现了，但学者们仍可以充分利用这次机会去开辟高管薪酬研究的新方向，以获得更深层次的理解。

与试图对薪酬离差做出解释的研究正好相反，大量关于组织中薪酬分配的社会效应的文章主要集中在群体上（Greenberg 1982；Homans 1961；Martin 1981）。这些研究指出，不同薪酬分配的社会效应主要取决于所采用的分配制度（Cook and Hegtvedt 1983）。尽管可能存在几种不同的分配制度（Eckhoff 1974），但大多数的研究还是主要集中在基于公平的薪酬分配效应上。有研究表明，不公平会产生高更替率或低绩效等消极影响（Cook and Hegtvedt 1983；Greenberg 1987）。作为一种可选择的分配规则，尽管平等性表现出与高管的高度相关性，但目前对它的研究还比较少。因此，在接下来的部分，我们将主要关注高管团队中平等薪酬分配与不平等薪酬分配的后果。

在团队中经常会面临要求缩小薪酬差异的巨大压力（Leventhal 1976）。就个体层面而言，从工会工人（Hirsch 1982）到汽车销售员（Frank 1984），再到大学教师（Pfeffer and Langton 1993），所有的个体都更希望在群体中获得相对平等的薪酬。这种对平等的偏好通常被认为是受到社会比较的影响（Festinger 1954），因为群体的社会整合与稳定性将推动薪酬的缩减（Deutsch 1975；Leventhal 1976；Sampson 1975）。相反，不平等的薪酬会导致矛盾的产生，从而减少贡献并降低团队合作（Lawler and Jenkins 1992；Leventhal，Michaels，and Sanford 1972；Rhodes and Steers 1981）。① 大量的研究表明，与基于个人绩效的薪酬相比，基于团队绩效的薪酬往往更能促进团队合作行为（Harder 1992；Miller and Hamblin 1963；Mitchell and Silver 1990）。就基于团队绩效的薪酬比基于个人绩效的薪酬能带来更加平等的分配而言，该研究还为个人倾向于在工作团队中获得更加平等的薪酬这一观点提供了更大的支持。该研究的意义在于，其指出薪酬不平等与更替率正相关，同时与绩效负相关（Adams 1965；Pfeffer and Davis-Blake 1992）。

那么，怎样才能把这项群体层面的研究转换到高管团队中呢？高管团队中的一些特征表明，不平等薪酬的负效应也可能在高管团队这个层面上起作用。正如前面所谈到的，有研究表明，当团队任务的成功完成需要成员相互帮助与合作时，团队中的薪酬差异将会减小（Cook and Hegtvedt 1983；Greenberg 1982）。团队成员间的频繁联系将会增大社会比较的可能性（Deutsch 1975），而这样的社会比较又会对缩减薪酬造成压力（Deutsch 1985；Pfeffer and Langton 1988）。进一步来说，当团队中已形成长期稳定的关系时，成员对平等薪酬的偏好往往会加强，因为个体可能会更加强烈地感到自己是拥有"共同命运"的团队中的一员（Cook and Hegtvedt 1983；Deutsch 1985；Leventhal，Michaels，and Sanford 1972）。此外，团队成员相互作用的程度越高，不平等薪酬的负效应往往就会越强（Frank 1984）。因此，在具有相互影响、相互合作和稳定性特征的高管团队中，薪酬不平等可能会带来更高的更替率和更低的企业绩效。与之相关的是，由于政治活动反映并加剧了冲突的形成（Pfeffer 1981a），因此政治化程度更低的高管团队在薪酬相对缩减时可能表现最佳。

近年来，大量研究已对此问题进行了思考，Main、O'Reilly和Wade（1993）在早期所做的相关研究便是其中之一。除了验证锦标赛假设（他们发现了对该核心逻辑假设的微弱支持），他们也发现薪酬离差与权益报酬率存在正相关关系，但与股票市场收益并不相关。通过进一步的研究，他们还发现不公平薪酬与高管团队在企业绩效任一指标上的依存度之间并没有关系。

Bloom（1999）以美国职业棒球大联盟球队为样本，发现扁平的薪酬结构（薪

---

① 通过研究稍微不同的情况，Larkin（2006）记录了关于受巨额激励薪酬计划驱动的销售人员操纵合约安排的一种典型模式，进一步表明不平等薪酬会造成企业无效性且对绩效具有潜在的不利影响。

酬离差)会带来更高的组织绩效。一个有竞争力的假设——薪酬与职位层级水平挂钩会提高个人绩效[①]——并没有得到支持。然而,Bloom确实发现有实证结果支持调节假设:职位层级较高的人很可能会支持层级制度,而职位层级相对较低的人则相反。在另一项相关的研究中,Bloom和Michel(2002)发现薪酬离差会显著提高管理者的更替率,同时缩短管理者的任期。

Shaw、Gupta和Delery(2002)在研究中虽然采用的是一些不同的非高管样本,但他们的研究对薪酬离差如何影响协同与合作这一问题具有重要意义,因此我们接下来将对此进行讨论。与Henderson和Fredrickson(2001)类似,Shaw及其合作者直接对比了经济理论和行为理论,但他们仅考虑了水平薪酬离差(如群体内部)却没有考虑垂直薪酬离差(如群体之间)。具体而言,他们提出薪酬离差在无个人激励的情况下可能对群体有害,但独立员工之间的薪酬离差可能是有利的。他们的样本由两个不同的群体组成:卡车司机(独立的工人)和产业工人(相互依赖的员工)。结果表明,薪酬离差有益于独立的卡车司机,但无益于相互依赖的产业工人。

在另一项近期的研究中,Siegel和Hambrick(2005)利用两个学术观点——任务的相互依赖性与群体回报——说明技术激励是团队层面的薪酬分配中的一个重要的权变因素,因为它向团队成员提出了信息处理与合作的需求。由此可以推论:技术强度越大,薪酬差距的危害性就越大。与之前所有的研究几乎相反(但Main et al.1993除外),Siegel和Hambrick研究的是薪酬差异(垂直薪酬差距)与薪酬离差(水平薪酬差距)如何共同影响企业绩效。

垂直薪酬差距来源于两点:①锦标赛机制;②层级体制下较大的社会地位差距——可能从独裁的CEO算起。这些都会在不同层级间形成感知上或实质性的障碍,从而降低信息处理和协作的程度。Siegel和Hambrick推测,行业的技术密集程度越高,高管垂直薪酬差距与后续组织绩效间的负相关性越强。

水平薪酬差距也来源于两点:第一,不同层级的高管所感知到的经济价值可能会有很大差异,而这不可避免地将导致社会比较和低效合作的问题。第二,个人绩效可能会比群体绩效更受重视。这也同样破坏了合作并将努力更多地归于个人因素而非群体或集体因素。最终结果就是,行业的技术密集程度越高,高管

[①] 读者可能会注意到这是锦标赛假设在个体层面的一种说法。Bloom(1999)并未在群体或组织层面的分析中提供任何有竞争力的预测。

团队的水平薪酬差距与后续组织绩效间的负相关性就越强。

Siegel 和 Hambrick(2005)推测不同薪酬差异类型不会对研究产生主要影响,而只会影响行业的情况。他们通过利用单一制企业的专有数据并依据股东权益和账面市值比率发现了有力的支持依据。

Devers、Holcomb、Holmes 和 Cannella(2006)提出了薪酬离差是否会对高管团队 LTIP 的激励一致性产生影响的问题。他们认为,在某种程度上,高管团队薪酬离差对 LTIP 与风险承担行为之间的关系起调节作用——当高管团队薪酬离差较大时,所预测的关系可能会减弱。这是因为薪酬离差减少了信息共享与信任(Whyte 1955),同时增加了冲突(Cyert and March 1963)、权力斗争(Lazear 1989)和高管团队成员间的相互竞争(Lambert, Larcker, and Weigelt 1993)。来自标准普尔 500 强企业的大样本研究结果证实了这一点。

关于高管团队薪酬分配的研究已经非常广泛,在这样的背景下研究薪酬离差可以让我们更加清楚地认识到,高管的薪酬差异会影响激励、风险承担甚至企业绩效。在很多情况下,对高管间的相互依赖与合作的评估已被视为核心权变因素,但毫无疑问的是,仍然有很多重要因素有待研究。更为普遍的是,薪酬分配影响高管和组织的行为表现这一观点代表了高管薪酬概念模型复杂性的巨大飞跃,很显然,这一问题值得进一步的研究与关注。

三、高管团队和 CEO 薪酬模式

高管团队的社会组成可能会以其他方式影响高管薪酬分配。研究者对高管的系列研究正越来越侧重于社会层面,很大程度上是因为他们认识到高管团队实际上是真正意义上的组织,并且很多东西均可从组织的视角进行研究(Hambrick 1994)。我们接下来要谈到的三项研究均对我们从组织视角分析薪酬具有重要意义,但在高管团队和 CEO 薪酬模式方面所涉及的内容将比水平薪酬差距或垂直薪酬差距方面的内容更多。这些研究均相对较新,同时也是对超越传统概念的薪酬研究的自然延伸与发展。

第一,Carpenter 和 Sanders(2002)研究了 CEO 薪酬、股东利益(外部联盟)和公平(内部联盟)如何体现在高管团队薪酬中,以及这种薪酬如何影响后续的企业绩效(同时考虑总体薪酬和激励薪酬)。他们认为,高管团队薪酬和 CEO 薪酬应该是相似的,但并不完全相同,因为内部因素会引发差异(内部因素包括子单元专用性激励、CEO 与高管团队之间的差距,以及 CEO 的自大)。除此之外,他们还认为当高管团队薪酬内外部一致时,会产生更高的绩效。他们所说的外部一致性是指与股东利益一致(资金的占比更高)。他们提出了三个假设:①CEO 和高管团队薪酬(总体薪酬及 LTIP)正相关但不完全相关;②高管团队薪酬(LTIP)的外部一致性与企业绩效正相关;③高管团队薪酬的内部一致性与企业绩效正相关。通过 250 家标准普尔 500 指数成分股企业的样本数据,他们找到了这三个假设的支持依据,而且特别需要提到的是,CEO 薪酬对企业绩效的影响效应完全由高管团队进行调节。

这项研究提出了几个有趣的问题。首先,从某种程度上说,外部一致性与 LTIP 的运用非常相似,我们在本章前面所回顾的关于高管薪酬效应的研究似乎也与之相关。我们尤其应该对高管的任一属性(如薪酬)与企业绩效存在直接关联这一假设持谨慎态度,因为它忽略了所有的中介机制:资本支出(Larcker 1983),研发费用(Rappaport 1978),有关高管薪酬的战略变化(Carpenter 2000),以及更一般意义上的自主权、权力、执行和匹配问题。其次,尽管存在上述顾虑,但关注内部与外部一致性是研究薪酬匹配问题的明智之举。最后,(这将要回到我们在第四章中的不同背景下提出的观点)在现有研究中,很少有研究检验调节效应,但这恰恰是 Carpenter 和 Sanders(2004)研究的亮点之一。

Carpenter 和 Sanders(2004)的第二项研究主要对跨国公司中团队薪酬的绩效含义进行了调查。他们的核心观点是,管理跨国公司是一项十分复杂的工作,它要求投入巨大的人力资本并进行管理激励。在这个意义上,薪酬和奖励(比如 LTIP)会传递出吸纳优秀人才(被薪酬吸引)与激励(通过激励一致性)的信号,企业绩效也会随之提高。研究结果也支持了该观点,但我们也可以设计一项后续研究,通过改变样本,将高复杂性和低复杂性的企业包括在内,从而更加全面地检验该复杂性假设。若薪酬和 LTIP 在低复杂性企业中未起到促进作用,那么该理论就得到了更为有力的支持依据。Carpenter 和 Sanders(2004)研究发现,CEO-高管团队的薪酬差距越大,企业绩效就越低,表面上看是因为这将导致高管团队更严重的分裂(Hambrick 1995),尽管他们并没有真正对这种分裂进行衡量。

关于分裂问题的第二个观点使我们回想起之前在本章中所讨论的关于薪酬差异和薪酬离差的内容。在这方面,许多研究往往假设薪酬差异和薪酬离差会导致负面的社会后果,尽管一些学者通过调查该类薪酬差异对企业绩效所产生的影响［正如 Carpenter 和 Sanders（2004）所谈及的］来检验假设是否成立,但事实上并没有人真正对这些社会影响进行衡量,因此,我们提出以下命题。

命题 11-23：CEO 和其他高管团队成员间的薪酬差距越大,高管团队的分裂程度就越高,行为整合程度就越低。

命题 11-24：高管团队的薪酬离差越大,高管团队的分裂程度就越高,行为整合程度就越低。

同时,我们还可以进一步提出以下命题。

命题 11-25：高管团队的分裂程度或行为整合程度对 CEO 与其他高管成员间的薪酬差距和企业绩效的关系起调节作用。

命题 11-26：高管团队的分裂程度或行为整合程度对其薪酬离差与企业绩效间的关系起调节作用。

最后,Carpenter 和 Wade(2002)对非 CEO 高管薪酬及其人力资本与机会结构如何影响薪酬进行了研究。他们设计了多层次的框架结构以阐明战略性资源分配决策如何影响非 CEO 高管薪酬,以及 CEO 对非 CEO 高管薪酬的影响。既然企业战略被视为资源分配决策的一种模式(Child 1972),那么这样的分配就能够在一定程度上反映企业内部的职能依存性。他们认为,具有与企业职能范围相关的功能背景且获得更多资源分配的管理者,往往会获得更高的现金薪酬。此外,具有与 CEO 相似背景的管理者一般也会获得更高的薪酬。最后,他们推测级别较高的高管与 CEO 的背景相似度会更高。他们运用 1981—1985 年间仅包括前四个最高层级管理者(级别均在副总裁以上)的面板调查数据来检验这些预测。虽然证据有点混杂,但总体上还是支持了上述预测。

通过回顾关于薪酬差异、薪酬离差和 CEO-高管团队薪酬模式的相关研究,我们可以很明显地发现三者的基础理论框架具有高度一致性。这些理论基本上均来源于早期对平等和公平的社会心理学研究,其思想精髓我们已经在本章前面的部分进行了讨论。也许正是由于这些一致性的存在,现有研究还没有达到尽可能深入、精确的程度,这也表明仍有许多新的研究机会。在本章结论部分,我们会对相关观点进行总结。

为了更加清楚地阐述该领域的研究问题,我们最终选定了三个中心概念:薪酬差异、薪酬离差和 CEO-高管团队薪酬差距。然而,理论基础有时会造成概念间的相互重复,这表明研究者还未很好地将其理论转化为每一个概念。对于对此类研究感兴趣的学者而言,他们要面临的挑战是更加直接地揭示高管薪酬的垂直模式(如薪酬差异和CEO-高管团队薪酬差距)与水平模式(如薪酬离差)的真正含义。此外,对组内薪酬差距(Wright et al. 2005)的研究使这类问题的分析更加复杂化。除了一些明显的经验上的差异,几乎没有研究(除了Siegel and Hambrick 2005)解释了将高管薪酬差距划分为垂直模式或水平模式而非其他模式的原因。

第二点思考则是关于高管团队行为整合的角色问题。我们在前面提出了几个假设以将此核心概念嵌入高管团队薪酬模式的理论框架中,但还可以进行更多的探索。此外,我们认为在研究战略领导与高管薪酬时,明确一条清晰的因果链条是非常重要的。那么,是否存在一种特定的高管团队薪酬模式能够有效地直接影响企业绩效呢?我们可以看到,目前已有几项研究对这种关系进行了详细阐述,但对于那些能够更加细致地说明并进行实证检验的学者而言,对高管薪酬与企业绩效间的关键干预机制问题的研究同样是一次重要的研究机会。一些研究经常用隐性逻辑将高管与绩效关联起来,但由于缺乏对中介机制的考虑,这些研究结果可能会受其他各种因素的影响,如忽略变量偏误、样本选择偏误,或其他的设计缺陷。迄今为止报告的一些复杂结果可能正是受到这些问题的影响。

在分析高管团队薪酬模式对企业绩效的影响时,那些已把核心权变变量作为中介或调节因素的相关研究也给了我们极大的鼓励。相关研究已发现,复杂性、内部一致性、外部一致性、多元化、技术强度等因素在该领域很有前景。同时,该领域依然有更大的发展空间,例如,关于复杂性的重要性的一个观点也许会集中阐述复杂的行业、企业或战略(并未完全具体化)如何为激励一致性创造需求,因为当目标-途径关系不清晰且管理者拥有高度自主权时,行为基准控制会更加困难。在这种情况下,董事会主要依靠结果基准控制(如激励薪酬)以协调管理者行为与股东利益的一致性,而此举常常会增大薪酬差异和薪酬离差。另一项研究则认为,对于复杂情形的应对方式应该是,为那些有才干、有抱负的管理者设置额外的奖金,从而促使董事会提高总薪酬和激励薪酬。同样,在这种情况下,薪酬差异和薪酬离差可能也会随之增大。第三项研究认为,复杂型组织能够通过协调管理者对核心问题的关注而获益;若该观点正确,那么复杂性将减小薪酬差异和薪酬离差。总的来说,每一项研究都以一个关于企业绩效的适配型假设问题而结束——复杂程度会影响薪酬模式与企业绩效之间的关系。①

以上研究代表了三种不同的观点,这些观点对高管团队薪酬模式和企业绩效有不同的解释。一方面,这些例证说明,研究者需要仔细思考为什么复杂性(或多样化)会对薪酬模式产生影响,以及如何使那些概念性论点尽可能清晰化。另一方面,对于复杂性的分析结果也表明,该问题仍需进一步的研究以区分不同的理论基础。要想达到这样的效果,就需要许多不同类型的数据——遵循基本逻辑并且能够通过调查、定性方法或者实验获得的数据,这看起来是在研究过程中达成概念清晰化目标的可靠途径。

四、结 论

本章叙述了高管薪酬研究的概况,该领域不断增多的研究无疑是令人兴奋和期待的。未来的研究方向主要有:更加复杂的理论模型,对行为代理理论的详细阐述,对薪酬中社会和政治因素更深层次的理解,以及对其他高管尤其是对作为一个整体的高管团队的关注。所有的研究,无论其是基于理论还是基于经验,都有一个共同的要求——优质的数据。与组织研究的其他领域相比,对数据及数据库的获取已成为高管薪酬研究强有力的催化剂。对于研究者而言,其面临的潜在危险在于——很可能被数据吸引,却没有较好地对数据进行整合分析以使其发展成令人信服的相关理论。

第二个问题是测量。多年前大多数关于高管薪酬的研究仅报告了基本薪资和奖金方面的数据,而现在的主流研究设计已包含了各种股票与激励计划数据的收集。这当然很好,但我们也不能忽视其缺陷。当然,其中一部分缺陷也提供了更多的研究机会,例如,选择在代理权公告中披露同级高管薪酬就是研究社会比较和象征性行为的绝佳机会。

其他的数据缺陷可能会更麻烦。也许是因为它们已存在相当长的时间,忽略了对货币合理性的关注。例如,虽然 Black-Scholes 期权定价模型的某一版本通常用于股票期权的估值,"股票期权的最终实现……取决于员工风险偏好选

---

① 据我们所知,一个安全合理的、依赖于各种关于复杂性观点的可行性预期至今仍未被探索。从某种程度上而言,这是一个更加自然的假设,正如它将高管团队薪酬模式作为可支持或阻碍战略实行的管理机制的模式一样。

择后的企业股票价格表现……以及税法的变化"(Lambert, Larcker, and Weigelt 1993,444),但对货币的考虑并不是 Black-Scholes 期权定价模型估计的一部分。此外,对 Black-Scholes 期权定价模型的假设并不完全符合高管股票期权的假设(Kerr and Kren 1992),而且,管理者对其股票期权的估价常常低于 Black-Scholes 期权定价模型的估价,其中的差异可能包括概念性与经验性上的差异(Hall and Murphy 2002; Devers, Wiseman, and Holmes 2007)。同时,在评估其他类型的长期或有薪酬时可能存在更大的不确定性(Antle and Smith 1986)。这些问题依然没有解决(Lambert, Larcker, and Verrecchia 1991),导致实证研究中对高管薪酬的测量方法多种多样,无法统一。

除了估值方面的问题,还有一点需要注意,一些关注薪酬不同方面的研究表明,无论对高管薪酬的衡量是否包含长期薪酬,结果显然都一样(Benston 1985; Ely 1991; Hambrick and Finkelstein 1995; Lambert, Larcker, and Weigelt 1993; Lewellen and Huntsman 1970; Lambert, Larcker, and Verrecchia 1991)。因此,尽管包含长期或有薪酬后提供了更多关于高管薪酬的信息,这些信息的边际效应可能还是会被或许不可靠的衡量所抵消。

最后,我们还要补充一个新的问题——股票期权回溯。在此情况下,尽管股票期权回溯的确歪曲了对高管薪酬的真实测量,但从研究的角度来看,这种歪曲现象本身仍是有趣的。股票期权回溯是操纵高管薪酬设置的一个明显例子,同时也是一个很有趣的研究话题。虽然解释哪些企业比其他企业更有可能进行股票期权回溯成为一个显而易见(尽管仍然相关)的研究问题,但研究股票期权回溯对组织产出的影响将会变得非常有趣。

总而言之,高管薪酬的潜在效应是多种多样的:起作用的或者失效的,预期中的或者出乎意料的。我们已经从多元化理论的视角对大部分高管薪酬效应进行了阐释。鉴于基本假设中的差异,这些不同的观点之间依然会出现不一致或者矛盾之处。然而,从研究的角度来看,这些研究均为进一步的理论检验和对比分析提供了很好的机会。过去,对高管薪酬的研究主要关注的是决定性因素,并从个体角度进行分析。本章则着眼于对高管薪酬效应和薪酬分配的综合性研究,以表明其研究的潜力,从而进行更加深入的探讨。

参考文献

Abrahamson, Eric. 1991. Managerial fads and fashions: The diffusion and rejection of innovations. *Academy of Management Review* 16(3): 586-612.

Abrahamson, Eric. 1996. Management fashion, academic fashion, and enduring truths. *Academy of Management Review* 21(3): 616-618.

Abrahamson, Eric, and Donald C. Hambrick. 1997. Attentional homogeneity in industries: The effect of discretion. *Journal of Organizational Behavior* 18(Special Issue): 513-532.

Abrahamson, Eric, and Choelsoon Park. 1994. Concealment of negative organizational outcomes: An agency theory perspective. *Academy of Management Journal* 37(5): 1302-1134.

Abrahamson, Eric, and Lori Rosenkopf. 1997. Social network effects on the extent of innovation diffusion: A computer simulation. *Organization Science* 8(3): 289-309.

Ackerman, Robert W. 1970. Influence of integration and diversity on the investment process. *Administrative Science Quarterly* 15: 341-351.

Adams, J. Stacey. 1963. Toward an understanding of inequity. *Journal of Abnormal and Social Psychology* 67: 422-436.

Adams, J. Stacey. 1965. Inequity in social exchange. In *Advances in experimental social psychology*, edited by Leonard Berkowitz, 267-299. New York: Academic Press.

Agarwal, Naresh C. 1981. Determinants of executive compensation. *Industrial Relations* 20(1): 36-46.

Aggarwal, Rajesh K., and Andrew A. Samwick. 1999a. Executive compensation, strategic competition, and relative performance evaluation: Theory and evidence. *Journal of Finance* 54(6): 1999-2043.

Aggarwal, Rajesh K., and Andrew A. Samwick. 1999b. The other side of the trade-off: The impact of risk on executive compensation. *Journal of Political Economy* 107(1): 65-105.

Agle, Bradley R., Ronald K. Mitchell, and Jeffrey A. Sonnenfeld. 1999. Who matters to CEOs? An investigation of stakeholder attributes and salience, corporate performance, and CEO values. *Academy of Management Journal* 42: 507-526.

Agle, Bradley R., Nandu J. Nagarajan, Jeffrey A. Sonnenfeld, and Dhinu Srinivasan. 2006. Does CEO charisma matter? An empirical analysis of the relationships among organizational performance, environmental uncertainty, and top management team perceptions of CEO charisma. *Academy of Management Journal* 49(1): 161-174.

Agle, Bradley R., and Jeffrey A. Sonnenfeld. 1994. Charismatic chief executive officers: Are they more effective? An empirical test of charismatic leadership theory. *Academy of Management Best Papers Proceedings*, 2-6.

Agrawal, Anup, and Charles R. Knoeber. 1996. Firm performance and mechanisms to control agency problems between managers and shareholders. *Journal of Financial and Quantitative Analysis* 31: 377-397.

Aguilar, Francis J. 1967. *Scanning the business environment*. New York: MacMillan.

Aguilar, Francis J., R. Hamermesh, and C. Brainard. 1991. General Electric: Reg Jones and Jack Welch. Harvard Business School Case.

Akaah, Ishmael P., and Daulatram Lund. 1994. The influence of personal and organizational values on marketing professionals' ethical behavior. *Journal of Business Ethics* 13(6): 417-430.

Akerlof, George A., and Janet Yellen. 1985. Unemployment through the filter of memory. *Quarterly Journal of Economics* 100(3): 747-772.

Alchian, Armen A., and Harold Demsetz. 1972. Production, information costs and economic organization. *American Economic Review* 62: 777-795.

Aldrich, Howard E. 1979. *Organizations and environments*. Englewood Cliffs, N. J.: Prentice-Hall.

Alexander, Jeffrey A., Mary L. Fennell, and Michael T. Halpern. 1993. Leadership instability in hospitals: The influence of board-CEO relations and organizational growth and decline. *Administrative Science Quarterly* 38(1): 74-99.

Allen, Michael P. 1974. The structure of interorganizational elite cooptation: interlocking corporate directorates. *American Sociological Review* 39: 393-406.

Allen, Michael P. 1981. Power and privilege in the large corporation: Corporate control and managerial compensation. *American Journal of Sociology* 86: 1112–1123.

Allen, Michael P., and Sharon K. Panian. 1982. Power, performance and succession in the large corporation. *Administrative Science Quarterly* 27: 538–547.

Allen, Michael P., Sharon K. Panian, and R. Lotz. 1979. Managerial succession and organizational performance: A recalcitrant problem revisited. *Administrative Science Quarterly* 24: 167–180.

Allison, Graham T. 1971. *Essence of decision: Explaining the Cuban missile crisis*. Boston: Little, Brown.

Allport, Gordon W., Philip E. Vernon, and Gardner Lindzey. 1970. *Study of values*. New York: Houghton Mifflin.

Altemeyer, Robert. 1966. Education in the arts and sciences: Divergent paths. Unpublished Ph. D. dissertation, Carnegie Institute of Technology, Pittsburgh.

Alvarez, Sharon A., and Lowell W. Busenitz. 2001. The entrepreneurship of resource-based theory. *Journal of Management* 27(6): 755–775.

Amason, Allen C. 1996. Distinguishing the effects of functional and dysfunctional conflict on strategic decision making: Resolving a paradox for top management teams. *Academy of Management Journal* 39(1): 123–148.

Amason, Allen C., Wayne A. Hochwarter, Kenneth R. Thompson, and Allison W. Harrison. 1995. Conflict: An important dimension in successful management teams. *Organizational Dynamics* 24(2): 20–35.

Amason, Allen C., and Harry J. Sapienza. 1997. The effects of top management team size and interaction norms on cognitive and affective conflict. *Journal of Management* 23(4): 495–516.

Amason, Allan C., and David M. Schweiger. 1992. Toward a general theory of top management teams: An integrative framework. Paper presented at the Annual Meetings of the Academy of Management, Las Vegas, NV.

American Law Institute. 1984. *Principles of corporate governance: Analysis and recommendations*. Philadelphia, PA: American Law Institute.

Amihud, Yakov, and Baruch Lev. 1981. Risk reduction as a managerial motive for conglomerate mergers. *Bell Journal of Economics* 12: 605–617.

Ancona, Deborah G. 1990. Top management teams: Preparing for the revolution. In *Applied social psychology and organizational settings*, edited by John S. Carroll, 99–128. Hillsdale, NJ: Erlbaum.

Ancona, Deborah G., and David F. Caldwell. 1992. Demography and design: Predictors of new product team performance. *Organization Science* 3: 321-341.

Anderson, Carl R. 1977. Locus of control, leader behavior, and leader performance among management students. *Academy of Management Journal* 20: 446-451.

Anderson, Carl R., Donald Hellriegel, and John W. Slocum, Jr. 1977. Managerial response to environmentally induced stress. *Academy of Management Journal* 20: 260-272.

Anderson, Carl R., and Craig E. Schneier. 1978. Locus of control, leader behavior, and leader performance among management students. *Academy of Management Journal* 21: 690-698.

Anderson, Charles A., and Robert N. Anthony. 1986. *The new corporate directors: Insights for board members and executives*. New York: Wiley.

Anderson, Ronald, C., and John M. Bizjak. 2003. An empirical examination of the role of the CEO and the compensation committee in structuring executive pay. *Journal of Banking & Finance* 27: 1323-1348.

Anderson, Ronald C., Sattar A. Mansi, and David M. Reeb. 2003. Founding family ownership and the agency cost of debt. *Journal of Financial Economics* 68: 263-285.

Anderson, Ronald C., and David M. Reeb. 2002. Founding family ownership, corporate diversification, and firm leverage. In Working Paper. American University.

Anderson, Ronald C., and David M. Reeb. 2003. Founding-family ownership and firm performance: Evidence from the S&P 500. *Journal of Finance* 58(3): 1301-1328.

Anderson, Ronald C., and David M. Reeb. 2004. Board composition: Balancing family influence in S&P 500 firms. *Administrative Science Quarterly* 49: 209-237.

Andrews, I. R., and Mildred M. Henry. 1963. Management attitudes toward pay. *Industrial Relations* 3: 29-39.

Andrews, Kenneth R. 1971. *The concept of corporate strategy*. Homewood, IL: Dow Jones-Irwin.

Andrews, Kenneth R. 1981. Corporate strategy as a vital function of the board. *Harvard Business Review* 59(6): 174-188.

Ansoff, H. Igor. 1965. *Corporate Strategy: An analytic approach to business policy for growth and expansion*. New York: McGraw-Hill.

Antle, Rick, and Abbie Smith. 1986. An empirical investigation into the relative performance of corporate executives. *Journal of Finance* 18: 593-616.

Armenakis, Achilles, William Fredenberger, Linda Cherones, Hubert Feild, William Giles, and William Holley. 1995. Symbolic actions used by business turnaround change agents. *Academy of Management Best Papers Proceedings*, 229-233.

Arrow, Kenneth J. 1974. *The limits of organization*. 1st ed. New York: Norton.

Arthaud-Day, Marne, S. Trevis Certo, Catherine M. Dalton, and Dan R. Dalton. 2006. A changing of the guard: Executive and director turnover following corporate financial restatements. *Academy of Management Journal* 49(6): 1119-1136.

Ashcraft, Karen Lee. 1999. Managing maternity leave: A qualitative analysis of temporary executive succession. *Administrative Science Quarterly* 44: 240-240.

Athanassiou, Nicholas, and Douglas Nigh. 1999. The impact of U.S. company internationalization on top management team advice networks: A tacit knowledge perspective. *Strategic Management Journal* 20(1): 83-92.

Axelrod, Robert M. 1976. *Structure of decision: The cognitive maps of political elites*. Princeton, NJ: Princeton University Press.

Bailey, Elizabeth E., and Constance E. Helfat. 2001. External management succession, human capital, and firm performance: An integrative analysis. *Managerial and Decision Economics* 24(4): 347-369.

Bailey, Wendy, and Andrew Spicer. 2007. When does national identity matter? Convergence and divergence in international business ethics. *Academy of Management Journal* 50(6): 1462-1480.

Baker, George P., Michael C. Jensen, and Kevin J. Murphy. 1988. Compensation and incentives: Practice vs. theory. *Journal of Finance* 18: 593-616.

Baker, Malcolm P., and Paul A. Gompers. 2001. The determinants of board structure at the initial public offering. *Journal of Law and Economics* 56: 569-598.

Baliga, B. Ram, R. Charles Moyer, and Ramesh S. Rao. 1996. CEO duality and firm performance: What's the fuss? *Strategic Management Journal* 17(1): 41-53.

Balkin, David B., and Luis R. Gomez-Mejia. 1987. Toward a contingency theory of compensation strategy. *Strategic Management Journal* 8: 169-182.

Balkin, David B., and Luis R. Gomez-Mejia. 1990. Matching compensation and organizational strategies. *Strategic Management Journal* 11: 153-169.

Balkin, David B., Gideon D. Markman, and Luis R. Gomez-Mejia. 2000. Is CEO pay in high-technology firms related to innovation? *Academy of Management Journal* 43(6): 1118-1129.

Balkundi, Prasad, and David A. Harrison. 2006. Ties, leaders, and time in teams: Strong inference about network structure's effects on team viability and performance. *Academy of Management Journal* 49(1): 49-68.

Bandura, Albert. 1977. *Social learning theory*. Englewood Cliffs, NJ: Prentice Hall.

Bantel, Karen A., and Sydney Finkelstein. 1995. The determinants of top management teams. In

Advances in group processes, edited by Barry Markovsky, Jodi O'Brian and Karen Heimer, 139–165. Greenwich, CT: JAI Press.

Bantel, Karen A., and Susan E. Jackson. 1989. Top management and innovations in banking: Does the composition of the top team make a difference? *Strategic Management Journal* 10: 107–124.

Barbosa, Ricardo R. 1985. Innovation in a mature industry. Unpublished Ph. D. dissertation, Columbia University, New York.

Bardach, Eugene. 1977. *The implementation game*. Cambridge, MA: MIT Press.

Barkema, Harry G. 1993. Do top managers work harder when they are monitored? Paper presented at the Annual Meetings of the Academy of Management, Chicago, IL.

Barkema, Harry G., and Luis R. Gomez-Mejia. 1998. Managerial compensation and firm performance: A general research framework. *Academy of Management Journal* 41(2): 135–145.

Barkema, Harry G., and Johannes M. Pennings. 1998. Top management pay: Impact of overt and covert power. *Organization Studies* 19(6): 975.

Barker, Vincent L., III, Paul W. Patterson, Jr., and George C. Mueller. 2001. Organizational causes and strategic consequences of the extent of top management team replacement during turnaround attempts. *Journal of Management Studies* 38(2): 235–269.

Barker, Vincent L., and George C. Mueller. 2002. CEO characteristics and firm R&D spending. *Management Science* 48: 782–801.

Barnard, Chester I. 1938. *Functions of the executive*. Cambridge, MA: Harvard University Press.

Barney, Jay B. 1991. Firm resources and sustained competitive advantage. *Journal of Management* 17(1): 99–120.

Barney, Jay B. 2002. *Gaining and sustaining competitive advantage*. 2nd ed. Upper Saddle River, NJ: Prentice Hall.

Baron, James N., and Karen S. Cook. 1992. Process and outcome: Perspectives on the distribution of rewards in organizations. *Administrative Science Quarterly* 37: 191–197.

Barrick, Murray R., Bret Bradley, Amy L. Kristof-Brown, and Amy E. Colbert. 2007. The moderating role of top management team interdependence: Implications for real teams and working groups. *Academy of Management Journal* 50(3):544–557.

Barsade, Sigal G., Andrew J. Ward, J. D. F. Turner, and Jeffrey A. Sonnenfeld. 2001. To your heart's content: A model of affective diversity in top management teams (vol.45, p.802, 2000). *Administrative Science Quarterly* 46(1): 174.

Bass, Bernard M. 1985. *Leadership and performance beyond expectations*. New York: Free Press.

Bateman, Thomas S., Hugh M. O'Neill, and Amy Kenworthy-U'Ren. 2002. A hierarchical taxonomy of top managers' goals. *Journal of Applied Psychology* 87(6): 1134–1148.

Baumeister, Roy E., Laura Smart, and Joseph M. Boden. 1996. Relation of threatened egotism to violence and aggression: The dark side of high self-esteem. *Psychological Review* 103(1): 5–33.

Baumol, William J. 1967. *Business behavior, value and growth*. New York: Harcourt, Brace and World.

Baumrin, Sara W. 1990. New CEOs at the helm in large firms: The relationship of the succession context to subsequent organizational change and performance, Unpublished Ph. D. dissertation, Columbia University, New York.

Baysinger, Barry D., and Henry N. Butler. 1985. Corporate governance and the board of directors: Performance effects of changes in board composition. *Journal of Law, Economics, and Organization* 1: 101–124.

Baysinger, Barry D., and Robert E. Hoskisson. 1989. Diversification strategy and R&D intensity in multiproduct firms. *Academy of Management Journal* 32(2): 310–332.

Baysinger, Barry D., and Robert E. Hoskisson. 1990. The composition of boards of directors and strategic control: Effects on corporate strategy. *Academy of Management Review* 15(1): 72–87.

Baysinger, Barry D., Rita D. Kosnik, and Thomas A. Turk. 1991. Effects of board and ownership structure on corporate R&D strategy. *Academy of Management Journal* 34: 205–214.

Baysinger, Barry D., and Carl P. Zeithaml. 1986. Corporate strategy and board of directors' composition: Theory and empirical evidence. Paper presented at the Annual Meetings of the Academy of Management, Chicago, IL.

Bazerman, Max H., and Margaret A. Neal. 1982. Improving negotiation effectiveness under final offer arbitration: The role and selection of training. *Journal of Applied Psychology* 67: 543–548.

Beal, Daniel J., Robin R. Cohen, Michael J. Burke, and Christy L. McLendon. 2003. Cohesion and performance in groups: A meta-analytic clarification of construct relations. *Journal of Applied Psychology* 88(6): 989–1004.

Beal, Reginald M., and Masoud Yasai-Ardekani. 2000. Performance implications of aligning CEO functional experiences with competitive strategies. *Journal of Management* 26(4): 733–762.

Beatty, Randolph P., and Edward J. Zajac. 1987. CEO change and firm performance in large corporations: Succession effects and manager effects. *Strategic Management Journal* 8(4): 305–317.

Beatty, Randolph P., and Edward J. Zajac. 1994. Managerial incentives, monitoring, and risk bearing: A study of executive compensation, ownership, and board structure in initial public offerings. *Administrative Science Quarterly* 39(2): 313–335.

Bebchuk, Lucian Arye, and Jesse M. Fried. 2003. Executive compensation as an agency problem. *Journal of Economic Perspectives* 17(3): 71–92.

Becker, Brian E., and Mark A. Huselid. 1992. The incentive effects of tournament compensation systems. *Administrative Science Quarterly* 37: 336–350.

Becker, Gary S. 1964. *Human capital: A theoretical and empirical analysis, with special reference to education*. New York: National Bureau of Economic Research; distributed by Columbia University Press.

Becker, Gary S. 1975. *Human capital*. Chicago: University of Chicago Press.

Becker, Marshall H. 1970a. Factors affecting diffusion of innovations among health professionals. *American Journal of Public Health* 60: 294–304.

Becker, Marshall H. 1970b. Sociometric location and innovativeness: Reformulation and extension of the diffusion model. *American Sociological Review* 35: 267–304.

Beekun, Rafik I., Yvonne Stedham, and Gary J. Young. 1998. Board characteristics, managerial controls and corporate strategy: A study of U.S. Hospitals. *Journal of Management* 24(1): 3–19.

Begley, Thomas M., and David P. Boyd. 1987. Psychological characteristics associated with performance in entrepreneurial firms and smaller businesses. *Journal of Business Venturing* 2: 79–93.

Belliveau, Maura A., Charles A. O'Reilly, III, and James B. Wade. 1996. Social capital at the top: Effects of social similarity and status on CEO compensation. *Academy of Management Journal* 39(6): 1568–1593.

Bendix, Richard. 1956. *Work and authority in industry*. New York: Wiley.

Benston, George J. 1985. The self-serving management hypothesis: Some evidence. *Journal of Accounting and Economics* 7: 67–84.

Berg, Norman A. 1969. What's different about conglomerate management? *Harvard Business Review* 47(6): 112–120.

Berg, Norman A. 1973. Corporate role in diversified companies. In *Business policy: Teaching and research*, edited by Bernard Taylor and Keith MacMillan, 298–347. New York: Halsted Press.

Berg, Sanford V., and S. K. Smith. 1978. CEO and board chairman: A quantitative study of dual vs. unitary board leadership. *Directors and Boards*: 34–39.

Berger, Joseph, B. P. Cohen, and Morris Zelditch, Jr. 1972. Structural aspects of distributive justice: A status value formulation. In *Sociological theories in progress*, edited by Joseph Berger, Morris Zelditch, Jr., and Bo Anderson, 119-146. Boston: Houghton Mifflin.

Berger, Joseph, M. Hamit Fisek, Robert Z. Norman, and David G. Wagner. 1985. The formation of reward expectations in status situations. In *Status, rewards and influence: How expectations organize behavior*, edited by Joseph Berger and Morris Zelditch, Jr., 215-261. San Francisco: Jossey-Bass.

Bergh, Donald D. 2001. Executive retention and acquisition outcomes: A test of opposing views on the influence of organizational tenure. *Journal of Management* 27(5): 603-622.

Berle, Adolf A., and Gardiner C. Means. 1932. *The modern corporation and private property*. New York: Macmillan.

Bertrand, Marianne, and Antoinette Schoar. 2003. Managing with style: The effect of managers on firm policies. *Quarterly Journal of Economics* 118(4): 1169-1208.

Bettenhausen, Kenneth, and J. Keith Murnighan. 1985. The emergence of norms in competitive decision-making groups. *Administrative Science Quarterly* 30: 350-372.

Bettman, James R., and Barton A. Weitz. 1983. Attributions in the boardroom: Causal reasoning in corporate annual reports. *Administrative Science Quarterly* 28: 165-183.

Beyer, Janice M., Prithviraj Chattopadhyay, Elizabeth George, William H. Glick, dt ogilvie, and Dulce Pugliese. 1997. The selective perception of managers revisited. *Academy of Management Journal* 40(3): 716-737.

Bibeault, Donald B. 1982. *Corporate turnaround*. New York: McGraw-Hill.

Bigley, Gregory A., and Margarethe F. Wiersema. 2002. New CEOs and corporate strategic refocusing: How experience as heir apparent influences the use of power. *Administrative Science Quarterly* 47: 707-727.

Bilimoria, Diana, and Sandy Kristin Piderit. 1994. Board committee membership: Effects of sex-based bias. *Academy of Management Journal* 37(6): 1453-1477.

Birnbaum, Philip H. 1984. The choice of strategic alternatives under increasing regulation in high technology companies. *Academy of Management Journal* 27: 489-510.

Bizjak, John M., Michael L. Lemmon, and Lalitha Naveen. 2007. Has the use of peer groups contributed to higher levels of executive compensation? (March, 2007). Available at SSRN: http://ssrn.com/abstract=252544.

Blackwell, David W., James A. Brickley, and Michael S. Weisbach. 1994. Accounting information and internal performance evaluation: Evidence from Texas Banks. *Journal of Accounting and Economics* 17: 331-358.

Blau, Judith R., and William McKinley. 1979. Ideas, complexity, and innovation. *Administrative Science Quarterly* 24: 200-219.

Blau, Peter M. 1964. *Exchange and power in social life.* New York: Wiley.

Blau, Peter M. 1970. A formal theory of differentiation in organizations. *American Sociological Review* 35: 201-218.

Bloom, Matt. 1999. The performance effects of pay dispersion on individuals and organizations. *Academy of Management Journal* 42(1): 25-40.

Bloom, Matt, and John G. Michel. 2002. The relationships among organizational context, pay dispersion, and managerial turnover. *Academy of Management Journal* 45(1): 33-42.

Bloom, Matt, and George T. Milkovich. 1998. Relationships among risk, incentive pay, and organizational performance. *Academy of Management Journal* 41(3): 283-297.

Boeker, Warren. 1992. Power and managerial dismissal: Scapegoating at the top. *Administrative Science Quarterly* 27: 538-547.

Boeker, Warren. 1997a. Executive migration and strategic change: The effect of top manager movement on product-market entry. *Administrative Science Quarterly* 42(2): 213-236.

Boeker, Warren. 1997b. Strategic change: The influence of managerial characteristics and organizational growth. *Academy of Management Journal* 40(1): 152-170.

Boeker, Warren, and Jerry Goodstein. 1991. Organizational performance and adaptation: Effects of environment and performance on changes in board composition. *Academy of Management Journal* 34: 805-826.

Boeker, Warren, and Jerry Goodstein. 1993. Performance and successor choice: The moderating effects of governance and ownership. *Academy of Management Journal* 36: 172-186.

Boone, Christophe, and Bert de Brabander. 1993. Generalized vs. specific locus of control expectancies of chief executive officers. *Strategic Management Journal* 14: 619-625.

Boone, Christophe, Bert de Brabander, and Arjen van Witteloostuijn. 1996. CEO locus of control and small firm performance: An integrative framework and empirical test. *Journal of Management Studies* 33(5): 667-699.

Boone, Christophe, Woody van Olffen, Arjen van Witteloostuijn, and Burt de Brabander. 2004. The genesis of top management team diversity: Selective turnover among top management teams in Dutch newspaper publishing, 1970-1994. *Academy of Management Journal* 47(5): 633-656.

Booth, James R., and Daniel N. Deli. 1996. Factors affecting the number of outside directorships held by CEOs. *Journal of Financial Economics* 40(1): 81-104.

Boulton, William R. 1978. The evolving board: A new look at the board's changing roles and information needs. *Academy of Management Review* 3: 827–836.

Bourgeois, L. Jay, III. 1980. Performance and consensus. *Strategic Management Journal* 1: 227–248.

Bourgeois, L. Jay, III. 1981. On the measurement of organizational slack. *Academy of Management Review* 6: 29–39.

Bourgeois, L. Jay, III. 1985. Strategic goals, perceived uncertainty, and economic performance in volatile environments. *Academy of Management Journal* 28: 548–573.

Bourgeois, L. Jay, III, and Kathleen M. Eisenhardt. 1988. Strategic decision processes in high velocity environments: Four cases in the microcomputer industry. *Management Science* 34(7): 816–835.

Bower, Joseph L. 1970. *Managing the resource allocation process*. Boston, MA: Harvard Business School Press.

Bower, Joseph L. 1986. *Managing the resource allocation process*. New York: McGraw-Hill.

Bowman, Cliff, and Veronique Ambrosini. 1997. Perceptions of strategic priorities, consensus and firm performance. *Journal of Management Studies* 34(2): 241–258.

Bowman, Edward H. 1976. Strategy and the weather. *Sloan Management Review* 17: 49–62.

Boyd, Brian K. 1994. Board control and CEO compensation. *Strategic Management Journal* 15(5): 335–344.

Boyd, Brian K. 1995. CEO duality and firm performance: A contingency model. *Strategic Management Journal* 16(4): 301–312.

Boyd, Brian K., Gregory G. Dess, and Abdul M. A. Rasheed. 1993. Divergence between archival and perceptual measures of the environment: Causes and consequences. *Academy of Management Review* 18(2): 204–226.

Boyd, Brian K., Steve Gove, and Michael A. Hitt. 2004. Consequences of measurement problems in strategic management research: The case of Amihud and Lev. *Strategic Management Journal* 26: 367–375.

Boyd, Brian K., and Alain Salamin. 2001. Strategic reward systems: A contingency model of pay system design. *Strategic Management Journal* 22(8): 777–792.

Brenner, Menachem, Rangarajan K. Sundaram, and David Yermack. 2000. Altering the terms of executive stock options. *Journal of Financial Economics* 57: 103–128.

Brickley, James A. 1986. Interpreting common stock returns around proxy statement disclosures and annual shareholder meetings. *Journal of Financial and Quantitative Analysis* 21: 343–349.

Brickley, James A., Sanjai Bhagat, and Ronald C. Lease. 1985. The impact of long-range managerial compensation plans on shareholder wealth. *Journal of Accounting and Economics* 7: 115–129.

Brickley, James A., Jeffrey L. Coles, and Rory L. Terry. 1994. Outside directors and the adoption of poison pills. *Journal of Financial Economics* 35: 371–390.

Brickley, James A., and Christopher M. James. 1987. The takeover market, corporate board composition, and ownership structure: The case of banking. *Journal of Law and Economics* 10: 161–180.

Brickley, James A., Ronald C. Lease, and Clifford W. Smith, Jr. 1988. Ownership structure and voting on antitakeover amendments. *Journal of Financial Economics* 20: 267–291.

Brickley, James A., James S. Linck, and Jeffrey L. Coles. 1999. What happens to CEOs after they retire? *Journal of Financial Economics* 52: 341–337.

Brockhaus, Robert H. 1980. Psychological and environmental factors which distinguish the successful from the unsuccessful entrepreneur: A longitudinal study. *Academy of Management Best Papers Proceedings*: 368–372.

Bromiley, Philip. 1991. Testing a causal model of corporate risk taking and performance. *Academy of Management Journal* 34: 37–54.

Brown, James K. 1981. *Corporate directorship practices: The planning committee*. New York: The Conference Board.

Brown, M. Craig. 1982. Administrative succession and organizational performance: The succession effect. *Administrative Science Quarterly* 27: 1–16.

Brown, Reva Berman, and Roger Coverley. 1999. Succession planning in family businesses: A study from East Anglia, UK. *Journal of Small Business Management* 37(1): 93–97.

Buchholtz, Ann K., and Barbara A. Ribbens. 1994. Role of chief executive officers in takeover resistance: Effects of CEO incentives and individual characteristics. *Academy of Management Journal* 37: 554–579.

Buda, Richard, and Sayed M. Elsayed-Elkhouly. 1998. Cultural differences between Arabs and Americans: Individualism-collectivism revisited. *Journal of Cross-Cultural Psychology* 29(3): 487–492.

Bunderson, J. Stuart. 2003. Team member functional background and involvement in management teams: Direct effects and the moderating role of power centralization. *Academy of Management Journal* 46(4): 458–473.

Bunderson, J. Stuart, and Kathleen M. Sutcliffe. 2002. Comparing alternative conceptualizations of functional diversity in management teams: Process and performance effects. *Academy of Management Journal* 45(5): 875–893.

Burgelman, Robert A. 1983. A process model of internal corporate venturing in the diversified major firm. *Administrative Science Quarterly* 28(2): 223–244.

Burgelman, Robert A. 2002. Strategy as vector and the inertia of coevolutionary lock-in. *Administrative Science Quarterly* 47: 325–357.

Burns, Lawton R., and Douglas R. Wholey. 1993. Adoption and abandonment of matrix management programs: Effects of organizational characteristics and interorganizational networks. *Academy of Management Journal* 36(1): 106–138.

Burns, Tom, and George M. Stalker. 1961. *The management of innovation*. London: Tavistock.

Burrell, Gibson, and Gareth Morgan. 1979. *Sociological paradigms and organizational analysis*. London: Heinemann.

Burt, Ronald S. 1979. A structural theory of interlocking corporate directorates. *Social Networks* 1: 415–435.

Burt, Ronald S. 1980. Cooptive corporate actor networks: A reconsideration of interlocking directorates involving American manufacturing. *Administrative Science Quarterly* 25: 557–582.

Burt, Ronald S. 1983. *Corporate profits and cooptation: Networks of market constraints and directorate ties in the American economy*. New York: Academic Press.

Burt, Ronald S. 1992. *Structural holes: The social structure of competition*. Cambridge, MA: Harvard University Press.

Burt, Ronald S., and Mark Knez. 1995. Kinds of third-party effects on trust. *Rationality and Society* 7: 255–292.

Burt, Ronald S., and Mark Knez. 1996. Trust and third-party gossip. In *Trust in organizations*, edited by Roderick M. Kramer and Tom R. Tyler, 68–89. Thousand Oaks, CA: Sage.

Busenitz, Lowell W., and Jay B. Barney. 1997. Differences between entrepreneurs and managers in large organizations: Biases and heuristics in strategic decision-making. *Journal of Business Venturing* 12(1): 9–30.

Byrd, John W., and Kent A. Hickman. 1992. Do outside directors monitor managers? *Journal of Financial Economics* 32: 195–221.

Byrne, Barbara M. 1984. The general/academic self-concept nomological network. *Review of Educational Research* 54: 427–456.

Byrne, Donn. 1961. Interpersonal attraction as a function of affiliation need and attitude similarity. *Human Relations* 14: 63–70.

Byrne, Donn. 1971. *The attraction paradigm*. New York: Academic Press.

Cable, Daniel M., and Brian Murray. 1999. Tournaments versus sponsored mobility as determinants of job search success. *Academy of Management Journal* 42(4): 439-449.

Cafferata, G. L. 1979. An attribution theory of professional ideology. Working Paper, University of Rochester.

Campbell, W. Keith, Adam S. Goodie, and Joshua D. Foster. 2004. Narcissism, confidence, and risk attitude. *Journal of Behavioral Decision Making* 17(4): 297-311.

Cannella, Albert A., Jr., Donald R. Fraser, D. Scott Lee, and Matthew B. Semadeni. 2002. Fight or flight: Managing stigma in executive careers. *Academy of Management Best Papers Proceedings*, 2-6.

Cannella, Albert A., Jr., and Donald C. Hambrick. 1993. Effects of executive departures on the performance of acquired firms. *Strategic Management Journal* 14: 137-152.

Cannella, Albert A., Jr., and Tim R. Holcomb. 2005. A multilevel analysis of the upper-echelons model. In *Research in Multi-Level Issues*, edited by Alfred Dansereau and Francis J. Yammarino, 197-237. Oxford, UK: Elsevier Ltd.

Cannella, Albert A., Jr., and Michael Lubatkin. 1993. Succession as a sociopolitical process: Internal impediments to outsider selection. *Academy of Management Journal* 36(4): 763-793.

Cannella, Albert A., Jr., Jong-Hun Park, and Ho-uk Lee. 2008. Top management team functional background diversity and firm performance: Examining the roles of team member co-location and environmental uncertainty. *Academy of Management Journal* 51(4): In Press.

Cannella, Albert A., Jr., and W. Glenn Rowe. 1995. Leader capabilities, succession, and competitive context: A study of professional baseball teams. *Leadership Quarterly* 6: 69-88.

Cannella, Albert A., Jr., and W. Shen. 2001. So close and yet so far: Promotion versus exit for CEO heirs apparent. *Academy of Management Journal* 44(2): 252-270.

Carlson, Richard O. 1962. *Executive succession and organizational change*. Danville, IL: Interstate Printers and Publishers.

Carpenter, Jennifer N., and Barbara Remmers. 2001. Executive stock option exercises and inside information. *Journal of Business* 74(4): 513-534.

Carpenter, Mason A. 2000. The price of change: The role of CEO compensation in strategic variation and deviation from industry strategy norms. *Journal of Management* 26(6): 1179-1198.

Carpenter, Mason A. 2002. The implications of strategy and social context for the relationship between top management team heterogeneity and firm performance. *Strategic Management Journal* 23(2): 275-284.

Carpenter, Mason A., and James W. Fredrickson. 2001. Top management teams, global strategic posture, and the moderating role of uncertainty. *Academy of Management Journal* 44(3):

533-545.

Carpenter, Mason A., Marta A. Geletkanycz, and William Gerard Sanders. 2004. The upper echelons revisited: Antecedents, elements, and consequences of top management team composition. *Journal of Management* 60(6): 749-778.

Carpenter, Mason A., and Brian R. Golden. 1997. Perceived managerial discretion: A study of cause and effect. *Strategic Management Journal* 18(3): 187-206.

Carpenter, Mason A., Timothy G. Pollock, and Myleen M. Leary. 2003. Governance, the experience of principals and agents, and global strategic intent: Testing a model of reasoned risk-taking. *Strategic Management Journal* 24: 803-820.

Carpenter, Mason A., and William Gerard Sanders. 2002. Top management team compensation: The missing link between CEO pay and firm performance? *Strategic Management Journal* 23(4): 367-375.

Carpenter, Mason A., and William Gerard Sanders. 2004. The effects of top management team pay and firm internationalization on MNC performance. *Journal of Management* 30(4): 509-528.

Carpenter, Mason A., William Gerard Sanders, and Hal B. Gregersen. 2001. Bundling human capital with organizational context: The impact of international assignment experience on multinational firm performance and CEO pay. *Academy of Management Journal* 44(3): 493-511.

Carpenter, Mason A., and Jeongil Seo. 2007. Strategic refocusing as a pathway to controlling CEO pay. In *Current topics in management*, edited by M. Afzalur Rahim, 129-152. New York: Transaction Publishers.

Carpenter, Mason A., and James B. Wade. 2002. Microlevel opportunity structures as determinants of non-CEO executive pay. *Academy of Management Journal* 45: 1085-1103.

Carpenter, Mason A., and James D. Westphal. 2001. The strategic context of external network ties: Examining the impact of director appointments on board involvement in strategic decision making. *Academy of Management Journal* 44(4): 639-660.

Carroll, Glenn R. 1984. The dynamics of publisher succession in newspaper organizations. *Administrative Science Quarterly* 29: 93-113.

Carter, E. Eugene. 1971. The behavioral theory of the firm and top-level corporate decisions. *Administrative Science Quarterly* 16: 413-428.

Carter, Mary Ellen, and Luann J. Lynch. 2001. An examination of executive stock option repricing. *Journal of Financial Economics* 61(2): 207-225.

Castanias, Richard P., and Constance E. Helfat. 1991. Managerial resources and rents. *Journal of Management* 17(1): 155-171.

Castanias, Richard P., and Constance E. Helfat. 1992. Managerial and windfall rents in the market for corporate control. *Journal of Economic Behavior and Organization* 18(2): 153-184.

Castanias, Richard P., and Constance E. Helfat. 2001. The managerial rents model: Theory and empirical analysis. *Journal of Management* 27(6): 661-678.

Certo, S. Trevis. 2003. Influencing initial public offering investors with prestige: Signaling with board structures. *Academy of Management Review* 28: 432-446.

Certo, S. Trevis, Catherine M. Daily, Albert A. Cannella, Jr., and Dan R. Dalton. 2003. Giving money to get money: How CEO stock options and CEO equity enhance IPO valuations. *Academy of Management Journal* 46(5): 643-653.

Chaganti, Rajeswararao S., Vijay Mahajan, and Subhash Sharma. 1985. Corporate board size, composition and corporate failures in the retailing industry. *Journal of Management Studies* 22(4): 400-417.

Chaganti, Rajeswararao, and Rakesh Sambharya. 1987. Strategic orientation and characteristics of upper management. *Strategic Management Journal* 8(4): 393-401.

Chance, Don M., Raman Kumar, and Rebecca B. Todd. 2000. The 'repricing' of executive stock options. *Journal of Financial Economics* 57: 129-154.

Chandler, Alfred D., Jr. 1962. *Strategy and structure: Chapters in the history of the American industrial enterprise*. Cambridge, MA: MIT Press.

Chatman, Jennifer A., and Francis J. Flynn. 2001. The influence of demographic heterogeneity on the emergence and consequences of cooperative norms in work teams. *Academy of Management Journal* 44(5): 956-974.

Chatov, Robert. 1973. The role of ideology in the American corporation. In *The corporate dilemma*, edited by Dow Votaw and S. Prakash Sethi, 50-75. Englewood Cliffs, NJ: Prentice-Hall.

Chatterjee, Arijit, and Donald C. Hambrick. 2007. It's all about me: Narcissistic CEOs and their effects on company strategy and performance. *Administrative Science Quarterly* 52:351-386.

Chattopadhyay, Pirithviraj, William H. Glick, C. Chet Miller, and George P. Huber. 1999. Determinants of executive beliefs: Comparing functional conditioning and social influence. *Strategic Management Journal* 20(8): 763-789.

Chen, Chao C., and James R. Meindl.1991. The construction of leadership images in the popular press: The case of Donald Burr and People Express. *Administrative Science Quarterly* 36: 521-551.

Chen, Ming-Jer, and Ian C. MacMillan. 1992. Nonresponse and delayed response to competitive moves: The roles of competitor dependence and action irreversibility. *Academy of Management Journal* 35(3): 539-570.

Chen, Ming-Jer, and Kristen Stucker. 1997. Multinational management and multimarket rivalry: Toward a theoretical development of global competition. *Academy of Management Best Papers Proceedings*, 2-6.

Cherrington, David J., Spencer J. Condie, and J. Lynn England. 1979. Age and work values. *Academy of Management Journal* 22(3): 617-623.

Child, John. 1972. Organization structure, environment and performance: The role of strategic choice. *Sociology* 6(1): 1-22.

Child, John. 1997. Strategic choice in the analysis of action, structure, organizations and environment: Retrospect and prospect. *Organization Studies* 18(1): 43-76.

Cho, Theresa S., and Donald C. Hambrick. 2006. Attention patterns as mediators between top management team characteristics and strategic change: The case of airline deregulation. *Organization Science* 17(4): 453-469.

Cho, Theresa S., Donald C. Hambrick, and Ming-Jer Chen. 1994. Effects of top management team characteristics on competitive behaviors of firms. *Academy of Management Best Papers Proceedings*, 12-16.

Cho, Theresa S., and Wei Shen. 2007. Changes in executive compensation following an environmental shift: The role of top management team turnover. *Strategic Management Journal* 28(7): 747-754.

Ciscel, David H. 1974. Determinants of executive compensation. *Southern Economic Journal* 40: 613-617.

Ciscel, David H., and Thomas M. Carroll. 1980. The determinants of executive salaries: An econometric survey. *Review of Economics and Statistics* 62: 7-13.

Clark, Robert C. 1986. *Corporate law*. Boston, MA: Little, Brown.

Clement, Wallace. 1975. Inequality of access: Characteristics of the Canadian corporate elite. *Canadian Review of Sociology and Anthropology* 12: 33-52.

Clendenin, William D. 1972. Company presidents look at the board of directors. *California Management Review* 15: 60-66.

Cochran, Philip L., Robert A. Wood, and Thomas B. Jones. 1985. The composition of boards of directors and incidence of golden parachutes. *Academy of Management Journal* 28(3): 664-671.

Cohen, Michael D., James G. March, and Johan P. Olson. 1972. A garbage-can model of organizational choice. *Administrative Science Quarterly* 17(1): 1-25.

Colbert, Amy E., Amy L. Kristof-Brown, Bret Bradley, and Murray R. Barrick. 2008. CEO transformational leadership: The role of goal importance congruence in top management teams.

Academy of Management Journal 51(1):81-96.

Coles, Jeffrey L., and Chun-Keung Hoi. 2002. New evidence on the market for directors: Board membership and Pennsylvania Senate Bill 1310. *Journal of Finance* 58(1): 197-230.

Collins, Christopher J., and Kevin D. Clark. 2003. Strategic human resource practice, top management team social networks, and firm performance: The role of human resource practices in creative organizational competitive advantage. *Academy of Management Journal* 46(6): 720-731.

Collins, Randall. 1979. *The credential society: An historical sociology of education and stratification*. New York: Academic Press.

Combs, James G., and Maura S. Skill. 2003. Managerialist and human capital explanations for key executive pay premiums: A contingency perspective. *Academy of Management Journal* 46(1): 63-73.

Conger, Jay A. 1990. The dark side of leadership. *Organizational Dynamics* 19(2): 44-55.

Conger, Jay A., and Rabindra N. Kanungo. 1987. Toward a behavioral theory of charismatic leadership in organizational settings. *Academy of Management Review* 12(4): 637-647.

Conger, Jay A., and Rabindra N. Kanungo. 1988a. *Charismatic leadership*. San Francisco, CA: Jossey-Bass.

Conger, Jay A., and Rabindra N. Kanungo. 1988b. The empowerment process: Integrating theory and practice. *Academy of Management Review* 13(3): 471-482.

Conlon, Edward J., and Judi McLean Parks. 1990. Effects of monitoring and tradition on compensation arrangements: An experiment with principal-agent dyads. *Academy of Management Journal* 33(3): 603-622.

Conyon, Martin J., and Simon I. Peck. 1998. Board control, remuneration committees, and top management compensation. *Academy of Management Journal* 41(2): 146-157.

Conyon, Martin J., Simon I. Peck, and Graham V. Sadler. 2001. Corporate tournaments and executive compensation: Evidence from the UK. *Strategic Management Journal* 22(8): 805-815.

Conyon, Martin J., Simon I. Peck, and Graham V. Sadler. 2006. Compensation consultants and executive pay. Working Paper, University of Pennsylvania.

Cook, Karen S., and Karen A. Hegtvedt. 1983. Distributive justice, equity, and equality. *Annual Review of Sociology* 9: 217-241.

Core, John E., Robert W. Holthausen, and David F. Larcker. 1999. Corporate governance, chief executive officer compensation, and firm performance. *Journal of Financial Economics* 51(3): 371-407.

Corner, Patricia D., Angelo J. Kinicki, and Barbara W. Keats. 1994. Integrating organizational and individual information processing perspectives on choice. *Organization Science* 5(3): 294-308.

Cosh, Andrew. 1975. The remuneration of chief executives in the United Kingdom. *Economic Journal* 85(337): 75-94.

Costa, Paul T., Jr., and Robert R. McRae. 1992. Four ways five factors are basic. *Personality and Individual Differences* 13(6): 653-665.

Cotter, James F., Anil Shivdasani, and Marc Zenner. 1997. Do independent directors enhance target shareholder wealth during tender offers? *Journal of Financial Economics* 43(2): 195-219.

Couglan, Anne T., and Ronald M. Schmidt. 1985. Executive compensation, managerial turnover, and firm performance: An empirical investigation. *Journal of Accounting and Economics* 7: 43-66.

Cowherd, Douglas M., and David I. Levine. 1992. Product quality and pay equity between lower-level employees and top management: An investigation of distributive justice theory. *Administrative Science Quarterly* 37(2): 302-320.

Cronin, Matthew A., and Laurie R. Weingart. 2007. Representational gaps, information processing, and conflict in functionally diverse teams. *Academy of Management Review* 32(3): 761-773.

Crossland, Craig. 2007. National institutions and managerial discretion: A taxonomy of 24 countries. *Academy of Management Best Papers Proceedings*, 1-5.

Crossland, Craig, and Donald C. Hambrick. 2007. How national systems influence executive discretion: A study of CEO effects in three countries. *Strategic Management Journal* 28(8): 767-789.

Crystal, Graef S. 1988. The wacky, wacky world of CEO pay. *Fortune*, June 6, 68-78.

Crystal, Graef S. 1991. *In search of excess: The overcompensation of American executives*. New York: Norton.

Cukier, K. N. 2000. Frenchie goes to Hollywood: Vivendi's Jean-Marie Messier has put together a combination of content and distribution. Can he make it work—and make Mr. Murdoch work with him? *Red Herring*, November 13, 128-132.

Cyert, Richard M., and James G. March. 1963. *A behavioral theory of the firm*. Englewood Cliffs, NJ: Prentice-Hall.

Daboub, Anthony J., Abdul M. A. Rasheed, Richard L. Priem, and David A. Gray. 1995. Top management team characteristics and corporate illegal activity. *Academy of Management Review* 20(1): 138-170.

Daft, Richard L., Juhani Sormunen, and Don Parks. 1988. Chief executive scanning, environmental characteristics, and company performance: An empirical study. *Strategic Management Journal* 9(2): 123-139.

Daily, Catherine M. 1995. The relationship between board composition and leadership structure and bankruptcy reorganization outcomes. *Journal of Management* 21(6): 1041–1056.

Daily, Catherine M., S. Trevis Certo, and Dan R. Dalton. 1999. A decade of corporate women: Some progress in the boardroom, none in the executive suite. *Strategic Management Journal* 20(1): 93–99.

Daily, Catherine M., S. Trevis Certo, and Dan R. Dalton. 2000. International experience in the executive suite: The path to prosperity? *Strategic Management Journal* 21(4): 515–523.

Daily, Catherine M., and Dan R. Dalton. 1992. The relationship between governance structure and corporate performance in entrepreneurial firms. *Journal of Business Venturing* 7: 375–386.

Daily, Catherine M., and Dan R. Dalton. 1994. Bankruptcy and corporate governance: The impact of board composition and structure. *Academy of Management Journal* 37(6): 1603–1617.

Daily, Catherine M., and Dan R. Dalton. 1995. CEO and director turnover in failing firms: An illusion of change? *Strategic Management Journal* 16(5): 393–400.

Daily, Catherine M., and Dan R. Dalton. 1997. CEO and board chair roles held jointly or separately: Much ado about nothing? *Academy of Management Executive* 11(3): 11–20.

Daily, Catherine M., Jonathan L. Johnson, Alan E. Ellstrand, and Dan R. Dalton. 1998. Compensation committee composition as a determinant of CEO compensation. *Academy of Management Journal* 41(2): 209–220.

Daily, Catherine M., Patricia P. McDougall, Jeffrey G. Covin, and Dan R. Dalton. 2002. Governance and strategic leadership in entrepreneurial firms. *Journal of Management* 28(3): 387–412.

Daily, Catherine M., and Charles Schwenk. 1996. Chief executive officers, top management teams, and boards of directors: Congruent or countervailing forces? *Journal of Management* 22(2): 185–208.

Dalton, Dan R., Catherine M. Daily, Alan E. Ellstrand, and Jonathan L. Johnson. 1998. Meta-analytic reviews of board composition, leadership structure, and financial performance. *Strategic Management Journal* 19(3): 269–290.

Dalton, Dan R., Catherine M. Daily, Jonathan L. Johnson, and Alan E. Ellstrand. 1999. Number of directors and financial performance: A meta-analysis. *Academy of Management Journal* 42: 674–686.

Dalton, Dan R., and Catherine M. Dalton. 2005. Upper echelons perspective and multi-level analysis: A case of the cart before the horse? In *Research in Multi-Level Issues*, edited by Alfred Dansereau and Francis J. Yammarino, 249–261. Oxford, UK: Elsevier Ltd.

Dalton, Dan R., Michael A. Hitt, S. Trevis Certo, and Catherine M. Dalton. 2007. The fundamental agency problem and its mitigation: Independence, equity, and the market for corporate control. *Annuls of the Academy of Management* 1(1): 1-64.

Dalton, Dan R., and Idalene F. Kesner. 1983. Inside/outside succession and organizational size: The pragmatics of executive replacement. *Academy of Management Journal* 26: 736-742.

Dalton, Dan R., and Idalene F. Kesner. 1985. Organizational performance as an antecedent of inside/outside chief executive succession: An empirical assessment. *Academy of Management Journal* 28(4): 749-762.

Dandridge, Thomas C., Ian Mitroff, and William F. Joyce. 1980. Organizational symbolism: A topic to expand organizational analysis. *Academy of Management Review* 5(1): 77-82.

Dash, Eric. 2007. A chairman's fall; An ousted chief's going-away pay is seen by many as typically excessive. *New York Times*, January 4, 2007.

Datta, Deepak K., and James P. Guthrie. 1994. Executive succession: Organizational antecedents of CEO characteristics. *Strategic Management Journal* 15(7): 569-577.

Datta, Deepak K., and Nandini Rajagopalan. 1998. Industry structure and CEO characteristics: An empirical study of succession events. *Strategic Management Journal* 19(9): 833-852.

D'Aveni, Richard A. 1990. Top managerial prestige and organizational bankruptcy. *Organization Science* 1: 121-142.

D'Aveni, Richard A., and Idalene F. Kesner. 1993. Top managerial prestige, power and tender offer response: A study of elite social networks and target firm cooperation during takeovers. *Organization Science* 4(2): 123-151.

David, Parthiban, Michael A. Hitt, and Javier Gimeno. 2001. The influence of activism by institutional investors on R&D. *Academy of Management Journal* 44(1): 144-157.

David, Parthiban, Rahul Kochhar, and Edward Levitas. 1998. The effect of institutional investors on the level and mix of CEO compensation. *Academy of Management Journal* 41(2): 200-208.

Davis, Gerald F. 1991. Agents without principles? The spread of the poison pill through the intercorporate network. *Administrative Science Quarterly* 36: 583-613.

Davis, Gerald F. 1993. Who gets ahead in the market for corporate directors: The political economy of multiple board memberships, 202-206.

Davis, Gerald F., and Tracy A. Thompson. 1994. A social movement perspective on corporate control. *Administrative Science Quarterly* 39: 141-173.

Davis, James H., F. David Schoorman, and Lex Donaldson. 1997. Toward a stewardship theory of management. *Academy of Management Review* 22(1): 20-47.

Day, David V., and Robert G. Lord. 1992. Expertise and problem categorization: The role of expert processing in organizational sensemaking. *Journal of Management Studies* 29(1): 35–47.

Dearborn, De Witt C., and Herbert A. Simon. 1958. Selective perception: A note on the departmental affiliations of executives. *Sociometry* 21: 144–150.

Deckop, John R. 1988. Determinants of chief executive officer compensation. *Industrial and Labor Relations Review* 41: 215–226.

Deckop, John R., Kimberly K. Merriman, and Shruti Gupta. 2006. The effects of CEO pay structure on corporate social performance. *Journal of Management* 32(3): 329–342.

Demsetz, Harold, and Belen Villalonga. 2001. Ownership structure and corporate performance. *Journal of Corporate Finance* 7: 209–233.

Denis, David J., and Diane K. Denis. 1995. Performance changes following top management dismissals. *Journal of Finance* 50: 1029–1057.

Denis, David J., Diane K. Denis, and Atulya Sarin. 1997. Ownership structure and top management turnover. *Journal of Financial Economics* 45: 193–221.

Denis, David J., and Jan M. Serano. 1996. Active investors and management turnover following unsuccessful control contests. *Journal of Financial Economics* 40: 239–266.

Dess, Gregory G. 1987. Consensus on strategy formulation and organizational performance: Competitors in a fragmented industry. *Strategic Management Journal* 8: 259–277.

Dess, Gregory G., and Donald W. Beard. 1984. Dimensions of organizational task environments. *Administrative Science Quarterly* 29: 52–73.

Dess, Gregory G., and Barbara W. Keats. 1987. Environmental assessment and organizational performance: An exploratory field study. *Academy of Management Best Papers Proceedings*, 21–25.

Dess, Gregory G., and Nancy K. Origer. 1987. Environment, structure, and consensus in strategy formulation: A conceptual integration. *Strategic Management Journal* 8: 313–330.

Deutsch, Morton. 1975. Equity, equality, and need: What determines which value will be used as the basis of distributive justice? *Journal of Social Issues* 31: 137–149.

Deutsch, Morton. 1985. *Distributive justice: A social psychological perspective*. New Haven, CT: Yale University Press.

Deutsch, Yuval. 2005. The impact of board composition on firms' critical decisions: A meta-analytic review. *Journal of Management* 31(3): 424–444.

Deutsch, Yuval, Thomas Keil, and Tomi Laamanen. 2007. Decision making in acquisitions: The effect of outside directors' compensation on acquisition patterns. *Journal of Management* 33(1): 30–56.

Devers, Cynthia E., Albert A. Cannella, Jr., Gregory P. Reilly, and Michele E. Yoder. 2007. Executive compensation: A multidisciplinary review of recent developments. *Journal of Management* 33(6):1016-1072.

Devers, Cynthia E., Tim R. Holcomb, R. Michael Holmes, Jr., and Albert A. Cannella, Jr. 2006. Inside the black box: The contrasting effects of TMT long-term incentives on interest alignment. *Academy of Management Best Papers Proceedings*, 1-5.

Devers, Cynthia E., Robert M. Wiseman, and Michael Holmes. 2007. The effects of endowment and loss aversion in managerial stock option valuation. *Academy of Management Journal* 50(1): 191-208.

DiMaggio, Paul J., and W. W. Powell. 1983. The iron cage revisited: Institutional isomorphism and collective rationality in organizational fields. *American Sociological Review* 48: 147-160.

Dobrzynski, Judith. 1988. Whose company is it, anyway? *Business Week*, April 25, 60-61.

Donaldson, Gordon A., and Jay W. Lorsch. 1983. *Decision making at the top*. New York: Basic Books.

Dooley, Peter C. 1969. The interlocking directorate. *American Economic Review* 59: 314-323.

Drazin, Robert, and Robert K. Kazanjian. 1993. Applying the del technique to the analysis of cross-classification data: A test of CEO succession and top management team development. *Academy of Management Journal* 36: 1374-1399.

Drazin, Robert, and Hayagreeva Rao. 1999. Managerial power and succession: SBU managers of mutual funds. *Organization Studies* 20(2): 167-196.

Duhaime, Irene M., and Inga S. Baird. 1987. Divestment decision-making: The role of business unit size. *Journal of Management* 13(3): 483-498.

Duncan, Robert B. 1972. Characteristics of organizational environments and perceived environmental uncertainty. *Administrative Science Quarterly* 17: 313-327.

Dundas, Kenneth M., and Peter R. Richardson. 1982. Implementing the unrelated product strategy. *Strategic Management Journal* 3: 287-301.

Dutton, Jane E., and Susan J. Ashford. 1993. Selling issues to top management. *Academy of Management Review* 18(3): 397-428.

Dutton, Jane E., and Robert B. Duncan. 1987. The creation of momentum for change through the process of strategic issue diagnosis. *Strategic Management Journal* 8: 279-295.

Dutton, Jane E., Liam Fahey, and V. K. Narayanan. 1983. Toward understanding strategic issue diagnosis. *Strategic Management Journal* 4: 307-323.

Dutton, Jane E., and Susan E. Jackson. 1987. Categorizing strategic issues: Links to organizational action. *Academy of Management Review* 12: 76–90.

Easton, George S., and Sherry L. Jarrell. 1998. The effects of total quality management on corporate performance: An empirical investigation. *Journal of Business Administration* 71(2): 253–307.

Eaton, Jonathan, and Harvey S. Rosen. 1983. Agency, delayed compensation, and the structure of executive remuneration. *Journal of Finance* 38: 1489–1505.

Ebadi, Yar M., and James M. Utterback. 1984. The effects of communication on technological innovation. *Management Science* 30: 572–585.

Eckhoff, Torstein. 1974. *Justice: Its determinants in social interaction*. Rotterdam, Netherlands: Rotterdam Press.

Economist. 2003. Setting the rules. *The Economist*, January 29.

Ehrenberg, Ronald G., and Michael L. Bognanno. 1990. Do tournaments have incentive effects? *Journal of Political Economy* 98(6): 1307–1324.

Eisenhardt, Kathleen M. 1989a. Agency theory: An assessment and review. *Academy of Management Review* 14: 57–74.

Eisenhardt, Kathleen M. 1989b. Making fast strategic decisions in high-velocity environments. *Academy of Management Journal* 32: 543–576.

Eisenhardt, Kathleen M., and L. Jay Bourgeois. 1988. Politics of strategic decision making in high-velocity environments: Toward a midrange theory. *Academy of Management Journal* 31: 737–770.

Eisenhardt, Kathleen M., and Claudia Bird Schoonhoven. 1990. Organizational growth: Linking founding team, strategy, environment, and growth among US semiconductor ventures, 1978–1988. *Administrative Science Quarterly* 35: 504–529.

Eisenhardt, Kathleen M., and Mark J. Zbaracki. 1992. Strategic decision making. *Strategic Management Journal* 13: 17–38.

Elenkov, Detelin S., William Q. Judge, Jr., and Peter Wright. 2005. Strategic leadership and executive innovation influence: An international multi-cluster comparative study. *Strategic Management Journal* 26(7): 665–682.

Ellis, Havelock. 1898. Auto-erotism: A psychological study. *The Alienist and Neurologist* 19: 260–299.

Ellstrand, Alan E., Laszlo Tihanyi, and Jonathan L. Johnson. 2002. Board structure and international political risk. *Academy of Management Journal* 45(4): 769–777.

Elsass, Priscilla M., and Laura M. Graves. 1997. Demographic diversity in decision-making groups: The experiences of women and people of color. *Academy of Management Review* 22(4): 946–973.

Ely, Kirsten M. 1991. Interindustry differences in the relation between compensation and firm performance variables. *Journal of Accounting Research* 29(1): 37–57.

Emerson, Richard M. 1962. Power-dependence relationships. *American Sociological Review* 27(1): 31–41.

Emmons, Robert A. 1984. Factor analysis and construct validity of the narcissistic personality inventory. *Journal of Personality Assessment* 48(3): 291–300.

Emmons, Robert A. 1987. Narcissism: theory and measurement. *Journal of Personality and Social Psychology* 52(1): 11–17.

England, George W. 1967. Personal value systems of American managers. *Academy of Management Journal* 10: 53–68.

England, George W. 1975. *The manager and his values*. Cambridge, MA: Ballinger.

Espeland, Wendy N., and Paul M. Hirsch. 1990. Ownership changes, accounting practice, and the redefinition of the corporation. *Accounting, Organizations and Society* 15(1-2): 77–96.

Estes, Robert M. 1980. Corporate governance in the courts. *Harvard Business Review* 58(4): 50–54.

Etzioni, Amitai. 1975. *A comparative analysis of complex organizations*. New York: Free Press.

Ezzamel, Mahmoud, and Robert Watson. 1998. Market comparison earnings and the bidding-up of executive cash compensation: Evidence from the United Kingdom. *Academy of Management Journal* 41(2): 221–231.

Fama, Eugene F. 1980. Agency problems and the theory of the firm. *Journal of Political Economy* 88: 288–307.

Fama, Eugene F., and Michael C. Jensen. 1983. Separation of ownership and control. *Journal of Law and Economics* 26: 301–325.

Fanelli, Angelo, and Vilmos F. Misangyi. 2006. Bringout out charisma: CEO charisma and external stakeholders. *Academy of Management Review* 31(4): 1049–1061.

Farrell, Kathleen A., and David A. Whidbee. 2000. The consequences of forced CEO succession for outside directors. *Journal of Business* 73(4): 597–627.

Fayol, Henri. 1949. *General and industrial management*. London: Pitman.

Fee, C. Edward, and Charles J. Hadlock. 2000. Management turnover and product market competition: Empirical evidence from the U.S. newspaper industry. *Journal of Business* 73(2): 205–243.

Fee, C. Edward, and Charles J. Hadlock. 2003. Raids, rewards, and reputations in the market for managerial talent. *Review of Financial Studies* 16: 1315–1357.

Feldman, Daniel C. 1981. The multiple socialization of organization members. *Academy of Management Review* 6: 309–318.

Ferrier, Walter J. 2001. Navigating the competitive landscape: The drivers and consequences of competitive aggressiveness. *Academy of Management Journal* 44: 858–877.

Ferrier, Walter J., and Douglas W. Lyon. 2004. Competitive repertoire simplicity and firm performance: The moderating role of TMT heterogeneity. *Managerial and Decision Economics* 25: 317–327.

Ferris, Stephen P., Murali Jagannathan, and A. C. Pritchard. 2003. Too busy to mind the business? Monitoring by directors with multiple board appointments. *Journal of Finance* 58(3): 1087–1112.

Festinger, Leon. 1954. A theory of social comparison processes. *Human Relations* 7: 117–140.

Filley, Alan. C., Robert J. House, and Steven Kerr. 1976. *Managerial process and organizational behavior*. Glenview, IL: Scott Foresman.

Finkelstein, Sydney. 1988. Managerial orientations and organizational outcomes: The moderating roles of managerial discretion and power. Unpublished Ph. D. dissertation, Columbia University, New York.

Finkelstein, Sydney. 1992. Power in top management teams: Dimensions, measurement, and validation. *Academy of Management Journal* 35: 505–538.

Finkelstein, Sydney. 1995. Understanding pay dispersion within top management teams: A social comparison approach. Working Paper, Dartmouth College.

Finkelstein, Sydney. 2003 *Why Smart Executives Fail*. New York: Portfolio.

Finkelstein, Sydney, and Brian K. Boyd. 1998. How much does the CEO matter? The role of managerial discretion in the setting of CEO compensation. *Academy of Management Journal* 41(2): 179–199.

Finkelstein, Sydney, and Richard A. D'Aveni. 1994. CEO duality as a double-edged sword: How boards of directors balance entrenchment avoidance and unity of command. *Academy of Management Journal* 37(5): 1079–1108.

Finkelstein, Sydney, and Donald C. Hambrick. 1988. Chief executive compensation: A synthesis and reconciliation. *Strategic Management Journal* 9: 543–558.

Finkelstein, Sydney, and Donald C. Hambrick. 1989. Chief executive compensation: A study of the intersection of markets and political processes. *Strategic Management Journal* 10: 121–134.

Finkelstein, Sydney, and Donald C. Hambrick. 1990. Top management team tenure and organizational outcomes: The moderating role of managerial discretion. *Administrative Science Quarterly*

35: 484–503.

Finkelstein, Sydney, and Donald C. Hambrick. 1996.Strategic leadership: Top executives and their effects on organizations. Minneapolis/St Paul: West Publishing Company.

Finkelstein, Sydney, and Ann C. Mooney. 2003. Not the usual suspects: How to use board process to make boards better. *Academy of Management Executive* 17(2): 101–113.

Finkelstein, Sydney, and Margaret A. Peteraf. 2007. Managerial activities: A missing link in managerial discretion theory. *Strategic Organization* 5(3): 237–248.

Fiol, C. Marlene. 1989. A semiotic analysis of corporate language: Organizational boundaries and joint venturing. *Administrative Science Quarterly* 34(2): 277–303.

Fisher, J., and Vijay Govindarajan. 1992. Profit center manager compensation: An examination of market, political and human capital factors. *Strategic Management Journal* 13: 205–217.

Fiss, Peer C. 2006. Social influence effects and managerial compensation: Evidence from Germany. *Strategic Management Journal* 27: 1013–1032.

Flatt, Sylvia. 1992. A longitudinal study in organizational innovativeness: How top management team demography influences organizational innovation. Unpublished Ph.D. dissertation, University of California, Berkeley, CA.

Fligstein, Neil. 1987. The intraorganizational power struggle: Rise of finance personnel to top leadership in large corporations, 1919–1979. *American Sociological Review* 52: 44–58.

Fligstein, Neil. 1990. *The transformation of corporate control*. Cambridge, MA: Harvard University Press.

Flynn, Francis J., and Barry M. Staw. 2004. Lend me your wallets: The effect of charismatic leadership on external support for an organization. *Strategic Management Journal* 25(4): 309–330.

Fonda, Darren. 2002. The French rejection: Employees and investors turn against Messier's Vivendi media empire. Can Barry Diller help? *Time*, April 29.

Forbes, Daniel P. 2005. Managerial determinants of decision speed in new ventures. *Strategic Management Journal* 26(4): 355–366.

Forbes, Daniel P., and Frances J. Milliken. 1999. Cognition and corporate governance: Understanding boards of directors as strategic decision-making groups. *Academy of Management Review* 24(3): 489–505.

Ford, Jeffrey D., and David A. Baucus. 1987. Organizational adaptation in performance downturns: An interpretation-based perspective. *Academy of Management Review* 12: 366–380.

Ford, R. H. 1988. Outside directors and the privately-owned firm: Are they necessary? *Entrepreneurship Theory and Practice* 13(1): 49–57.

Frank, Robert H. 1984. Are workers paid their marginal products? *American Economic Review* 74: 549–571.

Fredrickson, James W. 1984. The comprehensiveness of strategic decision processes: Extension, observations, future directions. *Academy of Management Journal* 27: 445–466.

Fredrickson, James W., Donald C. Hambrick, and Sara W. Baumrin. 1988. A model of CEO dismissal. *Academy of Management Review* 13(2): 255–270.

Fredrickson, James W., and Anthony L. Iaquinto. 1989. Inertia and creeping rationality in strategic decision processes. *Academy of Management Journal* 32(3): 516–542.

Freeman, Linton C. 1979. Centrality in social networks: Conceptual clarification. *Social Networks* 1(3): 215–239.

Friedman, Stuart D., and Harbir Singh. 1989. CEO succession and stockholder reaction: The influence of organizational context and event content. *Academy of Management Journal* 32: 718–744.

Furtado, Eugene P. H., and Vijay Karan. 1990. Causes, consequences and shareholder wealth effects of management turnover: A review of the empirical evidence. *Financial Management* 19(2): 60–75.

Gabarro, John J. 1986. When a new manager takes charge. *Harvard Business Review* 64: 110–123.

Gabarro, John J. 1987. *The dynamics of taking charge*. Boston, MA: Harvard Business School Press.

Galaskiewicz, Joseph, and Ronald S. Burt. 1991. Interorganization contagion in corporate philanthropy. *Administrative Science Quarterly* 36(1): 88–105.

Galaskiewicz, Joseph, and Stanley Wasserman. 1981. A dynamic study of change in a regional corporate network. *American Sociological Review* 46: 475–484.

Galbraith, Craig S., and Gregory B. Merrill. 1991. The effect of compensation program and structure on SBU competitive strategy: A study of technology-intensive firms. *Strategic Management Journal* 12(5): 353–370.

Galbraith, Jay R. 1973. *Designing complex organizations*. Reading, MA: Addison-Wesley.

Galbraith, Jay R., and Robert K. Kazanjian. 1986. *Strategy implementation: Structure, systems and processes*. St. Paul, MN: West.

Galen, M. 1989. A seat on the board is getting hotter. *Business Week*, July 3, 72–73.

Gamson, William A., and Norman A. Scotch. 1964. Scapegoating in baseball. *American Journal of Sociology* 70: 69–72.

Garen, John E. 1994. Executive compensation and principal-agent theory. *Journal of Political Economy 102(6): 1175-1199.

Garvey, Gerald, and Todd Milbourn. 2003. Incentive compensation when executives can hedge the market: Evidence of relative performance evaluation in the cross section. *Journal of Finance* 58(4): 1557-1581.

Gaver, Jennifer J., Kenneth M. Gaver, and George P. Battistel. 1992. The stock market reaction to performance plan adoptions. *The Accounting Review* 67(1): 172-182.

Geletkanycz, Marta A. 1994. The external networks of senior executives: Implications for strategic innovation and imitation. Unpublished Ph. D. dissertation, Columbia University, New York.

Geletkanycz, Marta A. 1997. The salience of 'culture's consequences': The effects of cultural values on top executive commitment to the status quo. *Strategic Management Journal* 18(8): 615-634.

Geletkanycz, Marta A., and Sylvia S. Black. 2001. Bound by the past? Experience-based effects on commitment to the strategic status quo. *Journal of Management* 27(1): 3-21.

Geletkanycz, Marta A., Brian K. Boyd, and Sydney Finkelstein. 2001. The strategic value of CEO external directorate networks: Implications for CEO compensation. *Strategic Management Journal* 22(9): 889-898.

Geletkanycz, Marta A., and Donald C. Hambrick. 1997. The external ties of top executives: Implications for strategic choice and performance. *Administrative Science Quarterly* 42(4): 654-681.

Gerhart, Barry, and George T. Milkovich. 1990. Organizational differences in managerial compensation and financial performance. *Academy of Management Journal* 33(4): 663-691.

Gersick, Connie J. G., and Richard Hackman. 1990. Habitual routines in task-performing groups. *Organizational Behavior and Human Decision Processes* 47: 5-97.

Gilson, Stuart C. 1990. Bankruptcy, boards, and blockholders: Evidence on changes in corporate ownership and control when firms default. *Journal of Financial Economics* 27: 355-387.

Gilson, Stuart C., and L. Kraakman. 1991. Reinventing the outside director: An agenda for institutional investors. *Stanford Law Review* 43: 863-880.

Gilson, Stuart C., and Marc R. Vetsuypens. 1992. CEO compensation in financially distressed firms: An empirical analysis. *Journal of Finance* 48(2): 425-458.

Gioia, Dennis A., and James B. Thomas. 1996. Identity, image, and issue interpretation: Sensemaking during strategic change in academia. *Administrative Science Quarterly* 41(3): 370-403.

Gioia, Dennis A., James B. Thomas, Shawn M. Clark, and Kumar Chittipeddi. 1994. Symbolism and strategic change in academia: The dynamics of sensemaking and influence. *Organization*

Science 5(3): 363-383.

Gist, Marilyn E., and Terence R. Mitchell. 1992. Self-efficacy: A theoretical analysis of its determinants and malleability. *Academy of Management Review* 17(2): 183-211.

Gladstein, Deborah. 1984. Groups in context: A model of task group effectiveness. *Administrative Science Quarterly* 29: 1-3.

Glick, William H., C. Chet Miller, and George P. Huber. 1993. The impact of Upper-echelon diversity on organizational performance. In *Organizational change and redesign: Ideas and insights for improving performance*, edited by George P. Huber and William H. Glick, 176-214. New York: Oxford University Press.

Golden-Biddle, Karen, and Hayagreeva Rao. 1997. Breaches in the boardroom: Organizational identity and conflicts of commitment in a nonprofit organization. *Organization Science* 8(6): 593-611.

Golden, Brian R., and Hao Ma. 2003. Mutual forbearance: The role of intra-firm integration and rewards. *Academy of Management Review* 28(3): 480-495.

Golden, Brian R., and Edward J. Zajac. 2001. When will boards influence Strategy? Inclination x power = strategic change. *Strategic Management Journal* 22(12): 1087-1111.

Gomez-Mejia, Luis R. 1992. Structure and process of diversification, compensation strategy, and firm performance. *Strategic Management Journal* 13(5): 381-397.

Gomez-Mejia, Luis R. 1994. Executive compensation: A reassessment and future research agenda. In *Research in Personnel and Human Resources Management*, 161-222. Greenwich, CT: JAI Press.

Gomez-Mejia, Luis R., Katalin Haynes, Kathryn Jacobson, and Juan Moyano-Fuentes. 2006. Family owned firms: Risk-loving or risk-averse? *Administrative Science Quarterly* 52(1): 106-137.

Gomez-Mejia, Luis R., Martin Larraza-Kintana, and Marianna Makri. 2003. The determinants of executive compensation in family-controlled public corporations. *Academy of Management Journal* 46(2): 226-237.

Gomez-Mejia, Luis R., Henry L. Tosi, Jr., and Timothy Hinkin. 1987. Managerial control, performance, and executive compensation. *Academy of Management Journal* 30(1): 51-70.

Gompers, Paul A., and Josh Lerner. 2003. The really long-run performance of initial public offerings: The pre-NASDAQ evidence. *Journal of Finance* 58(4): 1355-1393.

Goodman, Paul S. 1974. An examination of referents used in the evaluation of pay. *Organizational Behavior and Human Performance* 12: 170-195.

Goodman, Paul S. 1988. The determinants of banks' success and failure in a changing regulatory environment: Substantive, methodological, and statistical implications for corporate strategy. Unpublished Ph. D. dissertation, University of Minnesota, Minneapolis.

Goodstein, Jerry, Kanak Gautam, and Warren Boeker. 1994. The effects of board size and diversity on strategic change. *Strategic Management Journal* 15: 241–250.

Gordon, Gill E., and Ned A. Rosen. 1981. Critical factors in leadership succession. *Organizational Behavior and Human Performance* 27: 227–254.

Gouldner, Alvin W. 1954. *Patterns of industrial bureaucracy*. Glencoe, IL.: Free Press.

Govindarajan, Vijay, and J. Fisher. 1990. Strategy, control systems, and resource sharing: Effects on business-unit performance. *Academy of Management Journal* 33(2): 259–285.

Graffin, Scott D., James B. Wade, Joseph F. Porac, and Robert McNamee. 2007. Status "leakage" in the executive suite: The impact of CEO status attainment on the economic outcomes of other senior managers. Working Paper, Rutgers University.

Graham, John R., and Campbell R. Harvey. 2001. The theory and practice of corporate finance: Evidence from the field. *Journal of Financial Economics* 60: 187–243.

Granovetter, Mark. 1985. Economic action and social structure: The problem of embeddedness. *American Journal of Sociology* 91: 481–510.

Gray, Samuel R., and Albert A. Cannella, Jr. 1997. The role of risk in executive compensation. *Journal of Management* 23(4): 517–540.

Greenberg, Jerald. 1982. Approaching equity and avoiding inequity in groups and organizations. In *Equity and justice in social behavior*, edited by Jerald Greenberg and Ronald L. Cohen, 389–435. New York: Academic Press.

Greenberg, Jerald. 1987. A taxonomy of organizational justice theories. *Academy of Management Review* 12: 9–22.

Greiner, Larry E., and Arvind Bhambri. 1989. New CEO intervention and dynamics of deliberate strategic change. *Strategic Management Journal* 10(Summer): 67–86.

Griffin, Ricky W. 2006. *Management*. Boston: Houghton-Mifflin.

Grimm, Curtiss M., and Kenneth G. Smith. 1991. Management and organizational change: A note on the railroad industry. *Strategic Management Journal* 12: 557–562.

Grinyer, Peter H., Shawki Al-Bazzaz, and Masoud Yasai-Ardekani. 1986. Towards a contingency theory of corporate planning: Findings in 48 UK companies. *Strategic Management Journal* 7(1): 3–28.

Grinyer, Peter H., and David Norburn. 1975. Planning for existing markets: Perceptions of executives and financial performance. *Journal of the Royal Statistical Society* 138: 70–97.

Gripsrud, Gier, and Kjell Gronhaug. 1985. Strategy and structure in grocery retailing: A sociometric approach. *Journal of Industrial Economics* 33: 339–347.

Grusky, Oscar. 1960. Administrative succession in formal organizations. *Social Forces* 39: 105–115.

Grusky, Oscar. 1961. Corporate size, bureaucratization, and managerial succession. *American Journal of Sociology* 67: 261–269.

Grusky, Oscar. 1963. Managerial succession and organizational effectiveness. *American Journal of Sociology* 69: 21–31.

Grusky, Oscar. 1964. Reply to scapegoating in baseball. *American Journal of Sociology* 70: 72–76.

Guest, Robert H. 1962. Managerial succession in complex organizations. *American Journal of Sociology* 68(1): 47–56.

Gulati, Ranjay, and James D. Westphal. 1999. Cooperative or controlling? The effects of CEO-board relations and the content of interlocks on the formation of joint ventures. *Administrative Science Quarterly* 44(3): 473–506.

Gully, Stanley M., Kara A. Incalcaterra, Aparna Joshi, and J. Matthew Beaubien. 2002. A meta-analysis of team-efficacy, potency, and performance: Interdependence and level of analysis as moderators of observed relationships. *Journal of Applied Psychology* 87(5): 819–832.

Gupta, Anil K. 1986. Matching managers to strategies: Point and counterpoint. *Human Resource Management* 25: 215–235.

Gupta, Anil K. 1988. Contingency perspectives on strategic leadership: Current knowledge and future research directions. In *The executive effect: Concepts and methods for studying top managers*, edited by Donald C. Hambrick, JAI Press.

Gupta, Anil K., and Vijay Govindarajan. 1984. Business unit strategy, managerial characteristics, and business unit effectiveness at strategy implementation. *Academy of Management Journal* 27: 25–41.

Guth, William D., and Ian C. MacMillan. 1986. Strategy implementation versus middle management self-interest. *Strategic Management Journal* 7: 313–327.

Guthrie, James P., and Deepak K. Datta. 1997. Contextual influences on executive selection: Firm characteristics and CEO experience. *Journal of Management Studies* 34(4): 537–560.

Hackman, Judith R. 1976. Group influences on individuals. In *Handbook of industrial and organizational psychology*, edited by Marvin D. Dunnette, 1455–1525. Chicago: Rand McNally.

Hackman, Judith R. 1986. The psychology of self-management in organizations. In *Psychology and work: Productivity change and employment*, edited by Michael S. Pallack and Robert O. Perloff, 85–136. Washington, DC: American Psychological Association.

Hadlock, Charles J., and Gerald B. Lumer. 1997. Compensation, turnover, and top management incentives: Historical evidence. *Journal of Business* 70(2): 153–187.

Hage, Jerald, and Michael Aiken. 1969. Routine technology, social structure, and organizational goals. *Administrative Science Quarterly* 14: 366–376.

Hage, Jerald, and Roger Dewar. 1973. Elite values versus organizational structure in predicting innovations. *Administrative Science Quarterly* 18: 279–290.

Haleblian, Jerayr, and Sydney Finkelstein. 1993. Top management team size, CEO dominance, and firm performance: The moderating roles of environmental turbulence and discretion. *Academy of Management Journal* 36: 844–886.

Haleblian, Jerayr, and Sydney Finkelstein. 1999. The influence of organizational acquisition experience on acquisition performance: A behavioral learning perspective. *Administrative Science Quarterly* 44(1): 29–56.

Hall, Brian J., and Jeffrey B. Liebman. 1998. Are CEOs really paid like bureaucrats? *Quarterly Journal of Economics* 113(3): 653–691.

Hall, Brian J., and Kevin J. Murphy. 2002. Stock options for undiversified executives. *Journal of Accounting & Economics* 33: 3–42.

Hall, Roger I. 1976. A system pathology of an organization: The rise and fall of the old Saturday Evening Post. *Administrative Science Quarterly* 21: 185–211.

Hambrick, Donald C. 1981a. Environment, strategy, and power within top management teams. *Administrative Science Quarterly* 26: 253–276.

Hambrick, Donald C. 1981b. Specialization of environmental scanning activities among upper level executives. *Journal of Management Studies* 18: 299–320.

Hambrick, Donald C. 1982. Environmental scanning and organizational strategy. *Strategic Management Journal* 3: 159–174.

Hambrick, Donald C. 1984. Taxonomic approaches to studying strategy: Some conceptual and methodological issues. *Journal of Management* 10(1): 29–41.

Hambrick, Donald C. 1987. The top management team: Key to strategic success. *California Management Review* 30(1): 88–108.

Hambrick, Donald C. 1989. Putting top managers back into the strategy picture. *Strategic Management Journal* 10: 5–15.

Hambrick, Donald C. 1994. Top management groups: A conceptual integration and reconsideration of the "team" label. In *Research in organizational behavior*, edited by Barry M. Staw and Lawrence L. Cummings, 171–214. Greenwich, CT: JAI Press.

Hambrick, Donald C. 1995. Fragmentation and the other problems CEOs have with their top management teams. *California Management Review* 37: 110-127.

Hambrick, Donald C., and Eric Abrahamson. 1995. Assessing managerial discretion across industries: A multimethod approach. *Academy of Management Journal* 38(5): 1427-1441.

Hambrick, Donald C., Sylvia Black, and James W. Fredrickson. 1992. Executive leadership of the high-technology firm: What is special about it? In *Advances in global high-technology management*, edited by Luis R. Gomez-Mejia and Michael W. Lawless, 3-18. Greenwich, CT: JAI Press.

Hambrick, Donald C., and G. Brandon. 1988. Executive values. In *The executive effect: Concepts and methods for studying top managers*, edited by Donald C. Hambrick, 3-34. Greenwich, CT: JAI Press.

Hambrick, Donald C., and Albert A. Cannella, Jr. 1993. Relative standing: A framework for understanding departures of acquired executives. *Academy of Management Journal* 36: 733-762.

Hambrick, Donald C., and Albert A. Cannella, Jr. 2004. CEOs who have COOs: Contingency analysis of an unexplored structural form. *Strategic Management Journal* 25: 959-979.

Hambrick, Donald C., and Ming-Jer Chen. 2008. New academic fields as admittance-seeking social movements: The case of strategic management. *Academy of Management Review* 33(1):32-54.

Hambrick, Donald C., Theresa Seung Cho, and Ming-Jer Chen. 1996. The influence of top management team heterogeneity on firms' competitive moves. *Administrative Science Quarterly* 41(4): 659-684.

Hambrick, Donald C., and Richard A. D'Aveni. 1992. Top team deterioration as part of the downward spiral of large corporate bankruptcies. *Management Science* 38: 1445-1466.

Hambrick, Donald C., and Sydney Finkelstein. 1987. Managerial discretion: A bridge between polar views of organizations. In *Research in organizational behavior*, edited by Lawrence L. Cummings and Barry M. Staw, 369-406. Greenwich, CT: JAI Press.

Hambrick, Donald C., and Sydney Finkelstein. 1995. The effects of ownership structure on conditions at the top: The case of CEO pay raises. *Strategic Management Journal* 16: 175-194.

Hambrick, Donald C., Sydney Finkelstein, Theresa S. Cho, and Eric M. Jackson. 2004. Isomorphism in reverse: Institutional theory as an explanation for recent increases in intraindustry heterogeneity and managerial discretion. In *Research in organizational behavior*, edited by Barry M. Staw and Larry L. Cummings, 307-350. Greenwich, CT: JAI Press.

Hambrick, Donald C., Sydney Finkelstein, and Ann C. Mooney. 2005. Executive job demands: New insights for explaining strategic decisions and leader behaviors. *Academy of Management*

Review 30(3): 472–491.

Hambrick, Donald C., and Gregory D. S. Fukutomi. 1991. The seasons of a CEO's tenure. *Academy of Management Review* 16(4): 719–742.

Hambrick, Donald C., Marta A. Geletkanycz, and James W. Fredrickson. 1993. Top executive commitment to the status quo: Some tests of its determinants. *Strategic Management Journal* 14(6): 401–418.

Hambrick, Donald C., and Phyllis Mason. 1984. Upper echelons: The organization as a reflection of its top managers. *Academy of Management Review* 9: 193–206.

Hambrick, Donald C., and Charles C. Snow. 1989. Strategic reward systems. In *Strategy, organization design and human resource management*, edited by Charles C. Snow, 333–368. Greenwich, CT: JAI Press.

Handler, Wendy C. 1990. Succession in family firms: A mutual role adjustment between entrepreneur and next-generation family members. *Entrepreneurship Theory and Practice* 15(1): 37–51.

Handler, Wendy C., and K. E. Kram. 1988. Succession in family firms: The problem of resistence. *Family Business Review* 1(4): 361–368.

Hannan, Michael T., and John Freeman. 1984. Structural inertia and organizational change. *American Sociological Review* 49: 149–164.

Hannan, Michael T., and John Freeman. 1977. The population ecology of organizations. *American Journal of Sociology* 82: 929–964.

Harder, Joseph W. 1992. Play for pay: Effects of inequity in a pay-for-performance context. *Administrative Science Quarterly* 37: 321–335.

Harris, Dawn. 1986. Executive succession, reputation, and wage revision. Unpublished Ph.D. dissertation, Northwestern University, Evanston, IL.

Harris, Dawn, and Constance E. Helfat. 1997. Specificity of CEO human capital and compensation. *Strategic Management Journal* 18(11): 895–920.

Harris, Dawn, and Constance E. Helfat. 1998. CEO duality, succession, capabilities and agency theory: Commentary and research agenda. *Strategic Management Journal* 19(9): 901–904.

Harris, Jared, and Philip Bromiley. 2007. Incentives to cheat: The influence of executive compensation and firm performance on financial misrepresentation. *Organization Science* 18(3): 350–367.

Harris, Milton, and Artur Raviv. 1979. Optimal incentive contracts with imperfect information. *Journal of Economic Theory*: 231–259.

Harrison, David A., and Katherine J. Klein. 2007. What's the difference? Diversity constructs as separation, variety, or disparity in organizations. *Academy of Management Review* 32(4): 1229-1245.

Harrison, E. Frank. 1975. *The managerial decision-making process*. Boston, MA: Houghton Mifflin.

Harrison, J. Richard, David L. Torres, and Sal Kukalis. 1988. The changing of the guard: Turnover and structural change in the top-management positions. *Administrative Science Quarterly* 33(2): 211-232.

Harvey, John H., Jerri P. Town, and Kerry L. Yarkin. 1981. How fundamental is "the fundamental attribution error"? *Journal of Personality and Social Psychology* 40(2): 346-349.

Haspeslagh, Philipe C., and David B. Jemison. 1991. The challenge of renewal through acquisitions. *Planning Review* 19: 27-32.

Haunschild, Pamela R. 1993. Interorganizational imitation: The impact of interlocks on corporate acquisition activity. *Administrative Science Quarterly* 38: 564-592.

Haunschild, Pamela R. 1994. How much is that company worth? Interorganizational relationships, uncertainty, and acquisition premiums. *Administrative Science Quarterly* 39: 391-411.

Haunschild, Pamela R., Andrew D. Henderson, and Alison Davis-Blake. 1998. CEO demographics and acquisitions: Network and cognitive effects of educational and functional background. In *Social Capital of Organizations*, edited by Roger Th. A. J. Leenders and Shaul M. Gabbay, 266-283. New York: Addison-Wesley.

Haveman, Heather A. 1992. Between a rock and a hard place: Organizational change and performance under conditions of fundamental environmental transformation. *Administrative Science Quarterly* 37(1): 48-75.

Haveman, Heather A. 1993a. Follow the leader: Mimetic isomorphism and entry into new markets. Administrative Science Quarterly 38(4): 593-627.

Haveman, Heather A. 1993b. Ghosts of managers past: Managerial succession and organizational mortality. *Academy of Management Journal* 36(4): 864-881.

Haveman, Heather A., and Mukti V. Khaire. 2004. Survival beyond succession? The contingent impact of founder succession on organizational failure. *Journal of Business Venturing* 19(3): 437-463.

Haveman, Heather A., Michael V. Russo, and Alan D. Meyer. 2001. Organizational environments in flux: The impact of regulatory punctuations on organizational domains, CEO succession, and performance. *Organization Science* 12(3): 253-273.

Hayes, Robert H., and William J. Abernathy. 1980. Managing our way to economic decline. *Harvard Business Review* 58: 67-77.

Hayes, Robert H., and Gerald H. Hoag. 1974. Post-acquisition retention of top management. *Mergers and Acquisitions* 9(2): 8-18.

Hayward, Mathew L. A., and Donald C. Hambrick. 1997. Explaining the premium paid for large acquisitions: Evidence of CEO hubris. *Administrative Science Quarterly* 42(1): 103-127.

Hayward, Mathew L. A., Violina P. Rindova, and Timothy G. Pollock. 2004. Believing one's own press: The causes and consequences of CEO celebrity. *Strategic Management Journal* 25(7): 637-653.

Healey, Paul M. 1985. The effect of bonus schemes on accounting decisions. *Journal of Accounting and Economics* 7: 85-107.

Heilmeier, George H. 1993. Room for whom at the top? Promoting technical literacy in the executive suite. *Research Technology Management* 36(6): 27-32.

Helfat, Constance E., Sydney Finkelstein, Will Mitchell, Margaret A. Peteraf, Harbir Singh, David J. Teece, and Sydney G. Winter. 2007. *Dynamic capabilities: Understanding strategic change in organizations*. Oxford: Blackwell Publishing.

Helmich, Donald L., and Warren B. Brown. 1972. Successor type and organizational change in the corporate enterprise. *Administrative Science Quarterly* 17: 371-378.

Hemingway, Christine A., and Patrick W. Maclagan. 2004. Managers' personal values as drivers of corporate social responsibility. *Journal of Business Ethics* 50(1): 33-44.

Henderson, Andrew D., and James W. Fredrickson. 1993. Managerial complexity as a determinant of CEO compensation. Working Paper, University of Texas.

Henderson, Andrew D., and James W. Fredrickson. 1996. Information-processing demands as a determinant of CEO compensation. *Academy of Management Journal* 39(3): 575-606.

Henderson, Andrew D., and James W. Fredrickson. 2001. Top management team coordination needs and the CEO pay gap: A competitive test of economic and behavioral views. *Academy of Management Journal* 44(1): 96-117.

Henderson, Andrew D., Danny Miller, and Donald C. Hambrick. 2006. How quickly do CEOs become obsolete? Industry dynamism, CEO tenure, and company performance. *Strategic Management Journal* 27(5): 447-460.

Hendry, John. 2002. The principal's other problems: Honest incompetence and the specification of objectives. *Academy of Management Review* 27: 98-113.

Henke, John W., Jr. 1986. Involving the directors in strategic planning. *Journal of Business Strategy* 7(2): 87-95.

Hermalin, Benjamin E., and Michael S. Weisbach. 1988. The determinants of board composition.

Rand Journal of Economics 19: 589-606.

Hermalin, Benjamin E., and Michael S. Weisbach. 1991. The effects of board composition and direct incentives on firm performance. *Financial Management* 20(4): 101-112.

Hermalin, Benjamin E., and Michael S. Weisbach. 1997. Endogenously chosen boards of directors and their monitoring of the CEO. *American Economic Review* 88: 96-118.

Hermalin, Benjamin E., and Michael S. Weisbach. 2003. Boards of directors as an endogenously determined institution: A survey of the economic literature. *Economic Policy Review—Federal Reserve Bank of New York* 9(1): 7-26.

Herman, Edward S. 1981. *Corporate control, corporate power*. Cambridge, MA: Cambridge University Press.

Hicks, John R. 1963. *The theory of wages*. New York: St. Martin's Press.

Hickson, David J., D. S. Pugh, and Diana C. Pheysey. 1969. Operations technology and organization structure: An empirical reappraisal. *Administrative Science Quarterly* 14: 378-397.

Higgins, E. Tory, and Daniel C. Molden. 2003. How strategies for making judgments and decisions affect cognition: Motivated cognition revisited. In *Foundations of social cognition: A festschrift in honor of Robert Wyer, Jr.*, edited by Galen V. Bodenhausen and Alan J. Lambert, 211-236. Mahwah, NJ: Erlbaum.

Higgins, Monica C., and Ranjay Gulati. 2003. Getting off to a good start: The effects of upper echelon affiliations on underwriter prestige *Organization Science* 14(3): 244-263.

Hill, Charles W. L., Michael A. Hitt, and Robert E. Hoskisson. 1988. Declining U.S. competitiveness: Reflections on a crisis. *Academy of Management Executive* 2: 51-60.

Hill, Charles W. L., Michael A. Hitt, and Robert E. Hoskisson. 1992. Cooperative versus competitive structures in related and unrelated diversified firms. *Organization Science* 3(4): 501-521.

Hill, Charles W. L., and Philip H. Phan. 1991. CEO tenure as a determinant of CEO pay. *Academy of Management Journal* 34: 707-717.

Hill, Charles W. L., and Scott A. Snell. 1988. External control, corporate strategy, and firm performance in research-intensive industries. *Strategic Management Journal* 9: 577-590.

Hiller, Nathan J., and Donald C. Hambrick. 2005. Conceptualizing executive hubris: The role of (hyper-) core self-evaluations in strategic decision-making. *Strategic Management Journal* 26(4): 297-319.

Hillman, Amy J. 2005. Politicians on the board of directors: Do connections affect the bottom line? *Journal of Management* 31(3): 464-481.

Hillman, Amy J., Albert A. Cannella, Jr., and Ira C. Harris. 2002. Women and minorities in the boardroom: How do directors differ? *Journal of Management* 28(6): 747-763.

Hillman, Amy J., Albert A. Cannella, Jr., and Ramona L. Paetzold. 2000. The resource dependence role of corporate directors: Strategic adaptation of board composition in response to environmental change. *Journal of Management Studies* 37(2): 235-255.

Hillman, Amy J., and Thomas Dalziel. 2003. Boards of directors and firm performance: Integrating agency and resource dependence perspectives. *Academy of Management Review* 28(3): 383-396.

Hillman, Amy J., and Christine Shropshire. 2005. Organizational predictors of women in top management teams and corporate boardrooms. Paper presented at the Academy of Management, Honolulu, HI.

Hinings, Christopher R., David J. Hickson, Johannes M. Pennings, and Rodney E. Schneck. 1974. Structural conditions of intraorganizational power. *Administrative Science Quarterly* 19(1): 22-44.

Hirsch, Barry T. 1982. The interindustry structure of unionism, earnings, and earnings dispersion. *Industrial and Labor Relations Review* 36(1): 22-39.

Hirsch, Paul M. 1986. From ambushes to golden parachutes: Corporate takeovers as an instance of cultural framing and institutional integration. *American Journal of Sociology* 91: 800-837.

Hite, Galan L., and Michael S. Long. 1982. Taxes and executive stock options. *Journal of Accounting and Economics* 4(1): 3-14.

Hitt, Michael A., Leonard Bierman, Katsuhiko Shimizu, and Rahul Kochhar. 2001. Direct and moderating effects of human capital on strategy and performance in professional service firms: A resource-based perspective. *Academy of Management Journal* 44(1): 13-28.

Hitt, Michael A., and Beverly B. Tyler. 1991. Strategic decision models: Integrating different perspectives. *Strategic Management Journal* 12(5): 327-351.

Hodgkinson, Gerard P. 1993. Doubts about the conceptual and empirical status of context-free and firm-specific control expectancies: A reply to Boone and De Brabander. *Strategic Management Journal* 14(8): 627-631.

Hodgkinson, Gerard P., and Paul R. Sparrow. 2002. *The competent organization*. Philadelphia, PA: Open University Press.

Hofer, Charles W. 1980. Turnaround strategies: An examination. *Journal of Business Strategy* 1(1): 19-31.

Hofer, Charles W., and Dan Schendel. 1978. *Strategy formulation: Analytical concepts*. St. Paul: West Pub. Co.

Hoffman, L. Richard. 1959. Homogeneity of member personality and its effect on group problem solving. *Journal of Abnormal and Social Psychology* 58: 27-32.

Hoffman, L. Richard, and Norman R. F. Maier. 1961. Quality and acceptance of problem solutions by members of homogeneous and heterogeneous groups. *Journal of Abnormal and Social Psychology* 62: 401-407.

Hofstede, Geert. 1980. *Culture's consequences: International differences in work-related values.* Beverly Hills, CA: Sage Publications.

Hogan, Timothy D., and Lee R. McPheters. 1980. Executive compensation: Performance vs. personal characteristics. *Southern Economic Journal* 46: 1060-1068.

Holderness, Clifford G., and Dennis P. Sheehan. 1988. The role of majority shareholders in publicly held corporations. *Journal of Financial Economics* 20: 317-346.

Holmström, Bengt. 1979. Moral hazard and observability. *Bell Journal of Economics* 10: 74-91.

Holmström, Bengt. 1982a. Managerial incentive problems—a dynamic perspective. In *Essays in economics and management in honor of Lars Wahlbeck*. Helsinki: Swedish School of Economics.

Holmström, Bengt. 1982b. Moral hazard in teams. *Bell Journal of Economics* 13(2): 324-340.

Holmström, Bengt. 1987. Incentive compensation: Practical design from a theory point of view. In *Incentives, cooperation, and risk sharing: Economic and psychological perspectives on employment contracts*, edited by Haig R. Nalbantian, 176-185. Totoya, NJ: Rowman and Littlefield.

Holmstrom, Bengt, and Paul R. Milgrom. 1987. Aggregation and linearity in the provision of intertemporal incentives. *Econometrica* 55(2): 303-328.

Holmstrom, Bengt, and Paul R. Milgrom. 1990. Regulating trade among agents. *Journal of Institutional and Theoretical Economics* 146(1): 85-105.

Homans, George C. 1961. *Social behavior: Its elementary forms.* Under the general editorship of Robert K. Merton. New York: Harcourt Brace Jovanovich.

Hoskisson, Robert E., and Michael A. Hitt. 1988. Strategic control systems and relative R&D investment in large multiproduct firms. *Strategic Management Journal* 9(6): 605-621.

Hoskisson, Robert E., and Michael A. Hitt. 1994. *Downscoping: How to tame the diversified firm.* New York: Oxford University Press.

Hoskisson, Robert E., Michael A. Hitt, and Charles W. L. Hill. 1993. Managerial incentives and investment in R&D in large multiproduct firms. *Organization Science* 4: 325-341.

Hoskisson, Robert E., Michael A. Hitt, Richard A. Johnson, and Wayne Grossman. 2002. Conflicting voices: The effects of institutional ownership heterogeneity and internal governance on corporate innovation strategies. *Academy of Management Journal* 45: 697-716.

Hoskisson, Robert E., Richard A. Johnson, and Douglas D. Moesel. 1994. Corporate divestiture intensity in restructuring firms: Effects of governance, strategy, and performance. *Academy of Management Journal* 37(5): 1207-1251.

House, Robert J. 1977. A theory of charismatic leadership. In *Leadership: The cutting edge*, edited by James G. Hunt and Lars L. Larson, 189-207. Carbondale, IL: Southern Illinois University.

House, Robert J., Vipin Gupta, Peter W. Dorfman, Mansour Javidan, and Paul J. Hanges. 2004. *Culture, leadership, and organizations: The GLOBE study of 62 societies*. Thousand Oaks, CA: Sage Publications.

House, Robert J., William D. Spangler, and James Woycke. 1991. Personality and charisma in the U.S. presidency: A psychological theory of leader effectiveness. *Administrative Science Quarterly* 36(3): 364-396.

Hubbard, R. Glenn, and Darius Palia. 1995. Executive pay and performance: Evidence from the US banking industry. *Journal of Financial Economics* 39(1): 105-130.

Huff, Anne S. 1982. Industry influences on strategy reformulation. *Strategic Management Journal* 3: 119-131.

Huff, Anne S. 1990. Mapping strategic thought. In *Mapping strategic thought*, edited by Anne Sigismund Huff, 11-49. Chichester, NY: Wiley.

Hurst, David K., James C. Rush, and Roderick E. White. 1989. Top management teams and organizational renewal. *Strategic Management Journal* 10: 87-105.

Huson, Mark R., Paul H. Malatesta, and Robert Parrino. 2004. Managerial succession and firm performance. *Journal of Financial Economics* 74(2): 237-275.

Huson, Mark R., Robert Parrino, and Laura T. Starks. 2001. Internal monitoring mechanisms and CEO turnover: A long term perspective. *Journal of Finance* 56(6): 2265-2297.

Iacocca, Lee, and William Novak. 1984. *Iacocca: An autobiography*. New York: Bantam.

Iaquinto, Anthony L., and James W. Fredrickson. 1997. Top management team agreement about the strategic decision process: A test of some of its determinants and consequences. *Strategic Management Journal* 18(1): 63-75.

Isabella, Lynn A., and Sandra A. Waddock. 1994. Top management team certainty: Environmental assessments, teamwork, and performance implications. *Journal of Management* 20: 835-858.

Isenberg, Daniel J. 1981. Some effects of time-pressure on vertical structure and decision-making accuracy in small groups. *Organizational Behavior and Human Performance* 27(1): 119-134.

Isenberg, Daniel J. 1984. Managers' knowledge structures. Working Paper, Harvard Business School.

Jackson, Eric M., and Donald C. Hambrick. 2003. Prestigious executives, directors and backers of IPOs: Enduring advantage or fading gloss? *Academy of Management Best Papers Proceedings*, G1-G6.

Jackson, Susan E. 1992. Consequence of group composition for the interpersonal dynamics of strategic issue processing. In *Advances in strategic management*, edited by Paul Shrivastava, Ann S. Huff and Jane Dutton, 345-382. Greenwich, CT: JAI Press.

Jackson, Susan E., Jeanne M. Brett, Valerie I. Sessa, Dawn M. Cooper, Johan A. Julin, and Karl Peyronnin. 1991. Some differences make a difference: Individual dissimilarity and group heterogeneity as correlates of recruitment, promotions, and turnover. *Journal of Applied Psychology* 76: 675-689.

Jacob, Philip E., James J. Flink, and Hevdah L. Shuchman. 1962. Values and their function in decision-making. *American Behavioral Scientist* 9: 6-38.

Jacobs, Michael T. 1991. *Short-term America: The causes and cures of our business myopia*. Boston, MA: Harvard Business School Press.

Jacoby, Sanford M., Emily M. Nason, and Kazuro Saguchi. 2005. The role of the senior HR executive in Japan and the United States: Employment relations, corporate governance, and values. *Industrial Relations* 44(2): 207-241.

Jain, Bharat A., and Omesh Kini. 1999. The life cycle of initial public offering firms. *Journal of Business Finance and Accounting* 26(9-10): 1281-1307.

James, David R., and Michael Soref. 1981. Profit constraints n managerial autonomy: Managerial theory and the unmaking of the corporation president. *American Sociological Review* 46: 1-18.

Janakiraman, Surya N., Richard A. Lambert, and David F. Larcker. 1992. An empirical investigation of the relative performance evaluation hypothesis. *Journal of Accounting Research* 30(1): 53-69.

Janis, Irving L. 1972. *Victims of groupthink: A psychological study of foreign policy decisions and fiascoes*. Boston, MA: Houghton Mifflin.

Janssen, Onne. 2001. Job demands, perceptions of effort-reward fairness and innovative work behaviour. *Journal of Occupational and Organizational Psychology* 73: 287-302.

Javidan, Mansour. 1984. The impact of environmental uncertainty on long-range planning practices of the US savings and loan industry. *Strategic Management Journal* 5(4): 381-392.

Jensen, Michael C. 1984. Takeovers: Folklore and science. *Harvard Business Review* 62(6): 109-121.

Jensen, Michael C. 1986. Agency costs of free cash flow, corporate finance and takeovers. *American*

Economic Review 76: 323–329.

Jensen, Michael C., and William H. Meckling. 1976. Theory of the firm: Managerial behavior, agency costs, and ownership structure. *Journal of Financial Economics* 3: 305–360.

Jensen, Michael C., and Kevin J. Murphy. 1990a. CEO incentives: It's not how much you pay, but how. *Harvard Business Review* 68(3): 138–149.

Jensen, Michael C., and Kevin J. Murphy. 1990b. Performance pay and top-management incentives. *Journal of Political Economy* 98(2): 225–264.

Jensen, Michael C., and Richard Ruback. 1983. The market for corporate control: The scientific evidence. *Journal of Financial Economics* 11: 5–50.

Jensen, Michael C., and J. L. Zimmerman. 1985. Management compensation and the managerial labor market. *Journal of Financial Economics* 15: 3–9.

Jensen, Michael, and Edward J. Zajac. 2004. Corporate elites and corporate strategy: How demographic preferences and structural position shape the scope of the firm. *Strategic Management Journal* 25(6): 507–524.

Johnson, Jonathan L., Catherine M. Daily, and Alan E. Ellstrand. 1996. Boards of directors: A review and research agenda. *Journal of Management* 22(3): 409–438.

Johnson, Richard A., Robert E. Hoskisson, and Michael A. Hitt. 1993. Board of director involvement in restructuring: The effects of board versus managerial controls and characteristics. *Strategic Management Journal* 14(Special Issue): 33–50.

Johnson, W. Bruce, Robert P. Magee, Nandu J. Nagarajan, and Harry A. Newman. 1985. An analysis of the stock price reaction to sudden executive deaths. *Journal of Accounting and Economics* 7: 151–174.

Joskow, Paul, Nancy Rose, and Andrea Shepard. 1993. Regulatory constraints on CEO compensation. Washington, DC: National Bureau of Economic Research.

Judge, Timothy A., Joyce E. Bono, Amir Erez, Edwin A. Locke, and Carl J. Thoresen. 2002. The scientific merit of valid measures of general concepts: Personality research and core self-evaluations. In *The psychology of work: Theoretically based empirical research*, edited by Jeanne M. Brett and Fritz Drasgow, 55–78. Mahwah, NJ: Erlbaum.

Judge, Timothy A., Amir Erez, Joyce E. Bono, and Carl J. Thoresen. 2002. Discriminant and incremental validity of four personality traits: Are measures of self-esteem, neuroticism, locus of control, and generalized self-efficacy indicators of a common core construct? *Journal of Personality and Social Psychology* 83(3): 693–710.

Judge, Timothy A., Amir Erez, Joyce E. Bono, and Carl J. Thoresen. 2003. The core self-evaluations scale: Development of a measure. *Personnel Psychology* 56(2): 303-331.

Judge, Timothy A., Jeffrey A. LePine, and Bruce L. Rich. 2006. Loving yourself abundantly: Relationship of the narcissistic personality to self and other perceptions of workplace deviance, leadership, and task and contextual performance. *Journal of Applied Psychology* 91(4): 762-776.

Judge, Timothy A., Edwin A. Locke, and Cathy C. Durham. 1997. The dispositional causes of job satisfaction: A core evaluations approach. In *Research in Organizational Behavior*, edited by Larry L. Cummings and Barry M. Staw, 151-188. Greenwich, CT: JAI Press.

Judge, William Q., Jr., and Gregory H. Dobbins. 1995. Antecedents and effects of outside director's awareness of CEO decision style. *Journal of Management* 21(1): 43-64.

Judge, William Q., Jr., and Carl P. Zeithaml. 1992. Institutional and strategic choice perspectives on board involvement in the strategic decision process. *Academy of Management Journal* 35(4): 766-794.

Jung, Kooyul, Yong-Cheol Kim, and René M. Stulz. 1996. Timing, investment opportunities, managerial discretion, and the security issue decision. *Journal of Financial Economics* 42(2): 159-186.

Kadushin, Charles. 1995. Friendship among the French financial elite. *American Sociological Review* 60(2): 202-221.

Kahneman, Daniel, and Amos Tversky. 1979. Prospect theory: Analysis of decision making under risk. *Econometrica* 47(2): 263-292.

Kanter, Rosabeth M. 1977. *Men and women of the corporation*. New York: Basic Books.

Kaplan, Marilyn R., and J. Richard Harrison. 1993. Defusing the director liability crisis: The strategic management of legal threats. *Organization Science* 4(3): 412-432.

Kaplan, Steven N., and David Reishus. 1990. Outside directorships and corporate performance. *Journal of Financial Economics* 27: 389-410.

Karasek, Robert A., Jr. 1979. Job demands, job decision latitude, and mental strain: Implications for job redesign. *Administrative Science Quarterly* 24: 285-311.

Kassinis, George, and Nikos Vafeas. 2002. Corporate boards and outside stakeholders as determinants of environmental litigation. *Strategic Management Journal* 23(5): 399-415.

Katz, Ralph. 1982. The effects of group longevity on project communication and performance. *Administrative Science Quarterly* 27: 81-104.

Keats, Barbara W., and Michael A. Hitt. 1988. A causal model of linkages among environmental dimensions, macro organizational characteristics, and performance. *Academy of Management*

Journal 31: 570-598.

Keck, Sara L. 1990. Determinants and consequences of top executive team structure. Unpublished Ph.D. dissertation, Columbia University, New York.

Keck, Sara L. 1997. Top management team structure: Differential effects by environmental context. *Organization Science* 8(2): 143-156.

Keck, Sara L., and Michael L. Tushman. 1993. Environmental and organizational context and executive team structure. *Academy of Management Journal* 36: 1314-1344.

Kefalas, Asterios, and Peter P. Schoderbeck. 1973. Scanning the business environment: Some empirical results. *Decision Sciences* 4: 63-74.

Kerr, Jeffrey L. 1985. Diversification strategies and managerial rewards: An empirical study. *Academy of Management Journal* 28: 155-179.

Kerr, Jeffrey L., and Richard A. Bettis. 1987. Boards of directors, top management compensation, and shareholder returns. *Academy of Management Journal* 30(4): 645-664.

Kerr, Jeffrey L., and Leslie Kren. 1992. Effect of relative decision monitoring on chief executive compensation. *Academy of Management Journal* 35(2): 370-397.

Kerr, Jeffrey L., and John W. Slocum, Jr. 1987. Managing corporate culture through reward systems. *Academy of Management Executive* 1(2): 99-107.

Kerr, Steven. 1975. On the folly of rewarding A, while hoping for B. *Academy of Management Journal* 18(4): 769-783.

Kesner, Idalene F. 1987. Directors' stock ownership and organizational performance: An investigation of Fortune 500 companies. *Journal of Management* 13: 499-508.

Kesner, Idalene F. 1988. Directors' characteristics and committee membership: An investigation of type, occupation, tenure, and gender. *Academy of Management Journal* 31(1): 66-84.

Kesner, Idalene F., and Dan R. Dalton. 1994. Top management turnover and CEO succession: An investigation of the effects of turnover on performance. *Journal of Management Studies* 31: 701-713.

Kesner, Idalene F., and Roy B. Johnson. 1990. An investigation of the relationship between board composition and stockholder suits. *Strategic Management Journal* 11(4): 327-336.

Kesner, Idalene F., and Terry C. Sebora. 1994. Executive succession: Past, present & future. *Journal of Management* 20: 327-372.

Kesner, Idalene F., Bart Victor, and Bruce T. Lamont. 1986. Board composition and the commission of illegal acts: An investigation of Fortune 500 companies. *Academy of Management Journal* 29(4): 789-799.

Kets de Vries, Manfried F. R. 1994. The leadership mystique. *Academy of Management Executive* 8(3): 73-92.

Kets de Vries, Manfried F. R., and Danny Miller. 1984. Neurotic style and organizational pathology. *Strategic Management Journal* 5: 35-55.

Khandwalla, Pradip N. 1977. *The design of organizations*. New York: Harcourt Brace Jovanovich.

Khanna, Naveen, and Annette B. Poulsen. 1995. Managers of financially distressed firms: Villains or scapegoats? *Journal of Finance* 50(3): 919-940.

Kiesler, Sara B., and Lee Sproull. 1982. Managerial response to changing environments: Perspectives on problem sensing from social cognition. *Administrative Science Quarterly* 27: 548-570.

Kim, Bongjin. 2002. Adaptation of governance mechanisms to deregulations: A longitudinal study of the US banking industry. *Academy of Management Best Papers Proceedings*, D1-D6.

Kim, W. Chan, and R. Mauborgne. 1991. Implementing global strategies: The role of procedural justice. *Strategic Management Journal* 12(Special Issue): 125-143.

Kim, Wi Saeng, Jae Won Lee, and Jack Clark Francis. 1988. Investment performance of common stocks in relation to insider ownership. *Financial Review* 23(1): 53-64.

Kim, Yangmin, and Albert A. Cannella, Jr. 2007. Social capital among corporate upper echelons and its impacts on executive promotion in Korea. Working Paper, Sogang University.

Kim, Yungsan. 1996. Long-term firm performance and chief executive turnover: An empirical study of the dynamics. *Journal of Law, Economics, and Organization* 12(2): 480-496.

Kimberly, John R., and M. J. Evanisko. 1981. Organizational innovation: The influence of individual, organizational, and contextual factors on hospital adoption of technological and administrative innovations. *Academy of Management Journal* 24(4): 689-713.

Klein, Katherine J., and Robert J. House. 1995. On fire: Charismatic leadership and levels of analysis. *Leadership Quarterly* 6: 183-198.

Kluckhohn, Clyde. 1951. Values and value-orientations in theory of action: An exploration of definition and classification. In *Toward a general theory of action*, edited by Talcott Parsons and Edward A. Shils, 388-433. Cambridge, MA: Harvard University Press.

Knight, Don, Craig L. Pearce, Ken G. Smith, Judy D. Olian, Henry P. Sims, Ken A. Smith, and Patrick Flood. 1999. Top management team diversity, group process, and strategic consensus. *Strategic Management Journal* 20(5): 445-465.

Koenig, Thomas, Robert Gogel, and John Sonquist. 1979. Models of the significance of interlocking corporate directorates. *American Journal of Economics and Sociology* 38: 173-186.

Kor, Yasemin Y. 2003. Experience-based top management team competence and sustained growth.

Organization Science 14:707-719.

Kor, Yasmine Y., and Joseph T. Mahoney. 2005. How dynamics, management, and governance of resource deployments influence firm-level performance. *Strategic Management Journal* 26: 489-496.

Korsgaard, M. Audrey, David M. Schweiger, and Harry J. Sapienza. 1995. Building commitment, attachment, and trust in strategic decision-making teams: The role of procedural justice. *Academy of Management Journal* 38: 60-84.

Kosnik, Rita D. 1987. Greenmail: A study of board performance in corporate governance. *Administrative Science Quarterly* 32: 163-185.

Kosnik, Rita D. 1990. Effects of board demography and directors' incentives on corporate greenmail decisions. *Academy of Management Journal* 33(1): 129-150.

Kotter, John P. 1982. *The general managers*. New York: Free Press.

Kotter, John P. 1988. *The leadership factor*. New York: Free Press.

Kraatz, Matthew S., and James H. Moore. 2002. Executive migration and institutional change. *Academy of Management Journal* 45(1): 120-143.

Kraus, David. 1976. The "devaluation" of the American executive. *Harvard Business Review* 54(3): 84-94.

Kroll, Mark, Bruce Walters, and Son Anh Le. 2007. The impact of board composition and top management team ownership structure on post IPO performance in young, entrepreneurial firms. *Academy of Management Journal* 50(5):1198-1212.

Krueger, Herbert W. 1985. Opportunities and pitfalls in designing executive compensation: The effects of the golden parachute tax penalties. *Taxes* 63: 846-861.

Krug, Jeffrey A., and W. Harvey Hegarty. 1997. Postacquisition turnover among U.S. top management teams: An analysis of the effects of foreign vs. domestic acquisitions of U.S. targets. *Strategic Management Journal* 18(8): 667-675.

Krug, Jeffrey A., and W. Harvey Hegarty. 2001. Predicting who stays and leaves after an acquisition: A study of top managers in multinational firms. *Strategic Management Journal* 22(2): 185-196.

Kruglanski, Arie W. 1996. Motivated social cognition: Principles of the interface. In *Social psychology: Handbook of basic principles*, edited by E. Tory Higgins and Arie W. Kruglanski, 493-522. New York: Guilford.

Krull, Douglas S., Michelle Hui-min Loy, Jennifer Lin, Ching-fu Wang, Suhong Chen, and Xudong Zhao. 1999. The fundamental fundamental attribution error: Correspondence bias in individualist and collectivist cultures. *Personality And Social Psychology Bulletin* 25(8): 1208–1219.

Kulik, Carol T., and Maureen L. Ambrose. 1992. Personal and situational determinants of referent choice. *Academy of Management Review* 17: 212–237.

Kurke, Lance B., and Howard E. Aldrich. 1983. Mintzberg was right! A replication and extension of the nature of managerial work. *Management Science* 29(8): 975–984.

Lambert, Richard A. 1986. Executive effort and selection of risky projects. *Rand Journal of Economics* 17: 77–88.

Lambert, Richard A., and David F. Larcker. 1985. Executive compensation, corporate decision-making and shareholder wealth: A review of the evidence. *Midland Corporate Finance Journal* 2: 6–22.

Lambert, Richard A., and David F. Larcker. 1987. An analysis of the use of accounting and market measures of performance in executive compensation contracts. *Journal of Accounting Research* 25(Supplement): 85–125.

Lambert, Richard A., David F. Larcker, and Robert E. Verrecchia. 1991. Portfolio considerations in the valuation of executive compensation. *Journal of Accounting Research* 29: 129–149.

Lambert, Richard A., David F. Larcker, and Keith Weigelt. 1993. The structure of organizational incentives. *Administrative Science Quarterly* 38: 438–461.

Lane, Peter J., Albert A. Cannella, Jr., and Michael H. Lubatkin. 1998. Agency problems as antecedents to unrelated mergers and diversification: Amihud and Lev reconsidered. *Strategic Management Journal* 19(6): 555–578.

Larcker, David F. 1983. The association between performance plan adoption and corporate capital investment. *Journal of Accounting and Economics* 5: 9–30.

Larcker, David F. 1984. Short-term compensation contracts, executive expenditure decisions, and corporate performance: The case of commercial banks. Working Paper, Northwestern University.

Larkin, Ian. 2006. The cost of high-powered incentives: Strategic sales behavior in enterprise software procurement. Paper presented at the Academy of Management Annual Meetings, Atlanta, GA.

Larraza-Kintana, Martin, Robert M. Wiseman, Luis Gomez-Mejia, and Theresa M. Welbourne. 2007. Disentangling compensation and employment risks using the behavioral agency model. *Strategic Management Journal* 28(10): 1001–1019.

Lawler, Edward E., III. 1966. The mythology of management compensation. *California Management Review* 9(1): 11–22.

Lawler, Edward E., III. 1971. *Pay and organizational effectiveness: A psychological view*. New York: McGraw-Hill.

Lawler, Edward E., III, and G. Douglas Jenkins, Jr. 1992. Strategic reward systems. In *The handbook of industrial and organizational psychology*, edited by Marvin D. Dunnette, 1009–1055. Palo Alto, CA: Consulting Psychologists Press.

Lawrence, Barbara S. 1997. The black box of organizational demography. *Organization Science* 8(1): 1–22.

Lawrence, Paul R., and Jay W. Lorsch. 1967. *Organization and environment*. Boston, MA: Harvard Business School Press.

Lazear, Edward P. 1989. Pay equality and industrial politics. *Journal of Political Economy* 97: 561–580.

Lazear, Edward P. 1991. Labor economics and the psychology of organizations. *Journal of Economic Perspectives* 5: 89–110.

Lazear, Edward P., and Sherwin Rosen. 1981. Rank-order tournaments as optimum labor contracts. *Journal of Political Economy* 89: 841–864.

Learned, E. P., C. R. Christensen, and Kenneth R. Andrews. 1961. *Problems of general management—business policy*. Homewood, IL: Irwin.

Lee, Khai Sheang, Guan Hua Lim, and Wei Shi Lim. 2003. Family business succession: Appropriation risk and choice of successor. *Academy of Management Review* 28(4): 657–666.

Lenski, Gerhard E. 1966. *Power and privilege*. New York: McGraw-Hill.

Leonard-Barton, Dorothy. 1992. Core capabilities and core rigidities: A paradox in managing new product development. *Strategic Management Journal* 13(Special Issue): 111–125.

Leonard, Devin. 2001. Mr. Messier is ready for his close-up: A maverick Frenchman auditions for the part of an American media mogul. Weird casting? Maybe. But he's sure having fun. *Fortune*, September 3, 136–150.

Leonard, Jonathan S. 1990. Executive pay and firm performance. *Industrial and Labor Relations Review* 43: 13S–29S.

Leontiades, Milton. 1982. Choosing the right manager to fit the strategy. *Journal of Business Strategy* 3(2): 58–69.

Leontiades, Milton, and Ahmet Tezel. 1981. Some connections between corporate-level planning and diversity. *Strategic Management Journal* 2: 413–418.

Lester, Richard H., and Albert A. Cannella, Jr. 2005. A road to directorship: How corporate executives secure positions on other firm's boards. *Academy of Management Best Papers Proceed-*

ings: 1-7.

Lester, Richard H., Amy Hillman, Asghar Zardkoohi, and Albert A. Cannella, Jr. 2008. The role of human and social capital: Former government officials as corporate directors. *Academy of Management Journal*. Forthcoming.

Lester, Richard H., Wei Shen, and Albert A. Cannella, Jr. 2006. When an outside director takes over as CEO: Too little too late or just in time. Working Paper, Texas A&M University.

Leventhal, Gerald S. 1976. The distribution of rewards and resources in groups and organizations. In *Advances in experimental social psychology*, edited by Leonard Berkowitz, 91-131. New York: Academic Press.

Leventhal, Gerald S., James W. Michaels, and Charles Sanford. 1972. Inequity and interpersonal conflict: Reward allocation and secrecy about reward as methods of preventing conflict. *Journal of Personality and Social Psychology* 23: 88-102.

Levinson, Barry. 1974. Don't choose your own successor. *Harvard Business Review* 52: 53-62.

Lewellen, Wilbur G., and Blaine Huntsman. 1970. Managerial pay and corporate performance. *American Economic Review* 60(4): 710-720.

Lewin, Kurt. 1936. *A dynamic theory of personality*. New York: McGraw-Hill.

Li, Jun, and Albert A. Cannella, Jr. 2003. Executive job change in technology-based startups: Knowledge integration in an inherently political setting. Paper presented at the Academy of Management, Seattle, WA.

Li, Jun, and Albert A. Cannella, Jr. 2007. Antecedents of executive exit in post-IPO technology startup firms: A socio-political perspective. Working Paper, University of New Hampshire.

Lieberson, Stanley, and James F. O'Connor. 1972. Leadership and organizational performance: A study of large corporations. *American Sociological Review* 37(2): 117-130.

Ling, Yan, Zeki Simsek, Michael Lubatkin, and John F. Veiga. 2007. Transformational leadership's role in promoting corporate entrepreneurship: Examining the CEO-TMT interface. *Academy of Management Journal* 51(53): 557-576.

Ling, Yan, Hao Zhao, and Robert A. Baron. 2007. Influence of founder-CEOs' personal values on firm performance: Moderating effects of firm age and size. *Journal of Management* 33(5): 673-696.

Lipton, Martin, and Jay W. Lorsch. 1992. A modest proposal for improved corporate governance. *Business Lawyer*, 59-77.

Lloyd, William P., John S. Jahera, Jr., and Steven J. Goldstein. 1986. The relationship between returns, ownership structure, and market value. *Journal of Financial Research* 9(2): 171-177.

Lorsch, Jay W., and Stephen A. Allen. 1973. *Managing diversity and interdependence*. Boston, MA: Harvard Business School Press.

Lorsch, Jay W., and Elizabeth MacIver. 1989. *Pawns or potentates: The reality of America's boards*. Boston, MA: Harvard Business School Press.

Lott, Bernice E., and Albert J. Lott. 1965. Group cohesiveness and interpersonal attraction: A review of relationships with antecedent and consequent variables. *Psychological Bulletin* 4: 259–309.

Louis, Meryl R., Barry Z. Posner, and Gary N. Powell. 1983. The availability and helpfulness of socialization practices. *Personnel Psychology* 36: 857–866.

Lubatkin, Michael H., Kae H. Chung, Ronald C. Rogers, and James E. Owers. 1989. Stockholder reactions to CEO changes in large corporations. *Academy of Management Journal* 32(1): 47–68.

Lubatkin, Michael, David Schweiger, and Yaakov Weber. 1999. Top management turnover in related M&A's: An additional test of the theory of relative standing. *Journal of Management* 25(1): 55–73.

Luoma, Patrice, and Jerry Goodstein. 1999. Stakeholders and corporate boards: Institutional influences on board composition. *Academy of Management Journal* 42(5): 553–563.

Lynall, Matthew D., Brian R. Golden, and Amy J. Hillman. 2003. Board composition from adolescence to maturity: A multitheoretic view. *Academy of Management Review* 28(3): 418–431.

MacAvoy, Paul W., Scott Cantor, James Dana, and Sarah Peck. 1983. *ALI proposals for increased control of the corporation by the board of directors: An economic analysis*. New York: Business Roundtable.

Mace, Myles L. 1971. *Directors: Myth and reality*. Boston, MA: Harvard University Press.

Magnan, Michel L., and Sylvie St. Onge. 1997. Bank performance and executive compensation: A managerial discretion perspective. *Strategic Management Journal* 18(7): 573–581.

Mahoney, Thomas A. 1964. Compensation preferences of managers. *Industrial Relations* 3: 135–144.

Maier, Norman R. F. 1970. *Problem solving and creativity in individuals and groups*. Belmont, CA: Brooks/Cole.

Main, Bryan G. M., Charles A. O'Reilly, III, and James Wade. 1993. Top executive pay: Tournament or teamwork? *Journal of Labor Economics* 11: 606–628.

Main, Bryan G. M., Charles A. O'Reilly, III, and James Wade. 1994. The CEO, the board of directors and executive compensation: Economic and psychological perspectives. Working Paper,

Stanford University.

Makri, Marianna, Peter J. Lane, and Luis R. Gomez-Mejia. 2006. CEO incentives, innovation, and performance in technology-intensive firms: A reconciliation of outcome and behavior-based incentive schemes. *Strategic Management Journal* 27(11): 1057–1080.

Mallette, Paul, and Karen L. Fowler. 1992. Effects of board composition and stock ownership on the adoption of "poison pills". *Academy of Management Journal* 35: 1010–1035.

Malmendier, Ulrike, and Geoffrey Tate. 2005a. Superstar CEOs. Paper presented at the 7th Annual Texas Finance Festival, Austin, TX: http://ssrn.com/abstract=709861.

Malmendier, Ulrike, and Geoffrey Tate. 2005b. CEO overconfidence and corporate investment. *Journal of Finance* 60(6): 2661–2700.

March, James C. 1966. The power of power. In *Varieties of political theory*, edited by D. Easton, 39–70. Englewood Cliffs, NJ: Prentice-Hall.

March, James C. 1984. Notes on ambiguity and executive compensation. *Scandinavian Journal of Management Studies*: 53–64.

March, James C., and James G. March. 1977. Almost random careers—the Wisconsin schoolsuperintendency, 1940–1972. *Administrative Science Quarterly* 22(3): 377–409.

March, James C., and Herbert A. Simon. 1958. *Organizations*. New York: Wiley.

March, James G. 1988. Variable risk preferences and adaptive aspirations. *Journal of Economic Behavior and Organization* 9(1): 5–24.

March, James G., and Zur Shapira. 1987. Managerial perspectives on risk and risk taking. *Management Science* 33(11): 1404–1418.

Marcus, Alfred A., and Robert S. Goodman. 1986. Airline deregulation: Factors affecting the choice of firm political strategy. *Policy Studies Journal* 15(2): 231–246.

Mariolis, Peter, and Maria H. Hones. 1982. Centrality in corporate interlock networks: Reliability and stability. *Administrative Science Quarterly* 27: 571–584.

Marris, Robin. 1964. *Managerial capitalism*. New York: Free Press.

Martin, Joanne. 1981. Relative deprivation: A theory of distributive injustice for an era of shrinking resources. In *Research in organizational behavior*, edited by Lawrence L. Cummings and Barry M. Staw, 53–107. Greenwich, CT: JAI Press.

Martin, Joanne, and Alan I. Murray. 1983. Distributive injustice and unfair exchange. In *Equity theory: Psychological and sociological perspectives*, edited by David M. Messick and Karen S. Cook, 169–205. New York: Praeger.

Maruyama, Magoroh. 1982. Mindscapes, management, business policy, and public policy. *Academy of Management Review* 7: 612-617.

Mason, Richard O., and Ian Mitroff. 1981. *Challenging strategic planning assumptions*. New York: Wiley.

McCain, Bruce E., Charles A. O'Reilly, III, and Jeffrey Pfeffer. 1983. The effects of departmental demography on turnover. *Administrative Science Quarterly* 26(4): 626-641.

McCall, Morgan W., and Cheryl A. Segrist. 1980. *In pursuit of the manager's job: Building on Mintzberg*. Greensboro, NC: Center for Creative Leadership.

McClelland, David C. 1972. The role of money in managing motivation. In *Managerial motivation and compensation*, edited by Henry L. Tosi, Robert J. House and M. D. Dunnette, 523-539. East Lansing, MI: Michigan State University Press.

McClelland, David C. 1975. *Power: The inner experience*. New York: Irving Press.

McClelland, David C., and Richard E. Boyatzis. 1982. Leadership motive pattern and long-term success in management. *Journal of Applied Psychology* 67: 737-743.

McConnell, John J., and Henri Servaes. 1990. Additional evidence on equity ownership and corporate value. *Journal of Financial Economics* 27: 595-612.

McDonald, M., and James D. Westphal. 2003. Getting by with the advice of their friends: CEOs' advice networks and firms' strategic responses to poor performance. *Administrative Science Quarterly* 48: 1-32.

McDonald, Michael, Poonam Khanna, and James D. Westphal. 2008. Getting them to think outside the circle: Corporate governance, CEOs' external advice networks, and firm performance. *Academy of Management Journal* 51(3): 453-475.

McEachern, William. 1975. *Managerial control and performance*. Lexington, MA: Lexington Books.

McGrath, Joseph E. 1984. *Groups: Interaction and performance*. Englewood Cliffs, NJ: Prentice-Hall.

McGuire, Jean, and Elie Matta. 2003. CEO stock options: The silent dimension of ownership. *Academy of Management Journal* 46(2): 255-265.

McGuire, Joseph W., John S. Y. Chiu, and Alvar D. Elbing. 1975. Executive incomes, sales and profits. *American Economic Review* 52(4): 753-761.

McNamara, Gerry, Rebecca A. Luce, and George H. Tompson. 2002. Examining the effect of complexity in strategic group knowledge structures on firm performance. *Strategic Management Journal* 23(2): 153-170.

McNulty, Terry, and Andrew Pettigrew. 1999. Strategists on the board. *Organization Studies* 20(1): 47-74.

Meeks, Geoffrey, and Geoffrey Whittington. 1975. Directors' pay, growth, and profitability. *Journal of Industrial Economics*: 1-14.

Meindl, James R., Sanford B. Ehrlich, and Janet M. Dukerich. 1985. The romance of leadership. *Administrative Science Quarterly* 30(1): 78-102.

Merchant, Kenneth A. 1989. *Rewarding results: Motivating profit center managers*. Boston, MA: Harvard Business School Press.

Merton, Robert K. 1968. *Social theory and social structure*. New York: Free Press.

Merton, Robert K. 1973. *The sociology of science*. Chicago: University of Chicago Press.

Meyer, John, and B. Rowan. 1977. Institutionalized organizations: Formal structure as myth and ceremony. *American Journal of Sociology* 83(2): 340-363.

Meyer, John, W. Richard Scott, and David Strang. 1987. Centralization, fragmentation, and school district complexity. *Administrative Science Quarterly* 32(2): 186-201.

Mian, Shehzad. 2001. On the choice and replacement of chief financial officers. *Journal of Financial Economics* 60: 143-175.

Miceli, Marcia P., and Janet P. Near. 1994. Whistleblowing: Reaping the benefits. *Academy of Management Executive* 8(3): 65-72.

Michel, John G., and Donald C. Hambrick. 1992. Diversification posture and top management team characteristics. *Academy of Management Journal* 35: 9-37.

Miles, Raymond H. 1982. *Coffin nails and corporate strategies*. Englewood Cliffs, NJ: Prentice-Hall.

Miles, Raymond H., and Charles C. Snow. 1978. *Organizational strategy, structure, and process*. New York: McGraw-Hill.

Miller, Alex, Mary S. Spann, and Linda Lerner. 1991. Competitive advantages in new corporate ventures: The impact of resource sharing and reporting level. *Journal of Business Venturing* 6(5): 335-350.

Miller, Danny. 1991. Stale in the saddle: CEO tenure and the match between organization and environment. *Management Science* 37(1): 34-52.

Miller, Danny. 1993. The architecture of simplicity. *Academy of Management Review* 18(1): 116-138.

Miller, Danny, and Cornelia Droge. 1986. Psychological and traditional determinants of structure. *Administrative Science Quarterly* 31: 539-560.

Miller, Danny, Cornelia Droge, and Jean-Marie Toulouse. 1988. Strategic process and content as mediators between organizational context and structure. *Academy of Management Journal*

31(3): 544-569.

Miller, Danny, Manfried F. R. Kets de Vries, and Jean Marie Toulouse. 1982. Top executive locus of control and its relationship to strategy-making, structure, and environment. *Academy of Management Journal* 25: 221-235.

Miller, Danny, Theresa K. Lant, Frances J. Milliken, and Helaine J. Korn. 1996. The evolution of strategic simplicity: Exploring two models of organizational adaption. *Journal of Management* 22(6): 863-887.

Miller, Danny, and Isabelle Le Breton-Miller. 2003. Challenge versus advantage in family business. *Strategic Organization* 1(1): 127-134.

Miller, Danny, and Isabelle Le Breton-Miller. 2005. *Managing for the long run: Lessons in competitive advantage from great family businesses*. Boston, MA: Harvard Business School Press.

Miller, Danny, Isabelle Le Breton-Miller, and Richard H. Lester. 2005. Family involvement, agency and performance in the Fortune 1000. Paper presented at the Academy of Management Annual Meetings, Honolulu, HI.

Miller, Danny, Isabelle Le Breton-Miller, Richard H. Lester, and Albert A. Cannella, Jr. 2006. Family involvement, agency and performance in the Fortune 1000. In Working Paper, Arizona State University.

Miller, Danny, Isabelle Le Breton-Miller, Richard H. Lester, and Albert A. Cannella, Jr. 2007. Are family firms really superior performers? *Journal of Corporate Finance* 13(5): 829-858.

Miller, Danny, and Jamal Shamsie. 2001. Learning across the life cycle: Experimentation and performance among the Hollywood studio heads. *Strategic Management Journal* 22(8): 725-745.

Miller, Danny, and Jean-Marie Toulouse. 1986a. Chief executive personality and corporate strategy and structure in small firms. *Management Science* 32(11): 1389-1409.

Miller, Danny, and Jean-Marie Toulouse. 1986b. Strategy, structure, CEO personality, and performance in small firms. *American Journal of Small Business* 10(3): 47-62.

Miller, Janice S., Robert M. Wiseman, and Luis R. Gomez-Mejia. 2002. The fit between CEO compensation design and firm risk. *Academy of Management Journal* 45(4): 745-756.

Miller, L. Keith, and Robert L. Hamblin. 1963. Interdependence, differential rewarding, and productivity. *American Sociological Review* 28(5): 768-778.

Miller, Warren D. 1998. Siblings and succession in the family business. *Harvard Business Review* 76(1): 22-36.

Milliken, Frances J. 1990. Perceiving and interpreting environmental change: An examination of college administrators' interpretation of changing demographics. *Academy of Management Jour-*

nal 33(1): 42-63.

Mintz, Beth, and Michael Schwartz. 1981. The structure of intercorporate unity in American business. *Social Problems* 29: 87-103.

Mintzberg, Henry. 1973. *The nature of managerial work*. New York: Harper & Row.

Mintzberg, Henry. 1976. Planning on the left side and managing on the right. *Harvard Business Review* 54(4): 49-58.

Mintzberg, Henry. 1978. Patterns in strategy formation. *Management Science* 24: 934-948.

Mintzberg, Henry. 1979. *The structuring of organizations: The synthesis of the research*. Englewood Cliffs, NJ: Prentice-Hall.

Mintzberg, Henry. 1983a. *Power in and around organizations*. Englewood Cliffs, NJ: Prentice-Hall.

Mintzberg, Henry. 1983b. *Structure in fives: Designing effective organizations*. Englewood Cliffs, N.J.: Prentice-Hall.

Mintzberg, Henry. 1985. The organization as political arena. *Journal of Management Studies* 22(2): 133-154.

Mintzberg, Henry, Duru Raisinghani, and Andre Theoret. 1976. The structure of unstructured decision processes. *Administrative Science Quarterly* 21: 246-275.

Mischel, Walter. 1968. *Personality and assessment*. New York: Wiley.

Mischel, Walter. 1977. The interaction of person and situation. In *Personality at the crossroads: Current issues in interactional psychology*, edited by David Magnusson and Norman S. Endler,

Mitchell, Terence R., and William S. Silver. 1990. Individual and group goals when workers are interdependent: Effects on task strategies and performance. *Journal of Applied Psychology* 75(2): 185-193.

Mizruchi, Mark S. 1982. *The American corporate network: 1904-1974*. Beverly Hills: Sage.

Mizruchi, Mark S. 1983. Who controls whom? An examination of the relation between management and board of directors in large American corporations. *Academy of Management Review* 8: 426-435.

Mizruchi, Mark S. 1996. What do interlocks do? An analysis, critique, andassesement of research on interlocking directorates. *Annual Review of Sociology* 22: 271-298.

Mizruchi, Mark S., and Linda B. Stearns. 1988. A longitudinal study of the formation of interlocking directorates. *Administrative Science Quarterly* 33: 194-210.

Mizruchi, Mark S., and Linda B. Stearns. 1994. A longitudinal study of borrowing by large American corporations. *Administrative Science Quarterly* 39(1): 118-140.

Molz, Rick. 1988. Managerial domination of boards of directors and financial performance. *Journal of Business Research* 16: 235–250.

Monks, Robert A. G., and Nell Minow. 2004. *Corporate Governance*. 3rd ed. Oxford, UK: Blackwell Publishing Ltd.

Montgomery, Cynthia A. 1998. Vivendi. Harvard Business School Case #9-799-019.

Morck, Randall, Andrei Shleifer, and Robert W. Vishny. 1988. Management ownership and market valuation: An empirical analysis. *Journal of Financial Economics* 20: 293–315.

Morck, Randall, Andrei Shleifer, and Robert W. Vishny. 1989. Alternative mechanisms for corporate control. *American Economic Review* 79: 842–852.

Morck, Randall, Andrei Shleifer, and Robert W. Vishny. 1990. Do managerial objectives drive bad acquisitions? *Journal of Finance* 45(1): 31–48.

Morgeson, Gretchen. 1998. Stock options are not a free lunch. *Forbes*, 212–217.

Mortimer, Jeylan T., and Jon Lorence. 1979. Work longitudinal study. *American Journal of Sociology* 84: 1361–1385.

Mueller, Robert K. 1979. *Board compass*. Lexington, MA: D. C. Heath.

Mueller, Robert K. 1981. *The incomplete board: The unfolding of corporate governance*. Lexington, MA: Lexington Books.

Murphy, Kevin J. 1994. Reporting choice and the 1992 proxy disclosure rules. In Working Paper. Harvard Business School.

Murray, Alan I. 1989. Top management group heterogeneity and firm performance. *Strategic Management Journal* 10: 125–141.

Myers, C. A. 1983. Top management featherbedding? *Sloan Management Review* 24(4): 55–58.

Myers, Isabel Briggs. 1982. *Introduction to type*. Palo Alto, CA: Consulting Psychologists Press.

Napier, Nancy Knox, and Mark Smith. 1987. Product diversification, performance criteria and compensation at the corporate level. *Strategic Management Journal* 8(2): 195–201.

Narayanan, V. K., and Liam Fahey. 1990. Evolution of revealed cause maps during organizational decline: A case study of admiral. In *Mapping strategic thought*, edited by Ann S. Huff, 109–133. Chichester: Wiley.

Neale, Margaret A., and Max H. Bazerman. 1985. The effects of framing and negotiator overconfidence on bargaining behaviors and outcomes. *Academy of Management Journal* 28(1): 34–49.

Nemeth, Charlan J. 1986. Differential contributions of majority and minority influence. *Psychological Review* 91: 23–32.

Nemeth, Charlan J., and Barry M. Staw. 1989. The tradeoffs of social control and innovation in groups and organizations. In *Advances in Experimental Social Psychology*, edited by L. Berkowitz, 175-210. New York: Academic Press.

Newell, Sara E. 1989. An interpretive study of the public statements and strategic actions of the CEOs of U.S. Steel and the Presidents of the USWA: 1945-1985. Unpublished Ph. D. dissertation, University of Massachusetts.

Nohria, Nitin, and James D. Berkley. 1994. Whatever happened to the take-charge manager? *Harvard Business Review* 72(1): 128-139.

Norburn, David. 1986. GOGOs, YOYOs, and DODOs: Company directors and industry performance. *Strategic Management Journal* 7: 101-118.

Norburn, David, and Sue Birley. 1988. The top management team and corporate performance. *Strategic Management Journal* 9: 225-237.

North, Douglas. 1990. *Institutions, institutional change, and economic performance*. Cambridge, UK: Cambridge University Press.

Nutt, Paul C. 1984. Types of organizational decision-processes. *Administrative Science Quarterly* 29: 414-450.

Nutt, Paul C. 1986a. Decision style and strategic decisions of top executives. *Technological Forecasting and Social Change* 30: 39-62.

Nutt, Paul C. 1986b. Tactics of implementation. *Academy of Management Journal* 29: 230-261.

Nutt, Paul C. 1987. Identifying and appraising how managers install strategy. *Strategic Management Journal* 8: 1-14.

Nutt, Paul C. 1989. Selecting tactics to implement strategic plans. *Strategic Management Journal* 10: 145-161.

Nutt, Paul C. 1993. Flexible decision styles and the choices of top executives. *Journal of Management Studies* 30(5): 695-721.

Ocasio, William. 1994. Political dynamics and the circulation of power: CEO succession in U.S. industrial corporations, 1960-1990. *Administrative Science Quarterly* 39: 285-312.

Ocasio, William. 1997. Towards an attention-based view of the firm. *Strategic Management Journal* 18(Special Issue Supplement): 187-206.

Ocasio, William. 1999. Institutionalized action and corporate governance: The reliance on rules of CEO succession. *Administrative Science Quarterly* 44(2): 384-416.

Ocasio, William, and Hyosun Kim. 1999. The circulation of corporate control: Selection of functional backgrounds of new CEOs in large U.S. manufacturing firms, 1981-1992. *Administrative Science Quarterly* 44(3): 532-562.

O'Connor, Joseph P., Richard L. Priem, and Joseph E. Coombs. 2006. Do CEO stock options prevent or promote fraudulent financial reportint? *Academy of Management Journal* 49(3): 483–500.

Ofek, Eli, and David Yermack. 2000. Taking stock: Equity-based compensation and the evolution of managerial ownership. *Journal of Finance* 55(1367–1384).

Olson, Mancur. 1982. *The rise and decline of nations: Economic growth, stagflation, and social rigidities*. New Haven, CT: Yale University Press.

O'Reilly, Charles A., III, David F. Caldwell, and William P. Barnett. 1989. Work group demography, social integration, and turnover. *Administrative Science Quarterly* 34: 21–37.

O'Reilly, Charles A., III, and Sylvia Flatt. 1989. Executive team demography, organizational innovation and firm performance. In Working Paper. University of California, Berkeley.

O'Reilly, Charles A., III, Brian G. M. Main, and Graef S. Crystal. 1988. CEO compensation as tournament and social comparison: A tale of two theories. *Administrative Science Quarterly* 33: 257–274.

O'Reilly, Charles A., III, Richard C. Snyder, and Joan N. Boothe. 1993. Executive team demography and organizational change. In *Organizational change and redesign: Ideas and insights for improving performance*, edited by George P. Huber and William H. Glick, 147–175. New York: Oxford University Press.

Oster, Sharon. 1990. *Modern strategic analysis*. New York: Oxford University Press.

Oswald, Sharon L., and John S. Jahera, Jr. 1991. The influence of ownership on performance: An empirical study. *Strategic Management Journal* 12(4): 321–326.

Ouichi, William G., and Alfred M. Jaeger. 1978. Type Z organization: Stability in the midst of mobility. *Academy of Management Review* 3(2): 305–314.

Palmer, Donald A. 1983. Broken ties: Interlocking directorates and intercorporate coordination. *Administrative Science Quarterly* 28: 40–55.

Palmer, Donald A., and Brad M. Barber. 2001. Challengers, elites, and owning families: A social class theory of corporate acquisitions in the 1960s. *Administrative Science Quarterly* 46(1): 87–120.

Palmer, Donald A., P. Devereaux Jennings, and Xueguang Zhou. 1993. Late adoption of the multidivisional form by large U.S. corporations: Institutional, political, and economic accounts. *Administrative Science Quarterly* 38: 100–131.

Papadakis, Vassilis M., and Patrick Barwise. 2002. How much do CEOs and top managers matter in strategic decision-making? *British Journal of Management* 13: 83–95.

Pareto, Vilfredo. 1964. *The rise and fall of the elites*. Totowa, NJ: Bedminster Press.

Parks, Judi McLean, and Edward J. Conlon. 1995. Compensation contracts: Do agency theory assumptions predict negotiated agreements? *Academy of Management Journal* 38(3): 821–838.

Parrino, Robert. 1997. CEO turnover and outside succession: A cross-sectional analysis. *Journal of Financial Economics* 46: 165–197.

Patton, Arch. 1961. *Men, money, and motivation*. New York: McGraw-Hill.

Patton, Arch. 1971. Motivating tomorrow's executives. In *The arts of top management*, edited by Roland Mann, 192–204. New York: McGraw-Hill.

Patton, Arch, and John C. Baker. 1987. Why won't directors rock the boat? *Harvard Business Review* 65(6): 10–18.

Pearce, John A., II, and Shaker A. Zahra. 1991. The relative power of CEOs and boards of directors: Associations with corporate performance. *Strategic Management Journal* 12(2): 135–153.

Pearce, John A., II, and Shaker A. Zahra. 1992. Board composition from a strategic contingency perspective. *Journal of Management Studies* 29(4): 411–438.

Pennings, Johannes M. 1980. *Interlocking directorates*. Washington, D. C.: Jossey-Bass.

Pennings, Johannes M., Kyungmook Lee, and Arjen van Witteloostuijn. 1998. Human capital, social capital, and firm dissolution. *Academy of Management Journal* 41(4): 425–440.

Perrow, Charles. 1986. *Complex organizations: A critical essay*. New York: Random House.

Peters, Thomas J., and Robert H. Waterman. 1982. *In search of excellence: Lessons from America's best-run companies*. 1st ed. New York: Harper & Row.

Peterson, Randall S., D. Brent Smith, Paul V. Martorana, and Pamela D. Owens. 2003. The impact of chief executive officer personality on top management team dynamics: One mechanism by which leadership affects organizational performance. *Journal of Applied Psychology* 88(5): 795–808.

Pettigrew, Andrew M. 1973. *The politics of organizational decision making*. London: Tavistock.

Pettigrew, Andrew M. 1992. On studying managerial elites. *Strategic Management Journal* 13(Special Issue): 163–182.

Pfeffer, Jeffrey. 1972. Size and composition of corporate boards of directors: The organization and its environment. *Administrative Science Quarterly* 17: 218–229.

Pfeffer, Jeffrey. 1973. Size, composition, and function of hospital boards of directors: A study of organization-environment linkage. *Administrative Science Quarterly* 18: 349–364.

Pfeffer, Jeffrey. 1981a. Management as symbolic action: The creation and maintenance of organizational paradigms. In *Research in organizational behavior*, edited by Lawrence L. Cummings and Barry M. Staw, 1–52. Greenwich, CT: JAI Press.

Pfeffer, Jeffrey. 1981b. *Power in organizations*. Boston, MA: Pitman.

Pfeffer, Jeffrey. 1983. Organizational demography. In *Research in organizational behavior*, edited by Lawrence L. Cummings and Barry M. Staw, 299-357. Greenwich, CT: JAI Press.

Pfeffer, Jeffrey, and Alison Davis-Blake. 1986. Administrative succession and organizational performance: How administrator experience mediates the succession effect. *Academy of Management Journal* 29: 72-83.

Pfeffer, Jeffrey, and Alison Davis-Blake. 1990. Determinants of salary dispersion in organizations. *Industrial Relations* 29: 38-57.

Pfeffer, Jeffrey, and Alison Davis-Blake. 1992. Salary dispersion, location in the salary distribution, and turnover among college administrators. *Industrial and Labor Relations Review* 45: 753-763.

Pfeffer, Jeffrey, and Nancy Langton. 1988. Wage inequality and the organization of work: The case of academic departments. *Administrative Science Quarterly* 33(4): 588-606.

Pfeffer, Jeffrey, and Nancy Langton. 1993. The effect of wage dispersion on satisfaction, productivity, and working collaboratively: Evidence from college and university faculty. *Administrative Science Quarterly* 38: 382-407.

Pfeffer, Jeffrey, and William L. Moore. 1980. Average tenure of academic department heads: The effects of paradigm, size, and departmental demography. *Administrative Science Quarterly* 25: 387-405.

Pfeffer, Jeffrey, and Gerald R. Salancik. 1978. *The external control of organizations: A resource dependence perspective*. New York: Harper & Row.

Pinfield, Lawrence T. 1986. A field evaluation of perspectives on organizational decision making. *Administrative Science Quarterly* 31: 365-388.

Pitcher, Patricia, Samia Chreim, and Veronika Kisfalvi. 2000. CEO succession research: Methodological bridges over troubled waters. *Strategic Management Journal* 21(6): 625-648.

Pitcher, Patricia, and Anne D. Smith. 2001. Top management team heterogeneity: Personality, power, and proxies. *Organization Science* 12(1): 1-18.

Pitts, Robert A. 1974. Incentive compensation and organization design. *Personnel Journal*: 49-57.

Pitts, Robert A. 1976. Toward a contingency theory of multibusiness organization design. *Academy of Management Review* 3: 203-210.

Platt, John R. 1964. Strong inference. *Science* 146: 347-353.

Podolny, Joel M. 1994. Market uncertainty and the social character of economic exchange. *Administrative Science Quarterly* 39(3): 458-483.

Pollock, Timothy, G., Guoli Chen, Eric M. Jackson, and Donald C. Hambrick. 2007. Just how much prestige is enough? Assessing the value of multiple types of prestigious affiliates for young firms. Working Paper, Pennsylvania State University.

Pollock, Timothy G., Harald M. Fischer, and James B. Wade. 2002. The role of power and politics in the repricing of executive stock options. *Academy of Management Journal* 45(6): 1172-1182.

Polzer, Jeffrey T., C. Brad Crisp, Sirkaa L. Jarvenpaa, and Jerry W. Kim. 2006. Extending the faultline model to geographically dispersed teams: How colocated subgroups can impair group functioning. *Academy of Management Journal* 49(4): 679-692.

Porac, Joseph F., James B. Wade, and Timothy G. Pollock. 1999. Industry categories and the politics of the comparable firm in CEO compensation. *Administrative Science Quarterly* 44(1): 112-144.

Porter, John. 1957. The economic elite and the social structure in Canada. *Canadian Journal of Economics and Political Science* 23(3): 376-394.

Porter, Michael E. 1980. *Competitive strategy: Techniques for analyzing industry and competitors.* New York: Harper & Row.

Porter, Michael E. 1987. From competitive advantage to corporate strategy. *Harvard Business Review* 65(3): 43-59.

Postman, Leo, Jerome S. Bruner, and Elliott McGinnies. 1948. Personal values as selective factors in perception. *Journal of Abnormal and Social Psychology* 5: 142-154.

Power, C. 1987. Shareholders aren't rolling over anymore. *Business Week*, April 27, 32-33.

Prahalad, C. K., and Richard A. Bettis. 1986. The dominant logic: A new linkage between diversity and performance. *Strategic Management Journal* 7(6): 485-501.

Prahalad, C. K., and Gary Hamel. 1990. The core competence of the corporation. *Harvard Business Review* 68: 79-93.

Price, James L. 1963. The impact of governing boards on organizational effectiveness and morale. *Administrative Science Quarterly* 8(3): 361-378.

Priem, Richard L. 1990. Top management team group factors, consensus, and firm performance. *Strategic Management Journal* 11: 469-478.

Priem, Richard L. 1994. Executive judgment, organizational congruence, and firm performance. *Organization Science* 5(3): 421-437.

Priem, Richard L., Douglas W. Lyon, and Gregory G. Dess. 1999. Inherent limitations of demographic proxies in top management team heterogeneity research. *Journal of Management* 25(6):

935-953.

Provan, Keith G. 1980. Board power and organizational effectiveness among human service agencies. *Academy of Management Journal* 23: 221-236.

Prowse, Stephen D. 1990. Institutional investment patterns and corporate financial behavior in the United States and Japan. *Journal of Financial Economics* 27: 43-66.

Puffer, Sheila M., and Joseph B. Weintrop. 1991. Corporate performance and CEO turnover: The role of performance expectations. *Administrative Science Quarterly* 36(1): 1-19.

Quinn, James Brian. 1980. *Strategies for change: Logical incrementalism, Irwin series in management and the behavioral sciences.* Homewood, IL.: R. D. Irwin.

Rajagopalan, Nandini, and Deepak K. Datta. 1996. CEO characteristics: Does industry matter? *Academy of Management Journal* 39(1): 197-215.

Rajagopalan, Nandini, and Sydney Finkelstein. 1992. Effects of strategic orientation and environmental change on senior management reward systems. *Strategic Management Journal* 13: 127-142.

Rajagopalan, Nandini, and John E. Prescott. 1990. Determinants of top management compensation: Explaining the impact of economic, behavioral, and strategic constructs and the moderating effects of industry. *Journal of Management* 16: 515-538.

Rajagopalan, Nandini, Abdul M. A. Rasheed, and Deepak K. Datta. 1993. Strategic decision processes: Critical review and future directions. *Journal of Management* 19(2): 349-384.

Rajagopalan, Nandini, and Gretchen M. Spreitzer. 1997. Toward a theory of strategic change: A multi-lens perspective and integrative framework. *Academy of Management Review* 22(1): 48-79.

Ramanan, Ramachandran, Daniel T. Simon, and David G. Harris. 1993. Chief executive compensation surrounding strategic divestitures. *International Journal of Management* 10: 256-263.

Rappaport, Alan. 1978. Executive incentives vs. corporate growth. *Harvard Business Review* 56(4): 81-88.

Rappaport, Alan. 1986. *Creating shareholder value.* New York: Free Press.

Raskas, Daphna F., and Donald C. Hambrick. 1992. Multifunctional managerial development: A framework for evaluating the options. *Organizational Dynamics* 21(2): 5-17.

Ratcliff, Richard E. 1980. Banks and corporate lending: An analysis of the impact of internal structure of the capitalist class on the lending behavior of banks. *American Sociological Review* 45: 553-570.

Ravenscraft, David J., and Frederick M. Scherer. 1987. *Mergers, sell-offs, and economic efficiency.*

Washington, DC: The Brookings Institution.

Raviv, Artur. 1985. Management compensation and the managerial labor markets: An overview. *Journal of Accounting and Economics* 7: 239–245.

Rawls, James R., and Oscar T. Nelson, Jr. 1975. Characteristics associated with preferences for certain managerial positions. *Psychology Reports* 36: 911–918.

Rechner, Paula L., and Dan R. Dalton. 1991. CEO duality and organizational performance: A longitudinal analysis. *Strategic Management Journal* 12: 155–160.

Rediker, Kenneth J., and Anju Seth. 1995. Boards of directors and substitution effects of alternative governance mechanisms. *Strategic Management Journal* 16(2): 85–99.

Reed, Richard L. 1978. Organizational change in the American foreign service, 1925–1965: The utility of cohort analysis. *American Sociological Review* 43: 404–421.

Reger, Rhonda P., and Anne S. Huff. 1993. Strategic groups: A cognitive perspective. *Strategic Management Journal* 14: 103–124.

Reinganum, Marc R. 1985a. The effects of executive succession on stockholder wealth: A reply. *Administrative Science Quarterly* 30: 375–376.

Reinganum, Marc R. 1985b. The effect of executive succession on stockholder wealth. *Administrative Science Quarterly* 30(1): 46–60.

Rentsch, Joan R., Tonia S. Heffner, and Lorraine T. Duffy. 1994. What you know is what you get from experience: Team experience related to teamwork schemas. *Group & Organization Management* 19(4): 450–474.

Reuber, A. Rebecca, and Eileen Fischer. 1997. The influence of the management team's international experience on the internationalization behaviors of SMEs. *Journal of International Business* 28: 807–825.

Reutzel, Christopher R., and Albert A. Cannella, Jr. 2004. A model of Chief Financial Officer promotion and exit. Paper presented at the Annual Meetings of the Academy of Management, New Orleans, LA.

Rhodes, Susan R., and Richard M. Steers. 1981. Conventional vs. worker-owned organizations. *Human Relations* 34: 1013–1035.

Richard, Orlando C., Tim Barnett, Sean Dwyer, and Ken Chadwick. 2004. Cultural diversity in management, firm performance, and the moderating role of entrepreneurial orientation dimensions. *Academy of Management Journal* 47(2): 255–266.

Rindova, Violina P. 1999. What corporate boards have to do with strategy: A cognitive perspective. *Journal of Management Studies* 36(7): 953–975.

Ritchie, William J., William P. Anthony, and Anthony Rubens. 2004. Individual executive characteristics: Explaining the divergence between perceptual and financial measures in nonprofit organizations. *Journal of Business Ethics* 53(3): 267–281.

Roberto, Michael A. 2003. The stable core and dynamic periphery in top management teams. *Management Decision* 41(2): 120–131.

Roberts, David R. 1959. *Executive compensation*. Glencoe, IL: Free Press.

Roberts, Edward B., and Charles A. Berry. 1985. Entering new businesses: Selecting strategies for success. *Sloan Management Review* 27(3): 57–71.

Roberts, Karlene H., and Charles A. O'Reilly, III. 1979. Some correlates of communication roles in organizations. *Academy of Management Journal* 22: 42–57.

Roche, Gerard R. 1975. Compensation and the mobile executive. *Harvard Business Review* 53(6): 53–62.

Rogers, Everett M., and F. Floyd Shoemaker. 1971. *Communication of innovations*. New York: Free Press.

Rokeach, Milton. 1969a. Religious values and social compassion. *Review of Religious research* 11: 24–38.

Rokeach, Milton. 1969b. Value systems in religion. *Review of Religious Research* 11: 3–23.

Rokeach, Milton. 1973. *The nature of human values*. New York: Free Press.

Rokeach, Milton, and Seymour Parker. 1970. Values as social indicators of poverty and race relations in America. *The Annals of the American Academy of Political and Social Science* 388: 97–111.

Roll, Richard. 1986. The hubris hypothesis of corporate takeovers. *Journal of Business* 59[2(Part 1)]: 197–216.

Romanelli, Elaine, and Michael L. Tushman. 1988. Executive leadership and organizational outcomes: An evolutionary perspective. In *The executive effect: Concepts and methods for studying top managers*, edited by Donald C. Hambrick, 297–314. Greenwich, CT: JAI Press.

Rosen, Sherwin. 1986. Prizes and incentives in elimination tournaments. *American Economic Review* 76: 701–715.

Rosenstein, Stuart, and Jeffrey G. Wyatt. 1990. Outside directors, board independence, and shareholder wealth. *Journal of Financial Economics* 26(2): 175–191.

Ross, S. 1973. The economic theory of agency: The principal's problem. *American Economic Review* 63: 134–139.

Roth, Kendall. 1995. Managing international interdependence: CEO characteristics in a resource-based framework. *Academy of Management Journal* 38(1): 200-231.

Roth, Kendall, and Sharon O'Donnell. 1996. Foreign subsidiary compensation strategy: An agency theory perspective. *Academy of Management Journal* 39(3): 678-703.

Rotter, Julian B. 1954. *Social learning and clinical psychology*. New York: Prentice-Hall.

Rotter, Julian B. 1966. Generalized expectancies for internal versus external control of reinforcement. *Psychological Monographs* 80.

Rousseau, Denise M., and Zipi Shperling. 2003. Pieces of the action: Ownership and the changing employment relationship. *Academy of Management Review* 28(4): 553-570.

Rowe, W. Glenn, Albert A. Cannella, Jr., Debra Rankin, and Douglas Gorman. 2005. Leader succession and organizational performance: Integrating the common-sense, ritual scapegoating, and vicious-circle succession theories. *Leadership Quarterly* 16: 197-220.

Rubenson, George C., and Anil Gupta. 1992. Replacing the founder: Exploding the myth of the entrepreneur's disease. *Business Horizons* 35(6): 53-57.

Rubin, Jeffrey Z., and Joel Brockner. 1975. Factors affecting entrapment in waiting situations: The Rosencrantz and Guildenstern effect. *Journal of Personality and Social Psychology* 31: 1054-1063.

Ruef, Martin, Howard E. Aldrich, and Nancy M. Carter. 2003. The structure of founding teams: Homophily, strong ties, and isolation among U.S. entrepreneurs. *American Sociological Review* 68(April): 195-222.

Rumelt, Richard P. 1974. *Strategy, structure and economic performance*. Boston, MA: Harvard University Press.

Russo, J. Edward, and Paul J. H. Schoemaker. 1992. Managing overconfidence. *Sloan Management Review* 33(2): 7-17.

Sakano, Tomoaki, and Arie Y. Lewin. 1999. Impact of CEO succession in Japanese companies: A coevoluntionary perspective. *Organization Science* 10(5): 654-671.

Salancik, Gerald R., and Jeffrey Pfeffer. 1977a. Who gets power—and how they hold on to it. *Organizational Dynamics*: 3-21.

Salancik, Gerald R., and Jeffrey Pfeffer. 1977b. Constraints on administrative discretion: The limited influence of mayors on city budgets. *Urban Affairs Quarterly* 12: 475-498.

Salancik, Gerald R., and Jeffrey Pfeffer. 1980. Effects of ownership and performance on executive tenure in U.S. Corporations. *Academy of Management Journal* 23: 653-664.

Salter, Malcolm A. 1973. Tailor incentive compensation to strategy. *Harvard Business Review* 51: 94-102.

Sambharya, Rakesh B. 1996. Foreign experience of top management teams and international diversification strategies of U.S. multinational corporations. *Strategic Management Journal* 17(9): 739-746.

Sampson, Edward E. 1975. On justice as equality. *Journal of Social Issues* 31: 45-64.

Sanders, William Gerard, and Anja Christine Tuschke. 2007. The adoption of institutionally contested organizational practices: The emergence of stock option pay in Germany. *Academy of Management Journal* 50(1): 33-56.

Sanders, William Gerard. 2001. Behavioral responses of CEOs to stock ownership and stock option pay. *Academy of Management Journal* 44(3): 477-492.

Sanders, William Gerard, and Mason A. Carpenter. 1998. Internationalization and firm governance: The roles of CEO compensation, top team composition, and board structure. *Academy of Management Journal* 41(2): 158-178.

Sanders, William Gerard, and Donald C. Hambrick. 2006. Unpacking the effects of financial incentives on managerial risk-taking: CEO stock options, strategic behavior, and company performance. Working Paper, Bringham Young University.

Sanders, William Gerard, and Donald C. Hambrick. 2007. Swinging for the fences: The effects of CEO stock options on company risk-taking and performance. *Academy of Management Journal* 50(5): 1055-1078.

Sarros, James C., and Joseph C. Santora. 2001. Leaders and values: A cross-cultural study. *Leadership & Organization Development Journal* 22(5): 243-248.

Schein, Edward H. 1968. Attitude change during management education. *Administrative Science Quarterly* 13: 601-621.

Schellenger, Michael H., David D. Wood, and Ahmad Tashakori. 1989. Board of director composition, shareholder wealth, and dividend policy. *Journal of Management* 15(3): 457-487.

Schendel, Dan E., and Hofer, Charles W.(eds.).1979. *Strategic management:A new view of business policy and planning*. Boston: Little, Brown.

Schmidt, Dennis R., and Karen L. Fowler. 1990. Post-acquisition financial performance and executive compensation. *Strategic Management Journal* 11(7): 559-569.

Schmidt, Richard. 1977. The board of directors and financial interests. *Academy of Management Journal* 20(1): 677-682.

Schmidt, Stuart M., and Thomas A. Kochan. 1972. The concept of conflict: Toward conceptual clarity. *Administrative Science Quarterly* 17: 359-370.

Schmidt, Warren H. 1974. Conflict: A powerful process for (good or bad) change. *Management Re-

view 63: 4-10.

Schmidt, Warren H., and Barry Z. Posner. 1983. *Managerial values in perspective*. New York: American Management Association.

Schneier, Craig Eric. 1979. Measuring cognitive complexity: Developing reliability, validity, and norm tables for a personality instrument. *Educational and Psychological Measurement* 39: 599-612.

Schotter, Andrew, and Keith Weigelt. 1992. Behavioral consequences of corporate incentives and long-term bonuses: An experimental study. *Management Science* 38: 1280-1298.

Schulze, William S., and Michael H. Lubatkin. 2003. Toward a theory of agency and altruism in family firms. *Journal of Business Venturing* 18: 473-490.

Schwartz, Shalom H. 1992. Universals in the content and structure of values: Theoretical advances and empirical tests in 20 countries. In *Advances in experimental social psychology*, Vol. 25, edited by Mark P. Zenna, 1-65. New York: Academic press.

Schweiger, David M., William R. Sandberg, and Paula L. Rechner. 1989. Experiential effects of dialectical inquiry, devil's advocacy, and consensus approaches to strategic decision making. *Academy of Management Journal* 32: 745-772.

Schwenk, Charles R. 1989. Devil's advocacy and the board: A modest proposal. *Business Horizons* 32(4): 22-27.

Selznick, Philip. 1949. *TVA and the grass roots*. Berkeley, CA: University of California Press.

Selznick, Philip. 1957. *Leadership in administration: A sociological interpretation*. New York: Harper & Row.

Seward, James K., and James P. Walsh. 1996. The governance and control of voluntary corporate spin-offs. *Strategic Management Journal* 17(1): 25-39.

Shavell, Stephen. 1979. Risk sharing and incentives in the principal and agent relationship. *Bell Journal of Economics* 10: 55-73.

Shaw, Jason D., Nina Gupta, and John E. Delery. 2002. Pay dispersion and workforce performance: Moderating effects of incentives and interdependence. *Strategic Management Journal* 23(6): 491.

Shaw, Marvin E. 1981. *Group dynamics*. New York: McGraw-Hill.

Shaw, Marvin E., and Blaze Harkey. 1976. Some effects of congruency of member characteristics and group structure upon group behavior. *Journal of Personality and Social Psychology* 34(3): 412-418.

Shen, Wei. 2003. The dynamics of the CEO-board relationship: An evolutionary perspective. *Acade-*

my of Management Review 28(3): 466-476.

Shen, Wei, and Albert A. Cannella, Jr. 2002a. Power dynamics within top management and their impacts on CEO dismissal followed by inside succession. *Academy of Management Journal* 45: 1195-1208.

Shen, Wei, and Albert A. Cannella, Jr. 2002b. Revisiting the performance consequences of CEO succession: The impacts of successor type, postsuccession senior executive turnover, and departing CEO tenure. *Academy of Management Journal* 45(4): 717-733.

Shen, Wei, and Albert A. Cannella, Jr. 2003. Will succession planning increase shareholder wealth? Evidence from investor reactions to relay CEO successions. *Strategic Management Journal* 24(2): 191-198.

Shen, Wei, and Theresa S. Cho. 2004. Exploring involuntary turnover through a managerial discretion framework. *Academy of Management Review* 30:843-854.

Shen, Wei, and Theresa S. Cho. 2005. Exploring involuntary turnover through a managerial discretion framework. *Academy of Management Review* 30: 843-854.

Shen, Wei, Richard J. Gentry, and Henry L. Tosi, Jr. 2003. The CEO as sandbagger in the compensation tournament. Paper presented at the Academy of Management Annual Meetings, Seattle, WA.

Sherman, Howard D., Roger J. Kashlak, and Maheshkumar P. Joshi. 1998. The effect of board and executive committee characteristics on the degree of internationalization. *Journal of International Management* 4: 311-335.

Shimizu, Katsuhiko. 2007. Prospect theory, behavioral theory, and threat-rigidity thesis: Combinative effects on organizational divestiture decisions of a formerly acquired unit. *Academy of Management Journal* 50(6): 1495-1514.

Shimizu, Katsuhiko, and Michael A. Hitt. 2005. What constrains or facilitates divestitures of formerly acquired firms? The effects of organizational inertia. *Journal of Management* 31(1): 50-72.

Shivdasani, Anil, and David Yermack. 1999. CEO involvement in the selection of new board members: An empirical analysis. *Journal of Finance* 54(5): 1829-1853.

Shleifer, Andrei, and Robert W. Vishny. 1986. Large shareholders and corporate control. *Journal of Political Economy* 94: 461-484.

Shrivastava, Paul, and Sidney A. Nachman. 1989. Strategic leadership patterns. *Strategic Management Journal* 10: 51-66.

Shull, Fremont A., Andre L. Delbecq, and Lawrence L. Cummings. 1970. *Organizational decision making*. New York: McGraw-Hill.

Siegel, Phyllis A., and Donald C. Hambrick. 2005. Pay disparities within top management groups: Evidence of harmful effects on performance of high-technology firms. *Organization Science* 16(3): 259-274.

Simon, Herbert A. 1945. *Administrative behavior*. New York: Free Press.

Simon, Herbert A. 1957. The compensation of executives. *Sociometry* 20: 32-35.

Simon, Mark, and Susan M. Houghton. 2003. The relationship between overconfidence and the introduction of risky products: Evidence from a field study. *Academy of Management Journal* 46(2): 139-149.

Simons, Tony, Lisa Hope Pelled, and Ken A. Smith. 1999. Making use of difference: Diversity, debate, and decision comprehensiveness in top management teams. *Academy of Management Journal* 42: 662-673.

Sims, Henry P., Jr., and Dennis A. Gioia. 1986. *The thinking organization*. San Francisco, CA: Jossey-Bass.

Simsek, Zeki. 2007. CEO tenure and organizational performance: An intervening model. *Strategic Management Journal* 28(6): 653-662.

Simsek, Zeki, John F. Veiga, Michael Lubatkin, and Richard N. Dino. 2005. Modeling the multilevel determinants of top management team behavioral integration. *Academy of Management Journal* 48: 69-84.

Singh, Harbir, and Farid Harianto. 1989a. Management-board relationships, takeover risk, and the adoption of golden parachutes. *Academy of Management Journal* 32(1): 7-24.

Singh, Harbir, and Farid Harianto. 1989b. Top management tenure, corporate ownership structure and the magnitude of golden parachutes. *Strategic Management Journal* 10: 143-156.

Sitkin, Sim B., and Amy L. Pablo. 1992. Reconceptualizing the determinants of risk behavior. *Academy of Management Review* 17(1): 9-38.

Sitkin, Sim B., and Laurie R. Weingart. 1995. Determinants of risky decision-making behavior: A test of the mediating role of risk perceptions and propensity. *Academy of Management Journal* 38(6): 1573-1592.

Sloan, Richard. 1991. Accounting earnings and top executive compensation. Working Paper, University of Pennsylvania.

Smart, John C., and Ernest T. Pascarella. 1986. Self-concept development and educational degree attainment. *Higher Education* 15: 3-15.

Smircich, Linda, and Charles Stubbart. 1985. Strategic management in an enacted world. *Academy of Management Review* 10(4): 724-736.

Smith, Clifford W., Jr., and Ross L. Watts. 1982. Incentive and tax effects of US executive compensation plans. *Australian Journal of Management* 7: 139-157.

Smith, Jonathan E., Kenneth P. Carson, and Ralph A. Alexander. 1984. Leadership: It can make a difference. *Academy of Management Journal* 27: 765-776.

Smith, Ken G., and Curtis M. Grimm. 1987. Environmental variation, strategic change and firm performance: A study of railroad deregulation. *Strategic Management Journal* 8(4): 363-376.

Smith, Ken G., Ken A. Smith, Judy D. Olian, Henry P. Sims, Jr., Douglas P. O'Bannon, and Judith A. Scully. 1994. Top management team demography and process: The role of social integration and communication. *Administrative Science Quarterly* 39(3): 412-438.

Smith, Mark, and Michael C. White. 1987. Strategy, CEO specialization, and succession. *Administrative Science Quarterly* 32(2): 263-280.

Snow, Charles C., Scott A. Snell, Sue Canney Davison, and Donald C. Hambrick. 1996. Use transnational teams to globalize your company. *Organizational Dynamics* 24(4): 50-67.

Snyder, Mark, and William Ickes. 1985. Personality and social behavior. In *Handbook of social psychology*, edited by Gardner Lindzey and Elliot Aronson, 883-947. Oxford: Oxford University Press.

Song, Jae H. 1982. Diversification strategies and the experience of top executives of large firms. *Strategic Management Journal* 3: 377-380.

Sonnenfeld, Jeffrey. 1988. *The hero's farewell: What happens when CEOs retire*. New York: Oxford University Press.

Sørensen, Jesper B. 1999. The ecology of organizational demography: Managerial tenure distributions and organizational competition. *Industrial and Corporate Change* 8(4): 713-744.

Sorenson, Theodore. 1968. *Decision making in the White House*. New York: Columbia University Press.

Spender, J. C. 1989. *Industry recipes: The nature and sources of managerial judgement*. Oxford: Basil Blackwell.

Srivastava, Suresh. 1983. *The executive mind*. San Francisco, CA: Jossey-Bass.

St. Onge, Sylvie, Michel L. Magnan, Linda Thorne, and Sophie Raymond. 2001. The effectiveness of stock option plans: A field investigation of senior executives. *Journal of Management Inquiry* 10(3): 250-266.

Starbuck, William H. 1976. Organizations and their environments. In *Handbook of industrial and social psychology*, edited by Marvin D. Dunnette, 1069-1123. Chicago: Rand McNally.

Starbuck, William H., Arent Greve, and Bo L. T. Hedberg. 1978. Responding to crisis. *Journal of Business Administration* 9: 111-137.

Starbuck, William H., and Bo L. T. Hedberg. 1977. Saving an organization from a stagnating environment. In *Strategy + structure = performance*, edited by Hans Thorelli, 249-258. Bloomington: Indiana University Press.

Starbuck, William H., and Francis Milliken. 1988. Executives perceptual filters: What they notice and how they make sense. In *The executive effect: Concepts and methods for studying top managers*, edited by Donald C. Hambrick, 35-65. Greenwich, CT: JAI Press.

Stasser, Garold. 1993. Pooling of unshared information during group discussions. In *Group process and productivity*, edited by Stephen Worchel, Wendy L. Wood and Jeffry A. Simpson, 48-76. Newbury Park, CA: Sage.

Staw, Barry M. 1976. Knee-deep in the big muddy: A study of escalating commitment to a chosen course of action. *Organizational Behavior and Human Performance* 16: 27-44.

Staw, Barry M., and Lisa D. Epstein. 2000. What bandwagons bring: Effects of popular management techniques on corporate performance, reputation, and CEO pay. *Administrative Science Quarterly* 45(3): 523-556.

Staw, Barry M., Pamela I. McKechnie, and Sheila M. Puffer. 1983. The justification of organizational performance. *Administrative Science Quarterly* 28(4): 582-600.

Staw, Barry M., Lloyd E. Sandelands, and Jane E. Dutton. 1981. Threat-rigidity effects in organizational behavior: A multi-level analysis. *Administrative Science Quarterly* 26: 501-524.

Stearns, Linda B., and Mark S. Mizruchi. 1993. Board composition and corporate financing: The impact of financial institution representation on borrowing. *Academy of Management Journal* 36: 603-618.

Steiner, Ivan D. 1972. *Group process and productivity*. New York: Academic Press.

Stevens, John M., Janice M. Beyer, and Harrison M. Trice. 1978. Assessing personal, role, and organizational predictors of managerial commitment. *Academy of Management Journal* 21(3): 380-396.

Stewart, Rosemary. 1967. *Managers and their jobs: A study of the similarities and differences in the ways managers spend their time*. London: MacMillan.

Stigler, George J. 1971. The theory of economic regulation. *Bell Journal of Economics and Management Science* 2: 3-21.

Stiles, Philip. 2001. The impact of the board on strategy: An empirical examination. *Journal of Management Studies* 38(5): 627-650.

Strandholm, Karen, Kamalesh Kumara, and Ram Subramanian. 2004. Examining the interrelationships among perceived environmental change, strategic response, managerial characteristics, and organizational performance. *Journal of Business Research* 57: 58-68.

Stroh, Linda K., Jeanne M. Brett, Joseph P. Baumann, and Anne H. Reilly. 1996. Agency theory and variable pay compensation strategies. *Academy of Management Journal* 39(3): 751-767.

Sujan, Harish, Mita Sujan, and James R. Bettman. 1988. Knowledge structure differences between more effective and less effective salespeople. *Journal of Marketing Research* 25(1): 81-86.

Sundaramurthy, Chamu. 1996. Corporate governance within the context of antitakeover provisions. *Strategic Management Journal* 17(5): 377-394.

Sundaramurthy, Chamu. 2001. Antitakeover provisions and shareholder value implications: A review and a contingency framework (vol.26, p.1005, 2000). *Journal of Management* 27(2): 231.

Sundaramurthy, Chamu, and Marianne Lewis. 2003. Control and collaboration: Paradoxes of governance. *Academy of Management Review* 28(3): 397-415.

Sundaramurthy, Chamu, James M. Mahoney, and Joseph T. Mahoney. 1997. Board structure, antitakeover provisions, and stockholder wealth. *Strategic Management Journal* 18(3): 231-245.

Sundaramurthy, Chamu, Paula Rechner, and Weiren Wang. 1996. Governance antecedents of board entrenchment: The case of classified board provisions. *Journal of Management* 22(5): 783-799.

Sundaramurthy, Chamu, and Weiren Wang. 1993. The impact of board attributes and stock ownership on the adoption of classified boards. Atlanta: Paper presented at the Annual Meetings of the Academy of Management.

Sutcliffe, Kathleen M. 1994. What executives notice: Accurate perceptions in top management teams. *Academy of Management Journal* 37: 1360-1378.

Sutcliffe, Kathleen M., and George P. Huber. 1998. Firm and industry as determinants of executive perceptions of the environment. *Strategic Management Journal* 19(8): 793-807.

Sutton, Francis X., Seymour E. Harris, Carl Kaysen, and James Toblin. 1956. *The American Business Creed*. Cambridge, MA: Harvard University Press.

Sutton, Robert I. 1987. The process of organizational death: Disbanding and reconnecting. *Administrative Science Quarterly* 32: 542-569.

Szilagyi, Andrew D., Jr., and David M. Schweiger. 1984. Matching managers to strategies: A review and suggested framework. *Academy of Management Review* 9: 626-637.

Taggart, William, and Daniel Robey. 1981. Minds and managers: On the dual nature of human information processing and management. *Academy of Management Review* 6(2): 187-195.

Tagiuri, Renato. 1965. Value orientations and the relationship of managers and scientists. *Administrative Science Quarterly* 10(1): 39-51.

Tashakori, Ahmad, and William Boulton. 1983. A look at the board's role in planning. *Journal of Business Strategy* 3(3): 64-67.

Teece, David J. 1980. Economics of scope and the scope of the enterprise. *Journal of Economic Behavior and Organization* 1(3): 223-247.

Teece, David J., Gary Pisano, and Amy Shuen. 1997. Dynamic capabilities and strategic management. *Strategic Management Journal* 18(7): 509-533.

Tehranian, Hassan, and James F. Waegelein. 1985. Market reaction to short-term executive compensation plan adoption. *Journal of Accounting and Economics* 7: 131-144.

Tetlock, Philip E. 1985. Accountability: The neglected social context of judgement and choice. In *Research in Organizational Behavior*, 297-332. Green Wich, CT: JAI Press.

Thaler, Richard H. 1980. Toward a positive theory of consumer choice. *Journal of Economic Behavior and Organization* 1: 39-60.

Thomas, Anysia S., Robert J. Litschert, and K. Ramaswamy. 1991. The performance impact of strategy-manager coalignment: An empirical examination. *Strategic Management Journal* 12: 509-522.

Thomas, James B., Shawn M. Clark, and Dennis A. Gioia. 1993. Strategic sensemaking and organizational performance: Linkages among scanning, interpretation, action, and outcomes. *Academy of Management Journal* 36: 239-270.

Thompson, Edmund R., and Florence T. T. Phua. 2005. Are national cultural traits applicable to senior firm managers? *British Journal of Management* 16(1): 59-68.

Thompson, James D. 1967. *Organizations in action: Social science bases of administrative theory*. New York: McGraw-Hill.

Thompson, James D., and William J. McEwen. 1958. Organizational goals and environment: Goal-setting as an interaction process. *American Sociological Review* 23: 23-3.

Tichy, Noel M., and Mary Anne Devanna. 1986. The transformational leader. *Training and Development* 40: 27-32.

Tichy, Noel M., and Stratford Sherman. 1993. Walking the talk at GE. *Training and Development* 47: 26-32.

Tihanyi, Laszlo, Alan E. Ellstrand, Catherine M. Daily, and Dan R. Dalton. 2000. Composition of the top management team and firm international diversification. *Journal of Management* 26 (1157-1177).

Tihanyi, Laszlo, Richard A. Johnson, Robert E. Hoskisson, and Michael A. Hitt. 2003. Institutional ownership differences and international diversification: The effects of boards of directors and technological opportunity. *Academy of Management Journal* 46(2): 195-211.

Tosi, Henry L., Jr., and Luis R. Gomez-Mejia. 1989. The decoupling of CEO pay and performance: An agency theory perspective. *Administrative Science Quarterly* 34: 169-189.

Tosi, Henry L., Jr., and Luis R. Gomez-Mejia. 1994. CEO compensation monitoring and firm performance. *Academy of Management Journal* 37: 1002-1016.

Tosi, Henry L., Jr., and Thomas Greckhamer. 2004. Culture and CEO compensation. *Organization Science* 15(6): 657-670.

Tosi, Henry L., Jr., Jeffrey P. Katz, and Luis Gomez-Mejia. 1997. Disaggregating the agency contract: The effects of monitoring, incentive alignment, and term in office on agent decision making. *Academy of Management Journal* 40(3): 584-602.

Tosi, Henry L., Jr., Steve Werner, Jeffrey P. Katz, and Luis Gomez-Mejia. 2000. How much does performance matter? A meta-analysis of CEO pay studies. *Journal of Management* 26: 301-339.

Triandis, Harry C., Eleanor R. Hall, and Robert B. Ewen. 1965. Member heterogeneity and dyadic creativity. *Human Relations* 18: 33-55.

Tripsas, Mary, and Giovanni Gavetti. 2000. Capabilities, cognition, and inertia: Evidence from digital imaging. *Strategic Management Journal* 21: 1147-1162.

Tsui, Anne S. 1984. A role set analysis of managerial reputation. *Organizational Behavior and Human Performance* 34: 64-96.

Tsui, Anne S., Terri D. Egan, and Charles A. O'Reilly, III. 1992. Being different: Relational demography and organizational attachment. *Administrative Science Quarterly* 37(4): 549-579.

Tuschke, Anja, and William Gerard Sanders. 2003. Antecedents and consequences of corporate governance reform: The case of Germany. *Strategic Management Journal* 24(7): 631.

Tushman, Michael L., and Philip Anderson. 1986. Technological discontinuities and organizational environments. *Administrative Science Quarterly* 31(3): 439-465.

Tushman, Michael L., and Sara L. Keck. 1990. Environmental and organization context and executive team characteristics: An organizational learning approach. In Working Paper. Columbia University.

Tushman, Michael L., and Elaine Romanelli. 1985. Organizational evolution: A metamorphosis model of convergence and reorientation. In *Research in organizational behavior*, edited by Lawrence L. Cummings and Barry M. Staw, 171-222. Greenwich, CT: JAI Press.

Tushman, Michael L., and Lori Rosenkopf. 1996. Executive succession, strategic reorientation and performance growth: A longitudinal study in the U.S. cement industry. *Management Science* 42(7): 939-953.

Tushman, Michael L., Beverly Virany, and Elaine Romanelli. 1985. Executive succession, strategic reorientation, and organization evolution. *Technology In Society* 7: 297-314.

Tyler, Beverly B., and H. Kevin Steensma. 1998. The effects of executives' experiences and perceptions on their assessment of potential technological alliances. *Strategic Management Journal* 19(10): 939-965.

Ungson, Gerardo Rivera, and Richard M. Steers. 1984. Motivation and politics in executive compensation. *Academy of Management Review* 9: 313-323.

Useem, Michael. 1979. The social organization of the American business elite and participation of corporation directors in the governance of American institutes. *American Sociological Review* 44: 553-572.

Useem, Michael. 1984. *The inner circle*. New York: Oxford University Press.

Useem, Michael, and Jerome Karabel. 1986. Pathways to top corporate management. *American Sociological Review* 51(2): 184-200.

Van de Ven, Andy H., Roger Hudson, and Dean M. Schroeder. 1984. Designing new business startups: Entrepreneurial, organizational, and ecological considerations. *Journal of Management* 10: 87-107.

Van der Vegt, Gerben S., J. Stuart Bunderson, and Aad Oosterhof. 2006. Expertness diversity and interpersonal helping in teams: Why those who need the most help end up getting the least. *Academy of Management Journal* 49(5): 877-893.

Van Nuys, Karen. 1993. Corporate governance through the proxy process: Evidence from the 1989 Honeywell proxy solicitation. *Journal of Financial Economics* 34: 101-132.

Vance, Stanley C. 1955. *Functional control and corporate performance in large scale industrial enterprise*. Amherst, MA: University of Massachusetts Press.

Vance, Stanley C. 1964. *Board of directors: Structure and performance*. Eugene, OR: University of Oregon Press.

Vance, Stanley C. 1983. *Corporate leadership: Boards, directors, and strategy*. New York: McGraw-Hill.

Vancil, Richard F. 1979. *Decentralization: Managerial ambiguity by design*. New York: Financial Executives Research Foundation.

Vancil, Richard F. 1987. *Passing the baton*. Boston, MA: Harvard Business School Press.

Very, Philippe, Michael Lubatkin, Roland Calori, and John Veiga. 1997. Relative standing and the performance of recently acquired European firms. *Strategic Management Journal* 18(8): 593–614.

Villalonga, Belen, and Raphael Amit. 2006. How do family ownership, management and control affect firm value? *Journal of Financial Economics* 80(2): 385–417.

Virany, Beverly, and Michael L. Tushman. 1986. Top management teams and corporate success in an emerging industry. *Journal of Business Venturing* 1: 261–274.

Virany, Beverly, Michael L. Tushman, and Elaine Romanelli. 1992. Executive succession and organization outcomes in turbulent environments: An organizational learning approach. *Organizational Science* 3: 72–91.

Vroom, Victor H., and Bernd Pahl. 1971. Relationship between age and risk taking among managers. *Journal of Applied Psychology* 55(5): 399–405.

Wade, James B., Charles A. O'Reilly, III, and Timothy G. Pollock. 2006. Overpaid CEOs and underpaid managers: Fairness and executive compensation. *Organization Science* 17(5): 527–544.

Wade, James B., Joseph F. Porac, and Timothy G. Pollock. 1997. Worth, words, and the justification of executive pay. *Journal of Organizational Behavior* 18(Special Issue): 641–664.

Wade, James B., Joseph F. Porac, Timothy G. Pollock, and Scott D. Graffin. 2006. The burden of celebrity: The impact of CEO certification contests on CEO pay and performance. *Academy of Management Journal* 49(4): 643–660.

Wade, James, Charles A. O'Reilly, III, and Ike Chandratat. 1990. Golden parachutes: CEOs and the exercise of social influence. *Administrative Science Quarterly* 35: 587–603.

Waegelein, James F. 1983. The impact of executive compensation on managerial decisions: An empirical investigation. Working Paper, Boston College.

Wagner, John A., III. 1995. Studies of individualism-collectivism: Effects on cooperation in groups. *Academy of Management Journal* 38: 152–172.

Wagner, John A., III, J. L. Stimpert, and Edward I. Fubara. 1998. Board composition and organizational performance: Two studies of insider/outsider effects. *Journal of Management Studies* 35(5): 655–677.

Wagner, W. Gary, Jeffrey Pfeffer, and Charles A. O'Reilly, III. 1984. Organizational demography and turnover in top-management groups. *Administrative Science Quarterly* 29: 74–92.

Waldman, David A., Gabriel G. Ramirez, Robert J. House, and Phanish Puranam. 2001. Does leadership matter? CEO leadership attributes and profitability under conditions of perceived environmental uncertainty. *Academy of Management Journal* 44(1): 134-143.

Waldman, David A., and Francis J. Yammarino. 1999. CEO charismatic leadership: Levels-of-management and levels-of-analysis effects. *Academy of Management Review* 24(2): 266-285.

Wall Street Journal News Roundup. 1995. In a cost-cutting era, many CEOs enjoy imperial perks. *Wall Street Journal*, March 7, 1.

Waller, Mary J., George P. Huber, and William H. Glick. 1995. Functional background as a determinant of executives' selective perception. *Academy of Management Journal* 38(4): 943-974.

Wally, Stefan, and J. Robert Baum. 1994. Personal and structural determinants of the pace of strategic decision making. *Academy of Management Journal* 37(4): 932-956.

Walsh, James P. 1986. Cognitive simplification processes in managerial decision making. Working Paper, Dartmouth College.

Walsh, James P. 1988. Selectivity and selective perception: An investigation of managers' belief structures and information processing. *Academy of Management Journal* 31(4): 873-896.

Walsh, James P. 1989. Doing a deal: Merger and acquisition negotiations and their impact upon target company top management turnover. *Strategic Management Journal* 10: 307-322.

Walsh, James P. 1995. Managerial and organizational cognition: Notes from a trip down memory lane. *Organization Science* 6(3): 280-321.

Walsh, James P., and Rita D. Kosnik. 1993. Corporate raiders and their disciplinary role in the market for corporate control. *Academy of Management Journal* 36(4): 671-700.

Walsh, James P., and James K. Seward. 1990. On the efficiency of internal and external corporate control mechanisms. *Academy of Management Review* 15(3): 421-458.

Wanous, John P., and Margaret A. Youtz. 1986. Solution diversity and the quality of group decisions. *Academy of Management Journal* 29: 149-158.

Warner, Jerold B., Ross L. Watts, and Karen H. Wruck. 1988. Stock prices and top management changes. *Journal of Financial Economics* 20: 461-492.

Warner, William L., and James C. Abegglen. 1955. *Big business leaders in America*. New York: Harper.

Wasserman, Noam. 2003. CEO succession and the paradox of entrepreneurial success. *Organization Science* 14(2): 149-172.

Wasserman, Noam. 2006. Stewards, agents, and the founder discount: Executive compensation in new ventures. *Academy of Management Journal* 49(5): 960-976.

Wasserman, Noam, Nitin Nohria, and Bharat N. Anand. 2001. When does leadership matter? The contingent opportunities view of CEO leadership. Working Paper no.01-063, Harvard Business

School.

Watson, Warren E., Louis D. Ponthieu, and Joseph W. Critelli. 1995. Team interpersonal process effectiveness in venture partnerships and its connection to perceived success. *Journal of Business Venturing* 10(5): 393–411.

Weber, Max. 1957. *The theory of social and economic organization*. Glencoe, Ill.: Free Press.

Weber, Robert P., Colin F. Camerer, Y. Rottenstreich, and Mark Knez. 2001. The illusion of leadership: Misattribution of cause in coordination games. *Organization Science* 12(5): 582–598.

Weick, Karl E. 1979a. Cognitive processes in organizations. In *Research in organizational behavior*, edited by Barry M. Staw, 41–74. Greenwich, CT: JAI Press.

Weick, Karl E. 1979b. *The social psychology of organizing*. Reading, MA: Addison-Wesley.

Weick, Karl E. 1983. Managerial thought in the context of action. In *The executive mind*, edited by Suredh Srivastava, 221–242. San Francisco: Jossey-Bass.

Weick, Karl E. 1993. The collapse of sensemaking in organizations: The Mann Gulch disaster. *Administrative Science Quarterly* 38(4): 628–652.

Weick, Karl E., and Michael G. Bougon. 1986. Organizations as cognitive maps: Charting ways to success and failure. In *The thinking organization*, edited by Henry P. Sims and Dennis A. Gioia, 102–135. San Francisco: Jossey-Bass.

Weidenbaum, Murray. 1985. The best defense against the raiders. *Business Week*, September 23, 21.

Weiner, Nan, and Thomas A. Mahoney. 1981. A model of corporate performance as a function environmental, organizational, and leadership influences. *Academy of Management Journal* 24: 453–470.

Weisbach, Michael S. 1988. Outside directors and CEO turnover. *Journal of Financial Economics* 20: 431–460.

Weisbach, Michael S. 1995. CEO turnover and the firm's investment decisions. *Journal of Financial Economics* 37: 159–188.

Weiss, Howard M., and Seymour Adler. 1984. Personality and organizational behavior. In *Research in organizational behavior*, edited by Barry M. Staw and Lawrence L. Cummings, 1–50. Greenwich, CT: JAI Press.

Werner, Steve, and Henry L. Tosi, Jr. 1995. Other people's money: The effect of ownership on compensation strategy and managerial pay. *Academy of Management Journal* 38(6): 1672–1691.

Werner, Steve, Henry L. Tosi, Jr., and Luis R. Gomez-Mejia. 2005. Organizational governance and employee pay: How ownership structure affects the firm's compensation strategy. *Strategic Man-

agement Journal 26(4): 377.

West, Clifford T., Jr., and Charles R. Schwenk. 1996. Top management team strategic consensus, demographic homogeneity and firm performance: A report of resounding nonfindings. *Strategic Management Journal* 17(7): 571–576.

West, Michael A., and Neil R. Anderson. 1996. Innovation in top management teams. *Journal of Applied Psychology* 81(6): 680–693.

Westphal, James D. 1998. Board games: How CEOs adapt to increases in structural board independence from management. *Administrative Science Quarterly* 43(3): 511–537.

Westphal, James D. 1999. Collaboration in the boardroom: Behavioral and performance consequences of CEO-board social ties. *Academy of Management Journal* 42(1): 7–24.

Westphal, James D., and Michael K. Bednar. 2005. Pluralistic ignorance in corporate boards and firms' strategic persistence in response to low firm performance. *Administrative Science Quarterly* 50(2): 262–298.

Westphal, James D., and James W. Fredrickson. 2001. Who directs strategic change? Director experience, the selection of new CEOs, and change in corporate strategy. *Strategic Management Journal* 22(12): 1113–1137.

Westphal, James D., and Poonam Khanna. 2003. Keeping directors in line: Social distancing as a control mechanism in the corporate elite. *Administrative Science Quarterly* 48(3): 361–398.

Westphal, James D., and Laurie P. Milton. 2000. How experience and network ties affect the influence of demographic minorities on corporate boards. *Administrative Science Quarterly* 45: 366–398.

Westphal, James D., Marc-David L. Seidel, and Katherine J. Stewart. 2001. Second-order imitation: Uncovering latent effects of board network ties. *Administrative Science Quarterly* 46(4): 717–747.

Westphal, James D., and Ithai Stern. 2006. The other pathway to the boardroom: How interpersonal influence behavior can substitute for elite credentials and demographic majority status in gaining access to board appointments. *Administrative Science Quarterly* 52(2): 169–204.

Westphal, James D., and Ithai Stern. 2007. Flattery will get you everywhere (especially if you are a male Causasian): How ingratiation, boardroom behavior, and demographic minority status affect the likelihood of gaining additional board appointments at US companies. *Academy of Management Journal* 50(2): 267–288.

Westphal, James D., and Edward J. Zajac. 1994. Substance and symbolism in CEO's long-term incentive plans. *Administrative Science Quarterly* 39(3): 367–390.

Westphal, James D., and Edward J. Zajac. 1995. Who shall govern? CEO/board power, demographic similarity, and new director selection. *Administrative Science Quarterly* 40(1): 60-83.

Westphal, James D., and Edward J. Zajac. 1997. Defections from the inner circle: Social exchange, reciprocity, and the diffusion of board independence in U.S. corporations. *Administrative Science Quarterly* 42(1): 161-183.

Westphal, James D., and Edward J. Zajac. 1998. The symbolic management of stockholders: Corporate governance reform and shareholder reactions. *Administrative Science Quarterly* 43(1): 127-153.

Westphal, Jams D., and Edward J. Zajac. 2001. Decoupling policy from practice: The case of stock repurchase programs. *Administrative Science Quarterly* 46(2): 202-228.

Whisler, Thomas L. 1984. *Rules of the game: Inside the corporate boardroom.* Homewood, IL: Dow Jones-Irwin.

Whisler, Thomas L., Harald Meyer, Bernard H. Baum, and Peter F. Sorensen, Jr. 1967. Centralization of organizational control: An empirical study of its meaning and measurement. *Journal of Business* 40: 10-26.

White, Harrison C. 1992. *Identity and control: A structural theory of action.* Princeton, NJ: Princeton University Press.

Whitehill, Arthur M. 1991. *Japanese management: Tradition and transition.* London: Routledge.

Whyte, William F. 1955. *Money and motivation: An analysis of incentives in industry.* New York: Harper.

Wiener, Yoash. 1982. Commitment in organizations: A normative view. *Academy of Management Review* 7: 418-425.

Wiersema, Margarethe F. 2002. Holes at the top: Why CEO firings backfire. *Harvard Business Review* December.

Wiersema, Margarethe F., and Karen A. Bantel. 1992. Top management team demography and corporate strategic change. *Academy of Management Journal* 35: 91-121.

Wiersema, Margarethe F., and Karen A. Bantel. 1993. Top management team turnover as an adaptation mechanism: The role of the environment. *Strategic Management Journal* 14: 485-504.

Wiersema, Margarethe F., and Allan Bird. 1993. Organizational demography in Japanese firms: Group heterogeneity, individual dissimilarity, and top management team turnover. *Academy of Management Journal* 36(5): 996-1025.

Wiesenfeld, Batia M., Kurt Wurthmann, and Donald C. Hambrick. 2008. The stigmatization and devaluation of elites associated with corporate failures: A process model. *Academy of Manage-

ment Review 33(1): 231-251.

Williams, Katherine Y., and Charles A. O'Reilly, III. 1998. Demography and diversity in organizations: A review of 40 years of research. In *Research in Organizational Behavior*, edited by Barry M. Staw and Lawrence L. Cummings, 77-140. Greenwich, CT: JAI Press.

Williamson, Oliver E. 1963. Managerial discretion and business behavior. *American Economic Review* 53: 1032-1057.

Williamson, Oliver E. 1975. *Markets and hierarchies, analysis and antitrust implications: A study in the economics of internal organization*. New York: Free Press.

Williamson, Oliver E. 1983. Organization form, residual claimants, and corporate control. *Journal of Law and Economics* 26: 351.

Williamson, Oliver E. 1985. *The economic institutions of capitalism: Firms, markets, relational contracting*. New York: Free Press.

Wiseman, Robert M., and Luis R. Gomez-Mejia. 1998. A behavioral agency model of managerial risk taking. *Academy of Management Review* 23(1): 133-153.

Wissema, J. G., H. W. Van der Pol, and H. M. Messer. 1980. Strategic management archetypes. *Strategic Management Journal* 1: 37-47.

Wolfson, Nicholas. 1984. *The modern corporation: Free market versus regulation*. New York: McGraw-Hill.

Wooldridge, Bill, and Steven W. Floyd. 1990. The strategy process, middle management involvement, and organizational performance. *Strategic Management Journal* 11(3): 231-241.

Worrell, Dan L., Wallace N. Davidson, III, and John L. Glascock. 1993. Stockholder reactions to departures and appointments of key executives attributable to firings. *Academy of Management Journal* 36: 387-401.

Worrell, Dan L., Carol Nemec, and Wallace N. Davidson, III. 1997. One hat too many: Key executive plurality and shareholder wealth. *Strategic Management Journal* 18(6): 499-507.

Wright, Peter, Mark Kroll, and Detelin Elenkov. 2002. Acquisition returns, increase in firm size, and chief executive compensation: The moderating effect of monitoring. *Academy of Management Journal* 45(3): 599-608.

Wright, Peter, Mark Kroll, Jeffrey A. Krug, and Michael Pettus. 2007. Influences of top management team incentives on firm risk taking. *Strategic Management Journal* 28(1): 81-89.

Wright, Peter, Mark Kroll, Augustine A. Lado, and Bonnie Van Ness. 2002. The structure of ownership and corporate acquisition strategies. *Strategic Management Journal* 23(1): 41-53.

Wright, Peter, Mark Kroll, Augustine Lado, and Detelin S. Elenkov. 2005. Influences of relative rewards of top managers on firm performance. *Strategic Organization* 3(3): 311–335.

Wu, Sibin, Edward Levitas, and Richard L. Priem. 2005. CEO tenure and company invention under differing levels of technological dynamism. *Academy of Management Journal* 48(5): 859–873.

Xie, Jia Lin, and Gary Johns. 1995. Job scope and stress: Can job scope be too high? *Academy of Management Journal* 38: 1288–1309.

Yermack, David. 1996. Higher market valuation of companies with a small board of directors. *Journal of Financial Economics* 40: 185–211.

Young, Gary J., Yvonne Stedham, and Rafik I. Beekun. 2000. Boards of directors and the adoption of a CEO performance evaluation process: Agency—and institutional—theory perspectives. *Journal of Management Studies* 37(2): 277–295.

Yu, Tieying, and Albert A. Cannella, Jr. 2007. Rivalry between multinational enterprises: An event history approach. *Academy of Management Journal* 50(3): 663–684.

Yu, Tieying, Mohan Subramaniam, and Albert A. Cannella, Jr. 2008. Rivalry deterrence in international markets: Contingencies governing the mutual forbearance hypothesis. *Academy of Management Journal*. Forthcoming.

Zahra, Shaker A., and Sherry S. Chaples. 1993. Blind spots in competitive analysis. *Academy of Management Executive* 4: 7–28.

Zahra, Shaker A., and John A. Pearce, II. 1989. Boards of directors and corporate financial performance: A review and integrative model. *Journal of Management* 15: 291–344.

Zahra, Shaker A., and Wilbur W. Stanton. 1988. The implications of board of directors' composition for corporate strategy and performance. *International Journal of Management* 5(2): 229–236.

Zajac, Edward J. 1990. CEO selection, succession, compensation and firm performance: A theoretical integration and empirical analysis. *Strategic Management Journal* 11: 313–330.

Zajac, Edward J. 1992. CEO preferences for incentive compensation: An empirical analysis. Paper presented at the Academy of Management, Las Vegas, NV.

Zajac, Edward J., and James D. Westphal. 1994. The costs and benefits of managerial incentives and monitoring in large US corporations: When is more not better? *Strategic Management Journal* 15(Special Issue on Competitive Organizational Behavior): 121–142.

Zajac, Edward J., and James D. Westphal. 1995. Accounting for the explanations of CEO compensation: Substance and symbolism. *Administrative Science Quarterly* 40(2): 283–308.

Zajac, Edward J., and James D. Westphal. 1996a. Director reputation, CEO-board power, and the dynamics of board interlocks. *Administrative Science Quarterly* 41(3): 507–529.

Zajac, Edward J., and James D. Westphal. 1996b. Who shall rule after a CEO succession? The likelihood and direction of changes in CEO characteristics. *Administrative Science Quarterly* 41(3): 507–529.

Zajac, Edward J., and James D. Westphal. 1996c. Who shall succeed? How CEO/board preferences and power affect the choice of new CEOs. *Academy of Management Journal* 39(1): 64–90.

Zald, Meyer N. 1965. Who shall rule? A political analysis of succession in a large welfare organization. *Pacific Sociological Review* 8: 52–60.

Zald, Meyer N. 1967. Urban differentiation, characteristics of boards of directors, and organizational effectiveness. *American Journal of Sociology* 73: 261–272.

Zald, Meyer N. 1969. The power and functions of boards of directors. *American Journal of Sociology* 5(1): 97–111.

Zaleznik, Abraham, and Manfried F. R. Kets de Vries. 1975. *Power and the corporate mind.* Boston, MA: Houghton Mifflin.

Zander, Alvin. 1977. *Groups at work.* San Francisco, CA: Jossey-Bass.

Zenger, Todd R., and Barbara S. Lawrence. 1989. Organizational demography: The differential effects of age and tenure distributions on technical communication. *Academy of Management Journal* 32: 353–376.

Zhang, Xiaomeng, Kathryn M. Bartol, Ken G. Smith, Michael Pfarrer, and Mikhail Dmitry Khanin. 2008. CEOs on the edge: Earnings manipulation and stock-based incentive misalignment. *Academy of Management Journal* 51(2): 241–258.

Zhang, Yan, and Nandini Rajagopalan. 2004. When the known devil is better than an unknown God: An empirical study of the antecedents and consequences of relay CEO succession. *Academy of Management Journal* 47: 483–500.

Zorn, Dirk M. 2003. Here a chief, there a chief: The rise of the Chief Financial Officer in American corporations. Working Paper, Princeton University.